Como Escolher
e Administrar
seus Investimentos

Como Escolher e Administrar seus Investimentos
Conceitos, Ideias e Experiências

2021

Guilherme Rebouças de Oliveira

ACTUAL

COMO ESCOLHER E ADMINISTRAR SEUS INVESTIMENTOS
CONCEITOS, IDEIAS E EXPERIÊNCIAS
© Almedina, 2021
AUTOR: Guilherme Rebouças

DIRETOR ALMEDINA BRASIL: Rodrigo Mentz
EDITOR DE CIÊNCIAS SOCIAIS E HUMANAS: Marco Pace
ASSISTENTES EDITORIAIS: Isabela Leite e Larissa Nogueira

REVISÃO: Gabriela Leite
DIAGRAMAÇÃO: Almedina
DESIGN DE CAPA: Roberta Bassanetto

ISBN: 9786587019208
Outubro, 2021

Dados Internacionais de Catalogação na Publicação (CIP)
(Câmara Brasileira do Livro, SP, Brasil)

Rebouças, Guilherme
Como escolher e administrar seus investimentos :
conceitos, ideias e experiências / Guilherme
Rebouças. -- 1. ed. -- São Paulo : Actual, 2021.

ISBN 978-65-87019-20-8

1. Economia 2. Finanças - Administração
3. Finanças pessoais 4. Investimentos 5. Poupança
e investimento I. Título.

21-71452	CDD-332.678

Índices para catálogo sistemático:

1. Investimentos : Administração : Economia 332.678

Maria Alice Ferreira - Bibliotecária - CRB-8/7964

Este livro segue as regras do novo Acordo Ortográfico da Língua Portuguesa (1990).

Todos os direitos reservados. Nenhuma parte deste livro, protegido por copyright, pode ser reproduzida, armazenada ou transmitida de alguma forma ou por algum meio, seja eletrônico ou mecânico, inclusive fotocópia, gravação ou qualquer sistema de armazenagem de informações, sem a permissão expressa e por escrito da editora.

EDITORA: Almedina Brasil
Rua José Maria Lisboa, 860, Conj.131 e 132, Jardim Paulista | 01423-001 São Paulo | Brasil
editora@almedina.com.br
www.almedina.com.br

Dedico este livro aos meus pais, Jeanne e Izio, ao meu irmão Felipe e à minha família, Drika, Julio e Enzo. E à Paçoca, à Ricota e ao Dom, uma galga italiana, uma schnauzer e um chihuahua que me fizeram companhia durante todo o período que eu passei escrevendo este livro.

Agradecimentos

Agradeço ao Cesar Alexandre de Souza, Eduardo Grecco e Roberto Alves Cortez, por suas contribuições e sugestões. Agradeço ao André Caminada e ao Luiz Arthur Ramos de Oliveira Santos (Nasa), pela ajuda na construção da Tabela das Ações que se multiplicaram por 100 vezes no Brasil. Ao Alexandre Pastore, pelo apoio e contribuição para a publicação deste livro. Ao Djalma de Pinho Rebouças de Oliveira, por estimular a ideia de escrever um livro. E ao Carlos Kawall, por suas contribuições e pelo ótimo prefácio que fornece uma ideia simplificada sobre o livro.

Prefácio

De alguns anos para cá, a geração dos "millennials" tem se juntado à comunidade de investidores. Eles serão a parcela dominante ao longo das próximas décadas. E têm uma característica fundamentalmente diferente das gerações precedentes: muito provavelmente nunca terão a experiência de viver um mundo com taxas de juros reais elevadas, e inclusive conviverão boa parte do tempo com juros reais (ou até mesmo nominais) negativos.

A taxa de juros de equilíbrio da economia mundial está em queda nas últimas quatro décadas, refletindo mudanças demográficas, na distribuição de renda e na produtividade. Neste período, o mundo se tornou financeiramente mais sofisticado: controles cambiais foram relaxados, a repressão regulatória a produtos financeiros foi reduzida substancialmente, a interdependência econômica global se elevou. Novas classes de produtos (como derivativos) e intermediários financeiros (fundos de investimentos) se consolidaram. A tecnologia voou e o volume de transações financeiras por unidade de PIB decolou, com mais velocidade, menores custos e melhores controles operacionais e de risco.

O Brasil ingressou com atraso nesse processo. Há quatro décadas, minha geração tinha como literatura financeira textos que tratavam do funcionamento do "overnight", praticamente a única alternativa de investimento, ao lado dos ativos reais (imóveis, ouro, dólar "black") que funcionavam como proteção ante a inflação crônica e elevada. Com o Plano Real, mudamos de patamar e surgiram os manuais de produtos financeiros, com muita informação e pouca aplicabilidade prática: tivemos décadas de juros reais elevadíssimos que eclipsavam ativos de risco, em geral restritos a mercados pequenos, ilíquidos e muito concentrados. Mesmo a bolsa era limitada a investidores profissionais e inacessível para o investidor médio.

Mas, felizmente, estamos mudando. Nos últimos cinco anos, o processo de reformas e o ajuste fiscal (ainda em curso) conectou o Brasil com o mundo financeiro moderno por intermédio de um juro estrutural também em queda e incrivelmente baixo. Neste contexto, o notável trabalho de Gui Rebouças é um ótimo caminho não só para os "millennials", mas também para investidores da velha guarda refletirem sobre sua trajetória e avaliarem seu desempenho a partir de uma abordagem holística, em que a técnica quantitiva deve ser temperada com fatores julgamentais, disciplina, paciência e continuo aprendizado com os erros.

"Essa é inclusive umas das propostas deste livro, ou seja, abrir o maior número de caminhos e raciocínios para o investidor poder se desenvolver. Não existe uma receita do sucesso, mas existem conceitos, teoria e raciocínios que precisam ser conhecidos e estudados para que os investidores possam evoluir e criar os seus próprios caminhos."

Esse mundo fascinante do investimento financeiro ao alcance de seu "smartphone" é um convite muito atraente, as vezes irrecusável. Mas o ambiente tornou-se mais complexo. Mais interligados, os mercados financeiros se tornaram mais líquidos, mas também muito mais voláteis. Surgiram crises financeiras globais, como em 2007/08. A elaboração de cenários econômicos ficou mais desafiadora; o ambiente de negócios para as empresas, mais disruptivo. O uso de métricas tradicionais de "valuation" de ativos tornaram-se obsoletas.

Atento à bibliografia sobre o tema, o autor nos alerta que o papa dos processos de "valuation", Aswath Damodaran, "está reequilibrando o processo de valuation, tirando um pouco o peso sobre o modelo e a planilha de valuation e aumentando a importância da narrativa, da história do business plan, que dá sustentação ao modelo. Um reequilíbrio necessário entre o qualitativo e o quantitativo."

Novos conhecimentos como filosofia, história, literatura, biologia, física e psicologia passam a fazer parte dos "skills" necessários para ser um investidor bem sucedido. Um bom investidor é um "leitor compulsivo", como ensina o parceiro de Warren Buffett, Charlie Munger:

> "Não conheço nenhum investidor bem sucedido que não seja um leitor voraz."

Buffett e Munger tem sua história contada brevemente em uma parte do livro que analisa a carreira de alguns ícones do mundo dos investimentos. Também foi incluído o economista John Maynard Keynes, um dos primeiros bem-sucedidos gestores de um "hedge fund" macro, já no início do sec. XX, e também George Soros, que o foi ao final do século.

Não só sabemos que o mundo é hoje mais interligado, os ativos mais voláteis e o processo de avaliação menos quantitativo. Nós mesmos, como investidores, somos muito imperfeitos. A partir dos trabalhos pioneiros de Richard Taler, Amos Tversky, Daniel Kahneman e Robert Shiller desenvolveu-se o campo das finanças comportamentais.

"Nosso cérebro não pensa de forma estatística, ele pensa de forma dramática, ignoramos as estatísticas e nos apegamos ao que traz medo. Tudo isso se consolidou em nossa mente como vieses cognitivos", diz o autor. Sem conhecê-los, seremos sempre prisioneiros deles: excessivamente impacientes para vender, frente a um ganho limitado, muito pacientes em não vender, para não aceitar a realização da perda, gerando grandes prejuízos.

Para Kahneman e Tversky, "Os investidores enfrentam dificuldades cognitivas na tentativa de tomar decisões lucrativas." Interpretamos as informações de acordo com nossas convicções, selecionando aquelas que confirmam nossas teses de investimento, rejeitando aquelas que as contradizem. Usamos métricas diferentes para medir ganhos de classes de ativos que possuímos colocando-as em "caixinhas" diferentes que tem benchmarks subjetivos de risco e perda, cedendo às "armadilhas cognitivas". Baseamos decisões em amostras pouco representativas ou idiosincrasias. Preferimos errar com a manada a exercitar a disciplina e paciência e buscar acertar, nos diferenciando. O autor lista nada menos que dezoito possíveis vieses cognitivos. Conhecê-los é a melhor forma de tentar reduzir a influência que acabam tendo sobre nós, investidores, por mais sofisticados que sejamos.

Mas não basta ter consciência de nossas imperfeições, temos que ter disciplina e organizar nossas decisões dentro de um *processo de investimento*. O ponto de partida é definirmos um *portfolio de investimentos*, envolvendo as classes de ativos que desejamos combinar em um horizonte de prazo mais duradouro, o que não quer dizer que seja imutável.

Há hoje ampla bibliografia que o autor disponibiliza sobre o assunto. O portfolio de investimento é uma baliza que nos estimula a manter a disciplina e paciência necessárias para um objetivo mais consistente, é o nosso *marco estratégico*. A realidade, porém, é dinâmica e implica *mudanças táticas* que podem ocorrer quando o objetivo foi frustrado ou há interesse em rebalanceamento quando o ativo alcançou um objetivo de performance.

O autor se pronuncia contra as mudanças muito frequentes no portfolio ("market timing"), que em geral não produzem retornos consistentes de longo prazo. Ele também lembra que há quatro, e não apenas dois tipos de investimento: lucrativo, não lucrativo, bom e mau. Podemos ter ganhos de curto prazo em um mau investimento, o que pode nos induzir a erros estratégicos no longo prazo. E um bom investimento pode passar por um momento de perdas até performar em horizonte de tempo maior.

Ser um investidor bem-sucedido não significa ter um portfolio complexo e superdiversificado, apoiado em modelos sofisticados. Não é preciso, por exemplo, querer dominar todos os produtos financeiros ou conhecer todas as ações e setores da bolsa. Esse conceito é bastante explorado por Warren Buffett e ele dá a ele o nome de *círculo de competência*. Um círculo de competência mais enxuto em que o investidor tenha capacidade de se aprofundar mais tende a ser mais exitoso.

Também é importante "Ajustar o seu Estilo de Investir com a sua Personalidade", justamente o nome de um dos capítulos do livro. Um dos aspectos importantes aqui é o tamanho do risco incorrido medido pelo tamanho da perda. Uma posição que gere um risco de perda excessiva deixará o investidor inseguro e propenso a não ter a paciência e disciplina de mantê-la por tempo suficiente para auferir ganhos desejados, gerando viés de liquidá-la com perda em um mercado volátil.

Por fim, errar. O autor recorre a Ray Dalio, em seu famoso "Principles" para discorrer sob a importância do aprendizado com o erro. Erros são bons quando geram aprendizado, o inaceitável é não identificar, analisar e aprender com os erros. Se você não se importa em estar errado no caminho para estar certo, você vai aprender muito.

Quando o investidor compreende as várias dimensões envolvidas no investimento, como a alocação em portfolio, o seu círculo de competências, a necessidade de equilibrar aspectos quantitativos e qualitativos, quando passa a diversificar a dimensão de seu conhecimento para novos skills (história, psicologia etc.), torna-se um leitor compulsivo (muito além dos "chats" de investimento, é claro) e passa a exercitar a paciência e disciplina, identificando e buscando controlar seus vieses cognitivos, estará apto a desenvolver uma *filosofia de investimentos*, conceito que Gui Rebouças anuncia ao início de deu livro e que, se compreendi, envolve todas as dimensões abordadas em sua rica obra.

Se o leitor está à procura de (mais um) manual de produtos financeiros, bateu na porta errada. Se quer aprender caminhos que podem levá-lo a investir melhor e ter retornos mais consistentes, vá em frente. Projeto desenvolvido

Prefácio

ao longo de vários anos, *Como Escolher e Administrar seus Investimentos* requereu grande maturidade, experiência de mercado e amplo domínio da bibliografia internacional. Um livro que é, ao mesmo tempo, acessível e informativo a quem se inicia no mundo dos investimentos e suficientemente profundo para o investidor das antigas gerações.

Carlos Kawall
Secretário do Tesouro Nacional,
CFO do BNDES e da BMF Bovespa e
Economista-Chefe do Citibank e Banco Safra

Sumário

Agradecimentos 7

Introdução 21

PARTE I

Filosofia de investimento e alocação de ativos 29

CAPÍTULO 1. Desenvolvimento de uma Filosofia de Investimento 31

CAPÍTULO 2. Alocação de Ativos 39

CAPÍTULO 3. Classes de Ativos 45

CAPÍTULO 4. Construção do Portfólio Estrutural 49

CAPÍTULO 5. Risco: como Entendê-lo e Lidar com Ele 55

CAPÍTULO 6. Movimentações Táticas na Alocação em Função
de Mudanças nos Cenários ou Preços (*Market timing*)
e Rebalanceamento de Portfólio 63

16   COMO ESCOLHER E ADMINISTRAR SEUS INVESTIMENTOS

PARTE II
Seleção de Ativos 69

CAPÍTULO 7. Ações 71
7.1 Ações Valor (*Value*) e Ações Crescimento (*Growth*) 76
7.2 Ações de Empresas Menores (*Small caps*) 79
7.3 Ações Pagadoras de Dividendos 81
7.4 BDRs (*Brazilian Depositary Receipts*) 84
7.5 Fundos Passivos (ETFs – *Exchange-Traded Fund*) 86
7.6 Clubes de Investimentos 87

CAPÍTULO 8. Renda Fixa 89
8.1 Instrumentos de Renda Fixa 93
8.2 Fundos de Crédito 95

CAPÍTULO 9. Ativos Imobiliários 96

CAPÍTULO 10. Investimentos Alternativos 99
10.1 Fundos Multimercados (*Hedge funds*) 101
10.2 Fundos que tem posições compradas e vendidas (*long & short*) 103
10.3 Fundos que tem um viés comprado (*long bias*) 104
10.4 Fundos que investem em empresas nascentes (*venture capital*),
     ou em empresas em desenvolvimento (*private equity*) 106
10.5 *Distressed assets* (Ativos de Risco Elevado) 108
10.6 *Commodities* 110
10.6.1 Ouro 112

CAPÍTULO 11. Derivativos 115

PARTE III
Como Construir uma Carteira de Ações (*Stock picking*) 119

CAPÍTULO 12. Arte ou Ciência – Decisão Pessoal
             com Sustentação Técnica 121

CAPÍTULO 13. *Valuation* x Múltiplos – Quais Indicadores Utilizar
             na Avaliação para Decidir se uma Ação está Cara ou não.. 129

SUMÁRIO

CAPÍTULO 14. Estratégia Valor 135

CAPÍTULO 15. A Busca pela Ação que Pode Multiplicar por 100x 141

CAPÍTULO 16. Como Acompanhar e Rebalancear a Carteira
ao Longo do Tempo 151

PARTE IV
Cenários – O Pano de Fundo 153

CAPÍTULO 17. A Complexa Atividade de Construção de Cenários 155

CAPÍTULO 18. Análise de um Cenário e Desenvolvimento
de uma Previsão 159

CAPÍTULO 19. Prevendo crises e pontos de ruptura 169

CAPÍTULO 20. Como Ajustar a sua Carteira de Investimentos
em Função dos Cenários Econômicos e como
Reagir em Cenários de Rupturas e Crise 183

PARTE V
Finanças Comportamentais (*Behaviour Finance*) 185

CAPÍTULO 21. Visão Geral e História do Desenvolvimento 189

CAPÍTULO 22. Armadilhas Comportamentais 191
22.1 Viés de Dissonância Cognitiva 194
22.2 Viés de Conservadorismo 195
22.3 Viés de Confirmação 197
22.4 Viés de Representatividade 197
22.5 Viés da Ilusão de Controle 199
22.6 Viés de Retrospectiva 200
22.7 Viés de Contabilidade Mental 201
22.8 Viés de Ancoragem e Ajuste 203
22.9 Viés de Enquadramento (*Framing*) 205
22.10 Viés de Disponibilidade 206

18 COMO ESCOLHER E ADMINISTRAR SEUS INVESTIMENTOS

22.11 Viés de Auto Atribuição.. 209
22.12 Viés de Resultado 211
22.13 Viés de Recência 213
22.14 Viés de Aversão à Perda.. 215
22.15 Viés do Excesso de Confiança 216
22.16 Viés de Autocontrole 219
22.17 Viés de *Status quo* 219
22.18 Viés de Aversão de Arrependimento.. 221

CAPÍTULO 23. Como incorporar as Finanças Comportamentais
na Construção e Ajustes do seu Portfólio
de Investimentos.. 223

PARTE VI
História Financeira do Mundo.. 225

CAPÍTULO 24. História dos Investimentos e dos Mercados.................... 227
24.1 História das Crises Financeiras 237
24.2 História dos Fundos.. 244
24.3 História da Bolsa de Valores, do Ibovespa e dos Fundos no Brasil........ 250
24.3.1 História da Bolsa de Valores no Brasil.. 250
24.3.2 O Ibovespa 253
24.3.3 História dos Fundos de Investimentos no Brasil 257

PARTE VII
A Abordagem de Grandes Investidores... 259

CAPÍTULO 25. Benjamin Graham.. 261

CAPÍTULO 26. Philip Fisher 271

CAPÍTULO 27. Warren Buffett... 277

CAPÍTULO 28. Charlie Munger.. 287

CAPÍTULO 29. George Soros 291

SUMÁRIO

CAPÍTULO 30. John Maynard Keynes 295

CAPÍTULO 31. Walter e Edwin Schloss 303

CAPÍTULO 32. Aspectos Comuns das Diferentes Abordagens 309

PARTE VIII
Lições de Investimentos e Conclusão 311

CAPÍTULO 33. Lições de Investimentos 313

CAPÍTULO 34. Conclusão 329

APÊNDICES
Depoimento do Autor, Focando no Desenvolvimento de sua Filosofia
de Investimento, como Analista, Gestor de Fundos e Estrategista 333

Glossário 341
Referências 349

Introdução

> "Investimento - comprometimento de recursos com o objetivo de obter retorno - está realmente entre os temas centrais da história da humanidade, e devemos nos familiarizar com o passado para entender completamente muitas das motivações, oportunidades e ações da humanidade."
>
> Norton Reamer e Jesse Downing

Investir é tomar decisões, correr riscos e se preparar para ganhos e perdas. Investir é uma questão de preparação para o futuro. Montamos portfólios hoje que esperamos que se beneficiem dos eventos que irão se desenrolar nos próximos anos. Normalmente, investimos assumindo que o futuro terá uma semelhança com o passado; coisas incomuns e improváveis podem acontecer. Subestimar a incerteza e suas consequências pode ser uma questão bastante relevante para o investidor.

Uma das principais intenções desse livro é auxiliar os investidores a ampliar a compreensão do mundo dos investimentos. Um exemplo contundente para pensarmos investimentos é a alta espetacular das ações da Magazine Luiza. Se você tivesse investido R$ 1 milhão nas ações da Magazine Luiza em 2016, quatro anos depois você teria mais de R$ 300 milhões. Esse seria talvez, o melhor investimento a ser feito no Brasil nesse período. Parece fácil? Mas qual investidor investiria nessa empresa quando ela estava sendo muito questionada pelo mercado, contrariando as opiniões dos especialistas e analistas de ações que não viam nada de especial na empresa? Qual investidor, depois de investir R$ 1 milhão e dobrar o seu capital para R$ 2 milhões, iria manter a posição e não vender as ações e realizar os lucros? E qual investidor passaria esses quatro anos sem vender as ações para atingir os R$ 300 milhões? Parece-me que só um investidor que entrasse em coma nesse período e estivesse impossibilitado de vender as ações teria mantido a posição por quatro anos, principalmente no mundo atual, marcado pelo giro excessivo das posições em ganhos de curto prazo. São essas reflexões que o investidor precisa fazer. E, apesar de ser um objetivo muito ambicioso, queremos com esse livro ajudar a formar esse investidor, que manteria as ações da Magazine Luiza pelos quatro anos, ou talvez, quem sabe, por três anos. Mas um investidor que tenha suas próprias ideias e que não seja envolvido pelo mercado e entre no comportamento de manada. Esse investidor precisa desenvolver várias habilidades, mas principalmente precisa aprender a pensar investimentos com a sua própria cabeça.

O investimento no âmbito do mercado financeiro é, na sua essência, um complexo processo de tomada de decisões, ou seja, depois de analisar informações, construir um cenário, você compra um ativo com o objetivo de ter um ganho financeiro absoluto num determinado período de tempo.

Podemos ampliar este conceito sobre diversos aspectos. Um primeiro conceito é a necessidade humana de investir. Se eu tenho algum capital e este ficar parado sem fazer nada, no mínimo vou perder o valor da inflação ao longo do tempo, mas é natural eu ter a ambição de aumentar o meu patrimônio através do investimento em algum ativo. Nesse momento eu devo tomar uma decisão: (i) vou investir eu mesmo em algum ativo financeiro que eu julgo interessante ou (ii) vou aplicar num fundo gerido por um gestor profissional. Os dois caminhos envolvem estudos e análises.

Antes de entrar na avaliação mais específica dos caminhos é preciso desenvolver o conceito de custo oportunidade, ou seja, na maioria dos países civilizados existem dois títulos públicos básicos disponíveis para aplicação: o primeiro é um título de juros nominais pré-fixado e o segundo é um título que irá render a inflação mais uma taxa de juros real. Você terá então de buscar um investimento que seja superior a esses dois títulos, pois o governo já está te dando a oportunidade de obter esses ganhos com um risco baixo.

Caso opte por investir diretamente em um ativo financeiro, você acabou de arrumar um emprego, o de investidor amador. Tem de analisar o que está ocorrendo no mundo em termos econômicos e suas implicações para o seu investimento. Esta conjuntura está em constante mutação e é preciso fazer correções de rota constantes. Muito importante também é saber se determinado fato é um ruído, que só vai distrair sua atenção e te tirar da direção correta, ou se realmente envolve uma mudança estrutural e uma mudança nos ativos investidos. É fácil demais nos enganarmos e tomarmos um ruído por sinal. Existe um livro muito interessante sobre esse tema chamado "O Sinal e o Ruído" de Nate Silver.

No caso de se optar por um gestor profissional, também são envolvidas questões complexas: (i) qual o currículo desse gestor e da equipe, (ii) qual o histórico de rentabilidade do fundo, (iii) qual a filosofia de gestão, (iv) como o fundo se comportou diante de situações de crise (v), qual a experiência de mercado dos integrantes da equipe e há quanto tempo eles trabalham juntos. Também é importante o monitoramento contínuo desse gestor e de outros que possam ser uma alternativa.

Entendo o investidor, de certo modo, como um filósofo, que tem de desenvolver um amplo conhecimento do mundo, que lhe permita desenhar cenários e fazer previsões para embasar suas posições. E precisa ter uma resistência psicológica para suportar as situações difíceis e decidir se deve aguentar o vento contra ou ceder e mudar as posições. Além de lutar contra seus medos interiores, angústias e ansiedades e de se cobrar continuamente por bons resultados.

Portanto, o processo de investimentos é uma atividade complexa, intensa, constante, e que envolve equilíbrio psicológico para enfrentar momentos difíceis, de perda do patrimônio. Mas, por outro lado, se o investidor se mantiver firme em suas estratégias e posições, pode implicar em ganhos significativos no futuro.

Muitas vezes somos abalados emocionalmente pelas condições da economia e do mercado e acabamos não sendo tão objetivos em nossas decisões. É muito difícil sustentar posições contrárias ao mercado. Além da perda monetária em relação aos recursos, existe a dificuldade da resistência psicológica em manter uma posição baseada em suposições que, no momento, não se mostram vencedoras. Existe sempre a tentação de acompanhar o senso comum do mercado, em comprar quando está caro e vender quando está barato. É caloroso e confortável errar e acertar seguindo a média das recomendações dos estrategistas das principais instituições financeiras. Existe a famosa frase do John Maynard Keynes que diz que "A sabedoria ensina que é melhor para a reputação, falhar convencionalmente do que ter sucesso não convencional.".

Entretanto, a essência do negócio de gestão de investimentos é a construção de uma visão de mundo, e a consequente aposta em posições no mercado financeiro que estejam alinhadas com essa visão, e um detalhe muito importante e muitas vezes esquecido, a manutenção destas posições mesmo que o mercado tome uma direção contrária. Isto requer grande confiança na construção de cenários e na aceitação de críticas e perdas. É muito difícil ir contra o vento.

Conversando com um amigo, descobri que ele havia investido em ações da Vale há dois anos e estava muito infeliz com o investimento por estar perdendo 50%, e não tinha intenção de vender pois acreditava ser possível recuperar a perda. Por trás do seu raciocínio estavam dois conceitos implícitos, mas que ele não tinha consciência, que não estavam tão claros: (i) o de reversão à média, ou seja, o preço das ações tende a voltar pelo menos à média histórica e (ii) uma visão positiva do crescimento chinês, pois as cotações da Vale estão significativamente correlacionadas com o preço do minério de ferro, que por sua vez é totalmente dependente do crescimento chinês. É difícil para um investidor pessoa física compreender o seu prejuízo, assumir que a tese de reversão à média não acontece necessariamente e aceitar que sua visão sobre o crescimento chinês está otimista demais. Nesse sentido, o investimento é um grande desafio, uma atividade de questionamento constante de suas convicções e visões de mundo.

Outro exemplo de falta de visão de investimentos ocorreu na série Downton Abbey, na qual o principal nobre da família, o Conde de Grantham, investe todo os recursos da família num projeto de ferrovia no Canadá e perde todo o dinheiro, correndo o risco de perder a propriedade, que é icônica e está com a família há várias gerações. Apesar de ser uma ficção, esse episódio ilustra o quanto uma decisão de investimento errada e concentrada pode destruir uma família. A série se passa em 1910, há mais de 100 anos, mas esse comportamento de investir de forma concentrada na indicação de um amigo ainda acontece atualmente. Nesse sentido, buscamos nesse livro aparelhar o leitor para que ele não caia em armadilhas e possa construir o seu portfólio de investimentos de forma equilibrada e consistente.

Outro conceito importante é a experiência que irá gerar a sua filosofia de investimentos. Cada investidor passará por uma série de experiências que irão forjar as suas ideias e estilo e que estará em constante aprimoramento, pois uma filosofia de investimentos, apesar de ter fundamentos estabelecidos, é um ser vivo. As filosofias de investimentos vencedoras tendem a ser desenvolvidas por investidores e gestores inteligentes e experientes. Howard Marks escreveu um trecho do seu livro que ajuda a compreender esse ponto do aprendizado na atividade de investimentos;

"Experiência é o que você obtém quando não conseguiu o que queria. Os bons tempos ensinam apenas más lições: que investir é fácil, que você sabe os segredos e que você não precisa se preocupar com riscos. As lições de investimento mais preciosas são aprendidas em tempos difíceis." (Howard Marks, The Most Important Thing)

Existe uma vasta literatura sobre investimentos abrangendo exaustivamente todos os aspectos da atividade. Uma forma importante de aprendizado no mundo do mercado financeiro, além das suas próprias experiências ganhando e perdendo dinheiro, é a leitura constante de bons livros reportando as experiências de outros investidores. Falamos até aqui sobre alguns pontos principais que o investidor precisa focar para obter bons resultados. Mas não existe o ponto mais importante, e sim vários pontos importantes que tem de ser considerados e aplicados ao mesmo tempo, para que o investidor tenha um bom resultado no longo prazo.

Introdução

O objetivo deste livro é refletir sobre a atividade de investimentos e construção de portfólios no mercado financeiro, que tem passado por uma forte evolução nos últimos anos, paralelamente a consolidação e estabilização da economia brasileira, e fornecer um instrumental para que o investidor possa cuidar melhor dos seus investimentos. Aprender a investir através de tentativa e erro pode ocasionar anos de desapontamentos antes do investidor ser capaz de discernir a boa informação da má.

Outro aspecto importante é entender que se desenvolver como investidor é se desenvolver como pessoa e passar a ter uma visão de vida mais ampla do mundo. Afinal, investir é alocar recursos entendendo onde o mundo está e para onde vai caminhar. Além de ser uma das atividades humanas mais antigas, gestão de riqueza faz parte da vida. É uma atividade tal qual um mosaico de conhecimentos, consolidando noções de economia, finanças, história, psicologia, matemática, biologia, física, filosofia, arte, literatura e tantos campos do saber. E por ser uma atividade tão complexa, abrangente e rica de informações, exige bastante dedicação. Quanto mais experiente, culto, estudado, atualizado for o investidor, maior a probabilidade de ser bem sucedido no longo prazo, pois ser bem sucedido no curto prazo pode ser considerado um acidente estatístico. Os investidores que gostam do que fazem sentem prazer nessa atividade, e entendem que os resultados levam tempo até começar a aparecer consistentemente e aumentam sua probabilidade de sucesso.

Procuramos desenvolver esse livro de forma ampla, que pode ser útil tanto para o investidor que está começando, dando os seus primeiros passos, quanto para um investidor mais experiente. O investidor iniciante terá uma visão ampla da matéria, conhecerá as principais questões relevantes do tema e poderá absorver algumas experiências e lições. O investidor experiente poderá repensar o seu processo de investimento, comparar suas experiências com as descritas no livro e abrir novos caminhos, absorvendo novas informações.

Charlie Munger, sócio do Warren Buffett, é um grande defensor da ideia de relacionar investimentos com várias áreas do conhecimento, e que mesmo uma área como a literatura pode contribuir para os investimentos, buscando paralelos e conexões. Como um exemplo de ligação entre a literatura e a área de investimentos podemos fazer uma rápida análise do livro do Italo Calvino, "Seis Propostas para o Próximo Milênio" no qual ele aborda cinco temas que seriam as tendências modernas da literatura a serem apresentadas em Conferências na Universidade de Harvard, mas que podemos com facilidade transpor para a atividade de investimentos. As seis propostas foram: (i) leveza, (ii) rapidez, (iii) exatidão, (iv) visibilidade, (v) multiplicidade e (vi) consistência. Esses princípios, que indicariam caminhos para a literatura, parecem ter grande aplicabilidade num portfólio de investimentos e na postura dos investidores.

A primeira proposta, da leveza, aplica-se ao olhar que devemos ter diante dos dados econômicos e das situações de crise, mantendo nossa leveza na análise e não nos deixando contaminar pelo peso do pessimismo, pois poderemos perder boas oportunidades. Como exemplo da leveza, Calvino relembra a história da Medusa, que petrificava a todos que olhassem para ela, e Perseu só conseguiu decepá-la ao olhá-la indiretamente, através de um espelho. Esse é um exemplo de leveza como uma forma de olhar diferente para um problema. A segunda proposta, a rapidez, é tratada por Calvino como uma necessidade literária, em dar fluência ao texto e às narrativas. A rapidez, a agilidade de raciocínio e a economia de argumentos são características importantes na literatura. Ele cita uma máxima latina que diz "apressa-te lentamente". Esses conceitos são perfeitamente aplicáveis ao mundo dos investimentos, no qual o tempo, timing, é fundamental na execução dos investimentos. O investidor pode perder bastante tempo analisando cenários e opções, mas quando uma oportunidade é identificada é necessária uma certa rapidez para efetivar aquele investimento.

A terceira proposta é a exatidão. A precisão, para os antigos, era simbolizada por uma pluma que servia de peso num dos pratos da balança em que se pesavam as almas. A exatidão, ou precisão, também é um conceito bastante importante para pensarmos investimentos, pois cenários superficiais ou cálculos imprecisos levarão a perdas. A proposta da visibilidade envolve a questão da imaginação e das imagens visuais. O paralelo que podemos fazer é a capacidade do investidor em pensar na evolução dos hábitos das pessoas e todos os negócios que podem surgir, de novas empresas listadas, novas tendências, de mudanças no ambiente de negócios em função, inclusive, de mudanças sociais.

A quinta proposta é referente à multiplicidade. Calvino explora nesse tema uma das características importantes do romance contemporâneo, com uma rede de conexões entre os fatos, as pessoas, as coisas do mundo. A questão da multiplicidade está permeada na atividade de investir num mundo cada vez mais complexo e interligado. A sexta proposta, que é a da consistência, ficou apenas listada por Calvino, mas não foi por ele explorada, pois ele acabou morrendo antes de concluir o texto das seis propostas. A consistência é um tema vital para os investimentos, na busca por resultados diferenciados e sustentáveis ao longo do tempo, através da adoção de uma filosofia e um processo de investimentos definidos.

O objetivo do desenvolvimento desse livro é fornecer a visão mais ampla possível dos processos de investimentos, abrangendo todos os principais assuntos relacionados. É como a construção de uma catedral, na qual vão se

Introdução

construindo as diversas partes, e conforme a construção vai evoluindo, começa a aparecer o todo, e as partes começam a fazer sentido, numa construção mais ampla, e começa a se parecer realmente com uma catedral. Fico muito feliz em poder escrever esse livro para que você possa também construir sua visão e sua catedral. Mas, para mim, também está sendo um momento de reflexão, de síntese, de pesquisa, de lembranças, de consolidação de conceitos, de questionamentos. Está sendo um processo muito rico e de grande aprendizado, no qual estou conseguindo sintetizar, reunir e dar sentido às centenas de livros que eu li, conjugado com mais de três décadas de experiência prática no mercado financeiro.

A estrutura do livro será composta pelos temas principais em relação à construção de um portfólio de investimentos, divididos em partes.

Na Parte I, iniciamos com uma análise sobre dois dos temas mais importantes, que são a filosofia de investimento e a alocação de ativos. O investidor precisa entender a importância de ter uma filosofia de investimentos definida, para ajudá-lo a ter foco e conseguir atingir seus objetivos. A alocação de ativos é o início do processo de investimento. A construção do portfólio e sua gestão é uma fase importante e complexa. Nessa parte damos grande ênfase na importância da alocação estratégica e na visão de longo prazo.

A seleção de ativos, ou seja, o detalhamento e aplicação da alocação de ativos é o tema da Parte II. São apresentados os diversos instrumentos de investimentos para materializar a alocação de ativos. Falaremos dos diversos ativos e da indústria de fundos que facilita a implementação da sua alocação e seleção.

Na Parte III serão analisadas as principais estratégias de renda variável, suas características, vantagens e resultados. Dessa forma o investidor poderá conhecer as estratégias que estão por trás dos principais fundos de ações que estão no mercado, além de permitir que ele busque a estratégia com a qual mais se identifique. Entramos também em mais profundidade no processo de seleção de ações (*stock picking*) propriamente dito, ou seja, como escolher algumas ações num universo mais amplo. Quais aspectos são relevantes para concluirmos que uma ação é um bom investimento. Entramos um pouco no tema de valuation, como fixar um preço justo para uma ação. E aproveitamos para explorar um tema que é a busca pela ação com potencial de se multiplicar por cem em determinado período.

Na Parte IV avançamos na construção dos cenários, que podem ser considerados o pano de fundo para o processo de investimento e a construção e manutenção do portfólio. O mercado acionário é bastante interligado com os ciclos econômicos. Nesse sentido, é importante situar e contextualizar o investimento no cenário econômico global e local. Desenvolvemos também uma análise das crises passadas, suas tipicidades e indícios de que um momento recessivo está se aproximando e como trabalhar em momentos de euforia e recessivos.

As finanças comportamentais têm sido cada vez mais estudadas, e os investidores estão percebendo a relevância crescente desse tema no processo de investimentos. Na Parte V iremos buscar atualizações nos principais temas que têm sido explorados em relação elas e suas aplicações. Iremos também descrever e analisar os principais vieses cognitivos que afetam o processo de tomada de decisão em investimentos.

Nem sempre a história financeira do mundo é abordada, para dar profundidade e suporte aos investidores. Na Parte VI procuramos elaborar uma história resumida dos investimentos e dos mercados, interligando com o mundo atual.

Na Parte VII são descritas as diversas abordagens dos grandes investidores globais, quais lições podemos aprender e como aplicar essa sabedoria na construção e manutenção do portfólio de investimentos. Pesquisamos a biografia desses investidores, procuramos entender suas filosofias de investimento e sua evolução.

Na Parte VIII, procuramos consolidar os diversos aspectos do processo de investimento abordados de forma a incorporar todos os conceitos e ideais até aqui desenvolvidos na construção e gestão do portfólio de investimento, fornecendo lições de investimentos. E no último capítulo fazemos as considerações finais, na forma de uma conclusão.

Esperamos dessa forma abordar os principais temas da área de investimentos e capacitar o investidor a construir o seu próprio portfólio de investimento.

PARTE I

FILOSOFIA DE INVESTIMENTO E ALOCAÇÃO DE ATIVOS

CAPÍTULO 1
Desenvolvimento de uma Filosofia de Investimento

"O compositor deve situar-se diante de uma obra-prima como um plagiário no Louvre diante de um Ticiano; ou como um pintor paisagista diante da natureza. Devemos começar aprendendo o métier dos outros, pois nem uma vida inteira é suficiente para aperfeiçoar o nosso."

Maurice Ravel

"Uma filosofia de investimentos deve ser a soma de muitas idéias acumuladas durante um longo período de tempo a partir de uma variedade de fontes. Não se pode desenvolver uma filosofia eficaz sem ter sido exposto às lições da vida. Na minha vida, tive muita sorte em termos de experiências ricas e lições poderosas."

Howard Marks

"Filosofia de investimento é realmente sobre temperamento, não inteligência bruta. Na verdade, um temperamento adequado vai bater um QI alto o dia todo. Uma vez que você estabeleceu uma base filosófica sólida, o resto é aprendizado, trabalho duro, foco, paciência e experiência."

Michael Mauboussin

"Por três métodos podemos aprender sabedoria: primeiro, pela reflexão, que é o mais nobre; segundo, por imitação, que é o mais fácil; e terceiro por experiência, que é o mais amargo."

Confucius

Uma das frases que eu escolhi para iniciar esse capítulo sobre filosofia de investimentos é a frase de Maurice Ravel, grande compositor de música clássica francês, porque ela demonstra a dificuldade de um compositor ou músico em obter ou conquistar o seu próprio estilo. Ela quase passa a ideia de que começamos nossa vida criativa copiando algum artista consagrado, e apenas com os anos começamos a desenvolver nosso próprio estilo, e Ravel chega a afirmar que nem uma vida inteira é suficiente para aperfeiçoá-lo. Isto é uma verdade para um músico, que de certa forma tem liberdade para se desenvolver.

Existe um paralelo entre o desenvolvimento de um investidor e a dificuldade de um compositor buscar o seu próprio estilo. Chamamos esse processo de desenvolver uma filosofia de investimentos. Este processo é muito importante para o investidor, pois será no futuro o balizador do processo de investimentos e a base para a construção e gestão do portfólio.

A filosofia de investimentos é construída ao longo do tempo através de experiências e informações práticas e teóricas. É muito importante ao investidor estar constantemente lendo sobre os mercados, outros investidores bem sucedidos, economia, política, história, para formar ideias sobre o tema de investimentos. Aliado a esse processo, o investidor deve construir o seu portfólio e aplicar os conceitos adquiridos na prática, iniciando dessa forma a construção de sua filosofia de investimentos.

Apesar de o termo filosofia em relação à investimentos poder parecer, num primeiro momento, um pouco ambicioso, acho que faz muito sentido. A construção de uma filosofia de investimentos tem muitas semelhanças com uma filosofia de vida. Assim como a filosofia de vida é formada por experiências práticas e a leitura de muitos filósofos e suas visões de mundo, a filosofia de investimentos é formada por conceitos teóricos e experiências práticas. O desenvolvimento de uma filosofia de vida tem o objetivo de ter uma vida melhor, o desenvolvimento de uma filosofia de investimentos tem como objetivo investirmos de uma forma melhor.

Outro ponto fundamental em relação à construção de uma filosofia de investimentos é o conceito[1] desenvolvido por Taleb sobre a necessidade de arriscar a própria pele, que em inglês se intitula *"skin in the game"*. Por mais que o investidor acumule conhecimento teórico, por mais livros sobre investimentos que ele leia, é apenas arriscando a própria pele, expondo-se ao mundo real e sofrendo as consequências, boas ou ruins, que será formada uma filosofia de investimentos.

---

[1] TALEB, Nassim Nicholas. *Skin in the Game*: Hidden Asymmetries in Daily Life. New York: Random House, 2018.

Desenvolvimento de uma Filosofia de Investimento

A maioria dos investidores não tem uma filosofia de investimentos, e o mesmo pode ser dito sobre muitos gestores de recursos e consultores profissionais. Eles adotam estratégias de investimentos que parecem funcionar (para outros investidores) e as abandonam quando param de funcionar. Na ausência de uma filosofia de investimentos você será alvo de modismos e soluções que provavelmente não são as melhores para você.

Com um conjunto de crenças e princípios você terá mais controle sobre seu destino. Você não só será capaz de rejeitar estratégias que não se encaixam em suas crenças fundamentais sobre mercados, mas também será capaz de adaptar estratégias de investimentos às suas necessidades. Além disso, você conseguirá ter uma visão mais ampla do que realmente é diferente entre as estratégias, e o que elas têm em comum.

Acho que cada um deve desenvolver suas próprias crenças e princípios ao longo do tempo, investindo e pensando sobre suas experiências práticas. Mas como exemplo posso falar um pouco sobre as minhas crenças e princípios. Eu acredito na gestão ativa, isto é, eu acho possível que bons gestores possam consistentemente apresentar performance superior aos índices de mercado. Também tenho a crença que resultados são construídos no longo prazo e que movimentos de curto prazo nas posições investidas agregam valor, mas não são a principal fonte de ganho. Mas não quero aqui influenciar a construção de suas crenças e valores, só dar alguns exemplos para ilustrar esse tema, que parece um pouco abstrato.

Um ponto importante em relação à filosofia de investimentos é o conhecimento. O investidor precisa ter os conhecimentos básicos sobre risco, avaliação de ativos, economia, para poder navegar no mercado financeiro.

Investidores bem sucedidos construíram uma filosofia de investimentos consistente aplicada a todos os aspectos do processo de gestão do portfólio. Os princípios filosóficos representam aspectos de investimentos que foram testados na prática e nos quais foram obtidos resultados positivos consistentes.

Todo investidor deve definir objetivos sobre o seu investimento considerando variáveis como objetivo de rentabilidade, horizonte de investimento e nível de risco desejado. Uma vez definidos os objetivos gerais, vem a questão de como obter esses retornos, ou seja, qual a filosofia de investimento. Este é um tema bastante amplo pois envolve o conceito de investimento e as crenças relacionadas.

Para Damodaran[2], uma filosofia de investimento é um modo coerente de pensar os mercados, como eles funcionam e entender o comportamento

---

[2] DAMODARAN, Aswath. *Investment Philosophies*. Successful Strategies and the Investors Who Made Them Work. Second Edition. Hoboken: John Wiley & Sons, Inc., 2012.

do investidor, seus pontos fortes e fracos como investidor. Ele acredita que investidores com filosofias de investimento definidas tendem a ser mais consistentes e disciplinados nas suas escolhas de investimento, ainda que este comportamento não garanta sucesso.

O conceito de filosofia de investimento é bastante amplo e pode conter muitos significados. As filosofias de investimento são formadas pelas experiências vividas pelo investidor: os ganhos, as perdas, os momentos de indecisão, a influência de pessoas relacionadas, as mudanças de estratégia, a pressão por resultados que muitas pessoas se colocam, as crenças do que funciona para se obter sucesso nos investimentos. Mas mesmo uma boa filosofia de investimentos não vai ajudá-lo a menos que você combine com disciplina e paciência. Uma vez que você estabeleceu uma base filosófica sólida, o resto é aprendizado, trabalho duro, foco, paciência e experiência.

Alguns investidores acreditam que devem ser conservadores e só investir em fundos de renda fixa, enquanto outros gostam de operar ações com bastante giro, permanecendo pouco tempo com as ações na carteira. Além das filosofias de investimento serem uma forma de pensar, podem ser consideradas também modos de operar os mercados. Enquanto um indivíduo acredita numa posição estática em estratégias extremamente seguras, outro investidor pode ter uma visão oposta, investindo em posições mais voláteis, arriscadas e com maior giro. Nesse sentido, o investidor deve fazer uma autoanálise e entender de que forma ele se sente confortável para operar o mercado e atingir seus objetivos, como ele toleraria perdas e se teria paciência para enfrentar tempos difíceis, sem entrar em pânico e acabar liquidando as posições em um momento desfavorável.

O campo das finanças comportamentais tem feito muitos avanços em mostrar os vieses cognitivos que afetam as decisões de investimentos. É muito importante que o investidor esteja receptivo para entender o seu comportamento, os seus vieses e possa lidar e se desenvolver com relação a essas questões, construindo uma filosofia de investimentos mais adequada aos seus objetivos.

Segundo Chuck Widger[3], uma filosofia de investimentos é composta por um conjunto de princípios de investimento que foram estudados, testados e formalizados por longos períodos. Esses princípios ajudam a entender o funcionamento do mercado e as razões para esses comportamentos, e estão sedimentados e desenvolvidos com base nas observações, visões e pesquisas de situações de mercado reais.

---

[3] WIDGER, Chuck; CROSBY, Daniel. *Personal Benchmark*. Integrating Behavioral Finance and Investment Management. Hoboken: Jonh Wiley & Sons, 2014.

Howard Marks, *chairman* da Oaktree Capital Management, uma empresa gestora de recursos baseada em Los Angeles, e que administra em torno de US$ 80 bilhões, escreveu um livro muito interessante formado pelas cartas que ele enviou durante anos para os seus clientes, chamado *"The Most Important Thing"*. A ideia principal do livro é a busca do que é mais importante para um investimento bem sucedido, e a conclusão do autor é que existem 20 pontos importantíssimos e que devem ser olhados todos simultaneamente.

Para Howard Marks, uma filosofia de investimentos vencedora só pode ser criada através da combinação de uma série de elementos essenciais:

- Uma formação técnica em contabilidade, finanças e economia que fornece a base necessária, mas está longe de ser suficiente;
- Uma visão sobre como os mercados funcionam é importante, mas esta visão tem de ser continuamente revista e ir sendo refinada e sofisticada com o tempo;
- Algumas de suas visões iniciais virão do que você leu, então a leitura é um bloco de construção essencial. Continuar a ler permitirá que você aumente a eficácia de sua abordagem — tanto abraçando as ideias que você acha atraentes, quanto descartando aquelas que você tem e julgue que devem ser abandonadas. É importante ler fora dos limites rígidos de investir. O lendário investidor Charlie Munger frequentemente aponta para os benefícios da leitura de temas mais amplos; livros de história, biografias e outros temas científicos podem agregar muito a abordagens e decisões de investimentos;
- Trocar ideias com outros investidores pode ser uma fonte inestimável de crescimento. Dada a natureza não científica do ato de investir, cada um vai desenvolver o seu próprio estilo através do seu processo de aprendizado. Investir pode ser solitário, mas não necessariamente: a troca de experiências enriquece o processo de investimento;
- E a experiência é muito relevante. A cada ano o investidor irá ver os investimentos de forma diferente, e cada ciclo irá fornecer ensinamentos para se adaptar melhor para o próximo.

Não basta termos uma filosofia de investimentos vencedora. Precisamos implementar essa filosofia com qualidade, através de um processo bem construído e muita dedicação. Uma vez que é muito difícil saber o que vai acontecer no futuro, temos de ter boas fontes de dados, desenvolver uma boa interpretação deles, saber quais ações tomar em função dessa interpretação e ter equilíbrio emocional e coragem para tomar essas atitudes.

A Dynamo, uma das mais bem sucedidas gestoras de fundos de ações no Brasil, tem uma filosofia de investimentos muito bem definida. Eu me lembro de uma declaração do sócio Pedro Damasceno, para o Jornal Valor Econômico na qual ele foi perguntado sobre a essência da Dynamo, sobre o que traduzia a essência da gestora. E a resposta dele foi que a essência da Dynamo era ter as mesmas pessoas fazendo a mesma coisa durante muito tempo. Essa ideia, apesar de parecer simples, resume o conceito de que a construção da filosofia de investimento é um processo lento, baseado nas experiências de um grupo trabalhando junto por um longo tempo, aprendendo a lidar com o mercado. É a longa sedimentação de um processo.

Grandes eventos podem pôr em xeque filosofias de investimentos já consolidadas. A crise de 2008, o crescimento dos fundos alternativos foram situações que fizeram com que muitos investidores repensassem os fundamentos das suas filosofias. É importante ressaltar que as filosofias de investimentos têm vida e devem ter um processo de evolução natural.

Vamos tomar o exemplo de duas estratégias de investimentos, que tem subjacente o conceito de filosofia de investimentos. A filosofia de investimentos é mais ampla, é sua forma de pensar os mercados, enquanto uma estratégia de investimentos seria a operacionalização da sua filosofia, é a combinação de uma filosofia aplicada a um cenário projetado e que resultou numa alocação de ativos.

- Na estratégia A, o investidor compra ativos que ele espera que irão performar bem em seis meses. Se um investimento começa a ir mal, ou as perspectivas mudam, ele já troca os investimentos atuais rapidamente por outros ou fica com o dinheiro em caixa para esperar por melhores oportunidades.
- Na estratégia B, o investidor está investido em várias classes de ativos num portfólio diversificado, baseado numa alocação estrutural de longo prazo. Se algum investimento performa mal, o investidor compra mais desse ativo para manter os percentuais da alocação estrutural inicial.

Estudos acadêmicos têm demonstrado que investidores que trocam de posições em funções de resultados de curto prazo tendem a vender ativos que frequentemente performam melhor que os novos. A busca de resultados de curto prazo, através de mudanças rápidas de posições em função do cenário corrente pode ser uma filosofia de investimentos de difícil implementação e com uma probabilidade de insucesso alta. Este é um exemplo da importância do desenvolvimento da filosofia de investimentos. Se o investidor tem como crença que é possível ter resultado focando no curto prazo e mudando de posição constantemente ele tenderá a adotar a estratégia A. E essa será a filosofia de investimentos adotada, baseada nas suas crenças.

Para muitos investidores, a parte mais difícil da atividade de investir não é a montagem do portfólio ideal, mas é manter os seus princípios de investimento e sua alocação estratégica nos momentos de euforia e depressão, naquilo que Disraeli chamou de "constância do propósito". Ser racional num ambiente de emoções afloradas não é nada fácil. O custo da sua infidelidade aos seus princípios pode ser alto. Manter o foco no longo prazo em mercados de alta ou de baixa é bastante difícil.

Essas questões todas são muito relevantes na construção da filosofia de investimentos que irá fornecer as linhas gerais para o investidor. A elaboração de uma filosofia de investimentos é fundamental para o sucesso no longo-prazo na área. Para isso, é preciso definir objetivos, processos e ter disciplina para implementá-los, e paciência e determinação para não se desviar do plano traçado em momentos de forte volatilidade de mercado.

Investimento é um trabalho intenso, complexo e que necessita de estudo constante. Acredito que atualmente, mesmo que o investidor esteja sendo aconselhado por assessores de investimento competentes, é necessário que ele se envolva e participe do processo de investimento.

O investidor precisa desenvolver uma compreensão equilibrada e objetiva de si mesmo e de sua situação, seus conhecimentos e habilidades de investimentos, sua tolerância ao risco, sua necessidade de liquidez, seu horizonte de investimento, suas necessidades financeiras, seu comportamento psicológico. O maior problema do investidor não é exatamente performar melhor que o mercado, mas desenvolver a sua filosofia de investimentos própria.

CAPÍTULO 2
Alocação de Ativos

"Investimento é mais arte que ciência. Se o mais importante fosse estatística, os grandes investidores seriam estatísticos. E não parece ser o caso."

Christopher Mayer

"Dadas as dificuldades em acertar os movimentos dos mercados e os desafios da seleção de ativos, a alocação de ativos fornece uma base racional para o gerenciamento de investimentos. Ao evitar mudanças extremas de alocação e manter carteiras diversificadas, os investidores fazem com que a alocação de ativos represente a maior parte dos retornos do portfólio."

David F. Swensen

A alocação e ativos é basicamente o processo pelo qual os ativos são alocados entre as várias classes de investimentos com base no retorno e no risco esperado desses investimentos. Além disso, a alocação de ativos é baseada em julgamento e experiência, ferramentas quantitativas e modelos são simplesmente pontos de referência na análise dos ativos. Assim como utilizamos uma bússola para nos dizer onde está o norte, sabemos que esta não pode nos dizer qual caminho particular tomar.

A alocação de ativos não se trata apenas de maximizar o retorno esperado, é preciso buscar a carteira que maximize o retorno e minimize o risco. O problema é estimar o retorno esperado e medir adequadamente o risco. É importante que o investidor entenda as características da classe de ativos e os respectivos riscos subjacentes.

O processo de alocação de ativos não pode ser considerado como 100% científico, e é um dos exemplos na área de investimentos de combinação de ciência e arte. Não existe um processo matemático que faça a escolha da alocação ideal, é preciso combinar o bom senso no julgamento da qualidade dos ativos com modelos e análises quantitativas para construir um conjunto de informações que ajudem no desenho do portfólio.

O ponto de partida em explicar a importância da alocação de ativos é a compreensão tanto do objetivo de investimento do investidor quanto do impacto de várias opções de investimento na obtenção deste objetivo. O objetivo principal de muitos investidores é maximizar a taxa de retorno de longo prazo. Para alguns investidores, isso significa concentrar-se em alguns ativos ou classes de ativos, como investir principalmente nos mercados de ações. O desempenho recente nos mercados tradicionais de ações tem ilustrado os riscos de tal processo de alocação. Dados dois fluxos de investimento com aproximadamente a mesma taxa de retorno esperada por período, o fluxo de investimento com o menor desvio padrão tem a maior taxa de retorno a longo prazo. Como resultado, para muitos investidores uma das principais metas da alocação multiativos é manter uma variedade de investimentos de modo que reduza a volatilidade, sem reduzir significativamente o retorno esperado. A volatilidade pode ser entendida como a intensidade da oscilação dos ativos diante dos fatos que podem afetar os mercados. No final do livro, incluímos um glossário com alguns dos principais termos que utilizamos neste trabalho, que para nós do mercado financeiro podem parecer óbvios, mas para muitos novos investidores podem parecer termos complexos e desconhecidos.

O termo alocação de ativos significa diferentes coisas para diferentes pessoas em contextos diferentes. Poderíamos dividir as decisões de alocação de ativos em três categorias frequentemente utilizadas:

- *Alocação Estratégica de Ativos*: pode ser caracterizada como uma decisão de alocação de ativos de longo prazo. O objetivo é determinar o mix de ativos de longo prazo que representará o desejável equilíbrio de risco e retorno. No desenvolvimento da alocação estratégica de ativos, os objetivos de retorno do investidor, a tolerância a risco e outras restrições de investimentos devem ser levadas *em conta*.
- *Alocação Tática de Ativos:* representa uma visão ativa do mix estratégico de ativos. As mudanças ocorrerão em resposta às mudanças nas características de risco e retorno das diferentes classes de ativos, resultantes de mudanças no ambiente de investimentos. A alocação tática é baseada na premissa de que o retorno dos ativos é relacionado com os fundamentos econômicos. Há algumas abordagens na alocação tática de ativos. Algumas dependem principalmente das previsões de retorno baseadas na economia, enquanto

outras são baseadas no movimento histórico de preços (por exemplo, quando os preços dos ativos sobem rapidamente, um alocador tático de ativos pode tender a vender, e quando o preço dos ativos cai rapidamente, o investidor tenderá a comprar).

* *Estratégias Dinâmicas:* são estratégias de reação mais rápida para aproveitar uma oportunidade pontual de mercado ou montar uma estrutura de opções com um objetivo de proteção ou alavancagem com um horizonte de curto prazo.

Além das estratégias, a alocação de ativos em geral costuma ser dividida em três estilos: (i) conservador, (ii) moderado e (iii) agressivo. Os estilos de investimentos são relacionados aos níveis de risco, ou seja, o estilo agressivo irá implicar em ativos de maior risco, maior retorno potencial e maior volatilidade, mas no caso de uma crise, maior perda também. O estilo de investimento envolve a adequação ao perfil de risco do investidor e sua tolerância a perdas.

Se formos pensar nos avanços na alocação de ativos mais recentes, eles estão muito mais ligados com o desenvolvimento de investimentos alternativos do que com o avanço dos modelos teóricos de alocação. A tradicional dualidade entre renda fixa e renda variável foi ampliada com diversos fundos alternativos, tais como fundos multimercados (*hedge funds*), imobiliários, *private equity* e *commodities*. Muitos desses novos ativos alternativos ainda não têm um histórico confiável de dados sobre retorno, risco e correlação com os ativos tradicionais, fazendo com que essa seja uma nova fronteira de estudos e pesquisa.

O desenvolvimento de estruturas para esses novos ativos alternativos também tem permitido o acesso de investidores que antes não tinham como investir nessa classe de ativos. Um exemplo disso é a popularização dos fundos imobiliários no Brasil. A criação de fundos de *venture capital* também permitiu a investidores terem acesso a esse tipo de produto, com um investimento inicial mais baixo. O próprio VIX (VIX é o código de negociação do Índice de Volatilidade negociado na CBOE) passou a ser mais acessível aos investidores, dando hoje a alternativa de operar risco. A Internet tem permitido também um acesso muito grande às informações para os investidores, além de permitir o desenvolvimento de uma variedade de novas abordagens para a alocação de ativos e riscos.

Nessa fase é importante definir adequadamente as classes de ativos para poder formar o portfólio. Alguns investidores escolhem as classes de ativos que estão na moda e alocam entre elas, entretanto é muito importante montar um portfólio estrutural e diversificado para enfrentar os diversos cenários futuros.

De tempos em tempos somos obrigados a repensar as nossas convicções mais profundas. Esse processo é difícil pois temos de admitir que erros realizados poderiam ter sido evitados. A crise de 2007/2008 forçou a disciplina de alocação de ativos a passar por uma revisão. Sabemos que a condição humana é uma contínua troca entre o conforto da constância e a necessidade de mudança. É essa tensão que cria a inovação. O investidor tem de ter consciência da necessidade de estar continuamente evoluindo e, consequentemente, sua filosofia de investimentos também. E isto é particularmente verdadeiro em um mundo de inovação rápida baseado em novas tecnologias, nova regulação e novas oportunidades de investimento. A maioria de nós adota um conjunto de crenças que nos ajudam a pensar e agir sobre os eventos. Os mitos podem ser considerados como "crenças coletadas" que servem para ajudar a entender o passado, mas que são tomadas como verdades, sem uma análise mais profunda. Infelizmente, como observado anteriormente, nem todas as crenças são verdadeiras; e o corolário natural desta afirmação é que nem todas as crenças são baseadas em fatos. Mesmo assim, os indivíduos trabalham e tomam decisões dentro de seus sistemas de crenças tradicionais.

Um conceito também importante é que para obter um retorno acima da média é preciso correr riscos. Muitas vezes são oferecidos para os investidores produtos que apresentam resultado acima da taxa de juros da economia sem correr riscos adicionais. Isto é praticamente impossível. Existem alguns mitos na alocação de ativos que têm de ser repensados e questionados.

A mudança é uma parte comum do mundo dos investimentos, bem como da pesquisa acadêmica. A pesquisa nas áreas de investimento em ações e títulos, bem como em outras classes de ativos, evolui; novas teorias e informações surgem que melhor explicam relacionamentos passados. Qualquer atraso na compreensão dessas forças de mercado muitas vezes resulta em um atraso na valorização da mudança pelos investidores. Em suma, à medida que os mercados mudam, os mitos também mudam; alguns apenas mudam mais lentamente do que outros.

Pesquisas acadêmicas mostraram que, embora muitos investidores agindo em crenças defeituosas possam, no curto prazo, afetar os preços de mercado, no longo prazo os ativos tenderão a ir para precificações que refletem o consenso de mercado.

Estas são algumas crenças que, apesar de questionáveis, são difundidas pelo mercado.

- Diversificação entre bolsa doméstica e internacional é suficiente para a diversificação: com a maior globalização, a diversificação entre bolsas de

diversos ativos acaba sendo pouco eficiente do ponto de vista do risco, considerando uma crise mais forte como uma crise de crédito global, que pode impactar os mercados de bolsa como um todo no mundo; neste caso a diversificação para classes de ativos alternativos pode ser melhor;
- A performance recente do fundo é um bom indicador para a performance futura: existe pouca evidência empírica de que a performance recente é um bom indicador da rentabilidade futura.

Uma das crenças muito difundidas, e de certa forma intuitiva, é a reversão à média. Um conceito simples, que prega que se a bolsa subiu muito recentemente, com o tempo ela tenderá a voltar próxima do valor inicial. Por esse conceito eu vendo os investimentos que subiram e compro aqueles que caíram. Este também é um bom exemplo para entendermos a filosofia de investimentos, pois se eu como investidor construí a convicção de que a reversão à média é uma regra que determina o comportamento dos mercados, eu irei construir uma filosofia de investimentos impregnada desta crença, e irei fazer uma alocação de recursos ampla, com várias classes de ativos, e toda vez que algum ativo se descolar e apresentar uma performance muito positiva, eu irei reduzi-lo e aumentar os ativos que não estão performando bem. Isso é quase uma visão de mundo, no qual as coisas tendem a voltar para a sua média, um certo determinismo.

O grande risco de ter crenças muito fortes e construir filosofias de investimentos pouco flexíveis sobre essas crenças é que as crenças mudam em função das mudanças no mundo e nos mercados. Existe a famosa frase do Keynes que ele respondeu quando foi ironizado por mudar de ideia: "Quando os fatos mudam, eu mudo minha opinião. E o senhor, o que faz?".

Assim, é preciso investir um tempo em construir uma filosofia de investimentos bem pensada e sólida, mas saber que a filosofia precisa estar viva e em constante desenvolvimento.

CAPÍTULO 3
Classes de Ativos

> "Seis classes de ativos fornecem exposição a atributos de investimento bem definidos. Os investidores esperam retornos mais altos e com maior risco de ações, que podem ser ações domésticas, ações de mercados desenvolvidos globais e ações de mercados emergentes. Os títulos domésticos convencionais de renda fixa e indexados à inflação proporcionam diversificação, ainda que o custo dos retornos esperados seja inferior aos antecipados pelos investimentos em ações. A exposição ao setor imobiliário contribui para a diversificação da carteira com custos de oportunidade mais baixos do que os investimentos em renda fixa."
>
> David F. Swensen

Classes de ativos são categorias amplas de investimentos, como títulos de renda fixa, ações, ativos imobiliários, *commodities*, alternativos. E cada classe de ativos pode ser dividida em categorias. Por exemplo, os títulos de renda fixa podem ser divididos em juros pós-fixados, pré-fixados e juros reais; ativos imobiliários podem ser divididos em lajes corporativas, shoppings e galpões logísticos. E as categorias podem ainda ser divididas em estilos de investimentos e setores. Exemplos de estilos são os fundos que investem em ações baratas, fundos valor (*value*), e fundos que investem em ações de empresas que crescem aceleradamente, fundos crescimento (*growth*). As ações podem ser divididas por setores, como ações do setor de tecnologia, financeiro, consumo, logística.

Um portfólio diversificado deve ter ativos de várias classes, categorias, estilos e setores.

Investidores bem sucedidos estudam as diversas classes de ativos e seus componentes para entender a diferença entre eles. Eles estimam as expectativas de longo prazo de risco e retorno, e eles estudam como os retornos de uma classe de ativos pode se mover em relação às outras classes. Daí eles pesam as vantagens e desvantagens de incluir determinado investimento no portfólio. Essas três variáveis, risco, retorno e prazo, são interligadas e têm de estar presentes o tempo todo no processo decisório do investidor. O risco será discutido em mais profundidade alguns capítulos à frente, mas representa o risco de perda. O retorno é a essência do investimento, que é a busca do ganho. E o prazo é relacionado a deixar o tempo trabalhar, pois os resultados não são instantâneos, ou seja, uma vez adotada uma estratégia de investimentos e feito o posicionamento nos ativos é preciso deixar o tempo passar para que os ganhos se materializem.

O mercado financeiro tem tido avanços constantes, e atualmente existe uma ampla e complexa lista de opções para os investidores, mesmo para aqueles que não têm um grande volume investido. Esses investimentos podem ser acessados pelas diversas plataformas de investimentos on-line que têm apresentado grande desenvolvimento recentemente.

Toda vez que existe uma grande complexidade em relação a um tema, é interessante criar uma classificação para podermos entender melhor os diversos componentes de uma estrutura. Aristóteles foi o primeiro a classificar os seres vivos. Ele dividiu-os em dois grupos: animais e plantas, que teriam subgrupos organizados de acordo com o ambiente em que viviam, sendo caracterizados como aéreos, terrestres ou aquáticos. Mais tarde, vários cientistas criaram sistemas, baseados no que Aristóteles havia feito.

Charlie Munger é um dos primeiros nomes associados à criação de modelos mentais originários de diversas áreas da ciência e suas aplicações na tomada de decisões nos processos de investimentos. Charlie Munger, ficou conhecido por ser o parceiro de Warren Buffett na Berkshire Hathaway, e será mais profundamente analisado num capítulo posterior, no qual serão detalhadas as diversas abordagens de grandes investidores e sua contribuição para a evolução da gestão de investimentos. Shane Parrish, da Farnan Street, também é um estudioso dos modelos mentais. Ele desenvolve a tese de Munger de que a chave para entender melhor o mundo é a construção de um mosaico de modelos mentais interligados.

Nesse sentido, utilizamos o exemplo de Aristóteles para montar uma classificação dos fundos de investimentos como forma de organização para a montagem de uma carteira de investimentos abrangendo as diversas classes de ativos.

A Bloomberg, em 2013[4], dividiu os ativos em oito classes: ações, renda fixa (exposição em ativos com maturidade maior que 1 ano), alocação mista, especialidades, imobiliário, *commodities*, renda fixa curto prazo, alternativos.

---

[4] WIDGER, Chuck; CROSBY, Daniel. *Personal Benchmark*. Integrating Behavioral Finance and Investment Management. Hoboken: Jonh Wiley & Sons, 2014.

CLASSES DE ATIVOS

A Morningstar atualizou sua classificação em 2016[5], e divide os ativos em nove categorias: ações americanas, ações setoriais, alocação, ações internacionais, alternativos, *commodities*, renda fixa taxada, *bonds* municipais e renda fixa de curto prazo (*money market*). A Morningstar, na sua classificação, não se preocupa tanto com o conceito de classe de ativos e sim com o conceito de fundos, pois é uma empresa focada na sua classificação.

Tanto a Bloomberg quanto a Morningstar causam alguma confusão entre as categorias dos fundos e as classes de ativos.

Swensen ressalta a importância da classificação no sentido de que cada classe acrescente algo diferente ao portfólio[6]. Ele usa sete diferentes classes de ativos: ações domésticas, ações estrangeiras, renda fixa, retorno absoluto, recursos naturais, imobiliário e *private equity*.

Considerando as características do mercado brasileiro, iremos propor uma divisão de classes de ativos próxima à classificação de Swensen, mas adaptada ao Brasil. Também é importante ressaltar que as classes de ativos são dinâmicas e podem ser revistas periodicamente.

Swensen[7] cita o exemplo do portfólio da Universidade de Yale na virada do século XX, que era composto por títulos hipotecários, títulos (*bonds*) de ferrovias e investimentos imobiliários, complementado com uma participação bem pequena em ações de empresas americanas. Nessa época, a importância das ferrovias na economia americana era tão grande que os títulos emitidos pelas empresas do setor se constituíam numa classe de ativos. No século XXI, o portfólio de investimentos de Yale é bem mais diversificado e pode ser dividido nas seguintes classes de ativos: renda fixa americana, ações americanas, ações globais, retorno absoluto, ativos reais e participação em ativos de empresas não listadas em bolsa, *private equity*.

A classificação que eu gostaria de propor é a seguinte: (i) renda fixa, (ii) ações, (iii) alternativos e (iv) ativos imobiliários. E essas classes teriam subdivisões. Na renda fixa, por exemplo, podemos dividir em local e global, e podemos dividir em curto prazo e longo prazo, ou pré-fixado, pós-fixado e juros reais; os fundos de crédito privado seriam uma subcategoria também. É preciso ter bem clara a macro divisão das classes de ativos e depois caminhar para uma

---

[5] WIDGER, Chuck; CROSBY, Daniel. *Personal Benchmark*. Integrating Behavioral Finance and Investment Management. Hoboken: Jonh Wiley & Sons, 2014.

[6] SWENSEN, David F. *Pioneering Portfolio Management*: An Unconventional Approach to Institutional Investment. New York: Free Press, 2009

[7] SWENSEN, David F. *Pioneering Portfolio Management*: An Unconventional Approach to Institutional Investment. New York: Free Press, 2009

visão matricial dos ativos, abrangendo várias subclasses, tendo uma visão global do portfólio.

Muitos investidores questionam se a forma tradicional de alocação, utilizando ações e renda fixa, não seria melhor do que entrar nessa complexidade de investimentos alternativos. Quando pensamos na distribuição de risco de um portfólio composto apenas por ações e renda fixa, iremos observar que o risco fica concentrado nas ações. Portanto, se podemos diversificar a principal fonte de risco, é uma decisão que agrega valor ao portfólio. Nesse caso, mais é melhor que menos. Estudos da Ingarm (Institute for Global Asset and Risk Management) mostram que portfólios que alocaram pelo menos 10% em fundos alternativos performaram melhor que aqueles que eram compostos da forma tradicional, apenas com ações e renda fixa[8].

Com a globalização, é maior a correlação entre os principais ativos. Além disso, com o desenvolvimento da Internet e a difusão maciça das informações de mercado, está mais difícil de encontrar retorno absoluto (*alpha*) nos investimentos tradicionais.

---

[8] SCHNEEWEIS, Thomas. CROWDER, Garry B. KAZEMI, Hossein B. *The New Science of Asset Allocation*: Risk Management in a Multi-Asset World. Hoboken: John Wiley & Sons, 2010

CAPÍTULO 4
Construção do Portfólio Estrutural

> "A construção de portfólio não é uma ciência, é mais uma arte e envolve muito julgamento"
>
> Neil Woodford

> "A disciplina é difícil. Somos por natureza criaturas imperfeitas e inconstantes. Não conseguimos evitar de comer besteiras entre as refeições. Não fomos feitos para a disciplina. Somos construídos para a emoção, não para uma atenção cuidadosa aos detalhes. A disciplina é algo que temos de trabalhar."
>
> Atul Gawande

A construção de um portfólio é um problema de engenharia. Para buscarmos a solução de um problema, é preciso defini-lo corretamente, é preciso lidar com incerteza, distribuições de probabilidades, a informação disponível, que nem sempre está completa, filtrar as informações de forma lógica e determinar a forma mais eficiente e confiável de atingir os objetivos de rentabilidade, respeitando as restrições propostas.

Precisam ser criadas algumas diretrizes, como por exemplo uma classe de ativos tem de ter pelo menos 5% a 10% do total para ter algum efeito, enquanto uma classe mais representativa não deveria ter mais que 25% a 30%. A renda fixa entra geralmente como uma proteção a eventos inesperados. Taleb[9] desenvolveu alguns conceitos interessantes, sendo que um deles foi em relação aos

---

[9] TALEB, Nassim Nicholas. *The Black Swan:* The Impact of the Highly Improbable. New York: Random House, 2007.

cisnes negros (*black swans*). As pessoas achavam ser impossível a existência de cisnes negros, até que um dia foram encontrados num lago da Austrália, e a partir desse dia a existência de cisnes negros passou a ser aceita normalmente. Acho que o conceito que vem desse exemplo é que existem eventos no mercado financeiro que podem aparecer de repente, sem nenhum aviso, sendo impossível ou muito difícil de serem antecipados. Nesses casos, faz sentido carregar uma proteção para um evento que nem sabemos nem quando nem como ele irá surgir.

Pode parecer que a construção de um portfólio é uma tarefa simples, mas é complexa e de difícil implementação. Muitos investidores relutam em implementar a alocação esperando um melhor momento, ou tendem a mudar excessivamente a alocação em função de situações de mercado. O excesso de informações geradas pelo mercado financeiro muitas vezes é um foco de distração e atrasa o processo de implementação da alocação.

Existem pessoas que acham que o portfólio deveria refletir o que está acontecendo, investindo de forma intensa nos ativos que estão em evidência, sem que haja uma alocação estrutural de longo prazo. Estudos acadêmicos demonstram que a alocação de investimentos por classes de ativos explica a maior parte do resultado.

Um estudo de Brinson, Hood e Beebower (1986)[10] demonstrou que até 93,6% da variação dos retornos no desempenho trimestral de portfólios diversificados gerenciados profissionalmente poderia ser explicada pelo mix das classes de ativos. Roger Ibbotson e Paul Kaplan (2000)[11] concluíram num estudo que 90% da variação dos resultados de um portfólio no longo prazo é explicada pela alocação dos ativos. Apenas uma pequena variação no resultado é explicada por mudanças táticas na carteira (*market timing*) ou escolha dos investimentos dentro das classes de ativos.

Assim, deve-se gastar a maior parte do tempo entendendo as classes de ativos e desenhando uma alocação estrutural nelas. O controle do risco também é muito importante, pois manter um risco controlado vai permitir que o investidor consiga passar por um período de crise econômica sem grandes mudanças significativas na alocação. Apesar dos ajustes conjunturais na carteira, é fundamental sempre ter uma visão de longo prazo.

---

[10] BRINSON, Gary P. HOOD, Randolph L. BEEBOWER, Gilbert L. *Determinants of Portfolio Performance*. Financial Analysts Journal, July/August 1986.

[11] IBBOTSON, Roger G. KAPLAN, Paul D. *Does Asset Allocation Policy Explain 40, 90 or 100 Percent of Performance?* Financial Analysts Journal, January/February 2000, pp. 26-33.

Na construção do portfólio é importante abordar a questão do risco e do *drawndown* (mensuração da queda de uma variável em relação ao seu pico histórico). É preciso ter uma percepção de qual é o nível de risco tolerado pelo investidor, e um entendimento da relação entre risco e retorno, pois se o risco do portfólio for muito baixo, o investidor terá de aceitar um retorno esperado muito baixo também.

A questão do balanceamento entre agressividade e defesa também é uma questão relevante na construção do portfólio, e depende também muito de qual estágio estamos no ciclo econômico.

Todas as pessoas têm necessidades financeiras específicas, experiências em relação à investimentos diversas e diferentes percepções de risco. Todos esses aspectos devem ser levados em consideração na construção dos portfólios. Ela é a materialização de todo o processo de investimentos, desde a criação de uma filosofia de investimentos, o desenho de uma alocação de ativos, a seleção de ativos que irá resultar numa carteira de investimentos final.

A disciplina no processo de investimento, na alocação nas classes de ativos e no rebalanceamento é fundamental para a construção de uma rentabilidade positiva.

A construção do portfólio através da alocação de ativos não é uma atividade emocionante. Muitas vezes o processo de investimentos tem componentes relativamente tediosos, mas é a disciplina que irá contribuir para os ganhos. A mídia e os novos sites e aplicativos de investimentos querem vender uma ideia de emoção, glamour e ganhos fáceis e rápidos, mas como quase tudo na vida, os bons resultados precisam dos mesmos ingredientes: disciplina, foco, esforço, paciência, resiliência.

A vantagem da construção de um portfólio diversificado é que você não precisa ficar tão preocupado com o cenário de curto prazo e com o melhor momento de entrar no mercado. Ao fazer uma alocação pensando num prazo mais longo você se liberta da necessidade de prever quais as direções de curto prazo do mercado.

Cuidado com a ideia de perfeccionismo, pois podem passar oportunidades enquanto você busca o portfólio ideal. Nenhum portfólio implica em ter sucesso garantido, mas um plano não implementado é certeza de fracasso.

Pode haver uma tendência de analisar excessivamente os dados de mercado com o objetivo de construir o portfólio ideal. Esse não é um bom caminho, pois a alocação ideal só pode ser conhecida em um momento posterior. Depois de algum tempo de análise dos dados você pode sofrer um processo de paralisia e não implementar nenhuma carteira. Portanto, a partir de um ponto você deve encerrar o seu processo de análise e passar para a prática, implementando a carteira. O General prussiano, Karl Von Clausewitz costumava dizer que "o maior inimigo de um grande plano é o sonho do plano perfeito"[12].

Ninguém conhece todas as classes de ativos, estilos de investimentos e setores para serem investidos. Mesmo que você seja o espadachim da China, uma pessoa brilhante, você não saberá como prever o comportamento do seu portfólio no futuro. Você pode apenas construir um portfólio com alta probabilidade de sucesso.

Na construção do portfólio deve-se analisar séries históricas de dados das classes de ativos. A melhor forma de analisar os dados é através de índices específicos para cada classe de ativos. Uma vez analisados o histórico de retorno e de risco, é interessante fazer uma projeção da performance futura dos ativos. A história pode não se repetir, mas olhar os dados passados fornece uma base para se pensar o futuro. O mercado americano possui muitas séries históricas de todos os índices que representam os ativos. No Brasil, esses dados ainda são escassos e têm de ser muito bem trabalhados, pois a história econômica brasileira foi muito instável, com fortes variações na inflação, nos juros e na moeda ao longo do tempo. Acredito que em certos casos a alternativa será fazer um paralelo com o mercado americano, que teve uma economia bem mais estável, tem séries históricas longas e um dos mercados financeiros mais sofisticados do mundo.

Quando olhamos para o quadro a seguir, chamado popularmente de tabela periódica, temos de fazer uma reflexão sobre ciclos econômicos e incertezas. Na tabela estão apresentadas as diversas classes de ativos e a respectiva rentabilidade do ativo no ano. O que mais chama a atenção no quadro é como as diversas classes tem rentabilidades diferentes, e não existe um padrão ou uma lógica definida que explique tantos resultados distintos; muitas vezes a classe de ativo que teve a melhor performance no ano é a pior no ano seguinte. Se fossemos reduzir ao mínimo o processo de alocação de ativos, seria apenas estar investido nas classes de ativos vencedoras em cada ano, mas esse é um exercício impossível, portanto devemos ter um bom processo de investimento que ajude a construir um portfólio vencedor no longo prazo, sabendo que problemas irão ocorrer ao longo do caminho. Uma boa diversificação, uma leitura dos ciclos econômicos e evitar as principais armadilhas pode conduzir a um bom resultado de longo prazo.

---

[12] CLAUSEWITZ, Carl von. *Da Guerra*. São Paulo: WMF Martins Fontes, 2017.

DIVERSIFICAÇÃO
A Importância de um *Asset Allocation* diversificado

2008	2009	2010	2011	2012	2013	2014	2015	2016	2017	2018	2019	2020	2021	ACUM
DÓLAR 32,0	IBOVESPA 82,7	IMA-B 17,6	IMA-B 15,1	IFIX 35,0		IMA-B 14,5	DÓLAR 47,0	IBOVESPA 38,9	IBOVESPA 26,9	DÓLAR 17,1	IFIX 36,0	DÓLAR 28,9		IMA-B 427,6
13,x				IMA-B 26,7	DÓLAR 14,6	DÓLAR 13,4	IHFA 17,5	IFIX 32,3		IBOVESPA 15,0	IBOVESPA 31,6		IBOVESPA 9,3	IRF-M
CDI 12,4	IHFA 20,9	IRF-M	DÓLAR 12,6	IHFA 14,8	IHFA 8,3		CDI 13,2	IMA-B 24,8	IFIX 19,4	IMA-B 13,1			IHFA 2,6	IHFA 306,4
IMA-B 11,0	IMA-B 19,0	IHFA 10,4	CDI 11,6		CDI 8,1		IPCA 10,7			IMA-B 23,0	IMA-B 6,4	IPCA 2,4	CDI 226,2
IPCA 6,9		CDI 9,7	IHFA 11,3			CDI 10,8	IMA-B 8,9	IHFA 15,9	IMA-B 12,8	IHFA 7,1		IHFA 5,5	CDI 1,0	
IHFA 3,8	CDI 9,9	IPCA	IPCA	DÓLAR 8,9	IRF-M	IHFA 7,4	IRF-M	CDI 14,0	IHFA 12,4	CDI 6,4	IHFA 11,1	IPCA 4,3	IMA-B 0,2	DÓLAR 186,1
	IPCA 4,3	IBOVESPA 1,0		CDI 8,4	IMA-B -10,0		IFIX 5,4		CDI 10,0	IFIX 5,6	CDI 6,0	IBOVESPA 2,9	IFIX -1,4	IFIX 142,9
IBOVESPA -41,2	DÓLAR -25,5	DÓLAR -4,3	IBOVESPA -18,1	IBOVESPA 7,4	IFIX -12,6	IFIX -2,8		IPCA 6,3	IPCA 2,9	IPCA 3,7	IPCA 4,3	CDI 2,8	IRF-M	IPCA 168,4
IFIX 0,0	IFIX 0,0	IFIX 0,0	IFIX 0,0	IPCA 5,8	IBOVESPA -15,5	IBOVESPA -2,9	IBOVESPA -13,3	DÓLAR -16,5	DÓLAR 1,5		DÓLAR 4,0	IFIX -10,2	DÓLAR -2,5	IBOVESPA 103,7

Fonte: Bloomberg & Economática - atualizado até 31/05

Legenda: IMA-B – Índice de Mercado Anbima. Reflete a evolução de uma cesta de títulos indexados pelo IPCA; IRF-M – Índice de Renda Fixa Anbima. Reflete a evolução de uma cesta de títulos Prefixados; IHFA – Índice de Hedge Funds Anbima. Reflete a evolução de uma cesta de fundos multimercados selecionados, revisada trimestralmente; IFMM - Calculado pelo banco de investimentos BTG Pactual e fornece uma carteira teórica de fundos multimercados.
*2020 acumulado até 28/02/2020.

CDI	CDI é a sigla para Certificados de Depósito Interbancário. Eles são títulos emitidos por instituições financeiras, com o objetivo de transferir recursos de uma instituição para outra, por um curto período de tempo.
DÓLAR	PTAX – Taxa média de conversão do Dólar calculada pelo Banco Central do Brasil
IBOVESPA	Criado em janeiro de 1968 e é um índice de retorno total. Carteira teórica de ações negociadas na Bovespa. Critério: papel com boa liquidez e grande volume financeiro negociado em Bolsa.
IFIX	
IHFA	O IHFA (Índice de Hedge Funds ANBIMA) reflete a evolução de uma aplicação hipotética em uma cesta de fundos multimercados.
IMA-B	IMA-B é o índice que tem sua carteira composta por títulos públicos indexados à inflação medida pelo IPCA (Índice Nacional de Preços ao Consumidor Amplo), que são as NTN-Bs (Notas do Tesouro Nacional – Série B ou Tesouro IPCA+ com Juros Semestrais).
IPCA	Índice Nacional de Preços ao Consumidor Amplo – IPCA que tem por objetivo medir a inflação de um conjunto de produtos e serviços comercializados no varejo, referentes ao consumo pessoal das famílias.
IRF-M	Composição desse índice considera o rendimento de dois títulos públicos federais: as Letras do Tesouro Nacional – LTNs e as Notas do Tesouro Nacional série F (NTN-F). Mostra, mesmo que indiretamente, o desempenho de aplicações pré-fixadas.
	Abreviação de Standard & Poor's 500, trata-se de um índice composto por quinhentos ativos (ações) cotados nas bolsas de NYSE ou NASDAQ, qualificados devido ao seu tamanho de mercado, sua liquidez e sua representação de grupo industrial. Na tabela, está na Moeda Original

Fonte: Esses dados foram obtidos da Bloomberg

O tempo é uma variável importante no processo de investimento. Um portfólio bem construído, integrado a um bom processo de investimento, precisa da passagem do tempo para os resultados se materializarem. Sempre é importante um horizonte de investimento mais amplo para permitir a tomada de risco maior com o objetivo de maximizar o resultado, e não será afetado pelas oscilações de curto prazo e ser obrigado a mudar de posição num momento desfavorável.

A parte final do processo de construção do portfólio é a avaliação de performance periódica. Investir é, afinal, focado em um objetivo principal, que é fazer o máximo de dinheiro que você puder, dadas as suas preferências particulares de risco. É no processo de avaliação da performance que devem ser analisadas mudanças de rotas, de ativos, de fundos e adaptações de estratégias. Obviamente não se deve pensar isso a cada avaliação, mas é nesse momento que se mede o quanto se está distanciando ou aproximando do plano traçado.

CAPÍTULO 5
Risco: como Entendê-lo e Lidar com Ele

> "O maior risco é não correr nenhum risco ... Em um mundo que está mudando muito rapidamente, a única estratégia que é garantida que vai falhar é não correr riscos."
>
> Mark Zuckerberg

A palavra risco tem uma conotação negativa, pois parece ser a probabilidade de que algo ruim pode acontecer conosco. Por exemplo, o risco de dirigir correndo muito envolve o risco de ser multado e, no pior cenário, de se envolver em um acidente.

Em finanças, a definição é um pouco diferente e mais ampla. Risco refere-se à probabilidade de receber um retorno de um investimento que é diferente do esperado. Na verdade, esse conceito de risco é aplicado ao retorno menor que o esperado, mas também ao retorno melhor que o estimado. Essa definição tem uma semelhança com os símbolos chineses que representam o conceito de risco. O primeiro símbolo é o de perigo e o segundo é oportunidade, tornando o risco uma mistura dos dois. Isso ilustra a troca que todo investidor tem de fazer entre as maiores recompensas que vêm com a oportunidade e o maior risco que deve ser suportado como consequência do perigo.

Existem diversas definições de risco. Alguns investidores pensam no risco como uma chance de perda. Do ponto de vista mais formal e estatístico, o risco pode ser definido como a incerteza – expressa como a variabilidade, ou desvio padrão – de possíveis retornos de investimento sobre o retorno esperado de um ativo ou uma carteira de ativos. Embora a volatilidade possa ser matematicamente quantificada, a tolerância que um investidor tem a ela é subjetiva, e geralmente só pode ser medida com um grau de imprecisão.

Elroy Dimson diz que "risco significa que mais coisas podem acontecer, do que efetivamente acontecerão de fato"[13]. Dimson nos lembra de um conceito muito simples: muitas coisas podem acontecer no futuro. Não podemos saber quais das possibilidades ocorrerão, e essa incerteza contribui para o desafio de investir. Os investidores de "cenário único" ignoram esse fato, simplificam demais a tarefa e precisam de resultados fortuitos para produzir bons resultados. Gostamos sempre de construir múltiplos cenários possíveis e procurar atribuir uma probabilidade de acontecer para cada cenário. Em geral, os investidores têm o cenário base, o pessimista e o otimista.

Risco, conforme explicitado pelo economista Frank H. Knight[14], é algo em que você pode colocar um preço. Digamos que você vá ganhar uma rodada de pôquer a menos que seu adversário tenha um *inside straight*: as chances são exatamente de uma em onze. Isso representa um risco. Não é agradável perdermos uma rodada no pôquer, mas pelo menos sabemos quais são as chances e podemos nos preparar para essa eventualidade. A longo prazo, ganharíamos dinheiro com o fato de nossos adversários tentarem jogadas desesperadas mesmo quando as probabilidades são insuficientes. No mercado financeiro existem situações semelhantes ao pôquer, ou seja, se você monta uma posição em que você irá se beneficiar se os juros subirem, enquanto outros irão montar posições que se beneficiem se os juros caírem, só um dos lados irá sair vencedor e ter lucros. E uma posição é construída sobre a outra, isto é, o lucro do vencedor será equivalente ao prejuízo do perdedor.

Incerteza, por outro lado, é o risco difícil de aferir. Podemos ter uma consciência difusa dos demônios que nos espreitam lá fora. Podemos até estar bastante preocupados com eles. Mas, na realidade, não temos ideia de quantos são e de quando podem atacar. Sua estimativa rabiscada às pressas pode estar errada por um fator de cem ou de mil; não há meio seguro para saber. Isso é incerteza. O risco lubrifica as engrenagens da economia de livre mercado; a incerteza é o cascalho que faz a engrenagem emperrar.

Um dos riscos mais difundidos na era da informação é que mesmo considerando que a massa de conhecimento no mundo seja crescente, o hiato entre aquilo que sabemos e o que pensamos saber pode estar aumentando. E existe

---

[13] DIMSON, Elroy; CHAMBERS, David and Others. *Financial Market History*: Reflections on The Past for Investors Today. Cambridge: CFA Institute Research Foundation & University of Cambridge, 2016.

[14] KNIGHT, Frank H. Risk, Uncertainty, and Profit: The Economic Theory of Uncertainty in Business Enterprise, and its Connection to Profit and Prosperity in Society. New York, The Riverside Press, 1921.

o risco daquilo que não sabemos que não sabemos. Um desconhecido-desconhecido é uma contingência que sequer consideramos. Temos algum bloqueio mental em relação a ela, ou nossa experiência não dá conta de imaginá-la; é como se ela nem existisse.

O melhor que podemos fazer é criar vários cenários e probabilidades atribuídas a cada cenário. Assim não estaremos analisando um único resultado, mas uma gama de possibilidades. É importante pensar inclusive nos cenários menos prováveis de acontecer. Algumas das maiores perdas surgem quando os investidores ignoram as possibilidades improváveis.

Se tivermos um sentido para o futuro, poderemos dizer qual resultado é mais provável, quais outros resultados também têm uma boa chance de ocorrer, quão ampla é a gama de resultados possíveis e, portanto, qual é o "resultado esperado". O resultado esperado é calculado ponderando cada resultado pela probabilidade de ocorrer; é uma figura que diz muito, mas não tudo, sobre o futuro provável.

Mas mesmo quando sabemos a forma de distribuição das probabilidades, qual resultado é mais provável e qual é o resultado esperado – e mesmo que nossas expectativas estejam razoavelmente corretas – sabemos apenas sobre probabilidades ou tendências. Há uma grande diferença entre probabilidade e o resultado que realmente acontece. Coisas prováveis não acontecem – e coisas improváveis acontecem – o tempo todo. Essa é uma das lições mais importantes sobre o risco de investimento.

O risco também é uma questão de opinião. É difícil ser definitivo sobre ele, mesmo depois do fato. Você pode ver que um investidor perdeu menos do que outro em tempos ruins e concluir que esse investidor assumiu menos risco, ou você pode notar que um investimento diminuiu mais que outro em um determinado ambiente e, portanto, dizer que era mais arriscado. Essas afirmações são necessariamente precisas?

Na maioria das vezes, o desempenho dos investimentos é a resultante da colisão entre um conjunto de desenvolvimentos – geopolíticos, macroeconômicos, empresariais, psicológicos – com o portfólio existente. Muitos futuros são possíveis, parafraseando Dimson, mas apenas um futuro ocorre[15]. O futuro que você recebe pode ser benéfico para o seu portfólio ou prejudicial, e isso pode ser atribuível à sua previsão, prudência ou sorte.

---

[15] DIMSON, Elroy; CHAMBERS, David and Others. *Financial Market History*: Reflections on The Past for Investors Today. Cambridge: CFA Institute Research Foundation & University of Cambridge, 2016.

O risco de investimentos é praticamente invisível antes do fato, exceto talvez para pessoas com *insights* incomuns. Por essa razão, muitos dos grandes desastres financeiros foram falhas na previsão e gerenciamento de riscos. Há várias razões para isso.

- As pessoas geralmente esperam que o futuro seja como o passado e subestimam o potencial de mudança.
- Muitas vezes o pior cenário possível não é tão ruim quanto deveria. Invariavelmente as coisas podem ficar piores do que as pessoas esperam. Por analogia, tendemos a supor que o pior caso seja igual ao pior caso que vimos no passado. Mas isso não significa que as coisas não possam ser piores no futuro.
- O risco não é regular, mesmo que isso seja verdade quando olhamos para a média de vários anos. Pode ocorrer um evento improvável em determinado período e tirar do jogo um investidor que opera muito alavancado.
- As pessoas superestimam sua capacidade de medir riscos e entender mecanismos que nunca viram antes em operação. Em teoria, uma coisa que distingue os humanos de outras espécies é que podemos descobrir que algo é perigoso sem experimentá-lo. Mas em tempos de alta (*bull market*), as pessoas tendem a não desempenhar essa função.
- Alguns investidores veem risco como uma forma de ganhar dinheiro. Quanto maior o risco, maior o retorno. Mas nem sempre o mercado funciona assim, ou então investimentos arriscados não seriam arriscados. E quando o risco não funciona, realmente não funciona, e as pessoas são lembradas do que é risco.

Reconhecer risco envolve a questão de quanto os investidores estão pagando caro pelos ativos. Risco alto, em outras palavras, vem primariamente de preços altos. Não importa se é um ativo específico, ou o mercado todo, ativos ou mercados caros são a principal origem do risco.

Enquanto o teórico acha que o retorno e o risco são duas coisas distintas, embora correlacionadas, o investidor da estratégia valor pensa em risco alto e baixo retorno futuro como os dois lados da mesma moeda, ambos decorrentes de preços altos. Os investidores que adotam a estratégia valor tem uma forma diferente de pensar riscos. Para eles o fato de uma ação estar cara, mesmo que seja uma grande empresa, de baixo risco, irá implicar num risco alto, pois pode cair bastante, e num possível baixo retorno futuro, pelo alto nível de preço que se encontra. Por outro lado, uma ação de uma empresa pequena, que teoricamente teria um risco alto, na ótica deles representa um risco mais baixo, pois a ação está barata. O fato de ter uma alta margem de segurança reflete num risco mais baixo para o ativo.

O risco surge quando os mercados atingem níveis altos e começa a surgir a questão da assimetria, com maior possibilidade de perda do que de ganho para o investidor. Para lidar adequadamente com esse risco é preciso reconhecer que os preços estão esticados.

Nos ciclos de crescimento econômico, alguns investidores tendem a se esquecer um pouco da existência do risco. Nesses momentos há uma busca por risco, pois quanto maior o risco, maior o retorno futuro.

A verdade é que a tolerância ao risco é incompatível com os investimentos bem sucedidos. Quando as pessoas perdem o medo do risco, aceitam o risco sem serem compensadas por isso, e a compensação de risco desaparecerá.

Para Howard Marks, investir consiste principalmente em lidar com o futuro[16]. E como nenhum de nós pode conhecer o futuro com certeza, o risco é inevitável. Assim, lidar com risco talvez seja um dos principais elementos do ato de investir. Não é difícil encontrar investimentos que possam subir, mas é improvável que você tenha sucesso por muito tempo se você não lidou explicitamente com o risco. O retorno é só parte da história do investimento. Para completar a história temos de incluir o risco.

A natureza imprevisível do risco atrelado aos ativos financeiros levanta a questão de como gerenciá-lo. Markowitz foi o primeiro a quantificar o risco, e sua abordagem baseada em dados históricos ainda é a forma principal de estimar risco.

Em 1952, Harry Markowitz, um aluno ainda desconhecido da Universidade de Chicago, que futuramente viria a ganhar o Prêmio Nobel de Economia em 1990, publicou um artigo chamado *"Portfolio Selection"*.

Não iremos entrar no detalhamento e na explicação da moderna teoria de investimentos. O objetivo deste trabalho é extrair lições mais gerais para ajudar os investidores a raciocinarem sobre os seus portfólios.

Nesse artigo, Markowitz, define o risco matematicamente pela primeira vez, como sendo o desvio padrão do ativo em relação a um *benchmark*. Antes de Markowitz não havia um parâmetro científico para estimar risco, isto era feito pela experiência ou intuição. Durante a maior parte da história do mercado de ações, mais de 200 anos nos Estados Unidos e mais tempo ainda na Europa, nunca ocorreu a alguém pensar em definir risco numericamente.

---

[16] MARKS, Howard. *The Most Important Thing Illuminated*. Uncommon Sense for the Thoughtful Investor. New York: Columbia Business School Publishing, 2013.

Depois desse artigo, houve vários desenvolvimentos subsequentes e uma teoria sobre a seleção de portfólios.

Segundo essa nova teoria, o objetivo do investidor seria obter um portfólio eficiente combinando risco e retorno. E considerando todas as combinações de portfólios, apresentando vários níveis de risco, seria possível montar uma fronteira eficiente otimizando a melhor relação de risco e retorno.

A criação da Teoria Moderna de Portfólio foi importante como um modelo teórico para entendermos as relações matemáticas entre risco e retorno na construção de portfólios otimizados. Mas as premissas para justificar a aplicação desse modelo não encontram muita sustentabilidade na prática.

As principais premissas são:

- Todos os investidores são racionais e tem portfólios eficientes.
- Todos os investidores são bem informados e têm os mesmos conhecimentos de média, variância e covariância dos ativos.
- Os mercados são eficientes. Todos os investidores podem emprestar ou tomar emprestado qualquer valor na taxa de ativos livres de risco. E, também, podem construir posições vendidas sem limite.
- Os retornos seguem uma distribuição normal.
- As correlações entre os ativos são fixas.

Essas premissas são difíceis de serem comprovadas na prática, apesar de serem importantes para a construção do modelo teórico. A crise de 2008 demonstrou a fragilidade das premissas da distribuição normal dos retornos dos ativos e sobre as correlações entre os diversos ativos. Talvez a principal lição da teoria tenha sido o conceito da importância da diversificação dos ativos. Desde 1980, os investidores começaram a entender a potência da diversificação como uma forma de reduzir a volatilidade do portfólio, sem haver uma perda significativa na rentabilidade.

É importante que o investidor tenha um bom entendimento do conceito de risco e de formas de gerenciá-lo. Entretanto a crise de 2007-2008 demonstrou que, embora o risco possa ser compreendido, e de certa forma gerenciado, ele não pode ser eliminado. Dessa forma, o conceito de risco tem de ser muito bem compreendido pelos investidores, pois será uma companhia permanente ao longo do tempo. Dado que não tem como eliminar o risco, você tem de aprender a ter uma boa convivência com ele.

O risco é multidimensional, sendo que uma das principais representações é o desvio padrão do retorno histórico. De fato, o desvio padrão apenas oferece uma estimativa da probabilidade de certos resultados com base em suposições relativas à distribuição de retorno do ativo subjacente. Em resumo, o desvio padrão oferece uma estimativa do grau em que (por exemplo, a probabilidade) um resultado ruim ou bom é maior ou menor do que o resultado esperado. A multidimensionalidade do risco vem dos seguintes aspectos: (i) cenários, (ii) probabilidades, (iii) incertezas, (iv) fatores psicológicos, (v) comportamento de manada, (vi) materialização de cenários extremamente improváveis, (vii) quebra de padrões, (viii) mutações nas matrizes de correlações, (ix) cisnes negros, e (x) inúmeras possibilidades que nem conseguimos imaginar a sua existência.

Com o desenvolvimento dos modelos matemáticos em computadores existe a sensação de que o risco pode ser calculado, gerido e não causará grandes danos aos portfólios, mas é uma falsa sensação. Apesar do desenvolvimento significativo nessa área, ainda vivemos num mundo com bastante incerteza no qual apenas julgamentos limitados podem ser feitos sobre a possibilidade da ocorrência de um evento. É preciso entender que existe risco na mensuração do risco. A história da pessoa que perdeu o relógio numa rua escura e tenta procurá-lo apenas nos locais onde tem iluminação é um bom paralelo para ilustrarmos a dificuldade de medir risco. Muitas vezes é medido o que é possível e não o que seria o necessário. Existe uma tendência em medir variância ou o *beta* não porque eles são a melhor forma de medir risco, mas porque eles são os principais parâmetros utilizados na maioria dos modelos de alocação de capital, e porque eles são facilmente calculáveis pelos dados históricos.

A maior parte dos investidores adota uma abordagem da relação risco e retorno, baseada nos dados históricos. Esta modelagem assume que o risco de um portfólio terá o mesmo comportamento que ocorreu no passado em situações semelhantes. Essa modelagem tem um forte embasamento na teoria acadêmica e supõe que a correlação entre os ativos seja constante, que os mercados sejam eficientes. Entretanto, a realidade é mais complexa que os modelos teóricos, e se não for construído um conceito mais amplo de risco, podem ocorrer perdas significativas no portfólio.

Risco é simplesmente qualquer fator que possa levar à possibilidade de perder parte ou o total do investimento. A gestão de risco é o meio pelo qual se reduz a probabilidade desse evento, bem como sua magnitude e duração.

Não queremos nesse livro entrar nos detalhes do cálculo do risco e em todas as fórmulas. Deixaremos indicado uma vasta bibliografia sobre o tema para quem quiser se aprofundar. O objetivo aqui é passar os conceitos e a percepção de risco de forma mais geral, bastante ampla, e como o risco é importante na construção do portfólio. Na verdade, o conceito de risco tem uma aplicação mais abrangente, e é importante termos uma boa noção do risco para a vida como um todo.

Além do desvio padrão dos retornos, outras formas de medir risco são (i) a pior perda num período determinado, que pode ser num dia, semana, mês, trimestre, (ii) o pior caso de queda do pico ao vale (*drawndown*) e (iii) quanto tempo levou para os preços se recuperarem até o pico anterior.

Howard Marks questiona[17] o conceito de medir risco pela volatilidade, que é uma representação da flutuação do investimento. Para ele, em vez de volatilidade as pessoas estão mais preocupadas com a perda de capital ou um retorno inaceitável.

A teoria diz que o alto retorno está associado ao alto risco porque o primeiro existe para compensar o segundo. Mas os investidores que adotam a estratégia valor tem uma ideia oposta: eles acreditam que o alto retorno e o baixo risco podem ser alcançados simultaneamente, comprando coisas por menos do que valem. Da mesma forma, pagar caro por um ativo implica em baixo retorno com alto risco.

Olhando prospectivamente, grande parte do risco é subjetivo, oculto e não quantificável.

No mundo dos investimentos, pode-se viver por anos de uma grande aposta que se materializou e deu grandes ganhos. Mas isso pode ser considerado como uma prova de que esse investidor é realmente consistente no longo prazo? Quando os mercados estão em alta, os melhores resultados geralmente vão para aqueles que correm mais risco. Eles eram espertos para antecipar os bons tempos ou apenas pessoas que tomam risco compulsivamente e foram resgatados pela melhora do cenário? Nessa reflexão sobre o risco, devemos pensar quantos investidores, muitas vezes, estão certos pelos motivos errados. Estas são as pessoas que o Taleb chama de "idiotas sortudos"[18], e que é difícil questioná-los em momentos de alta.

---

[17] MARKS, Howard. *The Most Important Thing Illuminated*. Uncommon Sense for the Thoughtful Investor. New York: Columbia Business School Publishing, 2013.

[18] TALEB, Nassim Nicholas. *Fooled by Randomness*: The Hidden Role of Change in Life and in the Markets. New York: Random House, 2004.

CAPÍTULO 6

Movimentações Táticas na Alocação em Função de Mudanças nos Cenários ou Preços (*Market timing*) e Rebalanceamento de Portfólio

"A ideia de que um sino toca para sinalizar quando os investidores devem entrar ou sair do mercado de ações simplesmente não é crível. Depois de quase cinquenta anos nesse ramo, não conheço ninguém que tenha feito isso com sucesso e consistência. Eu nem conheço ninguém que conhece alguém que fez isso com sucesso e consistência. No entanto, o timing do mercado parece ser cada vez mais adotado por gestores de fundos e por estrategistas e consultores profissionais de investimentos."

John C. Bogle

"O rebalanceamento é geralmente a parte mais difícil de uma estratégia de alocação de ativos, porque é contra-intuitivo. O rebalanceamento exige que você venda um pouco do investimento que subiu e compre mais do que caiu. Você pode imaginar comprar ações no início de 2009, quando o mercado estava mais de 60% abaixo do máximo e todos os especialistas na televisão previam preços mais baixos? Isso é exatamente o que a estratégia exigia, e os únicos investidores que foram recompensados com excesso de retorno até o final de 2009 foram aqueles que rebalancearam religiosamente."

Richard A. Ferri

A forma mais audaciosa de aumentar o retorno potencial do portfólio é fazendo movimentos de curto prazo nas posições, tentando se antecipar aos movimentos de mercado, uma prática que é conhecida como *market timing*, uma tentativa de prever o mercado de alta, e estar investido com intensidade nesses momentos, e de estar fora do mercado em momentos de realização. É uma tarefa bastante complexa ser bem sucedido nesses movimentos, sendo que no final, na maioria dos casos, os benefícios do *market timing* acabam sendo ilusórios.

David Swensen[19], que foi durante muito tempo gestor dos recursos da Universidade de Yale, afirma que se deve tomar muito cuidado com *market timing*, pois você pode atrapalhar uma estratégia bem desenhada de longo prazo buscando ganhos em movimentos de curto prazo. Keynes[20] observou que os *market timers* frequentemente "vendem tarde demais e compram tarde demais". É preciso ter respeito pela filosofia e pela política de investimentos e não fazer movimentos de curto prazo que comprometam e tragam riscos ao processo. Deve-se ter muito cuidado ao tentar adivinhar para onde vai o mercado.

A história dos investimentos mostra que nas primeiras semanas de recuperação do mercado depois de um período de crise é que está concentrado o grande ganho de rentabilidade que pode ser obtido. É muito provável que um investidor, querendo acertar o melhor momento de voltar ao mercado, perca essas primeiras semanas, perdendo assim a parte mais substancial dos ganhos e entrando atrasado, quando o risco é maior pelo fato dos ativos já estarem mais bem precificados.

No mercado atual, com cada vez mais gestores melhor preparados e assessorados, tem aumentado progressivamente a dificuldade de se fazer *market timing*. Assim como há pilotos mais velhos e pilotos ousados, e não existem pilotos mais velhos e ousados, não há investidores que consigam entregar resultados consistentes no longo prazo fazendo *market timing*. Investidores mais sábios e experientes nem sequer consideram a possibilidade de atuar no mercado com o objetivo de ganhar dinheiro com as flutuações de curto prazo. Uma das atitudes que mais causam danos na rentabilidade dos portfólios é ficar excessivamente fora em momentos de crise e perder os dias mais intensos de recuperação na virada do mercado.

---

[19] SWENSEN, David F. *Pioneering Portfolio Management*: An Unconventional Approach to Institutional Investment. New York: Free Press, 2009

[20] WALSH, Justyn. *Keynes and the Market*: How the World's Greatest Economist Overturned Conventional Wisdom and Made a Fortune on the Stock Market. Hoboken: John Wiley & Sons, 2008.

As mudanças no portfólio em função dos cenários econômicos são importantes e podem agregar valor, mas sempre devemos manter uma orientação estrutural de longo prazo, sendo que essas mudanças são táticas e por prazo determinado.

Não é interessante construir os principais resultados com movimentações excessivas de curto prazo, pois isso pode funcionar por algum tempo, mas quando analisamos períodos mais longos são as posições estruturais que tendem a explicar a maior parte do efeito. Não existem atalhos para obter um bom resultado no longo prazo.

É preciso ter um racional econômico bem definido e baseado em sinais para considerarmo-lo um movimento tático. Em muitos casos é interessante definir um objetivo de ganho e uma perda máxima (*stop loss*) suportável para pensarmos se realmente devemos manter essa movimentação tática, ou se deve ser revertida.

Iremos tratar do tema de ciclos econômicos e crises nas Partes IV e VI do livro, mas alguns indicadores são bons antecedentes de recuperação econômica e possibilidade de aumento na posição de ações com o objetivo de obter retornos maiores. A inclinação da curva de juros, melhora de confiança, aumento no crescimento do crédito são indicadores de melhora na economia.

Como o Brasil é um país emergente e uma democracia que ainda busca se consolidar, também é muito importante ficar atento aos aspectos políticos. Sempre é bom montar estruturas de proteção quando estiver perto de eleições com alternância de poder, principalmente se o candidato for da tradicional esquerda populista que tem causado grandes retrocessos econômicos na América Latina nos últimos tempos.

Quando estamos passando por períodos de grande euforia ou desapontamento, tendemos a fazer grandes alterações no portfólio. Apesar de haver boas oportunidades nestes momentos de compra ou venda, é melhor fazer essas mudanças alterando o perfil tático em vez da estratégia geral de alocação em função de variações de curto prazo do mercado. A alocação de ativos estratégica de longo prazo pode ajudar a trazer um certo grau de reflexão, razão e um ritmo disciplinado e metódico para importantes decisões de mudanças em alocações de ativos.

A alocação tática de ativos tende a ser utilizada quando os investidores têm uma convicção razoavelmente firme de que uma classe de ativos está muito valorizada (ou desvalorizada), e estão dispostos a atuar em cima desta distorção em um horizonte de curto/médio prazo, reduzindo (ou aumentando) a alocação em relação ao perfil estratégico de longo prazo. Em alguns casos, os investidores podem utilizar futuros, opções, ETFs ou derivativos para ajustar sua posição rapidamente numa abordagem oportunista.

Por uma questão de prática, muitos investidores usam uma combinação de alocação tática e estratégica. A alocação tática ajuda os investidores a antecipar e responder a mudanças significativas nos preços dos ativos. A alocação estratégica permite que eles mapeiem um plano de longo prazo de alocação de ativos com o objetivo de atingir metas de longo prazo.

Os investidores tendem a ficar mais criativos em estratégias dinâmicas de curto prazo quando o mercado está mais volátil, pois há a criação de uma expectativa que é possível ganhar dinheiro no curto prazo.

A negociação que envolve a compra e a venda do ativo dentro do mesmo dia (*day-trade*) é uma das práticas mais perdedoras para uma pessoa física.

Uma questão que precisa ser abordada é a questão de tributação. Não iremos entrar em detalhes, mesmo porque muitas regras mudam constantemente, como fundos isentos que passam a ser tributados. Só é preciso lembrar que, quando consideramos algumas modificações de posições, isso envolve a questão tributária, que deve ser considerada. Ainda acho que, salvo algumas exceções, o importante é a decisão de investimento e estar nos ativos desejados, mesmo que haja algum tipo de taxação.

O rebalanceamento do portfólio é o processo de venda de uma parte dos ativos, e com os recursos comprar outros, com o objetivo de alinhar o mix de ativos em relação à alocação estratégica definida.

Uma vez que você definiu a sua alocação de ativos, fixando percentuais para cada classe, é importante fazer o rebalanceamento regularmente para manter os percentuais. Este processo permite ao investidor continuar no nível de risco escolhido e explorar oportunidade de geração de resultados em função do aumento de volatilidade dos preços dos ativos. O mercado irá flutuar. Tente se ater ao seu plano original, vendendo posições que se valorizaram e comprando aquelas que caíram para manter a sua alocação ideal (por exemplo, 60% em ações e 40% em renda fixa). Rebalancear é muito importante para manter a alocação original no seu portfólio. Um mercado de ações em alta ou em baixa pode mudar significativamente os percentuais, e aumentar ou diminuir o risco, então são necessários ajustes.

O rebalanceamento do portfólio também é uma parte complexa do processo de investimento, pois muitos investidores resistem em aumentar a participação em ativos que estão caindo e reduzir em ativos que estão performando muito bem, pois é contraintuitivo. Mas em vários casos, pensando no longo prazo, a compra de ativos que estão performando mal é a melhor decisão a ser tomada.

A diversificação do portfólio em diversas classes de ativos e o rebalanceamento periódico, levando os ativos próximos à posição estrutural, reduz a volatilidade. Esse almoço grátis, "*free lunch*", do rebalanceamento é a essência da teoria moderna do portfólio (*modern portfolio theory*). No mercado financeiro existe essa expressão de que não existe almoço grátis, ou seja, para cada unidade de retorno adicional que você busca, vem junto uma unidade de risco. Mas no caso da diversificação, você consegue manter um patamar um pouco menor de retorno esperado e um nível de risco menor, construindo um portfólio mais equilibrado, com retorno semelhante com um risco menor.

Por trás do rebalanceamento está a tese da reversão à média, segundo a qual o retorno dos ativos não fica indefinidamente em níveis altos ou baixos. Em algum ponto, estes ativos tenderão a voltar para a média histórica de retornos. Embora haja exceções a essa suposição, ela tem uma série de argumentos de apoio robustos, que vão desde análises quantitativas de várias décadas dos retornos históricos dos ativos até referências bíblicas a ciclos alternados de festas e fome, anos de vacas gordas e vacas magras.

Parte II
SELEÇÃO DE ATIVOS

> "Nunca adote permanentemente nenhum tipo de ativo ou método de seleção. Tente permanecer flexível, com a mente aberta e cético."
>
> John Templeton

Uma vez definidas as classes de ativos, devemos ir para a escolha dos que irão compor o portfólio. Esta também é uma fase muito importante do processo, e alguns investidores incorrem no erro de acertar as classes de ativos, mas errar na seleção, desperdiçando um trabalho bem feito. Esta é uma parte trabalhosa do processo em função da quantidade de opções disponíveis. O mundo dos investimentos tem evoluído aceleradamente, e a quantidade de novos produtos de investimentos, abordagens, técnicas e novas teorias tem sido crescente. Nesse contexto, o investidor tem de estar também se atualizando constantemente e ter uma postura flexível para lidar com esse ambiente de mudanças contínuas.

A escolha dos ativos também tem de ter um caráter mais de longo prazo. Existem múltiplas soluções para preenchermos as "caixinhas" das classes de ativos. Podemos investir diretamente em ativos, como títulos públicos, títulos privados, ações ou podemos investir através de fundos.

A escolha dos fundos também merece atenção e cuidado. Muitos gestores de fundos podem ter uma performance diferenciada em determinado período, e performances medíocres em períodos subsequentes. É importante olhar a equipe de investimentos e a performance de longo prazo do fundo, e não se ater tanto aos resultados de curto prazo, pois como dizem na propaganda dos fundos, performance passada não é uma indicação de performance futura.

Investimentos da moda também podem ser uma armadilha. Ocorreram bolhas nas ações do setor de tecnologia, e algumas histórias de crescimento muito forte se transformaram posteriormente em grandes perdas para os investidores. Existem alguns estudos mostrando que os fundos com estratégia definida são mais bem sucedidos no médio e longo prazo quando comparados a *benchmarks* mais gerais.

"Investimento é a disciplina da seleção relativa"[21]. Esta frase do Sid Cottle, que foi o editor das últimas edições do livro clássico *"Security Analysis"* do Graham e Dodd, revela dois aspectos muito relevantes do tema investimentos. Primeiro, o fato de que o processo de investimento para a construção de um portfólio tem de ser rigoroso e disciplinado. Segundo, é a necessidade de ter um raciocínio comparativo, seja na alocação dos ativos, ou na seleção de quais ativos irão compor a carteira. A montagem do portfólio é a amarração de todo o processo de investimento. Uma vez que o investidor tem clareza no seu objetivo de rentabilidade, no seu perfil de risco, ele vai desenhar uma alocação de ativos. Essas caixinhas serão preenchidas através do investimento em ativos, instrumentos ou produtos, como os fundos. Esse processo todo é muito importante, pois vai definir a rentabilidade futura e o sucesso nos investimentos.

A escolha dos fundos que farão parte do portfólio seguindo a alocação de ativos definida é um passo muito importante, pois você pode acertar a alocação, mas os fundos escolhidos não entregarem os resultados esperados para determinada classe de ativos. Por exemplo, foi desenhado um cenário de recuperação das bolsas globais, você investiu num fundo de ações, o Ibovespa subiu no período analisado e o fundo teve performance negativa, ou seja, você acertou o cenário, mas não levou, pois o ativo escolhido não se comportou como deveria por estar inserido em determinada classe de ativos.

O processo de investimentos exige cuidado intensivo em cada fase. A alocação de ativos é uma parte fundamental do processo, mas a seleção de ativos para compor as classes de ativos também é muito importante para a rentabilidade de longo prazo do portfólio. Em algumas situações, quando queremos fazer algum movimento de alocação mais rápido, ou não estamos encontrando bons fundos ou ativos, podemos utilizar ETFs, que tem um caráter mais geral.

---

[21] MARKS, Howard. *The Most Important Thing Illuminated*. Uncommon Sense for the Thoughtful Investor. New York: Columbia Business School Publishing, 2013.

CAPÍTULO 7
Ações

"A história tem demonstrado convincentemente que as ações têm sido e continuarão sendo o melhor investimento para aqueles que buscam ganhos de longo prazo."

Jeremy J. Siegel

"A principal razão pela qual o dinheiro é perdido na especulação das ações não é porque Wall Street é desonesto, mas porque muitas pessoas persistem em pensar que você pode ganhar dinheiro sem trabalhar para obtê-lo, e que a bolsa de valores é o lugar onde esse milagre pode ser realizado."

Bernard Baruch

"Uma das coisas engraçadas do mercado de ações é que, toda vez que uma pessoa compra, outra vende, e ambas pensam que são espertas."

William Feather

Podemos considerar como uma expectativa realista que as ações tenham um retorno anual 5% acima da inflação no longo prazo, considerando o mercado americano.

Existem alguns trabalhos (Siegel 2014[22], Ibbotson 2017[23], Dimson, March, Staunton 2002[24]) que mostram a grande vantagem que a performance das

---

[22] SIEGEL, Jeremy. *Stocks for the Long Run*: The Definitive Guide to Financial Market Returns & Long Term Investment Strategies. Fifth Edition. New York: McGraw Hill, 2014.

[23] IBBOTSON, Roger. Grabowski, Roger J. Harrington, James P. Nunes, Carla. 2017 Stocks, Bonds, Bills, and Inflation (Sbbi) Yearbook. Hoboken: John Wiley & Sons, 2017

[24] DILSON, Eloy; MARS, Paul; STAUNTON, Mike. *Triumph of the Optimists*: 101 Years of Global Investment Returns. Princeton: Princeton University Press, 2002.

ações apresentou no longo prazo (alguns estudos analisam desde 1900 até hoje) em relação a renda fixa, inflação e moeda, principalmente focando nos EUA e alguns outros países. A performance das ações no longo prazo é significativamente melhor que os outros ativos.

No seu amplo estudo sobre o mercado acionário, Jeremy Siegel[25] analisa 210 anos de retorno real do mercado acionário nos EUA, comparando com títulos públicos de renda fixa, ouro e o dólar americano, e as ações têm significativamente a melhor performance, rendendo 6,6% ao ano, no período, versus 3,6% dos títulos públicos, 0,7% do ouro e -1,4% do dólar. É importante ressaltar que no curto prazo o mercado de ações pode passar por fortes flutuações, tais como as crises de 1929 e 2008, apresentando quedas de mais de 50%, mas no longo prazo, em economias desenvolvidas, o mercado acionário tende a ser o melhor investimento.

No Brasil, a situação é um pouco diferente, pois a economia brasileira tem enfrentado grandes desequilíbrios ao longo das últimas décadas em função de excesso de gastos públicos, descontrole fiscal, inflação alta, intervencionismo governamental na economia, maxidesvalorizações no câmbio e taxas de juros elevadas, impactando negativamente a performance da bolsa brasileira, que alterna períodos de alta expressiva com fases de quedas fortes ou estagnações. Com a estabilização que o Plano Real proporcionou há vinte anos, começou um período mais positivo para a bolsa. Eu ainda acredito num futuro para a economia brasileira com mais estabilidade e taxas de juros de países civilizados.

Nesses estudos foi estimado também o prêmio que o investidor ganhou por investir em ações ao longo do tempo (*equity risk premium* - ERP). Quando analisamos o mercado americano por períodos mais longos, é impressionante a estabilidade do prêmio de risco por investir em ações. Quando olhamos períodos específicos a realidade é outra. Durante a crise de 1929, entre 1929 e 1932, o mercado de ações caiu 89%.

Com a popularização do conceito de prêmio de risco por investir em ações, este se tornou a variável mais importante na alocação de ativos, por ser a premissa que de certa forma influencia o percentual destinado para o investimento em ações.

As estimativas de prêmio de risco (Hammond & Leibowitz, 2011) para as ações nos EUA têm ficado em torno de 4%. No Brasil, essa estimativa é bastante complexa, com a instabilidade econômica dos últimos anos aliada à alta taxa de juros. As grandes casas de pesquisa em ações têm adotado um prêmio

---

[25] SIEGEL, Jeremy. *Stocks for the Long Run*: The Definitive Guide to Financial Market Returns & Long Term Investment Strategies. Fifth Edition. New York: McGraw Hill, 2014

de risco para ações no Brasil entre 5% e 6%, adicionando um prêmio de risco do mercado acionário brasileiro sobre o americano.

Quando analisamos o mercado de ações americano e tomamos ele como base para raciocínios mais longos, pelo fato de ser uma das séries históricas de mercado de ações mais longa e consistente, é preciso saber que este é um dos mercados no mundo que sobreviveu. Se um investidor tivesse montado uma carteira de ações em 1900, ele teria perdido todo investimento em alguns países em determinado momento: Alemanha e Japão em função das guerras, Rússia com o comunismo e na Argentina pela má gestão.

Outro questionamento sobre os retornos históricos do mercado de ações é se é suficiente a análise de 210 anos de dados, ou se existe um viés de grande crescimento econômico global nesse período e daqui para frente o crescimento global será menor.

Estimar o retorno futuro dos mercados acionários é uma das tarefas mais complexas. Edward Yardeni, no seu livro *"Predicting the Market"* deixa a discussão sobre previsões para o mercado de ações como o último capítulo, pois é um mercado que tende a ser influenciado por todas as outras variáveis econômicas e outros mercados financeiros. Todos os mercados financeiros são afetados pelo ciclo econômico e inflação; todos são afetados pelas taxas de juros e decisões do Banco Central. Um mercado afeta o outro, mas, por exemplo, o mercado de renda fixa não é tão sensível em relação ao mercado de ações, quanto este é em relação ao de renda fixa, e o mesmo raciocínio é válido para os mercados de *commodities* e moedas em relação ao mercado de ações. É como se o mercado de ações fosse uma esponja que absorve tudo o que ocorre na economia, nas empresas e em todos os outros mercados.

Além de todos esses fatores que impactam o mercado de ações, dois fatores são determinantes: (i) o lucro das empresas e o pagamento de dividendos e (ii) o índice de preço/lucro (P/E). O índice de preço/lucro é determinado pelas taxas de juros, perspectivas de lucros, inflação esperada e um prêmio de risco refletindo a incerteza de se investir em ações. O índice de preço/lucro, que é o valor de mercado da empresa dividido pelo lucro de um determinado ano, mede, de certa forma, em quantos anos o investidor terá o retorno do seu capital investido.

A perspectiva histórica é sempre um parâmetro a ser observado, apesar de, recentemente, os mercados acionários estarem negociando a múltiplos mais altos, explicados pelo nível de juros global mais baixo. Entretanto, há uma tendência estrutural de juros mais baixos globalmente em função da demografia, menores taxas de crescimento globais e outros fatores econômicos.

Benjamin Graham sabiamente avisou na introdução do seu livro clássico *"Security Analysis"* que "Os investidores de longo-prazo devem ter cuidado para não aprender muito com a experiência recente."[26] Ele estava se referindo a forte realização no mercado acionário na crise de 1929.

Existem vários estudos mostrando que ações com os índices preço/lucro, preço/valor patrimonial e preço/vendas baixos tendem a performar melhor que as ações mais caras. Entendo esse ponto como um aviso de que se deve olhar os múltiplos antes de comprar uma ação. Por mais que uma empresa seja maravilhosa, existe um preço a ser pago pela ação.

Alguns teóricos propuseram que analisássemos o mercado de ações como se fosse dois processos em um. Existe a faixa dos sinais, o mercado de ações característico da década de 1950 sobre o qual lemos nos livros; esse é o mercado que prevalece no longo prazo, em que os investidores fazem poucas negociações e os preços estão associados a fatores fundamentais, características que os ajudam a planejar sua aposentadoria e que ajudam as empresas a se capitalizarem.

E existe a faixa de alta velocidade dos ruídos, cheia de negociações feitas no calor do momento, *feedbacks* positivos, motivações distorcidas e comportamentos que seguem a boiada. Normalmente trata-se apenas de um jogo, que não traz qualquer bem a economia como um todo, mas que talvez não provoque dano.

No entanto essas faixas correm ao longo da mesma estrada, como se uma cidade decidisse realizar uma corrida de Fórmula 1, mas, por algum descuido burocrático, se esquecesse de bloquear uma pista ao tráfego normal. Às vezes, como durante uma crise financeira, por exemplo, há um grande acidente, e investidores regulares são atropelados.

Os investidores têm mudado suas posições em ações com uma velocidade cada vez maior. Nunca tantas previsões foram feitas de forma tão rápida e influenciado tanto os mercados. Essa furiosa velocidade das negociações é, de certa forma, algo novo. Conforme apresentado nos dados do Banco Mundial, na década de 1950, as ações eram mantidas, em média, durante cerca de seis anos antes de serem negociadas – prática coerente com a noção de que são um investimento de longo prazo. Na década de 2000, a velocidade aumentou cerca de doze vezes, e as mesmas ações passaram a ser negociadas apenas seis meses depois da compra. A tendência apresenta poucos sinais de redução: o volume de trocas no mercado de ações está duplicando a cada quatro ou cinco anos. Com o advento das negociações em alta frequência, algumas ações são compradas e vendidas em um milésimo de segundo.

---

[26] GRAHAM, Benjamin. DODD, David. *Security Analysis*: Sixth Edition. First Edition: 1934. New York: McGraw-Hill, 2009

Décadas	Tempo Médio de Permanência das Ações em Carteira
1950	6,3 anos
1960	5,9 anos
1970	4,5 anos
1980	1,9 ano
1990	1,2 ano
2000	0,5 ano
2020	?

Se formos manter a tendência de giro, vamos caminhar para um mercado onde os investidores, em média, mudam todas as posições mensalmente. Entretanto, isso causa um descompasso com a velocidade de reação das empresas, dos mercados e da própria economia. Essa velocidade na mudança das posições, na minha opinião, tem sido exagerada e não está dando tempo ao investidor de capturar as mudanças positivas nas empresas e nos setores adequadamente.

Recomendamos aos investidores que gostam de um giro maior na carteira de ações que separem um percentual da carteira para giro, e que consigam medir o retorno das duas carteiras separadamente. Assim, o raciocínio fica mais organizado, sendo que parte da carteira é uma estratégia mais estrutural visando um retorno de longo prazo, enquanto uma parte, de preferência menor, é focado num giro maior, buscando oportunidades de curto prazo.

Existe também a discussão sobre gestão ativa ou passiva, ou seja, se devemos investir em índices, como por exemplo o Ibovespa ou o S&P 500, que já representam uma cesta de ações, ou se devemos investir num fundo de ações que tenha uma estratégia ativa, ou montar a nossa própria carteira de ações. Existem várias opiniões sobre esse tema. Muitos autores de livros americanos de investimentos insistem na tese que os fundos de gestão ativa não conseguem bater os *benchmarks*, e que os fundos passivos tendem a ser opções melhores de investimentos.

Entendo que no Brasil a situação é diferente. Começando pela análise do índice Ibovespa: ele é um índice que tem aproximadamente uma participação de 30% no setor de *commodities*, setor que tem uma representatividade menor que 5% do PIB brasileiro; ou seja, o Ibovespa não representa a economia brasileira. É como se o investidor quando compra o fundo passivo em Ibovespa estivesse comprando um fundo 70% Brasil e 30% China.

As ações podem ser divididas por vários critérios: (i) por capitalização de mercado, (ii) por estilo (valor vs. crescimento), (iii) por tema (nova economia, tecnologia) ou (iv) setoriais (logística, financeiro).

Por eu estar envolvido mais intensamente no mercado acionário e acreditar nas suas perspectivas positivas de longo prazo na criação de valor, eu tenho um viés para o investimento em ações, mesmo porque entendo que esta é a essência do sistema capitalista, pois quando o investimento em títulos públicos for mais atrativo no longo prazo haverá um desinvestimento no setor produtivo e nas empresas privadas, para haver uma concentração nos títulos do governo que não criam riqueza, mas são instrumentos de política monetária e de financiamento público.

A seguir irei detalhar alguns temas que julgo relevantes, relacionados a ações. Temas que podem ser sobre características de algumas ações, como as *small caps*, que são ações de empresas menores, ou de instrumentos mais eficientes para o investimento em ações, como são os clubes de investimentos.

Quando tratamos de fundos de ações, tradicionalmente existem três estratégias principais que devem ser analisadas e podem ser constituir em boas opões de investimentos: (i) valor, (ii) *small caps* e (iii) dividendos, cada uma com suas particularidades e suas vantagens e desvantagens.

7.1 Ações Valor (*Value*) e Ações Crescimento (*Growth*)

> "Investimento em ações de valor e investimento em ações de crescimento são dois estilos diferentes de investimento. Geralmente, as ações de valor apresentam uma oportunidade de comprar ações abaixo do seu valor real, e as ações de crescimento exibem potencial de crescimento de receita e lucro acima da média. Wall Street gosta de categorizar as ações ordenadamente como ações de crescimento ou valor. A verdade é um pouco mais complicada, pois algumas ações têm elementos de valor e crescimento. No entanto, existem diferenças importantes entre ações de crescimento e valor, e muitos investidores preferem um estilo de investimento em detrimento do outro. Tanto as ações de crescimento quanto as de valor oferecem oportunidades de investimento lucrativas para seus acionistas. O melhor estilo de investimento para você depende em grande parte de seus objetivos financeiros pessoais e de suas preferências de investimento."
>
> Adam Levy

> "O crescimento rápido pode ser um indicador enganoso de valor agregado, pois pode ser gerado simplesmente despejando capital em um negócio."
>
> G. Bennett Stewart III

A estratégia Valor foi adotada por muitos investidores famosos e que entregaram resultados consistentes no longo prazo, como a dupla de investidores Warren Buffett e Charlie Munger. Em geral, essa nunca é a estratégia que tem uma rentabilidade melhor que a bolsa num *rally* ou numa alta forte, mas também sofre menos no caso de uma realização do mercado, que é quando temos uma queda significativa nos preços dos ativos. O tema Valor é tão amplo, e abrange tantos conceitos, que poderia fornecer material para um livro inteiro, e será o tema de um capítulo específico. Mas o objetivo aqui não é exaurir o assunto e sim discutir sua essência, pontos principais e variações.

Investidores Valor são caçadores de barganhas. Alguns tem critérios específicos para definir se uma ação está barata, e costumam manter essas ações por um prazo longo, outros procuram oportunidades em momentos de crise. Existem também o estilo ativista, que compra participações significativas nas empresas e força mudanças no time de gestão ou na direção estratégica da companhia com o objetivo de criar valor. As ações de valor em geral têm múltiplos (preço/lucro, preço/valor patrimonial) baixos quando comparados com o mercado e índices de pagamento de dividendos (*dividend yield*) altos. Outra definição utilizada para os investidores em ações valor é que eles buscam comprar empresas por um preço menor do que elas realmente valem.

Os investidores que adotam a estratégia valor e são mais rigorosos, comprando ações daquelas empresas que estão muito descontadas, não estão na moda, em muitos casos são mal vistas pelo mercado e podem eventualmente estar enfrentando problemas de gestão ou estratégia, são chamados de "*contrarians*", ou seja, eles vão na direção contrária do mercado, investindo em ações com desempenho muito ruim ou fluxo de notícias negativo.

Existem alguns estudos acadêmicos que mostram que no longo prazo as ações da estratégia valor performam melhor que as ações de crescimento, mas esse tema tem se ampliado e é controverso. Muitas ações de crescimento podem criar muito valor se o crescimento é consistente e rentável, isto é, uma ação de crescimento pode criar valor através do crescimento.

Na visão de Howard Marks[27], não existe uma escolha entre valor e crescimento, mas entre valor hoje e valor amanhã. O investimento em crescimento

---

[27] MARKS, Howard. *The Most Important Thing Illuminated*. Uncommon Sense for the Thoughtful Investor. New York: Columbia Business School Publishing, 2013.

representa uma aposta no desempenho da empresa que pode ou não se materializar no futuro, enquanto o investimento na estratégia valor pura é baseado principalmente na análise do valor atual de uma empresa. Ele acha que a distinção entre valor e crescimento não é muito clara, e em ambos os casos nós, como investidores, teremos que lidar com o futuro. Os investidores de valor pensam sobre o potencial de crescimento da empresa, e existe até o estilo de gestão "GARP – *growth at reasonable price*" ou crescimento a um preço razoável. É tudo uma questão de grau. Nesse sentido, investimento em crescimento é sobre o futuro, enquanto o investimento de valor enfatiza a situação atual da empresa, mas não tem como escapar do futuro.

As ações de crescimento são aquelas que apresentam potencial de valorização pelas suas perspectivas de crescimento e não pelos ativos existentes. Os investidores, que buscam esse tipo de ações, também estão preocupados com o conceito de valor, mas o valor para eles será criado em função do crescimento da empresa. Todas as ações de empresas relacionadas ao tema de tecnologia tendem a ser de crescimento, tais como Amazon, Apple, Google, Magazine Luiza, Mercado Livre, pois têm múltiplos altos e os investidores aceitam esses múltiplos altos pelas perspectivas de crescimento futuro.

Uma das maiores contribuições de Warren Buffett foi ampliar o conceito de estratégia valor para além de simplesmente buscar ações baratas. Buffett busca por bons negócios que estão disponíveis a um preço atrativo. O conceito de crescimento estaria embutido no cálculo do valor.

Ainda existe esse foco em ações valor e crescimento. Existem *benchmarks* que foram criados para medir cada estratégia, e muitos artigos de analistas ou na mídia especializada comentam que em determinado momento uma estratégia performa melhor que a outra. É comum lermos afirmações dizendo que estamos diante de uma boa perspectiva de crescimento, que deve favorecer as ações de crescimento. Apesar de achar importante ter a visão dos dois conceitos, para ter um melhor discernimento das empresas, é importante que o investidor desenvolva uma visão mais ampla das ações, sem ficar preso a uma estratégia que possa limitar o escopo e o processo de investimentos. Existem ações que por vários motivos estão muito atrativas em termos de *valuation* e outras que vão criar muito valor para o acionista através de um crescimento expressivo. Nesse sentido, uma carteira de ações pode ser formada pelos dois tipos, e todas com o objetivo de criar valor para o acionista, sem que fique muito preso a regras limitantes.

Alguns investidores se sentirão mais confortáveis em buscar ações de empresas que estão enfrentando problemas e estão muito baratas considerando várias óticas. Muitas dessas empresas são pequenas e desconhecidas da maioria dos investidores. É como se fosse uma especialização e um estilo de investir como um caçador de barganhas. Outros investidores gostam de estudar tecnologia e buscam empresas que podem apresentar crescimentos substanciais com produtos e serviços inovadores. Aqui, entram em cena alguns conceitos, o de filosofia de investimentos e o de círculo de competência. O investidor nunca pode se esquecer de desenvolver a sua própria filosofia de investimentos. O conceito de círculo de competência foi desenvolvido por Warren Buffett[28] e é muito útil: trata-se de investir com mais intensidade naqueles temas que você conhece melhor ou tem mais afinidade, ou seja, se você for um especialista em tecnologia e conhecer o setor em profundidade, terá uma vantagem competitiva em investir nessas ações, e provavelmente focará mais em ações de crescimento.

Estamos sempre lembrando da questão do tempo, pois quer você invista em ações da estratégia valor ou crescimento, terá de ter paciência e esperar os resultados aparecerem e as ações performarem bem. E a questão do *timing*, ou ponto de entrada no investimento em uma determinada ação, é sempre uma questão presente e complexa. Tem um ditado do mercado que diz que "Estar muito à frente do seu tempo é bem parecido com estar errado no mundo dos investimentos."

7.2 Ações de Empresas Menores (*Small caps*)

> "Estudos têm constatado consistentemente que empresas menores (*small caps*) (em termos de valor de mercado) obtêm retornos mais altos do que empresas maiores".
>
> Damodaran

> "As ações de empresas menores performam bem não apenas pelo valor de mercado ser baixo, mas porque estas ações são ineficientemente precificadas."
>
> James O'Shaughnessy

Existem muitos estudos acadêmicos que mostram que no longo prazo, as ações de menor capitalização de mercado (*small caps*) performam melhor que as ações de grandes empresas. Essa é uma classe de ações não muito entendida pelos investidores. Temos de lembrar também que as maiores empresas listadas atualmente na bolsa um dia foram pequenas.

---

[28] ARNOLD, Glen. *The Great Investors*: Lessons on Investing from Master Traders. Harlow: Financial Times Prentice Hall, 2010.

Existem alguns motivos que torna atrativo o investimento em *small caps*. Se fôssemos listar os principais, seriam eles: (i) são empresas não tão estudadas pelos analistas, criando oportunidades ainda não bem precificadas pelo mercado, (ii) são mais sensíveis ao crescimento econômico pois ainda estão num estágio de desenvolvimento mais inicial, conseguindo crescer significativamente a receita e os lucros, pois as bases de comparação ainda são bastante pequenas, (iii) são mais ágeis por serem menores, e podem aproveitar com rapidez oportunidades de mercado, dado que o processo de decisão é mais simples e menos complexo.

As carteiras de ações de *small caps* têm mais risco, mas em geral tem um potencial de valorização bem maior. Mas não são para todos os investidores: é preciso ter inclinação para o risco, paciência, horizonte de investimento de longo prazo e capacidade de analisar empresas e negócios.

Ao investir em *small caps* no Brasil temos sempre que lembrar da alta volatilidade no mercado de ações em função de crises políticas e econômicas, que fazem com que estratégias como investimento nesse tipo de ações sofram muito em termos de rentabilidade. Apesar de achar que existem grandes oportunidades em ações *small caps* no Brasil, entendo que esta deva ser apenas uma parte do portfólio do investidor, que pode aumentar, se houver uma perspectiva positiva e sustentável pela frente ou ser reduzida em função de haver muitas incertezas no cenário. É muito difícil investir numa estratégia única no mercado de ações brasileiro, pois a macroeconomia, mais a política, podem reduzir a sua rentabilidade por um período longo.

Na minha opinião, investir em *small caps* tem uma proximidade com *private equity*, pois você está investindo em empresas menores, que em muitos casos estão em estágios mais iniciais do seu desenvolvimento. Essas empresas também precisam de tempo para se desenvolver, pois assim como acontece com as crianças, enfrentarão as dores e crises do crescimento. Assim, também é interessante montar uma carteira de *small caps* com diversificação, pois algumas destas empresas pequenas podem enfrentar dificuldades, e envolvem um risco maior, assim você evita problemas que poderiam surgir do excesso de concentração.

O time de gestão nessas empresas menores também é muito importante, pois grandes empresas já estão estabelecidas, têm produtos bem desenvolvidos, cliente fiéis e não necessitam tanto dos seus times de gestão. Nas pequenas empresas, o negócio está em plena fase de construção, existem muitos riscos e desafios, e é necessário muito esforço e energia para desenvolver uma pequena empresa. Essas ações são pouco analisadas também porque não interessam para as grandes casas de pesquisa de ações, pois irão gerar pouca corretagem, e o esforço de pesquisa terá dificuldade para ser pago.

Se fossemos pensar no ciclo todo, desde o nascimento de uma empresa até se tornar uma *blue chip* (grande empresa listada na bolsa), passaríamos pela fase *small cap*. As empresas surgem muitas vezes com uma ideia e começam financiadas pelos próprios recursos do empreendedor, recebendo com o tempo investimentos de familiares e amigos. Uma vez que a empresa sobreviva, ela pode receber capital dos investidores anjo, receber aportes e ser incluída num fundo de *venture capital*, migrar para um fundo de *private equity* e ser preparada para um IPO (*Initial Public Offering* ou o lançamento inicial das ações na bolsa). Se o IPO for bem sucedido, neste momento nasce uma *micro cap*, cresce um pouco e vira uma *small cap*, que se tudo der certo irá se desenvolver na direção de ser uma *mid cap*, uma *large cap* e, quem sabe um dia, virar uma *blue chip*. É uma longa estrada, cheia de termos em inglês, mas esse é o caminho do desenvolvimento de uma empresa. Seguindo esse raciocínio, o maior potencial de ganho de um investidor seria investir numa *micro cap*, depois numa *small cap* e assim subsequentemente, ou seja, quanto menor a empresa, maior o risco e maior o retorno.

7.3 Ações Pagadoras de Dividendos

> "Você pode ganhar muito dinheiro investindo a longo prazo em ações que pagam dividendos."
>
> Chuck Carlson

Investir em ações pagadoras de dividendos, que tenham um *dividend yield* alto, ou seja, que o percentual de pagamentos de dividendos seja representativo em relação ao valor da ação, e que seja superior à média do mercado, é uma estratégia que tem sido muito utilizada por vários investidores, com grande sucesso. Essas estratégias tendem a ficar para trás quando a bolsa tem movimentos de alta forte, mas resistem bem durante as crises, fazendo com que no longo prazo apresentem um resultado melhor que os índices gerais da bolsa. Também apresentam consistentemente resultados superiores a investimentos em juros.

As ações pagadoras de dividendos, em geral, são de empresas maduras, que já fizeram grandes investimentos e que estão retornando para os acionistas na forma desses dividendos. Essas empresas, principalmente, costumam ser dos setores de energia elétrica, telecomunicações e saneamento, setores mais resilientes e que conseguem manter constante o pagamento de dividendos, menos sensíveis a variações da economia.

A estratégia de dividendos também pode ser considerada um tipo de estratégia valor, já que o *dividend yield* alto é uma das formas de selecionar ações baratas, pois quando o valor pago na forma de dividendos é alto se comparado com o valor da ação, fornece indícios de que a ação está atrativa em termos de *valuation*. Quase como se fosse um índice de preço/lucro baixo, ou seja, você conseguirá o seu investimento de volta num período mais curto. Mas é preciso tomar um certo cuidado com ações com *dividend yield* muito alto em relação à outras empresas do mesmo setor, pois pode indicar que a empresa está tendo problemas e suas ações caíram muito. Muito importante ressaltar que o *dividend yield* é apenas um dos aspectos para escolher ações que façam parte de uma carteira de dividendos.

Muitos investidores gostam de comparar dividendos em ações com os juros pagos em títulos de renda fixa, como se o dividendo fosse os juros pagos por ter uma ação. Embora essa seja uma comparação entre maçãs e laranjas (os riscos das ações são claramente maiores que os riscos da maioria dos títulos de renda fixa), a comparação é útil para entender o conceito de rendimento (*yield*). O rendimento dos seus títulos de renda fixa é muito próximo da taxa de juros; isto é, se você colocar R$ 1.000 investidos em um título de renda fixa que promete pagar R$ 20 em juros durante o próximo ano, a taxa de juros (ou rendimento) será de 2% (R$ 20 dividido por R$ 1.000).

O *dividend yield* de uma ação é calculado da mesma maneira. Você pega o valor dos dividendos pagos no último ano e divide pelo preço das ações. Por exemplo, uma ação negociada a R$ 10 por ação e que pagou R$ 0,50 em dividendos nos últimos 12 meses, tem um rendimento de 5% (R$ 0,50 dividido por R$ 10).

A maioria dos investidores usa o dividendo indicado para as ações para calcular o rendimento. O dividendo indicado é calculado tomando o pagamento de dividendos mais recente da ação e anualizando-o. Assim, para uma ação que pagou R$ 0,25 por ação em seu trimestre mais recente, o dividendo anual indicado seria de R$ 1 por ação (R$ 0,25 multiplicado por quatro trimestres se a empresa pagar dividendos trimestrais). E se atualmente as ações são negociadas a R$ 20, o rendimento indicado é de 5% (R$ 1 dividido por R$ 20). Fizemos a suposição nesse exemplo de uma empresa que paga dividendos trimestralmente, mas isso pode variar, há empresas que pagam também semestralmente ou anualmente.

Embora importante, o rendimento não deve ser o principal determinante para a seleção de ações em uma estratégia de investimentos. O dividendo alto é utilizado para se montar um universo de ações a serem analisadas. Deve-se então analisar o negócio da empresa, a qualidade do time de gestão, o ambiente competitivo, a rentabilidade e a sustentabilidade do pagamento dos dividendos.

Os dividendos são bastante representativos quando analisamos o retorno da bolsa no longo prazo. Desde 1926 até hoje, os dividendos representaram aproximadamente 43% do retorno total do índice S&P 500. Recentemente, quando os executivos passaram a ser pagos em função da performance das ações da empresa, começou um movimento maior de recompra de ações.

Talvez seja interessante listar alguns pontos que poderiam ser utilizados como um roteiro na seleção de ações para compor uma carteira de ações pagadoras de dividendos.

1. Fazer uma análise do mercado, montando uma lista das ações com *dividend yield* acima da média do mercado, considerando tanto o histórico quanto o projetado. É importante olhar o futuro, pois você irá receber os dividendos futuros projetados, mas os dividendos passados fornecem uma ideia da consistência e da sustentabilidade, pois existe sempre um risco mais alto de uma empresa que nunca foi uma grande pagadora de dividendos passar a ser. Além disso, consistência de pagamento de dividendos ao longo do tempo mostra resiliência do negócio da empresa.

2. Apesar do foco nos dividendos, também é interessante obter ganhos de capital no investimento através do ganho na variação da ação. Devemos compor o rendimento esperado da ação com o *dividend yield* mais o possível ganho de capital, que seria o potencial de valorização da ação. Quando montamos uma carteira de ações, devemos privilegiar os dividendos, mas o potencial de valorização também é relevante. Se temos, por exemplo, duas ações com *dividend yield* estimados acima de 6%, mas uma tem um potencial de valorização de 20% calculado pelo método de fluxo de caixa descontado, enquanto a outra ação já reflete o valor justo, sem potencial de valorização, deveríamos claramente escolher a ação que apresenta a melhor combinação de dividendo e ganho de capital.

3. Acho importante também considerar o negócio da empresa como um todo, fazendo uma análise clássica criteriosa qualitativa e quantitativa, independente dos dividendos. Estamos buscando empresas maduras, que gerem resultados consistentes, e isto só é possível se a empresa tiver um negócio competitivo e com boas perspectivas. Devemos buscar uma empresa situada num setor que permita ter uma boa sustentabilidade de resultados e, consequentemente, de pagamento de dividendos.

4. Como toda carteira de ações, é importante ter uma diversificação mínima de empresas e setores com o objetivo de maximizar o retorno e reduzir o risco. Montar uma carteira com alto potencial de *dividend yield*, acima de 8%, formada por três ações do setor de transmissão de

energia elétrica pode parecer num primeiro momento uma boa opção, mas se houverem mudanças regulatórias no setor, ou a entrada de um grande concorrente, as condições de investimento relativas a esse setor podem mudar, e você estará pouco diversificado e irá sofrer, podendo inclusive ter uma redução significativa no pagamento de dividendos.

5. Por fim, é interessante pensar a economia, o mercado e os concorrentes do *dividend yield* das ações. Será que o *dividend yield* dos fundos imobiliários ou dos títulos de renda fixa estão mais atrativos? Pode haver mudança de tributação que possa afetar o recebimento dos dividendos das ações? Em que ponto estamos do ciclo econômico? Qual a perspectiva de uma recessão ou desaceleração econômica? Qual a dinâmica dos setores nos quais eu estou investindo? Todas essas são questões importantes para você situar a sua carteira de ações de dividendos no contexto.

Pode-se tanto montar uma carteira apenas com ações pagadoras de dividendos, que terá um caráter mais defensivo e que será uma maneira inteligente de performar bem melhor que a renda fixa, mas com uma volatilidade bem maior, como também ter o hábito de sempre ter algumas ações pagadoras de dividendos num portfólio de ações mais geral, em uma forma de defesa para a carteira em função de crises econômicas futuras, ou mesmo realizações de mercado. Para aquele que querem fazer algum movimento de *market timing* na carteira de ações, aumentar ou diminuir a participação de ações pagadoras de dividendos na carteira pode ser interessante. Todo investidor deve sempre ter na cabeça alguns nomes de ações de dividendos, que sejam de empresas sólidas, bom time de gestão, bem posicionadas e que possam ser um porto seguro num momento de maior volatilidade.

7.4 BDRs (*Brazilian Depositary Receipts*)

> "Investir deveria ser mais como ver a tinta secar ou ver a grama crescer. Se você quer emoção, pegue $ 800 e vá para Las Vegas."
>
> Paul Samuelson

Os BDRs são os instrumentos que permitem que um investidor brasileiro consiga comprar ações americanas operando na bolsa brasileira, como se fossem uma ação brasileira.

Quando pensamos sobre alocação de ativos, faz todo sentido ter uma carteira de ações americanas, por vários motivos. Por ser a economia mais desenvolvida do mundo, por ter muitas opções de empresas globais para investir, por diversificação, para estar investido em dólar, para poder acessar setores que não estão disponíveis na bolsa brasileira ou se estão disponíveis são pouco representativos, como tecnologia, farmacêuticas, entretenimento, turismo, biotecnologia, carros elétricos, logística, entre outros. Não é porque o investidor é brasileiro que ele deveria investir apenas no mercado acionário brasileiro. Entendo que muitas vezes tem a ver com o conceito de círculo de competência, ou seja, o investidor brasileiro conhece melhor a economia brasileira e as empresas brasileiras, mas vale o esforço para conhecer melhor as empresas americanas, pois muitas delas já fazem parte do nosso dia a dia, mesmo aqui no Brasil, como a Apple, Google, Netflix, Amazon, Disney ou Johnson & Johnson. Todas essas empresas fornecem as informações necessárias para analisá-las nos seus sites, então é muito fácil para um investidor brasileiro ter acesso ao maior número de informações possíveis sobre essas empresas.

Falando um pouco sobre o instrumento, os BDRs (*Brazilian Depositary Receipts*) também conhecidos como CDVM (Certificado de Depósito de Valores Mobiliários), são valores mobiliários emitidos no Brasil que representam outro valor mobiliário emitido por companhias abertas com sede no exterior. Na prática, os BDRs refletem a variação de preço das ações estrangeiras às quais estão atreladas, só que aqui no Brasil e em reais. Os BDRs são negociados em bolsa, assim como outras ações comuns, como Petrobrás ou Itaú, por exemplo.

Atualmente, há 554 BDRs listados na bolsa brasileira; Face*book* (FBOK34), Microsoft (MSFT34) e Tesla (TSLA34) são alguns exemplos. No caso do Face*book*, a ação original da empresa é negociada na Nasdaq, em dólares, sob o código *FB*. O BDR correspondente, que pode ser adquirido pelo investidor brasileiro é negociado sob o código *FBOK34,* em reais.

Com os BDRs, o investidor tem exposição ao ativo (a ação lá fora) e ao câmbio (variação do dólar em relação ao real), ou seja, se a ação subir 10% lá fora e o real se valorizar 10% sobre o dólar, o seu ganho será zero. Entretanto, é importante para o investidor brasileiro ter uma exposição em ações americanas e ao dólar para diversificar a moeda. Em momentos específicos, pode ser que o investidor queira estar exposto somente às ações americanas, sem estar exposto ao dólar. Nesse caso, existem algumas soluções, como vender contratos futuros de dólar ou estar investido num fundo de bolsa americana que tire o efeito do dólar, vendendo índices de dólar futuro dentro do fundo.

Alguns dados de comparação entre as bolsas brasileiras e americanas: temos uma bolsa de valores no Brasil, com menos de 400 empresas, 1,2% da população investindo, cerca de 2,5 milhões de investidores e valor de mercado de US$ 0,8 trilhão, já os EUA têm três bolsas, mais de 5 mil empresas, 65%

da população investindo, cerca de 210 milhões de investidores e valor de mercado de US$ 30 trilhões. A bolsa no Brasil representa 42% sobre o PIB, enquanto a bolsa americana tem um valor de mercado que é de 146% sobre o PIB. Esses dados são baseados em 2019.[29]

7.5 Fundos Passivos (ETFs – *Exchange-Traded Fund*)

> "Investimento bem sucedido tem tudo a ver com bom senso."
>
> John C. Bogle

O ETF é basicamente, um fundo de investimento com cotas negociadas na Bolsa de Valores, que replicam o desempenho de determinados índices. Ele surgiu nos EUA no início dos anos 1990 e, desde então, ganhou popularidade em todo o mundo, sendo que atualmente os ETFs são uma das maiores classes de ativos da indústria de investimentos global. Uma de suas características é a possibilidade de diversificação.

Apesar de colocarmos a parte de ETFs dentro do capítulo sobre ações, os ETFs podem representar todos os mercados. Existem principalmente ETFs relacionados aos mercados acionários, mas existem também de renda fixa e de todos os ativos que permitem a elaboração de uma estratégia que possa ser empacotada dentro de um fundo e que seja listada na bolsa.

Os índices de mercado são muito importantes para estudarmos alocação de mercado. Portanto, os fundos passivos, que representam esses índices, são uma boa opção para a construção de portfólios.

Os ETFs podem representar tanto índices amplos de mercado quanto um tema específico. Existem também os ETFs alavancados que buscam reproduzir a rentabilidade diária de um *benchmark* multiplicada por um fator. Durante a pandemia do coronavírus, alguns investidores estão comprando ETFs de empresas aéreas, que funcionam como uma cesta de ações do setor. Nesse caso, os ETFs são uma boa forma de se investir num tema de investimentos através de uma carteira diversificada.

Existem muitas aplicações dos ETFs. Outro exemplo é o caso das novas aplicações da maconha na medicina e em alguns tratamentos. Surgiram novas empresas que têm atuado nesse setor, mas como ainda é uma coisa nova e não se conhece bem as empresas, a melhor forma de se investir no setor é através

---

[29] Dados pesquisados na Internet, Wikipedia.

da compra de um fundo passivo (ETF) que tenha participação nas principais empresas do setor, ainda sendo formadas.

O baixo custo desses fundos também é um atrativo, pois não é necessário ter uma equipe de análise para montar uma carteira específica, simplesmente são montadas carteiras baseadas nos índices de mercado. O custo de *trading* também é baixo, pois só ocorrem mudanças de posição quando há um rebalanceamento periódico nos índices.

Existe um número crescente de fundos passivos sendo criados constantemente, que representam classes de ativos, estilos e setores diversos. No Brasil ainda existem poucos ETFs e há um espaço muito grande para o desenvolvimento desse produto. A Charles Schwab oferece atualmente 2 mil opções de ETFs nos EUA.

7.6 Clubes de Investimentos

> "Grupos de três a 50 pessoas podem se unir para aplicar em títulos, ações ou derivativos. Esses grupos são conhecidos como clubes de investimento, que são basicamente um formato de investimento coletivo de pessoas físicas no mercado de capitais."
>
> Anbima

O clube de investimento é uma forma de investimento coletivo de pessoas físicas no mercado de ações. Esse grupo é composto por no mínimo 3 e no máximo 50 participantes, para aplicação em títulos e valores mobiliários que podem ser ações ou derivativos. Assim como nos fundos, o patrimônio do clube de investimento é dividido em cotas. Ao aplicar seus recursos em um clube, o investidor se torna um cotista. Os cotistas podem fazer a gestão de investimentos do clube ou contratar um gestor profissional certificado e credenciado à CVM, em ambos os casos devendo ser eleitos pela assembleia geral. O clube deve ser administrado por sociedade corretora, sociedade distribuidora, banco de investimento ou banco múltiplo com carteira de investimento, que é responsável pelo conjunto de atividades e de serviços relacionados direta e indiretamente ao seu funcionamento e manutenção.

O retorno dependerá da valorização das cotas, o que, por sua vez, dependerá da valorização dos ativos que compõem a carteira do clube. Como qualquer outro investimento em renda variável, o patrimônio do clube pode ser diretamente influenciado pelas oscilações do mercado, podendo gerar perda patrimonial e consequente desvalorização no valor das cotas. Por isso, é importante, antes de participar de um clube, estar atento à política de investimento que balizará as decisões do gestor.

A maior parcela (67%) do patrimônio de um clube de investimento deve ser investida nos seguintes tipos de aplicações: ações, debêntures conversíveis em ações, bônus de subscrição (títulos emitidos por companhias abertas que dão direito de subscrever ações do capital social da companhia), recibos de subscrição (registros que confirmam que o direito de subscrever os ativos foi exercido pelo investidor), cotas de fundos de índices de ações (os ETFs), certificados de depósitos de ações. Nenhum investidor pode ser titular de mais de 40% do total das cotas do clube.

Um dos atrativos dos clubes de investimento é que não pagam imposto em qualquer operação. Os investidores que participam do grupo pagam 15% de imposto de renda no momento do resgate, alíquota que incide sobre o rendimento obtido com a valorização das cotas.

Assim como os fundos, os clubes têm taxa de administração, percentual que varia conforme o tipo de clube, sua estratégia e seu patrimônio. Além disso, pode haver cobrança de taxa de performance quando o grupo define meta de rentabilidade para os investimentos, por exemplo, no caso de o gestor superar determinado índice ou indicador (*benchmark*).

Os clubes são uma alternativa de investimento interessante para os investidores em ações de forma geral por permitirem a formação de grupos de amigos, postergarem o pagamento de impostos para o momento do resgate, terem uma cota calculada e por serem uma forma mais estruturada e racional de investimentos.

CAPÍTULO 8
Renda Fixa

"Parece justo dizer que as taxas de juros de longo prazo para qualquer nação relativamente desenvolvida fornecem uma espécie de gráfico da saúde econômica e política dessa nação."

Sidney Homer

"O nível cultural de uma nação é espelhado por sua taxa de juros: quanto maior a inteligência e a força moral de um povo, menor a taxa de juros."

Eugen von Böhm Bawerk

A renda fixa é um componente importante no portfólio dos investidores, apesar das taxas de juros estarem cada vez menores. Além do seu caráter defensivo existem boas oportunidades a serem aproveitadas nessa classe de ativos.

Os títulos caracterizados como renda fixa definem na sua emissão a taxa de juros, o prazo de emissão e a forma de pagamento, seja no final do prazo ou periodicamente. Esses títulos podem ser privados ou públicos, sendo o primeiro emitido por empresas privadas e o segundo pelos governos municipal, estadual ou federal. Atualmente, existem cada vez mais produtos como alternativas de investimentos, sendo que na sua maioria são fundos e abrangem várias categorias de classes de ativos.

As possibilidades de investimento em renda fixa podem ser divididas em algumas categorias. As três principais são: pós-fixado, pré-fixado e inflação, e existem instrumentos específicos para investir em cada uma das categorias. Procurarei aqui dar apenas uma explicação simples sobre os diversos tipos de títulos, mesmo que muitos investidores já tenham esses conceitos bem fundamentados e entendidos.

O mundo de renda fixa é bastante técnico e é mais difícil ter exemplos intuitivos como o mercado de ações, quando as pessoas entendem bem os casos de investimento em empresas como Amazon, Apple, Petrobrás ou Banco Itaú. Os títulos de renda fixa são mais abstratos, e os cálculos de seus rendimentos mais técnicos. Portanto, iremos, como temos feito nesse livro, dar uma ideia geral e conceitual desses ativos como forma de investimento, sem nos perder em detalhes muito técnicos que podem ser buscados pelos leitores na vasta bibliografia sobre o tema no Brasil e nos EUA.

Os títulos pós-fixados, como o próprio nome já indica, são formados por taxas de juros fixadas posteriormente, acompanhando as altas e baixas de juros. Investir em títulos pós-fixados é indicado quando o cenário de juros está muito incerto e você não quer correr riscos, ou seja, sua aplicação oscila de acordo com as variações da taxa de juros. Os principais instrumentos são: CDBs, debêntures, LCA, CRI e CRA. Os fundos pós-fixados são formados principalmente por esses instrumentos.

PEQUENO QUADRO DE SIGLAS	
CDB	Certificado de Depósito Bancário
LCA	Letras de Crédito do Agronegócio
CRI	Certificado de Recebíveis Imobiliários
CRA	Certificado de Recebíveis do Agronegócio
LCI	Letras de Crédito Imobiliário
LF	Letra Financeira
LTN	Letras do Tesouro Nacional
DI Futuro	Contrato Futuro de compra ou venda da expectativa da taxa de juros

Os títulos pré-fixados possuem uma taxa fixa e podem ter perdas ou ganhos em função das flutuações nas taxas de juros. Os ativos pré-fixados são utilizados principalmente em momentos de redução na taxa de juros, pois o investidor conseguirá manter uma boa taxa de retorno, mesmo que haja uma redução na taxa de juros. Os principais instrumentos são LCA, LF, LTN e DI Futuro. Muitos desses instrumentos podem tanto ter taxas pré-fixadas quanto pós fixadas, ou até mesmo um híbrido entre elas.

Os ativos de renda fixa, que são juros real ou inflação, remuneram a uma taxa de juros reais pré-fixada mais inflação, ou seja, esses ativos são híbridos, têm um componente variável, a inflação, e um fixo, que é o juro real. Esses fundos são indicados para investidores que querem se proteger da inflação no longo prazo e aceitam os juros reais pré-fixados como atrativos. Outras classificações para os ativos de renda fixa podem ser por qualidade de crédito, por *duration* ou vencimento e por setor (governo, empresas).

Os gestores de fundos de renda fixa têm vários instrumentos para obter resultados positivos em função dos cenários econômicos projetados. O investidor pode repassar a responsabilidade para o gestor de fundos, aplicando num fundo de renda fixa ativo que tem liberdade para operar diversas estratégias, em função do cenário econômico projetado, buscando otimizar o ganho. Os gestores possuem também uma boa capacidade de alavancagem, aumentando a intensidade de suas estratégias.

Quando pensamos na alocação de recursos como um todo, como se inserem os fundos de renda fixa? Os fundos de renda fixa são importantes para o equilíbrio da carteira, garantindo um resultado esperado com volatilidade baixa, descorrelacionado do crescimento econômico, e em algumas situações específicas eles podem ter uma alta representatividade da carteira. Esses momentos, por exemplo, podem ser: (i) em uma crise econômica como proteção, (ii) quando existe alguma oportunidade específica, como um processo de redução na taxa de juros ou (iii) um aumento na inflação.

Um conceito importante para pensarmos a renda fixa é a Estrutura a Termo da Taxa de Juros (ETTJ). A estrutura da taxa de juros é como se fosse o desenho da taxa de juros no futuro, mostrando como o mercado está precificando os juros nos diversos prazos. Esta curva tende a ter uma inclinação principalmente pela incerteza no longo prazo sobre a saúde fiscal de um país, mas existem outros fatores que iremos detalhar mais para frente. Para darmos um exemplo, toda vez que os governos do Brasil tendem a entrar por caminhos populistas e não fornecem uma trajetória fiscal visível para os investidores, mostrando gastos e receitas de uma forma crível, há uma inclinação da curva de juros, aumentando as taxas de juros de longo prazo, reduzindo os investimentos e causando queda na bolsa de valores, pois esta curva longa de juros é referência para toda a economia. Se a taxa longa vai para níveis acima de 10%, os investidores na economia real irão reduzir os seus investimentos por preferir investir nos juros, por ter um risco muito menor. Os investidores em bolsa de valores irão utilizar essas altas taxas de juros longas nos seus modelos de avaliação de empresas, e tenderão a vender a bolsa e investir nos juros, pois o investimento em bolsa não irá compensar o risco, quando comparado com os juros. Portanto, a curva longa de juros é um dos principais instrumentos para se analisar as perspectivas da economia e balizar a atratividade dos investimentos. Sabemos que o preço de mercado de um ativo de renda fixa é dado pelo valor presente de seus fluxos trazidos pelas taxas de juros correspondentes a cada maturidade, pelas taxas de Estrutura de Taxa de Juros (ETJ).

A Estrutura a Termo das Taxas de Juros (ETTJ) é a relação entre a taxa de juros de títulos com apenas um pagamento (cupom zero) na maturidade e as respectivas maturidades. A ETTJ é importantíssima na análise de carteiras de renda fixa pois: (i) ela é geradora dos preços de todos os ativos da economia; (ii) a trajetória de preços dos ativos de renda fixa, mesmo em uma situação de total estabilidade das taxas de juros é determinada pela ETTJ; (iii) a taxa interna de retorno de todos os papéis de renda fixa da economia é determinada pela ETTJ; (iv) as taxas de juros de reaplicação dos fluxos intermediários de um título podem ser reaplicadas pela taxa de juros a termo da ETTJ, garantindo, assim, o cálculo da taxa de retorno total de um ativo de renda fixa.

Se os agentes econômicos, no investimento em ativos de renda fixa, fossem indiferentes nas suas escolhas entre as diversas opções de maturidades, não haveria razão para a existência de uma estrutura a termo das taxas de juros: todas as taxas seriam iguais. No entanto, o fato de a curva de juros não ser perfeitamente horizontal sugere que deve existir alguma preferência associada às maturidades. A seguir serão expostas resumidamente três das teorias mais importantes sobre o formato da estrutura a termo das taxas de juros: a hipótese de segmentação de mercado, hipótese das expectativas e a hipótese do prêmio de liquidez.

A hipótese da segmentação de mercado considera que os investidores e emissores de papéis de renda fixa estão divididos em grupos de acordo com sua preferência, tanto do prazo quanto da emissão ou da aplicação. Por exemplo, pode-se ter esses agentes agrupados em três conjuntos, investidores com preferência para o curto, para o médio e para o longo prazo. O mesmo para emissores. Neste caso, o mercado de renda fixa vai estar representado em três segmentos. Desequilíbrios de oferta e demanda em qualquer dos segmentos vão afetar a taxa de juros deste segmento. Considere por exemplo, que existam poucos emissores de recursos de curto prazo em relação aos agentes que demandam esses recursos; claro que a taxa de juros de curto prazo vai subir para igualar a oferta e demanda desse segmento. Por outro lado, uma pressão de oferta de recursos de longo prazo em relação à demanda de fundos para este segmento deve deprimir a taxa de juros longa. Assim, o formato das curvas de juros espelharia a situação de oferta e demanda de recursos em cada segmento de prazo de mercado.

A hipótese de expectativas puras ou não viesadas é a mais aceita para explicar o formato da estrutura a termo das taxas de juros. Essa hipótese procura explicar esse formato através da expectativa dos investidores e emissores de títulos de renda fixa.

Por essa teoria, a taxa de termo observada hoje seria uma estimativa não viesada da taxa de juros no futuro. Considere, por exemplo, uma situação em que as taxas atuais para 1 e 2 anos sejam, respectivamente, iguais a 10% a.a. e 13% a.a. Nesse caso, a taxa a termo que remunera hoje as aplicações de 1 a 2 anos, isto é, 16,08% a.a., seria a expectativa dos agentes para o patamar da taxa *spot* de 1 ano para daqui 12 meses. O formato da curva de juros revelaria, assim, a expectativa dos agentes com relação ao comportamento da taxa *spot* no futuro.

A hipótese de prêmio de liquidez considera que os investidores e emissores percebem riscos diferentes de acordo com a maturidade do título. Por exemplo, um investidor enxergaria um maior risco na aplicação de títulos longos. Assim esse investidor vai exigir um prêmio de liquidez para investir em maturidades maiores. Dessa forma, de forma distinta do que é preconizado pela hipótese de expectativas, a taxa a termo observada hoje superestimaria a expectativa dos agentes com relação a taxa *spot* no futuro.

No exemplo anterior, a expectativa de taxa *spot* de 12 meses para daqui a um ano seria menor que 16,08% pois a essa taxa estaria somado um prêmio para incentivar a aplicação em títulos mais longos. O formato, assim, da curva de juros, dependerá das expectativas dos agentes com relação ao comportamento das taxas no futuro e do prêmio de risco somado a essas expectativas.

Os juros no longo prazo tendem a ser mais altos, pois existe o risco no longo prazo que a taxa de juros pode subir por diversos fatores, entre os quais podemos listar o controle dos gastos do governo, ou seja, a disciplina fiscal e o possível aumento da inflação.

8.1 Instrumentos de Renda Fixa

> "Você sempre tem de pensar em ter alguma renda fixa no seu portfólio de investimentos, assim como ações."
>
> Charles Schwab

Existem vários títulos do Tesouro. Nos títulos pré-fixados temos as LTN (Letra do Tesouro Nacional) e NTN-F (Notas do Tesouro Nacional). Nas LTN, o pagamento do valor investido mais a rentabilidade (valor de face) é realizado na data de vencimento do título ou no resgate, ou seja, o pagamento ocorre somente uma vez. Já a NTN-F realiza o pagamento de juros a cada seis meses; assim, o rendimento do valor investido, ou o valor de face, é recebido ao longo do período de aplicação. Esses títulos possuem uma taxa de juros nominal, que significa que não é considerado o efeito da taxa de inflação sobre o valor do título.

Dentre os títulos pós-fixados estão as NTN-B (Notas do Tesouro Nacional série B), as NTN principal e a Letra Financeira do Tesouro (LFT). As NTN são títulos compostos por uma taxa de juros pré-definida mais a variação da inflação. Na NTN-B, os rendimentos são semestrais; já na NTN principal, o pagamento do rendimento ocorre somente no vencimento. Nesse contexto, a taxa de juros pré-definida é uma taxa real, pois reflete a rentabilidade acima da taxa de inflação. Assim, a principal característica desses títulos é que a sua rentabilidade está relacionada a um indexador, como o índice de inflação acrescido de uma taxa de juros pré-determinada.

Os CDBs são títulos de renda fixa emitidos pelos bancos, podendo ser entendidos como um empréstimo que o investidor faz para a instituição financeira, em troca da remuneração com juros. A remuneração pode ser tanto pré quanto pós-fixada. As LCIs e LCAs são títulos de renda fixa, emitidos por instituições financeiras, e lastreados em operações de empréstimos e financiamentos do setor imobiliário e do agronegócio. Também podem ser remunerados tanto por taxas pré ou pós-fixadas.

As debêntures são títulos de crédito privado emitidas por sociedades por ações, e conferem aos seus titulares o direito do crédito. Desse modo, diferente das ações em que os investidores se tornam sócios da empresa, os debenturistas são credores da empresa, a qual compromete-se a devolver o montante emprestado mais os juros. Assim, as debêntures são instrumentos de captação de recursos utilizados pelas empresas para financiar seus projetos. Recentemente houve um grande aumento na procura por debêntures incentivadas, que tem como objetivo captar recursos para investir em infraestrutura, e são isentas de impostos para os investidores pessoa física.

As Letras Financeiras (LFs) são títulos emitidos exclusivamente por instituições financeiras, com a finalidade da captação de recursos de longo prazo, pois são títulos com vencimento acima de dois anos, e sua remuneração pode ser fixa ou flutuante. São conhecidas como debêntures dos bancos, devido às características semelhantes a esses títulos.

Em relação aos títulos de renda fixa é importante entender que você só receberá a taxa que foi contratada no início se permanecer com o título até o vencimento. À medida que as taxas de juros sobem, o preço de um título cai, e vice-versa. Se um investidor deseja vender um bônus antes do vencimento estará exposto a essas variações de preço, podendo ter ganhos ou perdas de valor de mercado em relação à trajetória de preços que seria obtida se o título fosse mantido até o seu vencimento. Suponha, por exemplo, a compra de uma

LTN de 2 anos por uma taxa de 10% a.a. Se o investidor vender essa LTN antes do vencimento ele não deve, em geral, obter um rendimento de 10% a.a. Digamos que o investidor venda essa LTN para um banco faltando 6 meses para o vencimento, por uma taxa de 12% a.a. Nesse caso o investidor teria um rendimento de 9,34% pelo período de 18 meses em que ficou com o papel. Não queremos aqui entrar na matemática de cálculo de renda fixa, pois nosso objetivo é focar no sentido mais geral da alocação de ativos, contribuindo para o processo de investimento das pessoas em geral. Existe uma boa bibliografia sobre o assunto, sendo que um dos livros clássicos sobre esse tema é *"Derivativos e Renda fixa: Teoria e Aplicações ao Mercado Brasileiro"* de Souza & Silva.

Outro risco relevante de perda nos títulos de renda fixa é o risco de inflação. As taxas de juros nominais são compostas dos juros reais, mais a taxa de inflação esperada. Assim, um aumento na taxa esperada de inflação leva a um aumento das taxas de juros nominais e, portanto, à redução do preço dos títulos. Outros riscos são o risco de crédito e o risco de liquidez.

8.2 Fundos de Crédito

> "No mundo, cada vez mais, gestoras de recursos fomentam os mercados de capitais – tanto investindo em crédito quanto em *equity*. Quando se analisam os maiores *players* desses mercados, percebe-se quão relevante é o crédito em suas operações. ... Na média, empresas tem mais dívida que capital (*equity*)."
>
> Rafael Fritch

Um fundo de crédito privado é uma aplicação cuja maior parte da carteira está aplicada em títulos emitidos por bancos ou empresas, os chamados títulos privados. Os títulos de crédito privado podem ser tanto prefixados (com taxa de juros definida no momento do "empréstimo"), como também pós-fixados. Segundo a CVM, o fundo deve ter mais de 50% do seu patrimônio em títulos privados para obter a classificação de fundo de crédito privado. Os fundos de crédito envolvem riscos muito específicos, de empresas, setores, ciclos econômicos.

Os *ratings* de crédito costumam estar bastante errados, principalmente em momentos de transição econômica. Os títulos das ferrovias nos EUA em 1920 tinham a melhor classificação de crédito possível (triple AAA) antes das empresas quebrarem quando as pessoas passaram a se locomover de carro.

Existe um risco grande dos investidores comprarem títulos individuais de cada empresa. É preferível montar carteiras de títulos diversificadas ou investir em fundos que analisam esses títulos e montam carteiras diversificadas.

Os fundos de crédito privado no Brasil ainda têm muito espaço para crescer. Existe apenas a classe de fundos *high grade*, que são aqueles fundos que detêm ativos de melhor qualidade. O Brasil tem tido níveis de juros muito altos nas últimas décadas, desestimulando o desenvolvimento desses fundos, dado que os investidores já conseguiam obter altas taxas de juros nos títulos públicos e de riscos muito baixos. Com esse novo cenário global e brasileiro, de juros mais baixos, cria-se um espaço para o desenvolvimento dos fundos de crédito privado e para o desenvolvimento de uma classe de ativos e fundos ainda muito pequena no Brasil, que são os títulos de maior risco, chamados de *High Yield*. Essa é uma classe de ativos que deve crescer e se consolidar nos próximos anos. Os fundos de crédito que tem isenção de imposto de renda também têm crescido no Brasil, como os fundos de debêntures incentivadas.

CAPÍTULO 9
Ativos Imobiliários

"Imóveis não podem ser perdidos ou roubados, nem podem ser levados. Comprado com bom senso, pago integralmente e gerenciado com cuidado razoável, trata-se do investimento mais seguro do mundo."

Franklin D. Roosevelt

Os investimentos imobiliários, tradicionalmente, sempre foram vistos como uma das principais opções dos investidores, mas comprando os imóveis diretamente. Recentemente este setor passou por transformações significativas. No passado, os investimentos imobiliários eram caracterizados por falta de liquidez, altos custos de transação, altos custos de gestão, altos custos de obtenção de informações e baixa transparência.

Nos EUA, o veículo de investimento no setor são os REITs (*Real Estate Investmente Trust*), que são negociados publicamente e têm a propriedade, desenvolvem e operam ativos imobiliários como lajes corporativas, residenciais e outros ativos relacionados. Esses fundos têm de estar investidos no mínimo 75% do patrimônio em ativos imobiliários, e no mínimo 75% da receita tem de vir de aluguéis ou juros sobre empréstimos imobiliários. Além disso, têm de distribuir pelo menos 90% da renda aos cotistas na forma de dividendos. Os REITs podem tomar empréstimos para financiar sua aquisição de imóveis, ou seja, é possível alavancar, ao passo que no Brasil isso não é permitido. A estrutura dos REITs resolve os problemas que mantiveram os investidores comuns à distância: são diversificados, líquidos e tem gestão profissional.

No Brasil, esta indústria de fundos imobiliários está se desenvolvendo mais tarde, quando comparado aos EUA, mas tem ganhado relevância. Com o desenvolvimento global e no Brasil dos fundos de investimentos imobiliários houve uma grande melhora para o investidor em todos os itens citados acima, sendo que em vários países ainda existem benefícios tributários para o investimento nesses produtos.

Existem alguns pontos na comparação de ativos imobiliários com outras formas de ativos. A primeira é a depreciação. As ações não se degradam ou exigem novos telhados; as casas sim. A segunda é a liquidez. Como ativos, as casas são mais caras para converter em moedas que as ações. A terceira é a volatilidade. Desde a Segunda Guerra Mundial, os mercados imobiliários têm sido menos voláteis do que as bolsas de valores. Na Grã-Bretanha, entre 1889 e 1995, por exemplo, o preço médio das casas caiu 18%, ou mais de um terço (37%) em termos reais da inflação ajustada. No Japão, entre 1990 e 2000, os preços das propriedades caíram mais de 60%.

Na prática, os REITs apresentaram altos retornos com altas volatilidades nos EUA. De 1990 até 2005, eles ofereceram um retorno médio de 11.4% ao ano e um desvio padrão anual próximo de 25%. No início dos anos 2000, houve uma década perdida para o investimento em ações, mas não foi um período ruim para os fundos imobiliários. Entretanto, em 2008, os REITs chegaram a cair quase 40%, e em alguns casos mais que a bolsa, em parte pelo fato de a crise ser concentrada no setor imobiliário, mas não foram uma boa diversificação na crise. REITs, em geral, tem uma correlação moderada com o mercado de ações, entre 0,4 e 0,7, apesar de na crise de 2008 a correlação ter sido para 0,8.

Os fundos imobiliários podem ser vistos, de certa forma, como híbridos, pois eles possuem a renda que os aproximam de um produto de renda fixa, ainda que em momentos de crise possa haver redução do aluguel e vacância, e eles têm o componente de ações, que é o valor do imóvel que sobe e desce em função da demanda e da taxa de juros.

Uma característica bem definida dos fundos imobiliários é a proteção contra a inflação. Os contratos de aluguel são bem definidos em relação a reajustes em função da inflação. E nesses períodos, os investidores tendem a ir para ativos reais, aumentando o valor dos ativos imobiliários.

Os ativos imobiliários costumam ser classificados como investimentos alternativos, mas dada a crescente relevância dessa classe de ativos optei por colocá-los em separado, como uma classe independente.

CAPÍTULO 10
Investimentos Alternativos

> "Se investir está sendo divertido, provavelmente você não está ganhando dinheiro. Bons investimentos são tediosos."
>
> George Soros

O investidor americano conviveu por muito tempo com a alocação clássica, 60% em ações, 40% em renda fixa. Os investimentos alternativos vieram para sofisticar essa alocação, para melhorar a relação risco-retorno dos portfólios. É uma classe de investimentos que veio para ficar e tem conquistado um espaço cada vez maior, mas como tem muitas opções de investimentos e em muitos casos, nos diversos fundos que compõe essa classe de ativos, a capacidade do gestor é fundamental, faz com que essa seja uma classe de ativos que precisa ser estudada e analisada cuidadosamente.

É também de difícil definição pela complexidade e diversidade dos ativos e produtos. Essa classe de ativos está sempre em desenvolvimento, e existem alguns fundos híbridos, que têm um componente de renda fixa e um de *equity*, fazendo parte dessa classe. Também tende a receber os novos produtos mais criativos, que às vezes nascem em função de oportunidades específicas, e acabam tendo uma duração específica.

Os investimentos alternativos oferecem uma variedade de riscos e retorno característicos:

- *Alpha positivo*: um retorno ajustado pelo risco, em geral melhor que as classes tradicionais de ativos;
- *maior taxa de retorno em relação à outras classes de ativos*: certos retornos de ativos alternativos (*private equity*, imobiliário) são derivados de investimentos menos líquidos. Essas estratégias alternativas têm uma taxa de retorno mais alta em função do risco subjacente do investimento (por exemplo, o investimento em *private equity* em estágio final tem um *beta* de cerca de 1,25 a 1,5 nos EUA);

Como Escolher e Administrar seus Investimentos

- *Assimetria de retorno*: vários investimentos alternativos (por exemplo fundos multimercados) são estruturados para limitar perdas, mas permanecem investidos em boas alternativas de geração de resultados;
- *Baixa correlação com outras classes de ativos*: certas estratégias alternativas são baseadas em investimentos não relacionados a ações ou renda fixa e que tendem a ter baixa correlação com os ativos tradicionais (como *commodities*, por exemplo)

Esses pontos foram abordados em diversos estudos (Choueifaty, Coignard, 2008) que concluem que os investimentos alternativos têm um papel estratégico para diversos investidores, principalmente aqueles com menor tolerância a risco.

A abordagem alternativa é composta não só por ativos diferentes, mas por processos de investimento e gestão novos e, consequentemente, com retornos diferentes das tradicionais classes de ativos, como renda fixa e ações. O objetivo é ter uma correlação independente. Uma questão importante aqui também é o controle de risco. Quanto maior a descorrelação desta classe de ativos com as classes tradicionais, mais será agregado de valor ao seu portfólio como um todo e melhor será o gerenciamento de risco.

Vamos aqui fazer um raciocínio baseado nas contas de Phil DeMuth e Bem Stein no livro *"Little Book of Alternative Investments: Reaping Rewards by Daring to be Different"*. Vamos considerar um portfólio investido 60% no índice de ações S&P 500 e 40% nos *bonds* americanos do ano de 1976 até 2010. As ações teriam apresentado um retorno de 11% a.a., os *bonds* teriam rendido 8,4% a.a., e o portfólio teria rendido 10.3% a.a. A volatilidade da bolsa teria sido 15,4% anualmente, os títulos 5,7% e o portfólio 10%, o que é menos do que esperaríamos calculando a alocação 60/40 do portfólio. Essa queda de 1,5%, que representa uma redução 13% do risco é o almoço grátis, que Harry Markowitz demonstrou em 1952 como sendo o efeito da diversificação, e que lhe deu o prêmio Nobel. Analisando esse exemplo podemos imaginar que, se neste portfólio estivesse também incluído investimentos alternativos, poderíamos melhorar ainda mais a relação risco–retorno e, por exemplo, sofreríamos menos na crise de 2008 ou na recente crise do coronavírus. Investidores precisam cada vez mais entender e aplicar o conceito de diversificação, e os investimentos alternativos são o melhor caminho.

Existem sempre muitas questões sobre os investimentos alternativos: como eles ganham dinheiro? São confiáveis? O retorno é sustentável? Quão arriscada é a estratégia? Quão cara é essa estratégia? Agrega valor aos investimentos mais tradicionais? Quanto eu deveria alocar e qual retorno, volatilidade e correlação esperar?

No atual mundo extremamente globalizado, no momento de uma crise as ações tendem a sofrer bastante e de forma interligada. Considerando esse cenário, é importante ter investimentos alternativos para se proteger dos *crashes*, que têm acontecido de tempos em tempos, nos ativos reais e principalmente na bolsa, para que a perda patrimonial não seja tão grande e você possa ter ativos que não sofreram muito na crise, e poder comprar uma bolsa que fique excessivamente barata. Sempre lembrando que ter uma parte da posição em caixa ou equivalente é sempre importante. Caixa é um dos principais e mais antigos investimentos alternativos.

10.1 Fundos Multimercados (*Hedge funds*)

> "Os gestores de *hedge funds* devem ter não só excelentes habilidades analíticas e críticas, tremenda intensidade, muita sorte, mas para sobreviver e ser bem sucedidos, eles também devem compreender profundamente que eles vão ser vulneráveis a mudanças de humor extremas e terrivelmente suscetíveis à arrogância."
>
> Barton Biggs

O que é um *hedge fund*? Cliff Asness, da AQR Capital, escreveu uma boa definição[30]: "*Hedge funds* são um agrupamento (*pools*) de investimentos que são pouco restritos no que fazem. Eles são relativamente pouco regulamentados (por enquanto), cobram taxas altas, não necessariamente lhe devolverão o seu dinheiro quando você quiser, e geralmente não lhe dirão o que eles fazem. Eles, supostamente, têm de ganhar dinheiro o tempo todo, e quando eles falham nisso, seus investidores resgatam e vão para outro fundo que tem ganhado dinheiro recentemente. A cada três ou quatro anos, eles entregam um ano muito bom. Eles geralmente têm como clientes pessoas ricas em Genebra, Suíça e geridos por pessoas em Greenwich, Connecticut."

Essa definição dá uma boa ideia do que é um *hedge fund*, mas ele um veículo de investimento em constante evolução e é relativamente difícil ter uma definição que consiga abranger todos os aspectos. Os *hedge funds* têm o objetivo de entregar retornos absolutos que são descorrelacionados do mercado de ações e de juros, o que na prática, muitas vezes, não acontece. Eles procuram investir em ativos alternativos e ter estratégias de investimentos alternativos.

---

[30] SCARAMUCCI, Anthony. *The Little Book of Hedge funds*. Hoboken: John Wiley & Sons, 2012

Houve várias mudanças que têm ajudado os *hedge funds*: (i) a habilidade de ter posições vendidas (*short*), apostando na queda da ação, expandiu as possibilidades, além da tradicional posição de apenas ficar comprado na ação; (ii) o fato de poder ter posições compradas/vendidas (*long/short*) abriu a possibilidade de arbitrar ativos similares neutralizando o risco de mercado; no caso, por exemplo, de um par de ações *long/short*, do mesmo setor, a correlação com o mercado é zero e está apenas obtendo retorno absoluto através do diferencial de rentabilidade das duas ações; (iii) com o risco de mercado cancelado, os gestores podem alavancar os fundos com mais segurança nos seus *trades*, podendo emprestar dinheiro para ganhar mais com as suas apostas, mas perder muito também se estiverem errados; (iv) os computadores e as bases de dados passaram a permitir analisar grandes massas de dados em tempo real; (v) novas possibilidades em mercados futuros e derivativos permitiram apostas precisas em variáveis específicas que os novos modelos apontam; (vi) os computadores tornaram a negociação (*trade*) bem mais eficiente, executando grandes *trades* de forma muito rápida, usando acesso direto ao mercado, sem passar pelos *traders* das corretoras; (vii) a queda nas corretagens permitiu executar estratégias e arbitragens, mesmo com perspectiva de ganhos pequenos.

Existem grandes equipes de pesquisa e análise nos *hedge funds* avaliando cenários, os ativos e buscando assimetrias e oportunidades de investimentos, elaborando estudos e apreciações detalhadas.

Os *hedge funds* não são exatamente ativos totalmente descorrelacionados dos índices de mercado; podemos dizer que eles têm uma correlação moderada. Na crise de 2008, quando o S&P perdeu 37% do seu valor, os *hedge funds* perderam em média 15% a 19%. Uma decepção para aqueles que esperavam uma descorrelação, mas é melhor perder 15% do que 37%.

Os *hedge funds* procuram ter limites de volatilidade, apesar da dificuldade de manter esse limite em momentos de *stress* quando ocorrem fortes altas e diminui a liquidez dos mercados, muitas vezes tornando difícil a redução das posições para manter os limites de volatilidade.

Os *hedge funds* devem fazer parte da alocação de ativos, e são uma parte importante dos investimentos alternativos. Existem bons gestores com histórico de rentabilidade consistente que irão reduzir a volatilidade do portfólio, mas muitas vezes, principalmente em momentos de crise, não irão mostrar a descorrelação que gostaríamos.

10.2 Fundos que tem posições compradas e vendidas (*long & short*)

> "Investidores que montam posições vendidas em ações (*short sellers*), que adotam essa estratégia na esperança de que o preço das ações caia, foram repreendidos ao longo do tempo. A Inglaterra os baniu durante a maior parte dos séculos XVIII e XIX. Napoleão os considerava inimigos do Estado. E o último Kaiser da Alemanha os engajou para atacarem os mercados americanos."
>
> Jenny Anderson

Os fundos *long & short* são uma variação do tradicional fundo de ações, que fica comprado nas ações. Existem dois tipos de fundos *long & short*: (i) os fundos sem direcional de bolsa ou *market neutral*, isto é, fundos que não estão expostos à direção da bolsa e (ii) os fundos com direcional, que além de ganharem com operações de *long & short*, podem ganhar com a alta da bolsa como um todo, pois estão expostos à bolsa, dentro dos limites estipulado por cada fundo.

A posição *short*, aquela na qual o investidor ganha na queda da ação, é uma posição mais complexa e que, em geral, precisa de mais estudo sobre o caso de investimento e grande paciência para carregá-la ao longo do tempo. Os mercados de ações tendem a reagir positivamente ao crescimento econômico, portanto você precisa estar muito certo para montar uma posição vendida, de forma absoluta, em uma ação.

Segundo Kathryn Staley, no livro *"The Art of Short Selling"*, os candidatos a venda se agrupam em três categorias: (i) empresas nas quais a gestão não fala a verdade e esconde fatos que podem afetar a rentabilidade da empresa; (ii) empresas que inflaram as cotações das ações, sugerindo a existência de uma bolha especulativa na avaliação da empresa e (iii) empresas que serão afetadas de forma significativa pela mudança de eventos externos.

O que acontece muito no mercado brasileiro são os pares de ações, ou seja, você vende uma ação, e com esse dinheiro, você compra outra ação, de modo que você está comprado na diferença de comportamento entre as duas ações, como se fosse um ativo com vida própria; numa alta de mercado, ambas as ações podem subir e você ganhar, mesmo vendido em uma delas, desde que a ação que você esteja vendido suba menos.

Esses pares de ações podem ser dentro do mesmo setor, intrasetorial, setores diferentes, intersetorial, ou uma ação comprada e vendido no índice de ações. Os pares dentro do mesmo setor tendem a ser menos voláteis, pois você está escolhendo a melhor e a pior empresa dentro de um mesmo setor, ou a ação mais cara e a mais barata, gerando menor volatilidade. Inclusive, ações de um mesmo setor tendem a ter *betas* semelhantes, tendem a responder de forma parecida a grandes flutuações do mercado ou do setor. Quando você constrói um par de ações, misturando os setores, você inclui uma nova variável, pois você acredita que uma empresa será melhor que outra e que determinado setor também vai performar melhor ou está mais barato que outro. Nesse caso, a volatilidade é maior, pois a correlação entre as ações será menor e, consequentemente, a possibilidade de ganho e os riscos envolvidos serão maiores também. No terceiro caso você compra uma ação, e por não ter uma ação correlacionada para vender, você vende o índice de ações, que tem um caráter mais geral. De certa forma, você está prevendo que essa ação vai performar melhor que a bolsa. O problema em vender o índice no Brasil, é que você estará vendendo um índice bastante concentrado, que é o índice Ibovespa, no qual o setor de bancos, *commodities* e bebidas representa mais de 50%. O Ibovespa é um índice bastante concentrado em poucas empresas e poucos setores, não simulando adequadamente a economia brasileira. O índice Ibovespa vem evoluindo em termos de diversificação e tende a melhorar ao longo do tempo.

Teoricamente, os fundos *long & short* são uma forma de diversificação na alocação de ativos, na classe de investimentos alternativos, buscando retorno absoluto, através de posições no mercado de ações, sem direção de bolsa. É preciso selecionar muito bem esse gestor, pois é difícil para o gestor não se contaminar pelo humor da bolsa e acabar refletindo nas suas posições a tendência do mercado. Por exemplo, se o mercado está otimista com as perspectivas gerais da bolsa, ele compra ações de consumo e vende as ações do setor elétrico, como se estivesse comprando *beta*, ou como se estivesse tomado uma posição comprada em bolsa, e quando está pessimista ele inverte a posição. Nesse comportamento não há uma boa descorrelação com o mercado, e o gestor que deveria ser um arbitrador mais frio e calculista está se deixando levar pelo clima. Portanto, ao pensar num fundo de *long & short* para investir é importante entender como se comportou a cota em períodos de fortes altas ou baixas no mercado de ações.

10.3 Fundos que tem um viés comprado (*long bias*)

> "Há muito tempo, Sir Isaac Newton nos deu três Leis do Movimento, as quais foram a obra de um grande gênio. Porém, os talentos de Sir Isaac não se estendiam a investimentos: ele perdeu bastante na Bolha dos Mares do Sul,

explicando mais tarde: "Consigo calcular o movimento das estrelas, mas não a loucura dos homens." Se não tivesse sido traumatizado por essa perda, Sir Isaac poderia muito bem ter prosseguido para descobrir a quarta lei: para os investidores, de modo geral, o retorno diminui à medida que o movimento aumenta."

Warren Buffett

O fundo *long bias* tem crescido no Brasil em função da demanda crescente dos investidores por esse tipo de produto, que faça movimentos de defesa. Num país volátil como o Brasil, e num mundo que tem passado por tantas transformações, muitos investidores preferem que o gestor do fundo faça um *market timing* de bolsa, ou seja, reduza a exposição em momentos de *stress* e fique mais comprado em ciclos positivos. Sempre lembrando da dificuldade em se fazer esse movimento e do risco de acontecer o inverso, ou seja, estar comprado na crise e pouco exposto à bolsa nas recuperações.

Essa é uma classe de fundos que ainda precisa se provar ao longo do tempo no mercado brasileiro. Precisaríamos de uma amostra de tempo maior, na qual ocorreram algumas crises, para ver, em média, como esse produto vai se comportar.

Esses fundos no Brasil estão caminhando para um produto um pouco mais complexo, não só um fundo que aumente e diminua a sua exposição em bolsa, mas um conceito mais amplo, como se fosse um *hedge fund* de ações. Esse fundo teria a maior parte do resultado vindo delas, mas poderia ter posições complementares de juros e moedas, que em alguns casos poderiam servir de *hedge*, ou proteção. Assim como num *hedge fund* normal, poderia haver *books* (poderíamos traduzir *books* como livros, ou caixas) dentro desse fundo com temas específicos. Poderia ter um *book* de ações compradas, um *book* de *long & short*, um *book* de juros, um *book* de moedas, de forma a ter uma carteira diversificada, ainda preponderante em ações, mas com alguns outros temas, para quando o mercado de ações estiver de lado ou sem tendência.

Essa classe de fundos ainda é nova no Brasil, está ocupando um espaço crescente, mas ainda precisa de um histórico mais longo e consistente. É uma classe em evolução e alguns estilos de gestão estão sendo testados. Com o tempo, alguns deles irão se afirmar e a classe será mais consolidada.

10.4 Fundos que investem em empresas nascentes (*venture capital*), ou em empresas em desenvolvimento (*private equity*)

> "À medida que o tamanho dos fundos de *private equity* e *venture capital* vem crescendo, também cresce o impacto desses fundos na economia. À medida que o investimento nesses fundos amadureceu e se tornou um estilo de investimento, teve um impacto crescente na forma como as empresas são geridas, quem as lidera e quais estratégias buscam."
>
> Robert Finkel

Existem diversos livros que exploram muito bem o tema dos Fundos de *venture capital* e *private equity*, mas é importante abordarmos este assunto, mesmo que de forma bastante simplificada, porque muitas empresas que fazem parte desses fundos irão fazer parte dos futuros IPOs. Importante lembrar que esses investimentos são ilíquidos, com janelas para desinvestimentos em prazos longos, três anos ou mais.

Este mercado de *venture capital* ainda não é muito grande no Brasil, mas tem uma perspectiva muito positiva de crescimento. As empresas nascentes e inovadoras precisam de investidores anjo para começar.

O primeiro estágio desta nova empresa pode ser chamado de *pre-seed*. Nesta fase o capital pode vir dos próprios fundadores, família e amigos. O capital inicial da empresa, também chamado de *seed*, semente, é fundamental para o seu início oficial. Existem muitos fundos que, além de fornecer o capital inicial, também auxiliam os novos empreendedores a montar e desenvolver a nova empresa. É feita uma triagem para essas ideias saírem do papel e se materializarem numa empresa nascente; parte desse dinheiro é utilizado em pesquisas de mercado e desenvolvimento de produtos. É importante lembrar que algumas dessas empresas, apesar de serem uma boa ideia, não conseguirão sobreviver e podem acabar fechando. O *seed* costuma estar entre US$ 200 mil a US$ 1 milhão. A ideia é que a semente se transforme numa árvore ao longo do processo.

O segundo passo é a empresa mudar para série A. Nesta fase, o capital inicial que estava no formato de dívida conversível em ações é convertido, e a empresa começa a se estruturar melhor e crescer de forma mais sustentada. O objetivo agora será desenvolver clientes e produtos. Também é importante montar um plano de negócios visando obter lucro no longo prazo. Nas diversas fases de desenvolvimento são realizados processos de avaliação para se chegar ao valor dessas empresas naquele determinado momento. Nessa fase podem ser levantados de US$ 2 milhões a US$ 15 milhões de injeção de capital. E as empresas tendem a ser avaliadas entre US$ 10 milhões a US$ 15 milhões.

A série B caracteriza uma empresa que já tem uma atividade definida e clientes desenvolvidos, já se provou viável para os investidores e está procurando apoio para estruturar um processo de crescimento. Já existe um produto vencedor e ela deseja construir um time vencedor através da busca por talentos. Nesta fase, as empresas tendem a levantar de US$ 7 milhões a US$ 10 milhões e valem aproximadamente entre US$ 30 milhões e US$ 60 milhões.

A série C é um estágio mais avançado de desenvolvimento da empresa, no qual ela já está estabelecida e buscando criar novos produtos, acessar novos mercados ou até mesmo adquirir outras empresas. Apesar de existirem as séries D ou E, a série C já é quase um momento pré-IPO. Nesta fase as empresas costumam captar em torno de US$ 26 milhões e valem entre US$ 100 milhões e US$ 120 milhões.

Para o investidor em ações é importante conhecer esse processo para entender o nascimento de uma empresa e ajudar a projetar uma trajetória para ela. Entender quais são os setores mais promissores e que devem apresentar maiores criações de empresas, e entender a estrutura e a dinâmica destes setores e as possíveis disrupções que estão a caminho.

Os Fundos de *private equity* são como a continuidade da empresa antes de partir para a abertura de capital e listagem na bolsa de valores. Esses fundos costumam participar ativamente da gestão das empresas, formando a musculatura para que ela atinja voos mais longos.

O objetivo de longo prazo da maioria dos fundos de *private equity* é ter as empresas vendidas para outros investidores, participarem de fusões e aquisições ou serem listadas na bolsa de valores (IPO).

Você pode investir tanto nas empresas diretamente quanto nos fundos existentes no mercado. Investir nas empresas diretamente requer grande habilidade em analisar negócios nascentes, que são de grande complexidade e alto risco; além disso, os melhores negócios são oferecidos primeiramente para grandes investidores que já investem tradicionalmente nestes negócios e tem parcerias com os estruturadores. Ambos têm janelas definidas de investimentos e desinvestimentos, sendo que as janelas de desinvestimentos podem ser mais flexíveis.

Existem também alguns fundos de *private equity*, tanto no Brasil quanto no exterior, listados em bolsa, que podem ser uma forma de investimento. Uma das formas interessantes de investir parcialmente em *private equity* é comprar ações da Berkshire Hathaway, gerida por Warren Buffett, que investe tanto em ações listadas quanto empresas não listadas, e tem uma performance histórica espetacular.

10.5 *Distressed assets* (Ativos de Risco Elevado)

> "Os investidores em "*distressed assets*" muitas vezes acabam perdendo tudo quando uma empresa não consegue se recuperar. Mas quando as empresas vencem as probabilidades, aqueles que investiram em seus ativos problemáticos podem colher enormes retornos à medida que os preços voltam a níveis mais normais."
>
> Dan Caplinger

Os *distressed assets* são ativos de elevado risco, provenientes de empresas em sérias dificuldades financeiras ou massas falidas. Esses ativos são mais comuns nos países desenvolvidos, e esse mercado costuma crescer em tempos de crise, quando aparecem muitas oportunidades. No exterior, alguns desses fundos são bem grandes, administrando bilhões de dólares, dedicados à garimpagem de situações de empresas que entram em crise por má gestão financeira, mas com um bom negócio para ser reestruturado e depois vendido, de portfólios de créditos vencidos de bancos/outros credores ou de direitos creditórios de diversas naturezas que se prestam a ser precificados de qualquer maneira e aptos a negociação no mercado secundário

Esses tipos de investidores não são novidade no mercado. Como muitas das inovações financeiras dos tempos modernos, o início de atuação de fundos especializados em investimentos em empresas em crise deve-se a atuação dos chamados *vulture funds* (fundos abutre), no começo dos anos 1990, nos Estados Unidos. As oportunidades para tais investidores, que tecnicamente são fundos que investem em títulos acionários ou de dívida de empresas em crise, surgiram devido à falência de empresas que tinham acumulado altos níveis de dívida na década de 1980, em sua maioria por consequência de operações de fusões ou aquisições alavancadas (*leverage buy out*).

Alguns fundos se especializaram na aquisição de carteiras de créditos corporativos inadimplidos e em contencioso, pertencentes a bancos. Mas essa é uma atividade diferente, em que prevalece o viés jurídico e não se faz necessário possuir competências de investidor de *private equity*.

Os mercados dos Estados Unidos e da Europa proporcionaram, nos últimos anos, grandes oportunidades para esses fundos especializados. Principalmente depois da crise de 2008, dados da Debtwire (*news wire* especializada nesse mercado) mostravam que em 2010 quase US$ 2 trilhões de títulos de empresas de alto risco (*high yield*), em *stress* ou *distress*, em *Chapter 11* e/ou *post restructuring*, estavam disponíveis para serem negociados. Na Europa, no mesmo período o valor era de 150 bilhões de euros. Tudo isso sem contar os US$ 600 bilhões de ativos da Lehman Brothers, que quebrou em 2008, e que necessitavam ser negociados/vendidos no mercado, e os trilhões de dólares de ativos podres que bancos americanos e europeus ainda não tinham provisionado nos livros deles e que alimentariam em breve o mercado de *distressed investing*.

Os grandes bancos de investimentos costumam destinar parte dos recursos proprietários para *distressed investing*, investindo normalmente em valores imobiliários (debêntures ou ações) de empresas em crise, no momento de baixa, para tentar obter retornos relevantes em eventos como fusões e aquisições, reestruturações bem sucedidas ou revenda desses títulos no curto prazo a outros investidores, no momento de recuperação.

Há vários anos são feitos investimentos em empresas em crise e carteiras de créditos inadimplidos no Brasil. Há investidores que aplicaram volumes de recursos importantes, constituindo estruturas de cobranças próprias para essas carteiras de créditos inadimplidos, ou investiram em *joint ventures* com empresas de cobrança locais.

A LREF (Lei de Recuperação de Empresas e Falência) no Brasil, foi concebida com base no Código de Bankruptcy dos Estados Unidos, cujo objetivo central é permitir a manutenção do *going concern*, ou da continuidade operacional, partindo-se do princípio de que todas as empresas merecem uma segunda chance ou a maximização do *recovery* na liquidação. Esse pressuposto tem alimentado operações tanto na recuperação judicial como nas falências, tais como financiamento de empresa em crise, bem como o mercado de títulos de empresas em *distress* ou liquidação, sejam esses títulos listados (ações, *bonds* e debêntures) ou títulos ilíquidos, como empréstimos bilaterais e sindicalizados. O principal motivo para os investidores comprarem esses ativos está baseado na abordagem de *value investment*, isto é, comprar barato e vender caro, arbitrando entre a incerteza gerada pela crise (que reduz o preço dos ativos) e o valor gerado dentro de um potencial processo de *turnaround* e recuperação de ativos bem-sucedidos.

A LREF introduziu também um dispositivo antes não previsto nos procedimentos concursais no Brasil: a possibilidade de vender ativos ou unidades de negócio independentes, sem que o comprador seja responsabilizado pelos passivos fiscais e trabalhistas pregressos. Ao permitir que a venda possa envolver ativos ou unidades isoladas sem riscos de sucessão tributária e trabalhista, a LREF praticamente elimina a necessidade de prolongados processos de *due diligence* para a estimativa de passivos, criando oportunidades de geração de valor quando as empresas em crise, com passivos fiscais e trabalhistas, necessitam trilhar uma solução de reestruturação por meio de venda rápida de ativos ou unidades isoladas, que só pode ser viabilizada utilizando-se esse novo dispositivo da LREF.

Esse mercado no Brasil ainda é pouco explorado e tem muito espaço para crescer. Pensando na ótica da alocação de ativos, os fundos *distressed* possuem um componente de descorrelação importante, pois estes fundos dependem mais de esforços de cobrança de títulos não pagos ou recuperações de empresas, temas específicos, que muitas vezes não têm tanta correlação com os mercados. É, inclusive, em períodos de crise, que há grande geração desses ativos que irão compor as carteiras dos fundos nos próximos anos. Os fundos brasileiros ainda são focados em títulos, sendo que o mercado que investe em empresas em concordata ou falidas ainda é praticamente inexistente.

10.6 *Commodities*

> "Entenda a complexidade do mundo e resista a impressão de que é fácil entendê-lo. É um fato básico da vida que muitas coisas que todo mundo concorda se mostrem erradas."
>
> Jim Rogers

O investimento em *commodities*, como parte da alocação de ativos de um investidor, dentro da classe de investimentos alternativos ainda é um fato recente. Os investidores tradicionais em *commodities*, em geral, são profissionais que estão envolvidos na produção ou venda das *commodities* ou *traders* e especialistas no setor.

Existem algumas caraterísticas favoráveis ao investimento em *commodities*: (i) tem baixa correlação com ações e renda fixa, baixando o risco do portfólio; (ii) tem, geralmente, um papel de proteção contra inflação, incluindo choques inflacionários; (iii) a correlação negativa com o mercado de ações aparece quando mais precisamos, nas recessões e *crashes*, mas nem sempre. Existem algumas críticas sobre tê-los como investimentos, e uma das principais é o fato de não serem geradores de renda; historicamente não apresentam retorno real.

Durante a estagflação dos anos 1970, quando a inflação chegou a 10% a.a., as *commodities* performaram muito bem. Elas também têm resistido bem em anos ruins para os mercados acionários. Entretanto, está ainda na memória dos investidores o pânico de liquidez em 2008, quando os preços das *commodities* despencaram; elas não resistiram ao processo de desalavancagem global. A crise recente do coronavírus teve consequências diversas, o petróleo sofreu uma queda expressiva, enquanto o minério de ferro e as *commodities* agrícolas resistiram melhor.

Muitas vezes os investidores veem a volatilidade alta desses ativos e concluem que devem apresentar bons retornos, mas não necessariamente os retornos são proporcionais ao risco. No caso das ações, o ganho real no longo prazo vem do pagamento de dividendos decorrente do crescimento dos lucros. As *commodities* são investimentos bem específicos para uma situação de mercado também específica.

Para analisarmos a atratividade do investimento em *commodities* é preciso analisar primeiramente o crescimento global, e em que fase do ciclo econômico nos encontramos. Fama and French (1988) e Shneeweis, Spurgin e Georgiev (2000) identificaram um forte componente de ciclo econômico nos metais que têm aplicação industrial.

Os mercados emergentes têm sido muito relevantes na explicação da demanda por *commodities* por serem populosos e terem taxas de crescimento acima da média. A análise da oferta e de novos projetos de produção e exploração também é importante, assim como tecnologias alternativas. O petróleo vem perdendo atratividade em função do desenvolvimento do carro elétrico.

Alguns investidores preferem investir em produtores de *commodities*, mineradores, produtores de petróleo e produtos agrícolas, quando decidem investir no longo prazo, inclusive pelo pagamento dos dividendos. Entretanto, é preciso ter em mente que essa forma de investir é um misto de investimento em ações e em *commodities*, com maior correlação com o mercado de ações do que com o mercado de *commodities*. Uma das boas formas de se investir é comprar fundos passivos que tenham exposição a um conjunto de *commodities* e alguns ETFs que espelham índices gerais de *commodities*.

Com o aumento da globalização, as *commodities* estão cada vez mais, apresentando alta correlação com crescimento econômico, não se configurando como uma boa alternativa de diversificação do portfólio de investimentos.

Jeremy Grantham, conhecido gestor de recursos da Grantham Mayo Van Otterloo, possui uma visão estrutural positiva de *commodities* e aconselha os investidores a ter pelo menos 30% dos seus recursos investidos em ações relacionadas à *commodities*. Embora Grantham tenha um viés pessimista, a sua visão positiva de *commodities* é baseada no crescimento populacional e na demanda resultante de tudo, de água potável a grãos. Ele tem uma visão sobre escassez de recursos e alimentos, além da instabilidade política e produção de energia, está sempre analisando curvas de oferta e demanda de *commodities* e conclui que no longo prazo há uma tendência de aumento de preços.

Existe uma demanda crescente no mundo por *commodities*, seja pelo crescimento populacional, por países como a China, que não só passam por isso, como estão sofrendo fortes processos de urbanização, aumentando o consumo de *commodities* em geral, seja das metálicas para aumentar as cidades e construir infraestrutura, seja de petróleo para o transporte das pessoas e o processo de industrialização, seja de *commodities* agrícolas para alimentar a população urbana.

10.6.1 Ouro

> "O ouro provavelmente é a *commodity* mais controversa."
> Ed Yardeni

Os preços do petróleo dominam os noticiários com frequência, além dos índices de *commodities*, mas o ouro tem um aspecto mais popular e uma certa mística. O ouro já era minerado pelos egípcios em 2000 a.C., os romanos fabricaram a sua primeira moeda de ouro em 50 a.C.. Já foi utilizado no passado como o lastro para as moedas, e talvez isto ainda esteja impactando o seu valor, associando o metal a uma reserva confiável, que não se desvaloriza mesmo em épocas de crise. O ouro é a única *commodity* que tem o seu próprio fã clube, cujos membros são chamados de *"gold bugs"*. A definição de um *"gold bug"* é alguém que defende as virtudes do ouro como um investimento e acredita que seu preço irá subir perpetuamente.

Como outras *commodities*, o ouro é uma proteção contra a inflação, contra a desvalorização das moedas, contra riscos políticos e uma descorrelação com ações e renda fixa. Apesar de ter feito esse papel no passado, são baixas as garantias que continuarão tendo o mesmo efeito no futuro. Quando olhamos o preço do ouro em dólar dividido pelo US CPI (índice americano de inflação) vemos que o ouro foi um bom *hedge* contra a inflação durante a segunda metade dos anos 1970, mas foi um péssimo *hedge* durante o início dos anos 1980 e simplesmente acompanhou a inflação no restante da década. Também não foi um bom *hedge* durante os anos 1990. Além disso, as ações performaram significativamente melhor que o ouro nessa década, e o S&P 500 subiu 316%, enquanto o ouro caiu 28% no período. Em Abril de 2020, foi publicada uma análise realizada pela equipe de research do J.P.Morgan, chamada "The Fed Can't Print Gold", e distribuída para os seus clientes, defendendo o ouro como investimento durante a crise do coronavírus, quando está havendo uma grande injeção de recursos nas economias por parte dos governos e bancos centrais para evitar uma recessão. Nessa análise, um dos principais argumentos é que os bancos centrais podem imprimir dinheiro, mas não podem criar ouro. Numa análise estatística mais longa não conseguimos deduzir que o ouro se comporta sempre de forma defensiva e descorrelacionada. A História mostra que o ouro permaneceu em preços baixos por longos períodos, como por exemplo de 1935 a 1970, em US$ 35. Nos anos 1980, o ouro já atingia preços bastante elevados, em torno de US$ 850 e em 2020, no meio da pandemia do coronavírus, atingiu quase US$ 2.000. E o fato de ele estar tendo ganhos de preço contínuos não garante que esse processo seja sustentável. As histórias de outras *commodities* que atingiram picos não tiveram um bom final.

Um ponto importante sobre o ouro, para ser monitorado, é sua relação inversa com o *yield* das *10-year Treasury Inflation-Protected Securities* (TIPS). Essa relação tende a confirmar que em muitos casos o ouro funciona como um *hedge* para inflação.

As formas de investir em ouro podem ser via fundos, ETFs, ações de empresas produtoras de ouro ou através da compra física do metal.

Muitos investidores esquecem também que, como todas as *commodities*, o ouro está sujeito à regra principal que é o equilíbrio entre oferta e demanda, apesar desse caráter de seguro contra crises que ele tem.

Warren Buffett, uma vez perguntado sobre sua opinião de investir em ouro, colocou a seguinte questão: se você pudesse ter uma grande quantidade de ouro, ou uma grande quantidade de terras para agricultura nos EUA, ou uma carteira de grandes empresas americanas, e tivesse que carregar esse ativo no longo prazo, qual seria a sua escolha? É uma questão para se pensar. Obviamente a resposta de Buffett é conhecida. Buffett em diversas oportunidades deixou claro o seu conceito sobre investimentos em ativos que produzem algo serem superiores a ativos, como ouro, que representam uma reserva de valor.

Na minha opinião, um investidor deveria ter um pequeno percentual da sua alocação como um seguro, mas não com o objetivo de ter retornos expressivos, ou tentar antecipar a próxima crise. Nesse mundo conturbado e globalizado é interessante ter alguma proteção na carteira contra os já citados *black swans*.

CAPÍTULO 11
Derivativos

"O desenvolvimento de novos produtos de investimentos como fundos mútuos, fundos de pensão e derivativos ofereceram novas oportunidades para os investidores."

Norton Reamer e Jesse Downing

"Quando o mercado de opções listadas começou em 1973, um novo mundo de estratégias de investimentos se abriu para os investidores em geral. A padronização das opções e a formação do mercado secundário, criaram novas opções de investimentos que, adaptados apropriadamente, podem melhorar todas as filosofias de investimentos, da conservadora até a especulativa."

Lawrence G McMillan

Os derivativos se consolidaram como um instrumento transformador para o mercado financeiro, permitindo novas possibilidades aos investidores, seja para alavancagem quanto para proteção. O objetivo aqui é fornecer apenas uma visão das possíveis aplicações que este instrumento pode ter nos portfólios dos investidores.

A fórmula de Black & Scholes, que Eugene Fama considerou como sendo a principal ideia de finanças do século XX, conduziu o mercado financeiro para um mundo novo, onde as opções se tornaram protagonistas de ilimitadas possibilidades de estratégias para implementação de visões de mercado. Os insights de Black-Scholes-Merton sobre avaliação, sobre as aplicações praticamente ilimitadas de derivativos e sobre volatilidade impregnaram todos os mercados e todos os ativos do mundo inteiro.

Sobre o assunto há, também, uma vasta bibliografia. A ideia é passar o conceito geral e as possibilidades que podem ser criadas no seu portfólio de investimentos.

A ação é um instrumento linear, e as opões permitem a criação de várias formas. Ao comprar uma opção, o investidor adquire o direito de comprar (opção de compra ou *call*) ou de vender (opção de venda ou put) uma quantidade específica de um ativo ou instrumento financeiro a um preço fixado (preço de exercício), numa data determinada (data de expiração), que pode ser determinada (opões de estilo europeu), ou durante o período até que ela decorra (opções americanas), pagando por isso, um dado preço (prêmio).

Uma das operações mais simples é você comprar uma *call* que lhe dará o direito de comprar uma ação a determinado valor. Se esse valor não for atingido você perde o valor pago pela opção, se a cotação for acima do valor de exercício, você ganha a diferença entre o valor atual da cotação e o preço do exercício. A compra de uma opção de venda, em geral, é combinada com as posições já existentes. Nesse caso, o investidor que está preocupado com uma possível crise ou realização do mercado, mas não quer se desfazer de suas ações, pode comprar uma opção de venda (put), que irá limitar a queda da carteira de ações, mas paga-se um preço por isso. É mais ou menos como se comprássemos um seguro.

Existem múltiplas combinações que lhe permitirão montar estruturas nas quais você possa maximizar o seu ganho se ocorrer a situação de mercado que você estava prevendo. As estruturas de opções podem ser utilizadas tanto para alavancagem quanto para defesa de posições já existentes.

Um exemplo de estrutura de proteção, que também é muito utilizado pelo mercado, é a *fence*, fosso em inglês, como aqueles fossos que existiam em torno dos castelos para proteção. A *fence* é uma estrutura utilizada como proteção para o investidor que já possui o ativo, ou deseja comprá-lo com proteção. Nela, ele garante uma defesa parcial da posição, geralmente a custo zero. Em troca da proteção, no entanto, o investidor tem o ganho máximo do ativo limitado a um determinado nível de preço. Não quero entrar aqui na matemática da operação pois acho que iríamos sair um pouco do escopo desse livro. Gostaria apenas de passar a ideia geral de uma possível operação e o conceito que, através de derivativos, tudo é possível no mundo financeiro, mas tem que se pagar um preço por isso. Portanto, os investidores têm de sempre estar analisando a viabilidade de montar uma estrutura de opções ou partir para uma solução mais fácil, barata e direta. Por exemplo, um investidor que tem uma carteira de ações está preocupado com o cenário e decide cotar uma opção de venda para protegê-lo em caso de uma realização do mercado, mas essa opção pode estar tão cara, em função da alta volatilidade naquele momento, que ele pode achar mais conveniente vender parte da posição e voltar mais para a frente.

Existem também estruturas para alavancar posições nas quais podemos dobrar a participação na alta de um ativo, porém com limitador de lucro máximo, ou seja, se o papel subir muito o ganho fica limitado até um patamar. Na queda, é normal, isto é, o comportamento é como se tivesse a ação sem nenhuma proteção.

Um conceito importante para o investidor é que toda estrutura de opção tem um preço a ser pago; mesmo aquelas que podem, de certa forma, sair a custo zero, provavelmente irão limitar o ganho a partir de um certo ponto. Pensando graficamente, como eu disse no começo, a ação é uma estrutura onde o ganho e a perda seguem um gráfico linear em função da cotação. Quando uma opção ou uma estrutura é adicionada à posição, acaba a linearidade e pode gerar vários desenhos, que permitirão ao investidor aumentar suas perspectivas de ganho, ou limitar as suas perspectivas de perda, em função da visão de mercado que o investidor tenha. Esse é outro ponto importante, o investidor precisa ter uma visão de mercado para justificar a compra de opções ou a montagem de estruturas, uma visão diferente de uma distribuição normal, de uma maior probabilidade de perda ou ganho.

Parte III

COMO CONSTRUIR UMA CARTEIRA DE AÇÕES (*STOCK PICKING*)

> "Se você não sabe quem você é, o mercado de ações é um lugar caro para você descobrir."
>
> Adam Smith

As ações merecem uma parte específica do livro pela sua especificidade, complexidade e capacidade potencial de ganho. Neill Fergunson, em seu livro "*A Ascensão do Dinheiro*", explica o desenvolvimento dos mercados e dos ativos financeiros. O mercado de moedas foi um dos primeiros a se desenvolver e atendia a necessidade de comércio entre países. O mercado de juros e títulos públicos dos países começou quando os países sentiram a necessidade de efetuar gastos além da arrecadação de impostos, principalmente para financiar guerras. E o mercado de ações começou pela necessidade de financiar a expansão das empresas com boas oportunidades de investimentos. Era ele que proporcionava ganhos expressivos e era mais afetados por picos, vales, bolhas, euforias e depressões.

E cada vez mais, num mundo de juros baixos, o investimento em ações se torna importante na composição de um portfólio de investimentos.

Um dos estilos de gestão apropriado para pessoas físicas é a construção de um portfólio com uma perspectiva de longo prazo (que pode até ter um componente de curto prazo, como uma parte desta carteira) que alie as tendências setoriais com a qualidade na escolha das ações. É importante identificar setores com boas perspectivas de crescimento no longo prazo, por mais que o mundo esteja mudando cada vez mais rápido. Essas tendências muitas vezes são afetadas por questões como demografia, meio-ambiente e regulação, muito mais do que pelos ciclos econômicos. Uma vez identificados esses grandes temas estruturais, podemos procurar as empresas dentro desses setores que têm as maiores barreiras à entrada e podem gerar resultados bons e sustentáveis.

CAPÍTULO 12
Arte ou Ciência
– Decisão Pessoal
com Sustentação Técnica

"Se soubéssemos o que estávamos fazendo, isso não seria chamado de pesquisa, seria?"

Albert Einstein

"Bons analistas sempre desafiam e questionam o que lhes foi dito ou fornecido como informação"

Douglas Cohen

A atividade de analisar ações para compor um portfólio de investimentos é uma tarefa que exige disciplina, busca de informações, análise lógica dos dados financeiros e do negócio, visão estratégica e muito ceticismo. Os grandes investidores em ações costumam ser muito questionadores antes de investir em uma empresa. É preciso construir uma tese de investimento que dê sustentabilidade para a compra de uma determinada ação, e essa tese não precisa ser extremante complexa, mas precisa ser bem construída sobre dados e análises. O investidor pode construir sua tese de investimento como se fosse um mosaico, coletando dados de diversas fontes, tais como: (i) relatórios das áreas de pesquisas dos bancos e corretoras, (ii) artigos de jornais, revistas e periódicos, site da empresa, de análises, de investidores, de empresas de pesquisa, (iii) conversas com executivos da empresa, de concorrentes, de fornecedores, de clientes e (iv) variadas fontes de informações que possam agregar valor à tese de investimento. Como dissemos no título deste capítulo, apesar de toda a tecnicidade que envolve a análise de ações e a construção de um portfólio para investir, existe um componente de arte, pois podemos fazer uma análise perfeita de uma empresa, mas não entendermos a dinâmica de um setor, e a empresa ser dominada pelos concorrentes. Por isso, consideramos a atividade de investimentos um misto entre ciência e arte.

Um erro comum, cometido pelos investidores, é querer ter opinião sobre tudo e perder o foco e a profundidade de análise. Esse conceito é bastante explorado por Warren Buffett[31], e ele dá o nome de círculo de competência. O investidor não precisa querer acertar todas as ações que irão subir, ele só precisa identificar algumas que realmente sejam boas oportunidades, e naquelas que tiverem problemas, que não haja perdas muito significativas. Se a pessoa tem mais afinidade com o tema de tecnologia, ela pode montar uma carteira mais focada no tema que ela tem um certo domínio. Não precisa investir pesadamente em produtores de *commodities* se você como investidor não tem conhecimento nem afinidade com esse setor, mesmo que seja um bom momento para *commodities*. Apesar do conceito de que o investidor tem de ter uma cabeça aberta na busca de oportunidades, ele precisa ter algum conhecimento do setor que lhe proporcione algum conforto em investir em determinada empresa. Se em vez de ter uma carteira com 50 ações de empresas dos setores mais variados possíveis, você quiser ter uma carteira com 10 a 15 ações de setores que você conheça melhor, o funcionamento pode ser uma boa alternativa.

Um outro conceito importante é a abordagem de baixo para cima (*bottom-up*) e de cima para baixo (*top-down*). Na abordagem de baixo para cima, o foco será direcionado nas empresas e não será dada muita ênfase na análise econômica quanto na análise setorial. Os investidores que adotam a estratégia valor são muito focados nas empresas e acham perda tempo a análise da economia. Na análise de cima para baixo o foco será maior nos fatores macro e setoriais do que na análise mais profunda da empresa. Para Drew Jones, Diretor de Pesquisa do Morgan Stanley "Grandes analistas são aqueles que trabalham num nível macro. É esperado que os analistas olhem as ações de baixo para cima. Mas aqueles analistas que conseguem combinar também uma análise de cima para baixo tem uma vantagem competitiva."[32] Na minha opinião o foco da análise deve ser na empresa, mas a análise da economia e do cenário também são importantes, e principalmente no Brasil onde as mudanças na economia

---

[31] ARNOLD, Glen. *The Great Investors*: Lessons on Investing from Master Traders. Harlow: Financial Times Prentice Hall, 2010

[32] VALENTINE, James J. *Best Practices for Equity Research Analysts*: Essentials for Buy-Side and Sell-Side Analysts. New York: Mc Graw Hill: 2011.

são frequentes e muitas vezes abruptas, causando grandes flutuações nos preços das ações.

A seguir eu fiz um roteiro para os investidores entenderem um pouco como funciona o processo de um analista de ações quando vai analisar uma ação e recomendar o seu investimento. O investidor não necessariamente precisa realizar todos esses passos, pois é uma outra ótica, mas deve conhecer o processo, para quando ler um relatório de um analista possa compreender como ele chegou às conclusões que estão escritas no relatório e como foi o processo de construção da recomendação de investimento em determinada ação.

Roteiro para um processo de escolha de ações (*stock picking*):

- Cenário e Premissas Macroeconômicas
- Análise Financeira (Quantitativa)
- Análise Estratégica (Qualitativa)
- Projeção de Resultados
- Cálculo de Múltiplos e DCF (fluxo de caixa descontado)
- Análise Final da Tese de Investimento e Conclusão

Na primeira etapa é elaborada uma análise de cenário e são adotadas premissas macroeconômicas. Esta análise inicial é muito importante pois serão definidos alguns parâmetros que serão fundamentais na decisão de investimento em uma determinada ação.

Existem algumas formas de fazer o *valuation*, ou a precificação, de uma ação, que pode ser por múltiplos, como calcular o P/E (índice do preço/lucro) ou elaborar o fluxo de caixa descontado (DCF). Para elaborar o fluxo de caixa descontado é necessário projetar o fluxo de caixa da empresa pelos próximos dez anos e trazer ao valor presente, por uma taxa de desconto. Nesse processo são exigidas várias premissas econômicas, tais como projeções de dólar, juros e PIB, tanto para a projeção de resultados e do fluxo de caixa da empresa quanto para a taxa de desconto. A própria construção de possíveis cenários futuros, além de fornecer premissas econômicas, já é um exercício de pensar a empresa, o setor e a economia. Se estamos estimando PIBs fracos para os próximos anos, é um motivo para pensar em investir em ações mais defensivas, como empresas do setor elétrico, por exemplo, que podem ter uma boa performance mesmo em cenários de baixo crescimento econômico. Se a taxa de juros está num patamar alto, as empresas de crescimento, cujo valor está muito dependente do crescimento da economia, terão seus fluxos de caixa futuros descontados a uma taxa muito alta, impactando negativamente sua avaliação. Nesse sentido, o próprio processo de construção do cenário econômico já tem influência, tanto na alocação de ativos, quanto nas ações que serão escolhidas para compor um portfólio.

A fase de análise quantitativa é aquela na qual o investidor tem de lidar com os números. Em inglês há um termo interessante para essa fase que é o "*number-crunching*", que não tem uma boa tradução, pois seria algo como a trituração ou a quebra dos números. A análise financeira da empresa, que já foi muito mais importante no passado, vem perdendo um pouco da sua relevância. Está ocorrendo uma deterioração rápida e contínua na utilidade e pertinência das informações financeiras para as decisões dos investidores. Existe um livro interessante sobre esse tema escrito por Baruch Lev e Feng Gu chamado "*The End of Accounting*". Os autores afirmam que, apesar de todos os esforços dos reguladores para melhorar a transparência contábil e corporativa, as informações financeiras não refletem mais os fatores – tão importantes para os investidores – que criam valor corporativo e conferem às empresas a vantagem competitiva sustentada. Na análise dos autores, os relatórios financeiros de hoje fornecem apenas 5% das informações relevantes para os investidores.

Apesar dessa perda de relevância das informações contábeis, elas ainda devem ser analisadas e se constituem na base para calcular os múltiplos e servir de premissa para o modelo de fluxo de caixa descontado. É importante analisar os últimos dez anos da empresa, olhando pontos relevantes como crescimento, margens, alavancagem, estrutura de capital, fluxo de caixa, mas às vezes alguns dados estratégicos são mais importantes para a empresa. Também é importante fazer um paralelo entre os picos e vales das cotações, e relacionar com os dados financeiros da empresa para entender o que é mais relevante para o seu valor. Outro aspecto é checar os números e ver se eles fazem sentido, pois eles podem estar distorcidos, ou até mesmo fraudados. Se uma empresa apresenta um retorno sobre o patrimônio muito acima do que a média do setor, merece uma investigação para entender que vantagem esta empresa tem sobre os concorrentes. O ceticismo dos analistas tem de ocorrer em todos os aspectos da análise, então números muito positivos devem ser questionados e analisados. Regressões e outros instrumentos de análises estatísticas podem ser usados na análise de dados, auxiliando na elaboração de projeções.

Na análise financeira existem algumas perguntas básicas a serem respondidas. Houve alguma mudança nas métricas financeiras da empresa nos últimos anos? Quais são os *guidances* ou orientações que a empresa tem fornecido aos investidores? Quais são as premissas que a empresa tem de atingir para atender as expectativas dos investidores? Existe a possibilidade de haver mudanças na estrutura de custos da empresa? Existem iniciativas para melhorar a produtividade? Onde a empresa está fazendo os seus maiores investimentos?

Como o time de gestão é pago e há perspectivas de mudanças? Houve alguma mudança contábil nos últimos anos ou há intenção de fazê-las no futuro? Como a empresa irá financiar no futuro as suas necessidades de capital?

Na análise estratégica iremos nos aprofundar na empresa e no ambiente no qual ela está inserida. Um dos precursores da análise estratégica foi Michael Porter que, de certa forma, conseguiu integrar os conceitos de economia sobre organização industrial com os conceitos sobre estratégia. A sua análise sobre as cinco forças competitivas da empresa (fornecedores, entrantes potenciais, clientes, produtos substitutos e os concorrentes) fornece um importante ferramental analítico para analisarmos uma empresa. As cinco forças competitivas determinam a habilidade de empresas, em uma determinada indústria, obter, em média, taxas de retorno sobre o investimento superiores ao custo de capital. Atualmente, a arena competitiva é muito dinâmica, ocorrendo frequentemente disrupções tecnológicas que mudam completamente o cenário. Nesse sentido, a análise deve ser mais dinâmica, deve-se buscar tendências, entender as disrupções, olhar os planos futuros da empresa de uma forma mais abrangente e aberta. A disrupção tecnológica tem sido muito potente e pode transformar completamente os setores, se transformando num dos principais pontos de uma análise. Assim, alguns aspectos se transformaram em partes vitais na análise como as plataformas, os ecossistemas digitais, novos modelos de negócios, a transformação digital e outros. Quando a Tesla começou o projeto do carro elétrico, ninguém imaginou que essa indústria fosse tomar a relevância que tomou. Portanto, a análise estratégica das empresas tem de ser muito mais dinâmica e ampla, tentando entender as rápidas mudanças que ocorrem nos mercados atualmente. Tão importante quanto entender a empresa é entender o ambiente no qual ela está inserida, construir uma visão estratégica e dinâmica da empresa e do setor. Apesar das constantes mudanças é importante ter uma visão histórica da empresa e do setor, dos setores que já estão estabelecidos.

Os analistas costumam ter as seguintes questões na cabeça quando pensam na estratégia da empresa: como a empresa cria valor para os seus clientes e acionistas? Qual é a vantagem competitiva da empresa? Quais são os riscos que existem para a empresa manter a sua vantagem competitiva ao longo do tempo? Como a estratégia da empresa difere da de seus concorrentes? Quais linhas de produtos são mais e menos relevantes? Quais linhas de produtos são sazonais, cíclicas, defensivas ou com crescimento agressivo? Quais linhas de produtos estão passando por transição? Qual o poder da empresa em fixar o preço dos produtos? De onde vem o crescimento da empresa? Crescimento setorial, expansão da participação de mercado ou desenvolvimento de novos mercados? Existem áreas de investimento promissoras além dos negócios principais da empresa? O time de gestão da empresa é um bom alocador de capital? Quais são os erros que têm sido cometidos pelos competidores? E pela própria empresa? Existem riscos legais ou regulatórios que sejam relevantes para a empresa e possam impactar margens ou taxas de crescimento? Como o time de gestão da empresa se compara aos times dos concorrentes? Como as novas tecnologias digitais podem mudar o setor? Como já mudaram? Como podem ser usadas no modelo de negócio da empresa? Quais startups podem ameaçar o negócio?

A identificação dos fatores críticos de uma empresa, e consequentemente, de uma ação, é um trabalho fundamental, pois o tempo é um elemento escasso e os investidores tendem a perder o foco olhando para muitos dados e informações ao mesmo tempo. Os grandes analistas colocam o foco de seus esforços nas previsões de apenas alguns fatores que irão ser os responsáveis por explicar os movimentos das cotações. Esses fatores podem ser entre dois e quatro, como uma ideia geral. Para Celeste Mellett Brown[33], do Morgan Stanley, a parte mais difícil do trabalho de analista de ações é filtrar quais informações são realmente relevantes, e quais são apenas ruídos. Uma das grandes satisfações de um analista é ver uma ação reagir positivamente em relação a um catalisador que ele previu antes do mercado. Vocês devem estar percebendo, ao longo desse livro, que algumas discussões sobre determinados temas estarão presentes com frequência em várias partes do livro. A questão do sinal e do ruído é uma questão recorrente para os investidores e têm de ser analisadas caso a caso. Não há uma solução fácil para esse problema, e um aparente ruído pode, com o tempo, ser visto como um sinal.

A projeção de resultados só pode acontecer depois que o analista já tem um bom conhecimento da empresa e fez uma imersão nas informações disponíveis, tanto sobre ela quanto sobre o setor e a arena competitiva. Nessa fase, o analista vai fazer um trabalho, de certa forma, semelhante ao do time financeiro da empresa, que precisa fazer um planejamento para os próximos anos e um orçamento; mas o analista não estará dentro da empresa e terá de usar as informações que ele tem disponíveis, inferir tendências futuras e projetar os números da empresa. É um processo lógico e racional. O começo, em geral, é pela projeção da receita da empresa, que pode ser feito tanto pela projeção do crescimento da indústria e da participação de mercado quanto pela projeção direta do crescimento das vendas dos produtos ou serviços. Daí, na sequência vêm as projeções de custos, despesas, impostos e outros itens. Essa projeção precisa estar combinada com o balanço da empresa, considerando

---

[33] VALENTINE, James J. *Best Practices for Equity Research Analysts*: Essentials for Buy-Side and Sell-Side Analysts. New York: Mc Graw Hill: 2011.

a estrutura de capital e os investimentos. Outro ponto importante é o capital de giro, que pode afetar as questões de endividamento e resultado da empresa no longo prazo, pois as que consomem muito capital de giro podem criar um mecanismo negativo, que vai drenando o resultado da empresa com o tempo. E o fluxo de caixa que será derivado dessa modelagem, será o *input* principal do *valuation* da empresa e da ação.

O cálculo de múltiplos e DCF, que é o fluxo de caixa descontado, é a fase na qual o analista transforma tudo o que pensa sobre a empresa em números projetados e chega a um valor intrínseco justo para ela. Esse campo da área de investimentos também está passando por muitas transformações e iremos analisá-lo mais detalhadamente no próximo capítulo. Por enquanto, é importante saber que os analistas precisam construir um modelo no qual irão projetar 10 anos de fluxo de caixa para frente, mais a perpetuidade, e descontar por uma taxa estimada até chegar ao valor justo para determinada empresa e, consequentemente, para as ações.

Essas são algumas questões relativas ao processo de *valuation* de uma empresa. Como tem evoluído o valor da empresa ao longo do tempo e como se compara com os seus concorrentes? Existe alguma incompreensão do mercado que esteja distorcendo o valor da empresa? Existe algum catalisador que pode impactar significativamente o resultado dela?

Esta é uma pequena lista de recomendações e cuidados que um investidor deveria ter ao analisar uma empresa e sua ação listada em bolsa. Um dos pontos importantes ao fazer essa análise é entender quais são os fatores críticos que irão ser determinantes para o preço das ações, para ter o foco correto e não ficar perdendo tempo analisando aspectos pouco relevantes para a ação. O ceticismo é uma característica muito importante não só para pensar as empresas a serem investidas como para o processo de investimentos todo também. Não aceite nada a valor de face. Realize suas análises com o máximo de pormenores que você conseguir e que seu tempo permitir, pois muitas vezes um pequeno detalhe pode ser responsável por um investimento bem sucedido. Não existem também atalhos ou caminhos fáceis para analisar uma empresa, essa é uma tarefa que consome tempo; é preciso elaborar análises detalhadas e profundas e é importante manter a simplicidade. Quando se trata de processo de investimento, a simplicidade supera a complexidade; quanto mais complicado for o modelo, catalisador, tese, etc., maior a probabilidade de algo dar errado. O time de gestão da empresa, em muitos casos, não é a melhor fonte de informação para construir cenários e antecipar problemas ou reduções de lucro, pois eles resistirão a falar de aspectos negativos e raramente identificarão pontos de inflexão. Os jornais e revistas também podem estar viesados nas informações, pois a imprensa é paga por anunciantes e não por objetividade ou isenção na análise. Outro ponto importante é sempre olhar o consenso, pois se você tem uma opinião bem fundamentada e diferente do consenso, essa pode ser uma boa oportunidade de investimento, seja numa posição comprada ou vendida. Um exercício interessante é entender os picos e vales das cotações de determinada ação nos últimos dez anos.

Na análise de uma ação também é muito importante separar o ruído do sinal, se livrar de informações que são apenas distrações para poder focar na análise estrutural do investimento. Você não precisa ler o máximo de material escrito sobre determinada empresa, mas selecionar o que é importante para ser lido. Se você se envolver com o fluxo de notícias contínuo sobre a empresa, vai se transformar num *trader* em vez de ter uma postura de investidor. Construa uma confiança na sua análise e no seu investimento realizado, mas não de uma forma que você fique cego e só olhe novas informações que confirmem a sua tese. Olhar os dados financeiros da empresa é importante, mas o qualitativo é tão ou mais, pois os insights qualitativos, muitas vezes, são o determinante para o sucesso de um investimento. O mercado frequentemente simplifica demais as teses de investimento, criando oportunidades.

Uma vez escolhidas algumas ações como candidatas ao investimento vem a necessidade de montar uma carteira. Quantas ações deveria ter essa carteira para ter uma diversificação adequada? Existe um método científico para determinar a carteira ideal? Em quantos setores a carteira deveria estar investida? Qual o peso de cada ação na carteira? Quando vender as ações? Se uma ação caiu muito devo comprá-la para voltar a ter o mesmo peso? Devo rebalancear a carteira? Quanto devo girar essa carteira? *Trading* excessivo prejudica a performance da carteira? Devo montar uma carteira defensiva ou agressiva? Como mudar a carteira em função de mudanças no cenário? Devo zerar a carteira em momentos de *stress*? Posso usar derivativos na carteira? A complexidade na montagem de uma carteira de ações é grande.

É muito fácil perdermo-nos em um mar de dúvidas que são criadas na nossa cabeça quando nos chegam informações em quantidades cada vez maiores, das fontes mais diversas. Construir uma carteira de ações é o mesmo processo da construção de um portfólio de investimentos, só que concentrado em uma só classe de ativos, e com algumas peculiaridades.

O investidor deve montar a sua carteira buscando equilíbrio e diversificação; olhar com detalhe as empresas buscando teses de investimento robustas e com visão de longo prazo.

CAPÍTULO 13
Valuation x Múltiplos – Quais Indicadores Utilizar na Avaliação para Decidir se uma Ação está Cara ou não

> "O valor de um investimento é o valor presente dos dividendos futuros."
>
> John Burr Williams

> "O que é um cínico? É aquele que sabe o preço de tudo, mas não sabe o valor de nada."
>
> Oscar Wilde

Graham[34], por volta de 1930, já era preocupado com o conceito de valor intrínseco, e esse é um tema vital para a área de investimentos. O mercado de ações promove um serviço muito importante para a sociedade; ele permite que você troque uma quantidade de dinheiro que não precisa no curto prazo por um pedaço de uma empresa que gera lucro e caixa, e que terá suas ações valorizadas nesse processo e dará um bom resultado para o seu investimento quando você vender essa ação no futuro. Mas só deveríamos investir em algum ativo se conseguíssemos fazer alguma estimativa, por algum processo de *valuation*, e chegar à conclusão de qual o valor justo, ou pelo menos uma faixa de preços que indique o valor justo. Essa busca pelo valor justo talvez seja a busca humana pela verdade absoluta ou pelo valor absoluto. As pessoas que observam

---

[34] ARNOLD, Glen. *The Great Investors*: Lessons on Investing from Master Traders. Harlow: Financial Times Prentice Hall, 2010.

os mercados gostariam de tentar entender, por exemplo, qual o valor justo da bolsa, e porque ocorrem oscilações tão grandes.

Entendemos que quando estendemos o horizonte de tempo é possível fazer uma estimativa razoável de um ativo, e que o preço de mercado desse ativo tende a buscar o valor justo ao longo do tempo, prevalecendo os fundamentos do ativo. Também é importante ressaltar que não existe um processo perfeito para a precificação de ativos: existem caminhos, processos e escolhas que vão nos aproximar do valor justo, ou pelo menos, uma região de preços justos possíveis.

Nesta análise, iremos nos ater mais no *valuation* de ações, apesar de os processos de *valuation* serem válidos para todos os ativos, respeitadas as individualidades de cada um. Além de ações, existem fórmulas e métodos de *valuation* para títulos de renda fixa, títulos de crédito, opções, ativos imobiliários, derivativos etc. O mundo do *valuation* de ações é um mundo amplo, complexo e que permite várias abordagens. Se você digitar o tema *valuation* na Amazon aparecerão dezenas de livros, e apesar da tecnicidade do processo, avaliar uma empresa também envolve muita arte.

Outro conceito importante para o desenvolvimento desse tema é a diferença entre preço e valor. Oscar Wilde definiu um cínico como aquele que "sabe o preço de tudo e o valor de nada". Muitos investidores que têm essa mesma visão consideram o investimento como um jogo e o sucesso como estar na frente dos concorrentes em termos de rentabilidade. O preço de uma ação é definido por uma série de fatores mais conjunturais como a concorrência e a escassez, enquanto o valor é mais fundamentalista, varia menos e depende de fatores estruturais. Em muitas situações do dia a dia nós não compramos um produto por achar que ele não vale o quanto estão pedindo por ele. Esse é um exemplo intuitivo de diferença entre preço e valor.

Existem duas abordagens principais sobre a questão do *valuation*: a (i) intrínseca e a (ii) relativa. O valor intrínseco de um ativo é determinado pelo fluxo de caixa que você espera que este ativo vá gerar ao longo da vida e qual a incerteza envolvida nesse fluxo. Você irá pagar mais por uma empresa que possui um fluxo de caixa estável do que uma que tem alta volatilidade, assim como você pagará mais por um imóvel que tenha um contrato de locação de longo prazo do que um que muda os locatários com frequência. Entendemos que o foco principal deve ser na busca do valor intrínseco, mas o valor relativo também faz parte do processo de *valuation,* e para alguns tipos de negócios pode ser muito importante. No valor relativo, os ativos são avaliados comparando qual o valor que o mercado dá para ativos semelhantes. Se pensamos no valor do imóvel, buscamos imóveis na vizinhança que foram vendidos recentemente para buscar um parâmetro de preço por metro quadrado. No caso de ações, numa análise preliminar, se as empresas de consumo costumam ser negociadas a uma base de 15 vezes o índice de preço/lucro, e uma empresa está negociando a 10 vezes, parece ser uma opção de investimentos atrativa.

Dentre os múltiplos, os mais usados são os descritos a seguir. Colocaremos os nomes inicialmente em inglês e depois em português, pois os termos em inglês viraram um padrão global nessa área:

Price-to-Earnings, P/E, (Índice de Preço Lucro): dentre os múltiplos é o mais conhecido e usado. Tem a vantagem de ser um múltiplo popular, ou seja, você pode comparar os múltiplos publicados pelas diversas casas de pesquisa, ou utilizar as médias fornecidas por serviços de dados, como por exemplo pela Bloomberg. Uma das limitações desse parâmetro é que, em geral, só é projetado para o ano corrente e o próximo, limitando a visibilidade para prazos mais longos. Empresas que ainda são pequenas e estão se desenvolvendo podem apresentar múltiplos excessivamente altos e que não refletem necessariamente um *valuation* muito caro. Outro ponto é que, em muitos casos, são utilizados como uma *proxy* para a geração de caixa, mas não necessariamente uma empresa que está gerando bastante lucro está também gerando bastante caixa livre. As empresas também têm mais flexibilidade em administrar os lucros do que o fluxo de caixa, o que faz o P/E ser menos confiável que o DCF.

Price-to-Free-Cash Flow, P/FCF (Preço sobre o Fluxo de Caixa Livre): O P/FCF é um múltiplo próximo ao método de *valuation* do DCF, mas reflete o curto prazo, pois assim como o P/E as projeções costumam ser do ano corrente e do próximo. Além disso, os gastos de capital podem mudar muito de um ano para o outro, o que pode distorcer substancialmente o fluxo de caixa livre em um determinado ano, e alguns analistas incluem mudanças no capital de giro, enquanto outros o excluem.

Price-to-Book, P/B (Preço sobre o Valor Patrimonial): A relação de P/B é usada em um número limitado de setores onde os ativos são líquidos e refletem o valor de mercado destes, como bancos, por exemplo. Para a maioria das empresas o valor contábil é bem diferente do valor de mercado dos ativos ou o custo de substituição destes, por ser baseado em custos históricos. Mesmo para duas empresas com características de crescimento, idade e risco semelhantes, seus valores de livro podem ser incomparáveis se algum deles tiver realizado algum processo de fusão ou aquisição (M&A).

Price-to-Sales, P/S (Preço sobre Vendas): P/S é um método de avaliação ruim, porque uma determinada quantidade de vendas raramente produz a mesma quantidade de fluxo de caixa livre em várias empresas, mas este pode ser o único método de avaliação disponível para empresas que não têm ganho de fluxo de caixa ou tem fluxos de caixa negativos no momento (por exemplo, as companhias aéreas, por vários anos nas últimas décadas); também pode fornecer um valor de piso para empresas que passam por problemas.

Muitos analistas usam dois métodos combinados. O DCF é como se fosse a calculadora que vai mostrar, dadas determinadas premissas, qual seria o valor máximo que a ação poderia chegar. Os múltiplos são como um *"reality check"*, ou seja, dado determinado preço justo calculado pelo método de DCF, qual seria o múltiplo equivalente no futuro. O analista tem de buscar respostas para as seguintes perguntas: esse múltiplo é possível? É muito acima da média do setor? Alguma empresa já atingiu esse múltiplo? Essa empresa historicamente já negociou neste nível de múltiplo?

Apesar de existirem muitos puristas que defendem apenas o valor intrínseco ou o relativo, o melhor mesmo é a combinação das abordagens, pois o valor intrínseco, acompanhado da modelagem de fluxo de caixa descontado, permite entender o que acontece com o valor da empresa em função das mudanças nas premissas, sejam econômicas ou do negócio, enquanto o valor relativo, através dos múltiplos, permite ver o quanto o mercado está disposto a pagar por aquele ativo em determinado momento. O ideal é investir em ações que estejam atrativas pela ótica das duas abordagens.

O modelo de DCF, fluxo de caixa descontado, foi desenvolvido principalmente por Tom Copeland e Tim Koller, da McKinsey e Aswath Damodaran, da Stern School of Business, da New York University. Mas tem sido Damodaran o professor e pesquisador que tem se debruçado sobre o tema de *valuation* e todos os aspectos relacionados ao processo de avaliação de empresas nas últimas décadas, tornando-se a grande referência sobre o tema. Ele tem participado de toda a evolução dessa matéria que tem passado por grandes testes ultimamente, envolvendo a dificuldade em se avaliar as novas empresas de tecnologia. Damodaran escreveu o livro clássico *"Investment Valuation"*, depois entrou em crise existencial com o surgimento da Internet e a dificuldade de fazer o *valuation* daquelas empresas de tecnologia que estavam surgindo, escrevendo então *"The Dark Side of Valuation"* e, recentemente, Damodaran continua sendo o grande pensador sobre esse tema, publicando *"Narrative and Numbers: The Value of Stories in Business"*. Neste último livro, ele faz um comentário no prefácio que eu acho relevante para pensarmos a modelagem atualmente. "Como eu tenho lidado com questões de *valuation*, uma das lições mais importantes que eu aprendi é que um *valuation* que não é apoiado por uma história é ao mesmo tempo sem alma e não confiável e que nos lembramos de histórias melhor do que planilhas."[35]

---

[35] DAMODARAN, Aswath. *Investment Narrative and Numbers*: The Value of Stories in Business. Hoboken: Columbia Business School, 2017.

Nesse sentido, Damodaran está reequilibrando o processo de *valuation*, tirando um pouco o peso sobre o modelo e a planilha e aumentando a importância da narrativa, da história do *business plan*, que dá sustentação ao modelo. É um reequilíbrio necessário entre o qualitativo e o quantitativo. Ao avaliar essas empresas novas, a narrativa e o *business plan* acabam tornando-se protagonistas. Essas novas empresas têm surgido como plataformas e necessitam de um novo olhar ao fazer o *valuation*. Se tomarmos a Netflix como exemplo, ao utilizar as métricas de *valuation* nunca teríamos investido na ação, e ela apresentou uma alta espetacular. Quando você coloca uma plataforma em operação, você cria uma estrutura muito poderosa, uma organização exponencial, como foram os casos da Netflix, Amazon, Uber. E o *valuation* da empresa perde o valor, e a decisão de investimento a ser tomada passa a ser muito mais sobre a viabilidade do *business plan*. No caso da Netflix, é mais importante entender em quais países ela vai conseguir entrar, qual a taxa de penetração em cada país, qual a capacidade dela de gerar conteúdo e se manter como um dos líderes do mercado do que calcular o P/E ou mesmo elaborar um DCF que será muito vago, pois é muito difícil projetar resultados de empresas que tem perspectivas de crescimentos exponenciais.

O modelo de DCF captura a capacidade da empresa gerar fluxo de caixa livre ao longo do tempo, focando no retorno sobre os investimentos. A questão do retorno sobre o capital investido (ROIC – *Return on Invested Capital*) é uma das essências da criação de valor e tem alta correlação com o comportamento das ações. Esse método também é superior por ajudar os analistas a identificar quando uma ação está cara ou barata numa base absoluta, saindo um pouco daquela ansiedade do mercado de precificar todos os ativos diariamente em função do fluxo de notícias imediato. Os problemas que temos que tomar cuidado com esses modelos são a potência que algumas variáveis, que são relativamente subjetivas – tais como o *equity risk premium*, a taxa de crescimento da perpetuidade, a taxa de retorno futura sobre o capital – têm sobre a estimativa do preço justo, podendo mudar totalmente o resultado. Outra armadilha comum para os analistas é o excesso de complexidade do modelo, que pode acabar se tornando um risco. Muitos analistas elaboram um modelo extremamente complexo, pois acreditam que quanto mais complexo, mais científico será a modelagem, mais perfeita será a projeção do preço justo da empresa, quase como se fosse algo certo e inquestionável. E, nesse processo, o analista se esquece que o modelo é apenas uma tentativa de simplificação da realidade, mas que a realidade é muito mais complexa e imprevisível. Então, talvez seja melhor ter um modelo mais simples, mais intuitivo, para não acreditarmos que estamos fazendo ciência e conseguindo reduzir o risco.

Existem vários livros que detalham o processo de fluxo de caixa em detalhes, apresentando metodologias, planilhas, discutindo cada pormenor e analisando estudos de caso. Muitos desses livros estão listados nas Referências ao final do livro. Nesse sentido, achei melhor dar a ideia geral do processo, discutir alguns aspectos relevantes e fornecer o alicerce para que o investidor possa olhar um modelo, entender como funciona, qual é base de sustentação e incorporar no seu processo de investimento, mais como uma contribuição ao seu processo do que ter o seu próprio modelo de fluxo de caixa descontado. Isso não impede que o investidor desenvolva o seu próprio modelo, até como exercício de raciocínio sobre o valor de uma empresa, ou que o investidor olhe o modelo de um analista e entenda o racional e possa até brincar com as premissas para ver as consequências das mudanças no preço justo e possa escolher as suas próprias premissas.

CAPÍTULO 14
Estratégia Valor

> "Adotar a estratégia valor significa coisas diferentes para pessoas diferentes, mas a crença central dos investidores é que os mercados de ações oferecem regularmente – por várias razões – oportunidades de comprar participações em empresas com descontos significativos, utilizando premissas conservadoras, do que essas empresas realmente valem. Se você consegue consistentemente obter o valor justo das empresas, pagar descontos na compra de ações dessas empresas, e manter sua convicção e disciplina enquanto a sabedoria convencional regularmente vai contra você, você pode bater o mercado."
>
> John Heins e Whitney Tilson

Optei por dedicar um capítulo inteiro falando da estratégia valor por acreditar ser o melhor processo de investimentos para montar e carregar uma carteira de ações. Pela relevância dessa estratégia, este tema foi mencionado em vários outros capítulos, mas o objetivo aqui é passar o conceito e a filosofia de investimento dessa estratégia, de uma forma completa, mas focando na essência, para que o investidor possa entender esta maneira de pensar ações e investimentos. Essa estratégia valor ficou mais conhecida como uma estratégia para o mercado de ações, mas é uma forma de pensar que pode ser aplicada a vários ativos.

Antes de entrarmos na estratégia valor, seria interessante olharmos ideias que são de certa forma divergentes e que tem outra ótica do processo de investimentos. Já discutimos esses conceitos em partes anteriores deste livro quando falamos sobre gestão ativa ou passiva de recursos, mas consideramos importante elaborar uma pequena revisão desses pontos, para entendermos com mais clareza o conceito de valor como filosofia de investimento. Entre 1950 e 1960, uma nova abordagem chamada Teoria Moderna de Investimentos, mais quantitativa, desenvolveu-se e causou vários pressupostos ao processo de investimentos. Os principais pontos ou pressupostos são: (i) o mercado é eficiente, e não é possível superar os *benchmarks* mais gerais, exceto por acidente; (ii) o risco é medido pela contribuição dos ativos individuais para a volatilidade da carteira diversificada, em vez de olharmos como uma perda permanente de capital; (iii) a melhor estratégia para os investidores é investir nos ETFs, ou seja, em fundos passivos, pois é perda de tempo montar uma carteira de ações.

Com o tempo, muitos estudos têm questionado essa forma, relativamente mecânica e quantitativa, de pensar o processo de investimento. Vários deles, adotando estratégias simples como ações com menor P/E que o mercado, ou menor P/BV, empresas menores, mostram que essas estratégias têm performado melhor que o mercado consistentemente por longos períodos, demonstrando que a proposta do mercado eficiente tem problemas, e reforçando as ideias iniciadas por Graham e Dodd.

Além desses estudos estatísticos, o desenvolvimento das finanças comportamentais tem abalado a tese do mercado eficiente, pois se os investidores são afetados por tantos vieses comportamentais, assimetrias de informação, como poderia o mercado ser eficiente baseado nas decisões racionais dos investidores? E se os investidores são tão racionais, por que seriam formadas bolhas nos mercados com picos e vales tão pronunciados? Muitas pesquisas psicológicas têm sido realizadas contestando a ideia de que os investidores agem como máquinas de cálculo desapaixonadas. Acontece que, como outras pessoas, eles respondem a eventos no mundo com certos vieses poderosos. Novas informações são interpretadas, não simplesmente digeridas, e nem toda essa interpretação é racional. Um poderoso conjunto de vieses tende a dar mais significado às notícias mais recentes, boas ou ruins, do que é realmente justificado. As ações de empresas que relatam altas taxas de crescimento são levadas a extremos, assim como ações de empresas que decepcionam.

A estratégia de investimento valor, definida inicialmente por Benjamin Graham e David Dodd, possui três características fundamentais: (i) os preços dos ativos financeiros estão sujeitos a movimentos significativos e caprichosos; o Sr. Mercado (Mr. *Market*), a famosa personificação de Graham das forças impessoais que determinam o preço dos ativos a qualquer momento, aparece todos os dias para comprar ou vender qualquer ativo financeiro – ele é um sujeito estranho, propenso a todos os tipos de mudanças de humor imprevisíveis que afetam o preço pelo qual está disposto a fazer negócios; (ii) apesar dessas oscilações nos preços de mercado dos ativos financeiros, muitos deles têm valores econômicos subjacentes ou fundamentais que são relativamente estáveis e que podem ser medidos com precisão razoável por um investidor

ESTRATÉGIA VALOR

diligente e disciplinado; em outras palavras, o valor intrínseco de segurança é uma coisa, o preço atual em que está sendo negociado é outra; embora o valor e o preço possam, em qualquer dia, ser idênticos, eles muitas vezes divergem; (iii) uma estratégia de compra de ativos somente deve ser executada quando seus preços de mercado estiverem significativamente abaixo do valor intrínseco calculado, produzindo retornos superiores no longo prazo. Graham se referiu a essa diferença entre valor e preço como a "margem de segurança".

O conceito de margem de segurança é um dos pilares da estratégia valor, sendo inclusive o nome do livro do conhecido investidor Seth Klarman *"Margin of Safety: Risk-Averse Value Investing Strategies for the Thoughtful Investor"*. Klarman diz que a margem de segurança é necessária porque o *valuation* é uma arte imprecisa, o futuro é imprevisível e os investidores são humanos e cometem erros.

James Montier define a estratégia valor como sendo "a única forma de investir que coloca a gestão de riscos no centro da abordagem. No entanto, você terá de repensar a noção de risco. Você aprenderá a pensar no risco como uma perda permanente de capital, e não flutuações aleatórias."[36]

As filosofias de investimento de valor enfatizam uma abordagem que se concentra na preservação do capital, aversão ao risco, disciplina e prevenção da psicologia do rebanho. Para Seth Klarman, os fundamentos da estratégia valor são: paciência, disciplina e aversão a risco.

A paciência é um ponto importante na estratégia valor. Se você fez uma análise completa e detalhada, suas chances de ganho são muito altas, e mesmo que você esteja correto sobre o valor intrínseco, leva tempo até o mercado perceber e começar a olhar para aquela ação de forma mais positiva. Um investidor que adota a estratégia valor tem de saber sentar-se e esperar.

Acho importante fazermos uma releitura da estratégia valor, pois com essas mudanças tecnológicas que o mundo está passando as economias e empresas estão sendo redesenhadas e, consequentemente, a forma de se avaliar as empresas passará por transformações. Apesar de Jonh Templeton ter dito que uma das frases mais perigosas em investimentos é "que dessa vez vai ser diferente[37]", temos de pensar que essas mudanças que o mundo está passando, aceleradas pela pandemia do coronavírus, vieram para ficar, e transformarão o mundo para sempre. Nessa releitura, o conceito de valor tem de ser ampliado.

---

[36] MONTIER, James. *Value Investing:* Tools and Techniques for Intelligent Investment. United Kingdom: John Wiley & Sons, Inc., 2009.

[37] TEMPLETON, Lauren. PHILLIPS, Scott. *Investing the Templeton Way*: The Market-Beating Strategies of Value Investing's Legendary Bargain Hunter. New York: McGraw Hill, 2008.

O crescimento é um dos componentes do valor de uma companhia mais difícil de ser estimado, principalmente em empresas de tecnologia, ou quando estamos prevendo o crescimento de longo prazo. Os mercados irão passar por ciclos e grandes transformações, causando múltiplos impactos nas empresas. Algumas delas irão se adaptar e podem apresentar crescimentos exponenciais, outra podem ficar pelo caminho, e outras ainda serão compradas, ou seja, é muito complexo a estimativa de crescimento de longo prazo. E em alguns casos, o crescimento não agrega valor para a empresa. Em geral, ele tem de ser sustentado por ativos adicionais: mais recebíveis, mais estoques, mais fábricas. Esses ativos requerem mais investimentos, mais dívidas ou emissão de ações e menor pagamento de dividendos. O retorno do crescimento tem de ser acima do custo de capital, ou seja, o retorno sobre o capital investido precisa ser igual ou maior ao retorno já existente. Para empresas que não estão protegidas por barreiras à entrada e não têm vantagens competitivas, os novos investimentos podem simplesmente não agregar valor. Existem exemplos para os dois lados. Ao considerarmos empresas de tecnologia que construíram plataformas conectando os fornecedores e os clientes, o crescimento é muito lucrativo, pois a plataforma já está concluída e os investimentos para estruturar o crescimento são marginais. Exemplos clássicos de empresas com plataformas potentes são a Amazon, a Netflix e a Uber. No caso de empresas que são obrigadas a investir, como as de telecomunicações, que tem de fazer atualizações tecnológicas fortes como a mudança do 4G para o 5G, são realizados pesados investimentos que precisam ser feitos ou a empresa ficará para trás em relação aos concorrentes, mas ainda não há garantia de retorno. No exemplo citado, elas podem ter um bom resultado, agregando novos serviços e criando valor, mas podem também não ter nenhuma criação, ou até em alguns casos, ter uma destruição de valor.

Os componentes de uma clássica avaliação de valor de uma empresa são os ativos, a marca e o crescimento. A marca, ou franquia, também é um valor difícil de ser estimado. Quanto vale a marca Coca-Cola? É um tema subjetivo. Quando uma empresa é vendida, e sabemos o valor dos ativos, podemos chegar por diferença a uma estimativa do valor da marca, mas será sempre um tema controverso, e como o mundo está passando por grandes transformações, as grandes marcas também estão mudando, e a vida de uma marca tem sido menor, com marcas regionais conquistando espaço, em função também da maior complexidade das necessidades dos consumidores. Estamos muito distantes do modelo Ford T, no qual o carro só era produzido na cor preta. Atualmente, o consumidor consegue personalizar, por exemplo, todos os detalhes de um carro. As questões relevantes para se pensar sobre uma marca são a sua força e a sustentabilidade.

Outra característica importante dos investidores valor é o conceito de risco. Eles não aceitam o conceito de risco como sendo apenas a volatilidade, eles acreditam na diversificação, mas tendem a construir carteiras mais concentradas. A concentração de posições e o conceito de risco estão relacionados a ideia de círculo de competência. É mais arriscado investir num setor que eu tenho um conhecimento superficial porque a moderna teoria de investimentos diz que é importante diversificar, ou é preferível ter uma concentração num setor do qual eu já tenho um profundo conhecimento e das empresas que o compõem? O conceito de margem de segurança também é bastante diferente da volatilidade. Se o investidor conhece profundamente a empresa e o setor, e acha que a empresa está barata em termos de *valuation*, esse é um investimento seguro para ele, independente da volatilidade. E caso essa ação caia muito, por fatores de curto prazo, tende a aumentar a sua volatilidade, e consequentemente o risco pela teoria tradicional, mas para um investidor da estratégia valor é uma oportunidade de aumentar a posição, pois a margem de segurança ficou maior. O risco é mais bem controlado pelo contínuo questionamento e pesquisa sobre determinada empresa do que calculando a sua volatilidade.

Os investidores da estratégia valor também não se incomodam em ter grandes posições de caixa rendendo pouco. Eles não gostam de se sentir pressionados a investir: preferem gastar o tempo procurando uma boa oportunidade do que com empresas que não atendam critérios rigorosos.

CAPÍTULO 15

A Busca pela Ação que Pode Multiplicar por 100x

> "Se um negócio apresenta um retorno sobre o capital em torno de 18% por 20 a 30 anos, mesmo que você pague um preço caro, irá lhe trazer resultados interessantes."
>
> Charlie Munger

> "Quando há o encontro de um time de gestão de alta qualidade num negócio de alto retorno é criada uma máquina de composição de retornos (*compounding machine*)"
>
> Charles Akre

Existem algumas ações que retornaram 100 vezes o capital investido. A busca por essas ações pode parecer uma missão impossível, mas existem alguns exemplos no mercado brasileiro e vários no americano. Muitos investidores buscam as grandes vencedoras e tentam se manter longe das ações que dão sono e não vão para nenhum lugar. Muitas vezes, investidores consideram que ações de empresas tradicionais do setor elétrico não são candidatas a multiplicação. Existem dois importantes livros que abordam esse tema. O primeiro deles é *"100 to 1 in the Stock Market"*, de Thomas Phelps. Mais recente, temos *"100 Baggers – Stocks that Return 100-To-1 and How to Find Them"*, de Chistopher Mayer.

É importante buscar essas ações com alto potencial de valorização. Mas tão importante quanto achá-las é mantê-las, pois os investidores tendem a sair da ação depois de algum ganho representativo. Essa busca por ações de alto potencial de valorização é um exercício interessante também para se desprender um pouco da preocupação com o preço da ação, para focar mais nas perspectivas da empresa num prazo mais longo.

Phelps montou uma tabela da relação entre o retorno anual da ação e o número de anos necessários para se ter um retorno de 100 vezes.

Retorno	Anos para 100x
14%	35 anos
16,6%	30 anos
20%	25 anos
26%	20 anos
36%	15 anos

Por esse quadro podemos observar que, salvo exceções, é preciso um horizonte de investimento bem longo para obtermos um retorno de 100x investido numa ação. No estudo do Mayer[38], a média das empresas com um retorno de 100x apresentou um retorno anual de 20%, e levaram 25 anos.

Phelps diz que se basearmos nossa análise em tendências de crescimento conhecidas pelo mercado, como margens de lucro e índice de preço/lucro, não conseguiremos entender como uma empresa pode criar valor ao longo dos anos. Eu penso que os juros compostos já são bastante potentes, e se encontramos empresas que conseguem entregar lucros crescentes é mais potente ainda.

É muito comum algumas pessoas descobrirem essas ações, investir nelas por algum tempo, mas não capturarem o grande ganho (100x) por serem influenciados pelas idas e vindas de mercado e ficar trocando de posições. Boa parte do mercado financeiro ganha dinheiro fazendo os clientes mudarem de posições constantemente, ou seja, é o incentivo errado. Além disso, os clientes, na sua impaciência, gostam de assessores de investimento que estão sempre gerando ideias novas. Essa ansiedade dos clientes não permite que grandes ganhos sejam obtidos com ações por excesso de negociações.

Phelps comenta que gostaria muito de ter aprendido essas lições enquanto era jovem. Ele encontrou 365 ações da bolsa americana que multiplicaram por 100 entre 1932 e 1971. Mayer atualizou o estudo para abranger um período entre 1962 e 2014 e procurou entender o que essas ações têm em comum, descobrir a origem desses retornos espetaculares e aplicar esses conceitos no mercado atual. Mayer diz que esse estudo é muito útil para se pensar o mercado

---

[38] MAYER, Christopher. *100 Baggers*. Stocks that Return 100-to-1 and How to Find Them. Baltimore, Maryland: Laissez Faire Books, 2015.

A BUSCA PELA AÇÃO QUE PODE MULTIPLICAR POR 100X   143

acionário, mas não deve ser considerado como um estudo científico ou estatístico. Investimento é mais arte que ciência. Irei repetir essa frase algumas vezes ao longo desse livro.

Realizamos um levantamento das empresas no Brasil que se multiplicaram por pelo menos 100x, e encontramos 40 casos nos últimos 30 anos. Nessa análise, foram considerados o mínimo e o máximo no período. Excluímos algumas empresas por terem valor de mercado muito pequeno ou por serem distorções.

Lista de Empresas Brasileiras que se Multiplicaram por pelo menos 100x - De 1989 até 2019

	Empresa		Cot. Min.	Data Min.	Cot. Max.	Data Max.	Multiplo	CAGR	Anos	Anos 100x
1	General Shopping ON	GSHP3	0,003	01/02/16	1,426	27/03/19	493,1	289,1%	3,2	3,2
2	Magazine Luiza ON	MGLU3	0,141	14/12/15	47,190	01/11/19	335,0	181,0%	4,0	2,4
3	Metalúrgica Riosulense PN	RSUL4	0,273	30/06/00	316,808	23/10/07	1159,7	94,6%	7,5	4,6
4	Cambuci PN	CAMB4	0,047	11/06/90	9,706	22/02/96	208,4	90,8%	5,8	4,4
5	CSN ON	CSNA3	0,304	10/09/98	47,780	19/05/08	157,0	43,3%	9,9	9,4
6	Metisa PN	MTSA4	0,020	02/10/91	31,830	14/01/10	1559,0	32,0%	18,8	9,6
7	Guararapes ON	GUAR3	0,057	31/01/91	22,956	26/01/06	399,7	31,8%	15,4	14,1
8	Gerdau PN	GGBR4	0,086	27/03/91	64,127	28/05/08	749,8	30,5%	17,6	12,7
9	Bardella PN	BDLL4	0,630	28/12/90	311,433	30/07/08	494,4	27,6%	18,0	2,5
10	Const. Ad. Lindenbergh	CALI4	2,306	31/05/90	785,431	11/01/07	340,6	27,4%	17,0	16,5
11	VALE	VALE3	0,111	30/12/87	86,488	16/05/08	778,6	25,3%	20,9	14,8
12	Raia Drogasil ON	RADL3	0,181	09/12/99	113,800	04/11/19	629,7	25,0%	20,4	10,6
13	Petrobrás PN	PETR4	0,248	30/03/90	71,184	21/05/08	287,3	24,0%	18,6	15,5
14	Romi ON	ROMI3	0,306	31/10/90	33,778	22/03/07	110,3	21,9%	16,8	16,4
15	Klabin PN	KLBN4	0,042	14/10/98	4,441	01/10/15	106,0	20,9%	17,4	16,8
16	Marcopolo PN	POMO4	0,020	04/12/90	8,591	02/04/13	431,9	20,6%	22,9	16,2
17	Celulose Irani PN	RANI4	0,030	10/08/99	6,511	05/08/19	219,3	20,5%	20,5	8,2
18	Cemig PN	CMIG4	0,057	28/12/90	18,896	10/08/12	331,6	20,4%	22,2	14,6
19	Itaú PN	ITUB4	0,017	03/04/90	37,650	04/02/19	2166,1	20,2%	29,6	7,5
20	Eternit ON	ETER3	0,150	02/04/90	36,686	30/12/10	244,9	20,1%	21,3	16,8
21	Cia Gás RJ ON	CEGR3	0,413	26/01/01	48,083	12/02/19	116,6	20,0%	18,5	18,1
22	Lojas Renner ON	LREN3	0,068	19/04/94	52,142	21/10/19	766,3	19,7%	26,2	12,6
23	Panvel PN	PNVL4	0,333	07/08/90	394,167	30/11/17	1185,2	19,6%	28,0	15,6
24	Alpargatas PN	ALPA4	0,120	04/09/98	29,000	11/11/19	241,7	19,6%	21,7	13,7
25	Banrisul PNA	BRSR5	0,311	19/02/99	32,061	30/01/17	103,0	19,5%	18,4	18,0
26	Unipar PNB	UNIP6	0,263	09/02/98	40,503	23/05/18	154,0	18,7%	20,8	20,3
27	Transmissão Paulista ON	TRPL3	0,205	17/08/99	27,604	23/07/19	134,4	18,5%	20,4	19,5
28	WEG ON	WEGE3	0,041	08/07/92	29,090	11/11/19	716,2	18,0%	28,1	14,1
29	Suzano ON	SUZB3	0,495	29/10/98	55,709	06/09/18	112,5	17,8%	20,4	19,6
30	Lojas Americanas PN	LAME4	0,054	31/01/91	23,520	18/10/16	435,5	17,7%	26,4	14,8
31	Coelce PNA	COCE5	0,315	13/06/96	63,400	01/11/19	201,4	16,9%	24,0	13,6
32	Bahema ON	BAHI3	0,302	12/12/91	137,271	30/01/19	454,8	16,8%	27,8	15,5
33	Bradesco PN	BBDC4	0,054	30/03/90	38,287	05/07/19	714,9	16,8%	30,0	14,7
34	Graziotin PN	CGRA4	0,079	30/04/90	28,825	27/10/17	365,5	16,0%	28,2	16,6
35	Itaúsa PN	ITSA4	0,025	30/03/90	14,070	05/11/19	563,5	15,9%	30,4	15,4
36	Nadir Figueiredo PN	NAFG4	0,295	30/07/93	75,128	27/08/19	254,3	15,8%	26,8	14,9
37	Vivo PN	VIVT4	0,163	03/04/90	55,673	05/09/19	341,6	14,7%	30,2	3,9
38	Ambev ON	ABEV3	0,057	03/08/88	24,944	14/03/18	436,5	15,2%	30,4	16,2
39	Ferbasa PN	FESA4	0,120	02/04/91	26,779	28/02/19	223,1	14,3%	28,6	17,1
40	Monteiro Aranha ON	MOAR3	0,718	08/01/91	177,351	16/07/19	247,0	14,3%	29,3	17,1

Obs: O cálculo foi feito, utilizando o mínimo e o máximo no período.

Fonte: Economática

Analisando essas ações que tiveram altas expressivas, chegamos a algumas conclusões: estude as empresas, faça uma pesquisa detalhada e profunda, não só delas, mas dos concorrentes, fornecedores, clientes, setores; invista naquelas que têm alto potencial de performar melhor que outras por terem vantagem competitiva, boa gestão, produtos diferenciados e enquanto o tema estiver ativo; não fique operando o mercado constantemente, mudando de posições, e diversifique seu portfólio em algumas ações para não se sentir pressionado a fazer essas mudanças quando alguma empresa está passando por um evento negativo. É preciso ter estômago para aguentar as flutuações do mercado e da ação e manter a posição.

Existem vários exemplos de empresas que passaram por dificuldades por anos seguidos, mas se tivesse sido mantido o investimento por prazo mais longo, o retorno obtido seria expressivo. Também é importante ver a qualidade do modelo de negócio e não os resultados trimestrais. Phelps cita o exemplo da Pfizer, quando ela teve quedas significativas nos períodos de 1946 a 1949 e de 1951 até 1956, mas que se multiplicou por 141 vezes quando olhamos o período de 1942 até 1972.

Muitas ideias de investimento bem sucedidas começam de forma simples, e é justamente a simplicidade e a robustez de uma ideia de investimento que pode perdurar por um período longo. Em geral, muitos gestores de fundos mantêm 30 a 40 ações no fundo, negociam posições todos os dias e giram o fundo várias vezes no ano. Nesse estilo de gestão, poucos gestores conseguirão resultados expressivos no longo prazo, mas as corretoras precisam desses fundos para obter ganhos com corretagens.

Também é importante ressaltar que o mercado vem mudando, acompanhado as novas tendências da economia atual, na qual as empresas têm vidas mais curtas. No passado, uma empresa permanecia bem mais tempo fazendo parte do índice S&P. O período médio em 1958 era de 61 anos, e, segundo estimativas da Innosight, 75% das atuais empresas do S&P serão substituídas até 2027. Essas empresas sairão não exatamente porque morreram, mas por serem adquiridas, fusionadas, enfrentarem problemas, como foram os casos de Circuit City, The New York Times, Kodak e *Bear* Sterns, dentre outros. Empresas também podem sair porque ficaram menores, não tiveram muito sucesso, enfrentaram mudanças nos seus setores ou a entrada de concorrentes.

Maubossin publicou um *paper* em 2014 intitulado *"A Long Look at Short-Termism"*, no qual ele estima o tempo médio de vida dos ativos de empresas americanas divididos por setores.

A Busca pela Ação que Pode Multiplicar por 100x

Setor	Vida do Ativo
Tecnologia da Informação	6,6
Saúde	11,4
Consumo Discricionário	12,4
"Consumer Staples"	15,1
Indústria	15,4
Serviços Telecomunicações	16,1
Energia	17,6
Materiais	18,6
"Utilities"	29,4

Fonte: Maubossin, Michael. "A Long Look at Short-Termism".

Se o mundo caminhar para esse ritmo de mudanças e transformações mais frequentes, teremos de repensar um pouco o conceito de empresas que se multiplicam por 100 e do horizonte de investimento. Acredito que a tese central ainda está mantida, da busca por empresas que se diferenciem num prazo mais longo e evitar o excesso de giro nas posições, mas as empresas que conseguirão esse tipo de performance serão um pouco diferentes do passado.

A sociedade atual está em busca de resultados mais rápidos. O impulso do investidor obter um ganho imediato e cortar prontamente uma perda é muito forte. Isso lembra a experiência feita com as crianças que não conseguiam esperar cinco minutos para ganhar dois marshmallows em vez de um só. Mesmo os melhores investidores do mundo têm histórias de terem vendidos ações antes da hora, e depois essas ações acabaram se multiplicando por mais de 100 vezes.

Warren Buffett admitiu, na sua carta aos investidores de 1995, ter vendido a Disney muito antes da hora, e ter perdido uma ação que se multiplicou por muito mais que 100 vezes. Ele fala que se interessou pela Disney em 1966, quando a empresa valia US$ 90 milhões e tinha um lucro aproximado de US$ 21 milhões, ou seja, um índice de preço/lucro de 6x, muito barata. A Buffett Partnership Ltd, então, comprou um lote expressivo por US$ 0,31 por ação. Parecia ser uma excelente decisão de investimento, pois vendeu a ação um ano depois por US$ 0,48, um ganho de 55% num período relativamente curto. Entretanto, quando pensamos que a ação atualmente está negociando a US$ 148,29, isto é, multiplicou por 478 vezes em 53 anos, rendendo 12,35% ao ano, não foi uma decisão brilhante vendê-la, conforme admitido por Buffett. Ele considera que não é só a impaciência, mas é difícil se manter tranquilo durante o percurso. Buffett cita o exemplo da Apple, que do seu IPO em 1980 até 2012 multiplicou-se por 225 vezes, mas aqueles que seguraram a ação pelo período todo sofreram duas vezes uma queda do pico ao vale de 60%, e tiveram algumas quedas de 40% no preço das ações por um determinado período. Por outro lado, algumas ações que performaram por um determinado período muito bem se transformaram num desastre depois, como Lehman Brothers, WorldCom e Lucent.

Outra questão é como as ações performam em situações limite, como guerras ou grandes catástrofes. Barton Biggs, que era bastante preocupado com esses eventos, recomendava aos investidores colocar uma parte significativa do seu patrimônio em ações. Ele acreditava que as ações são a melhor forma de preservar o poder de compra num horizonte de investimento mais longo, mesmo considerando períodos de guerra, pois você possui um investimento em ativos reais.

Ao se aproximar das empresas que se multiplicaram por 100 e estudá-las um pouco mais detalhadamente, observamos algumas características. Elas são de setores variados, sem apresentar uma concentração definida em algum deles; são empresas que apresentaram crescimento forte e por períodos longos nas receitas e lucros; muitas estavam baratas, com múltiplos como o índice de preço lucro em níveis baixos, e apresentaram expansão do múltiplo; e há uma maior concentração em *small caps*.

No mercado americano, existem 16 mil empresas listadas na bolsa. Uma definição usual para a bolsa dos EUA é que uma *microcap* é uma ação com capitalização de mercado menor que US$ 300 milhões.

BOLSA AMERICANA	
N. de Empresas	Capitalização de Mercado
7.360	menor que US$ 500 milhões
6.622	menor que US$ 250 milhões
5.713	menor que US$ 100 milhões
5.053	menor que US$ 50 milhões

Fonte: Gentry, Dave. Microcap Superstars.

Por esses dados podemos concluir que pelo menos 40% das empresas americanas são *microcaps*. É um universo interessante para ser explorado, e algumas dessas empresas se transformarão com o tempo em grandes empresas.

A Starbucks começou em 1971, em Seattle, como uma pequena loja vendendo grãos de café, e hoje vale US$ 100 bilhões. A Apple começou em 1976 numa garagem, e com um investimento de US$ 10 mil e vale hoje quase US$ 2 trilhões.

Pequenas empresas podem crescer 10 a 20 vezes e ainda continuar pequenas, e quase sempre são candidatas a multiplicarem por 100. A Apple, com seu tamanho atual, não pode ser considerada uma ação para multiplicar por 100.

Princípios Essenciais para Buscar as Ações 100x

O princípio mais importante é encontrar um negócio que cresça, apresentando um alto retorno sobre o capital, e que a gestão encontre boas oportunidades para investir os ganhos e manter o alto nível de rentabilidade por muitos anos.

1. *Busque as ações que possam apresentar uma alta de 100x*
   Nessa busca é preciso fazer uma análise detalhada da empresa, do setor, pensar as perspectivas, ser agressivo e não se contentar com empresas que não tenham alto potencial. Se nos contentarmos com um retorno médio, não encontraremos as candidatas a 100x.

2. *Crescimento, crescimento e mais crescimento*
   Todas as empresas 100x apresentaram crescimentos muito fortes, não há exceção para essa regra. E crescimento que agregue valor em função de boas oportunidades.

3. *Preferíveis múltiplos baixos*
   É muito mais fácil uma empresa com P/E baixo multiplicar por 100x do que uma empresa com múltiplos altos, pois você terá o ganho sendo negociado num múltiplo mais alto com o tempo e o crescimento de lucro, duas variáveis de criação de valor para o investidor. O preferível se aplica aqui em duas situações: as empresas que estão começando e ainda têm resultados baixos, implicando em múltiplos mais altos, e aquelas que não são baratas, mas entregam um retorno sobre o patrimônio – ROE – alto e consistente no longo prazo.

4. *Barreiras competitivas são necessárias*
   Um dos princípios das ações que multiplicam por 100x é um ROE alto por longo prazo. E as barreiras a entradas de novos competidores é que permitem esse retorno alto por longo tempo.

5. *Preferível small caps*

Comece com sementes e obterá árvores grandes; se já começar de uma árvore grande, existem limites ao crescimento. Parece óbvio, mas é um conceito importante. Se fizermos uma conta rápida, a Apple hoje vale US$ 2 trilhões e o GDP (*Gross Domestic Product*) da economia americana é de US$ 20 trilhões. Se a Apple se multiplicar por 100x, terá um valor de mercado 10x maior que a economia americana, o que parece improvável.

6. *Melhores operadores/donos*

> "Minha experiência como um gestor de recursos sugere que a participação acionária do *management* é fundamental. Se o *management* não possui pelo menos 10% a 20% das ações, procure outra ação para investir."
>
> Martin Sosnoff

Acho que esse tema é aquilo que em inglês se chama "*skin in the game*", mas não tem uma boa tradução para o português. Existe um consenso de que os principais gestores de uma empresa têm de ter participação acionária representativa no negócio, ou seja tem de estar totalmente envolvido no risco, participando ativamente do negócio, dependendo do sucesso. Este é um conceito fundamental. Se não há alinhamento de interesses, e os principais gestores não estão alinhados e realmente comprometidos com os resultados da empresa, há baixa motivação para fazer as coisas acontecerem.

7. *Necessário tempo*

No mundo atual, as pessoas querem as coisas com urgência, mas para uma ação se multiplicar por 100x, o tempo é um dos principais fatores. Mesmo algumas poucas ações que se multiplicaram excessivamente rápido levaram anos para chegar nesse índice. A média de tempo das ações que se multiplicaram por 100x foi entre 20 e 25 anos, então você precisa se defender de um grande problema da maioria dos investidores: a impaciência, a necessidade de estar sempre fazendo alguma coisa, a sensação de poder por estar em ação. Essa forma de investir tem uma certa semelhança com os vinhos de guarda, que precisam de vários anos para evoluir. Você tem de deixar os vinhos na adega, e praticamente esquecer que eles estão lá.

8. *É preciso um bom filtro*

O mundo financeiro é uma máquina de gerar notícias e ruídos. Todo dia algo muito importante acontece, ou pelo menos a mídia quer que

A Busca pela Ação que Pode Multiplicar por 100x

você acredite nisso, pois é lucrativo e alimenta a indústria de notícias e informações financeiras. São vários especialistas analisando os dados e fazendo previsões continuamente. As ações se movem intensamente ao longo dos meses, enquanto as empresas se movem muito lentamente, não refletindo a volatilidade das ações. Ou seja, você precisa de um bom filtro para olhar o noticiário frenético do mercado financeiro e não se sentir tentado a mudar as suas ações candidatas a se multiplicar por 100x.

9. *Sorte ajuda*

Existe algum elemento de sorte nesse processo todo. Quem poderia prever no que a Apple iria se transformar? Por isso, muitas vezes é preciso selecionar algumas ações, candidatas a multiplicar por 100x, acreditar no processo e esperar, contando com alguma sorte. É preciso saber que coisas ruins acontecem. Você pode fazer todo o trabalho certo, e de repente, por alguma inovação ou ruptura tecnológica, aquela empresa que você considerava muito competitiva perde a sua vantagem. Muitos negócios foram destruídos recentemente por mudanças, como os aluguéis de vídeo, jornais, a indústria da música e até mesmo os taxis.

> "Dado nosso compromisso natural com a ideia de que vivemos em um mundo racional, somos inclinados a pensar que sempre existe uma razão para as coisas. Tudo isso é perfeitamente natural, mas também totalmente inútil. A única atitude racional em última instância é viver a vida com tranquilidade e aceitar a ideia do acaso como tal."
>
> Nicholas Rescher,

10. *Seja um vendedor relutante*

No seu livro *"Common Stocks and Uncommon Profits"*, Phil Fisher escreveu um capítulo chamado "Quando Vender". E ele resumiu sua ideia sobre a venda de uma ação da seguinte maneira: "Talvez as ideias por traz desse capítulo poderiam ser expressas numa única sentença: Se você fez o seu trabalho bem feito na escolha de uma ação para investir, talvez o momento da venda seja nunca."[39]

---

[39] FISHER, Philip A. *Common Stocks and Uncommon Profits*. Originally published in 1958. Hoboken: John Wiley & Sons, 2003.

Mas Fisher entende que existem algumas situações que a melhor decisão é vender: (i) quando você desenhou um cenário para aquela empresa e não aconteceu – investidores cometem erros; (ii) aquela ação não atende mais os seus critérios de investimentos ou (iii) você quer mudar para uma ação com melhores perspectivas, apesar de nesse caso o investidor ter de estar muito seguro do terreno que está pisando.

A decisão de quando vender não é fácil. É difícil assumir que um erro foi cometido e precisa de uma correção de rota, e sempre existirão várias ações que parecem estar se movimentando melhor do que aquelas que você tem na sua carteira.

Algumas pessoas utilizam o conceito de "*stop loss*", que é a venda automática quando a ação cai e atinge determinado nível. A ideia de *stop loss* se tornou popular por ser automática e tomar a decisão por você, ou seja, suas perdas ficam limitadas. As pessoas se sentem mais seguras adotando o *stop loss*, pois têm mais visibilidade da perda máxima. Entretanto, o *stop loss* é inimigo de ter uma ação que se multiplica por 100x, pois você a venderia pelo processo de *stop loss* ao longo do tempo. A Monster Beverage, por exemplo, uma ação americana do setor de bebidas, se multiplicou por 100x em dez anos, mas houve 10 diferentes ocasiões nesse período nas quais as ações caíram mais que 25%, o *stop loss* seria ativado e você teria vendido a ação. Você poderia até recomprá-la, mas a probabilidade de se envolver com outras ações e esquecer dela é muito grande. Esse raciocínio se aplica a momentos de alta também. Em 1998, a Coca-Cola atingiu um P/E de 50x, o que seria um múltiplo bastante alto, e se você tivesse vendido, e não recomprado, também não teria conseguido o ganho de 100x.

Coda: Não existe fórmula mágica
Não existe uma fórmula mágica para buscar uma ação que vá se multiplicar por 100x. Não existe caminho fácil. Existem alguns princípios que podem orientar essa busca, que descrevemos anteriormente.

CAPÍTULO 16

Como Acompanhar
e Rebalancear a Carteira
ao Longo do Tempo

"Planos não são nada. Planejar é tudo."

Dwight Eisenhower

"Por mais bonita que seja a estratégia, você deve ocasionalmente olhar para os resultados."

Winston Churchill

Balancear e acompanhar carteiras de investimento ao longo do tempo é uma tarefa fundamental para os bons resultados. É interessante construir uma imagem real para fazer um paralelo sobre a arte da correção de rumo. No caso de aviões ou carros, cabe ao piloto ou motorista estar constantemente ajustando a rota em função dos desvios que vão ocorrendo ao longo do percurso. Rolf Dobelli costuma pilotar aviões pequenos, sem piloto automático, e afirma que tem de fazer com as próprias mãos essas mínimas correções de rota durante todo o voo, conforme ele descreve no livro "Como Pensar e Viver Melhor". No caso dos investimentos, as pessoas tendem a superestimar o papel da configuração inicial e subestimar sistematicamente o papel da correção de rota.

Apesar de ser importante desenvolver um plano inicial, considerando o perfil de risco do investidor, o cenário atual e futuro, as perspectivas para as várias classes de ativos, a volatilidade dos ativos e o equilíbrio da carteira, não existe uma carteira ideal na qual não seja necessário realizar ajustes. É preciso acabar com o estigma de corrigir. Quem corrige no momento oportuno sai em vantagem em relação àqueles que ficam muito tempo presos à configuração inicial, esperando, em vão, que seu plano funcione. Começamos com um ponto de partida e o ajustamos regularmente. Quanto mais complexo e instável o cenário, menos relevante se torna a carteira inicial.

Como sentido geral, os melhores resultados em ações são obtidos com carteiras de longo prazo, nas quais são definidos um grupo de ações, relativamente concentrado e com o objetivo de carregá-las por pelo menos um ano. Esse processo pode ser dinâmico, posso aumentar ou diminuir as posições ao longo do tempo em função das flutuações das cotações. Podem ser montadas estruturas de opções sobre as posições de ações para se aproveitar de oportunidades, sejam estruturas defensivas ou alavancadas, mas nunca devemos nos envolver demais nos ruídos e nas informações do dia a dia e perder a visão de longo prazo. Os grandes ganhos serão obtidos do investimento naquelas empresas de qualidade e que vão entregar resultados consistentes no período. Os giros de posições em função de fatores de curto prazo podem melhorar os ganhos da carteira de longo prazo, mas na maioria dos casos de forma marginal, e deve-se sempre tomar o cuidado de não se distrair com esses ruídos e giros e esquecer a visão estrutural de longo prazo.

Parte IV
CENÁRIOS
– O PANO DE FUNDO

> "Existem dois tipos de pessoas que preveem o futuro: aqueles que não sabem e aqueles que não sabem que não sabem."
>
> John Kenneth Galbraith

Para construirmos cenários para os investimentos, que são muito importantes para termos uma perspectiva do futuro e do presente, e nos situarmos no ciclo econômico, precisamos ter uma visão muito ampla de mundo, seja da sua História, análise do presente ou tendências futuras. É necessária muita leitura para isso, inclusive para entendermos as tendências e como iremos nos posicionar em termos de investimentos. Nas referências desse livro há muitas obras que não parecem ser ligadas diretamente ao assunto dele, mas são leituras importantes para compreender o mundo.

Atualmente, existe uma tese de investimentos que acha que os juros irão permanecer em níveis baixos por um longo período, o que seria positivo para os ativos reais, como a bolsa, por exemplo. Alguns falam que isso seria uma "japanização" do mundo. Para entender o que é exatamente essa tese, o investidor terá de estudar a economia japonesa até chegar ao seu atual estágio de crescimento baixo e juros quase zero, e sua respectiva dificuldade, nos últimos anos, de ser estimulada e pegar tração. Para entender esses fenômenos temos de estudar a globalização, a influência dos robôs na indústria, a mudança da sociedade industrial para sociedade da transformação, as mudanças estruturais demográficas.

Portanto, volto a dizer que o grande investidor é um filósofo, que tem de ser curioso, ter uma visão ampla do mundo e ler sobre diversos temas para conseguir fazer esboços de cenários possíveis e construir o seu portfólio sobre essas premissas ainda incertas, e ir ajustando ao longo do tempo. Um portfólio de investimentos de longo prazo, de certa forma, é uma aposta na materialização de uma visão de mundo futura.

CAPÍTULO 17
A Complexa Atividade de Construção de Cenários

> "Nenhuma sofisticação vai mudar o fato de que todo o seu conhecimento é sobre o passado e todas as suas decisões são sobre o futuro."
>
> Ian E. Wilson

> "*Bears* só podem ganhar dinheiro se os *bulls* empurrarem as ações para cima, onde elas ficarão caras e desajustadas. Os *bulls* sempre foram mais populares que os *bears* nos EUA porque o otimismo é parte da herança cultural do país. Ainda assim, o excesso de otimismo pode causar mais danos do que o pessimismo, uma vez que a cautela tende a ser deixada de lado. Para desfrutar das vantagens de um mercado livre, é preciso ter compradores e vendedores, tanto *bulls* quanto *bears*. Um mercado sem *bears* seria como uma nação sem imprensa livre. Não haveria ninguém para criticar e conter o falso otimismo que sempre leva ao desastre."
>
> Bernard Baruch

A nossa incapacidade de prever o futuro e construir cenários com alguma consistência é bastante grande. Estamos frequentemente buscando padrões de comportamento nos mercados para podermos utilizar como base para as diversas situações. Para investidores, o futuro é determinado por milhares de fatores, como o funcionamento das economias, a psique dos participantes, eventos exógenos, ações governamentais, o clima e vários tipos de aleatoriedades. Assim sendo, é um problema extremamente multivariado. Essa é uma tarefa muito complexa para uma pessoa e para um computador também pela subjetividade dos vários fatores envolvidos.

O ser humano utiliza uma série de modelos de análise e tomada de decisão baseados em padrões conhecidos, mas muitas situações não se adaptam aos padrões existentes e têm de ser analisadas especificamente. Nossos cérebros, afinados com a necessidade de detectar padrões, estão sempre buscando um sinal, enquanto deveríamos, ao contrário, avaliar quão cheios de ruídos se mostram os dados. Assim sendo, fazer previsões e construir cenários é um processo difícil por uma série de razões, incluindo nossa compreensão limitada do processo que irá construir o futuro, a natureza imprecisa, a falta de precedentes históricos, a imprevisibilidade do comportamento das pessoas e o papel da aleatoriedade.

A economia global é uma rede infinitamente complicada de interconexões. Como diz John Kenneth Galbraith "Existem duas classes de pessoas que fazem previsões: aqueles que não sabem, e aqueles que não sabem o que não sabem."

Há um dilema sobre esse tema de previsões. Investir é visto como a arte de posicionar o capital com o objetivo de obter lucro de cenários futuros. Sabemos das dificuldades em realizar projeções minimamente precisas, entretanto muitas pessoas acreditam poder prever o futuro e ser muito bem sucedidas nos seus investimentos.

Existe a questão dos vieses, que é bastante importante na construção dos cenários, e que iremos abordar em mais profundidade no capítulo de finanças comportamentais. As pessoas costumam construir cenários futuros que refletem todos os vieses. Um dos erros que os investidores cometem é o de negar os seus vieses. Se existem influências que tornam nosso processo de investimento menos objetivo, deveríamos compreendê-las melhor para não virarmos vítima delas.

Outro tema relevante na construção de cenários é saber o que você não sabe. Nesse sentido, é preciso ter uma certa humildade intelectual para admitir nossa falibilidade e que, muitas vezes, estaremos errados nas nossas opiniões, e temos de ter a cabeça aberta para mudá-las tantas vezes quanto for necessário. O investidor precisa ter uma visão realista da probabilidade do seu cenário estar certo antes de montar um portfólio. E saber que existem probabilidades e não certezas.

Temos sempre de lembrar que estamos lidando com incerteza, como muito bem abordado por Annie Duke no seu livro *Thinking in bets: making smarter decisions when you don't have all the facts.* Ela deixa bem clara essa questão: "O que um bom jogador de pôquer e um bom tomador de decisão têm em comum é o conforto com o mundo sendo um lugar incerto e imprevisível.

A COMPLEXA ATIVIDADE DE CONSTRUÇÃO DE CENÁRIOS

Eles compreendem que quase nunca saberão exatamente como alguma coisa vai se comportar. Eles acolhem a incerteza e, em vez de focar em estar certos, eles tentam estimar o quão incertos eles estão fazendo suas melhores apostas nas chances de que diferentes resultados possam ocorrer."[40]

O conceito de alocação de ativos já é uma forma de admitir que as previsões podem falhar. Nesse sentido, buscamos uma alocação mais diversificada para nos proteger de estarmos errados no cenário projetado.

---

[40] DUKE, Annie. *Thinking in bets*: making smarter decisions when you don't have all the facts. New York: Penguin, 2018.

CAPÍTULO 18

Análise de um Cenário e Desenvolvimento de uma Previsão

> "Os investidores estão comprando uma visão específica de futuro"
>
> Henry Blodget

> "Por razões que nunca entendi, as pessoas gostam de ouvir que o mundo está indo para o inferno."
>
> Deirdre McCloskey

Em determinadas situações, um investidor é obrigado a tomar decisões e assumir um cenário; em muitos casos essas situações são binárias, ou pelo menos existem dois caminhos principais que podem se desdobrar em vários outros. Quando chegamos a uma dessas situações e existe a opção de ficar em cima do muro, talvez esse seja o primeiro caminho a se pensar, isto é, tentar não se machucar e se preservar para poder tomar uma decisão com mais dados e melhor embasamento. Mas aqui se configura mais um drama na profissão de investidor: muitas vezes somos obrigados a tomar decisões em cima de dados insuficientes e sob pressão do tempo e psicológica. Existe sempre a alternativa de ficar neutro e ser atropelado pelos fatos, que frequentemente ocorrem de forma muito rápida e com impactos significativos no mercado. São situações em que se aplicam a fala de esfinge grega de Tebas "Decifra-me ou te devoro", nas quais você tem de mergulhar e fazer uma análise profunda, pois podem destruir a rentabilidade do portfólio de investimento.

No complexo início do ano de 2016, após a forte queda das bolsas globais em função de dúvidas sobre o crescimento da economia chinesa, e da queda significativa nos preços das *commodities*, os investidores brasileiros, já confusos, tentando compreender o que estava ocorrendo exatamente no mundo, foram surpreendidos com o aumento na probabilidade do impeachment da Presidenta Dilma Roussef. Os investidores se depararam tal situação de instabilidade externa e um caminho binário para o Brasil: (i) a continuidade da então presidenta, que estava fragilizada politicamente e não tinha condições de implantar um plano de controle de gastos públicos e propiciar a retomada da confiança, e consequente retomada da economia ou (ii) um processo de impeachment e um novo presidente, com condições de recuperar a confiança de empresários e investidores. São cenários bastante diversos e que envolvem carteiras bastante diferentes: no primeiro, deveríamos ter uma carteira defensiva, com ações de *beta* baixo e empresas que se beneficiassem com a alta do dólar; no segundo, mais ou menos o inverso, ações de *beta* mais alto como construtoras, empresas de consumo, bancos, e que não sofressem com uma desvalorização do dólar.

Em um caso desses, o melhor a fazer é mergulhar na análise da situação, ler o máximo possível, coletar dados, buscar fontes diversas para evitar vieses e construir o cenário mais coerente possível, que servirá de base para a tomada de decisão de qual caminho seguir. Um dos métodos mais básicos, que muitas vezes é utilizado por analistas de ações, é a extrapolação, que supõe que uma tendência atual continuará indefinidamente no futuro, sem pontos de inflexão. Algumas das falhas de previsão mais conhecidas resultaram da aplicação desse pressuposto de forma muito liberal.

A cientista finlandesa Hanna Kokko liga o desenvolvimento de um modelo estatístico ou preditivo ao ato de desenhar um mapa, que precisa conter detalhes suficientes para ser útil e representar a paisagem subjacente com honestidade – você não vai querer deixar de fora grandes cidades, rios proeminentes, cordilheiras ou estradas principais. Contudo, o excesso de detalhes pode ser muito ruim ao viajante, levando-o a se perder. Modelos que são complicados sem a necessidade podem servir mais ao ruído do que ao sinal, fazendo um trabalho ruim ao reproduzir a estrutura subjacente e piorando as previsões. Muitas vezes, a solução, quando os dados apresentam muitos ruídos, é centrar-se mais no processo do que nos resultados. Ironicamente, ao ficarmos menos focados em nossos resultados, eles podem acabar melhorando.

Somos criaturas imperfeitas, vivendo em um mundo repleto de incertezas. Um dos riscos, de certa forma oculto, na atividade de fazer previsões, é o risco que desconhecemos a sua existência, e do qual sequer temos consciência.

Tetlock e Gardner, no livro *"Superprevisões: a arte e a ciência de antecipar o futuro"*, através da análise de especialistas em previsões, chegaram à conclusão de que existem dois grupos de previsores: (i) o primeiro grupo é formado por pessoas que tendem a organizar seu pensamento em torno de "grandes ideias", procuram enquadrar problemas complexos em seus modelos preferidos de causa-efeito, tratam o que não se encaixa como distrações irrelevantes, são muito confiantes, comprometidos com suas conclusões e mostram-se relutantes em mudar de ideia até mesmo quando seus prognósticos claramente fracassam; (ii) o outro grupo consiste de especialistas mais pragmáticos, que se valem de diversas ferramentas analíticas, com a escolha da ferramenta dependendo do problema particular a ser enfrentado, colhem o máximo de informação possível de quantas fontes estivessem disponíveis, falam sobre possibilidades e probabilidades, não certezas, e admitem o erro e mudam de ideia mais prontamente.

Os autores, em função desses grupos, criaram duas figuras como metáforas para ilustrar dois tipos de pessoas que fazem previsões. Gosto muito dessas metáforas pois deixam marcado na nossa memória o conceito do que é ser um bom previsor. Décadas atrás, o filósofo Isaiah Berlin escreveu um ensaio[41] muito aclamado, mas pouco lido, comparando os estilos de pensar de grandes autores ao longo das eras. Para organizar suas observações, ele se valeu de um fragmento de poesia grega de 2.500 anos atrás, atribuído ao poeta-guerreiro Arquíloco: "A raposa sabe muitas coisas, o porco-espinho, apenas uma, mas muito importante." Ninguém nunca vai saber se Arquíloco estava do lado da raposa ou do porco-espinho, mas Berlin preferia as raposas. Nesse sentido, Tetlock e Gardner apelidaram os especialistas do primeiro grupo, da "grande ideia" como "porcos-espinhos" e os especialistas mais ecléticos de "raposas".

Animados por uma grande ideia, porcos-espinhos contam histórias enxutas, simples, claras, que cativam e prendem o público. Como qualquer um que passou por treinamento de mídia sabe, a primeira regra é "mantenha a simplicidade". Porcos-espinhos são confiantes com sua análise de perspectiva única e podem enfileirar razões para explicar como estão certos, sem considerar outras perspectivas e as incômodas dúvidas e advertências levantadas por elas. Raposas não se saem tão bem na mídia. São menos confiantes, menos propensas a ter certezas e mais inclinadas a ter dúvidas. Suas histórias são complexas, e essa agregação de inúmeras perspectivas é ruim para fornecer explicações claras, mas essencial para a formulação de boas previsões. Afastar-se de si mesmo e realmente obter uma perspectiva diferente da realidade exige esforço, mas raposas têm maior probabilidade de fazerem isso. Seja em virtude de temperamento, hábito ou esforço consciente, elas tendem a se empenhar no trabalho duro de sondar outros pontos de vista. As raposas também reconhecem com mais rapidez até que ponto possíveis ruídos podem distorcer as informações,

---

[41] GARDNER, Dan. TETLOCK, Philip E. *Superforecasting*: The Art of Science of Prediction. Broadway Books, 2016.

e se mostram menos inclinadas a correr atrás de falsos sinais. Elas sabem mais a respeito daquilo que ainda não conhecem. Raposas podem ser enfáticas em suas convicções a respeito de como o mundo deveria ser, mas normalmente conseguem separar essas percepções da sua análise sobre o modo como o mundo é, e como será num futuro próximo.

Especialistas do mundo acadêmico, estudados por Tetlock, tendem a sofrer do problema de excesso de confiança por julgarem serem mais técnicos se forem porcos-espinhos. Na realidade, mais conhecimento nas mãos de um porco-espinho PhD. pode se tornar algo perigoso. Umas das descobertas interessantes de Tetlock é o fato de que, embora as raposas tendam a fazer prognósticos cada vez melhores, o contrário pode ser dito a respeito dos porcos-espinhos: seus desempenhos tendem a piorar à medida que acumulam credenciais. Tetlock acredita que quanto maior a quantidade de fatos com que os porcos-espinhos lidam, mais oportunidades eles têm para permutá-los e manipulá-los de modo que confirmem suas visões pré-concebidas.

Não é fácil ser objetivo na construção de um cenário ou uma previsão. A palavra objetivo, às vezes, é considerada um sinônimo de quantitativo, mas não é. Significa ver além de nossas inclinações pessoais e preconceitos, buscando alcançar a verdade a respeito de um problema. A objetividade em estado puro é algo desejável, porém inalcançável neste mundo. Ao formularmos uma previsão, fazemos uma escolha entre muitos métodos, que podem se apoiar apenas em variáveis quantitativas, como pesquisas de opinião, ou em abordagens considerando também os fatores qualitativos. Todos, no entanto, apresentam decisões e premissas que precisam ser determinadas por quem se propõe a elaborar um prognóstico. Existe potencial para uma visão parcial em tudo o que envolve a avaliação humana. O modo para nos tornarmos mais objetivos é reconhecer a influência que nossas premissas desempenham nas nossas previsões e termos a iniciativa de questioná-las.

Tetlock e Gardner elaboraram também, muito bem essa problemática num estudo realizado para o Sistema de Inteligência Americano sobre a eficácia das projeções dos analistas. Eles chegaram à conclusão de que existem analistas que sistematicamente conseguem acertar mais previsões que a média. E, no aprofundamento desse estudo, perceberam que estes analistas possuem um método racional que permite um maior sucesso nas suas previsões.

Tetlock e Gardner desenvolveram um grupo de diretrizes para auxiliar no processo de previsão que eles chamam de "Os 10 mandamentos". Essas regras fornecem um roteiro de raciocínio interessante e ajudam a estruturar a previsão de forma mais racional e sistemática. A seguir irei mostrá-las e discutir sua aplicação em casos práticos.

Análise de um Cenário e Desenvolvimento de uma Previsão

1. Faça triagem

Nesse início da construção da previsão é importante realizar uma triagem dos caminhos a serem seguidos. Definir em quais pontos deve-se perder tempo, se esses pontos agregam valor, quais pontos são muito complexos e imprevisíveis e o melhor modelo estatístico possível. E todo esse esforço não necessariamente aumentará o grau de certeza.

Se usarmos o caso do processo de impeachment da presidenta Dilma, deveríamos buscar quais são as formas jurídicas possíveis deste acontecer, quais são as regras dos diversos processos, se houve uma experiência anterior no Brasil e em outros países e o que podemos tirar dessas experiências anteriores, quais são as forças políticas envolvidas e o macro cenário político e econômico, qual a opinião dos principais líderes políticos e juristas, ou seja, é preciso construir uma colcha de retalhos e começar a desenhar uma linha de raciocínio sobre a possibilidade numérica de este acontecer e num espaço de tempo definido.

2. Decomponha problemas aparentemente intratáveis em subproblemas tratáveis

Nessa questão é importante se lembrar de Enrico Fermi, físico italiano naturalizado americano, que se destacou pela sua contribuição no desenvolvimento do primeiro reator nuclear. Mas o ponto que queremos ressaltar de Fermi é o seu processo de raciocínio, no qual ele divide um problema em várias partes, e passa a pensar mais profundamente em cada parte. As pessoas que têm capacidade elevada de construir previsões veem a fermização como parte do trabalho. Um dos exemplos do raciocínio ferminiano é como seria o processo para estimar quantos afinadores de piano tem a cidade de Chicago. Iriamos começar estimando quantas pessoas moram em Chicago, quantas casas, apartamentos, casas de show, bares e escolas de música poderiam existir. Estimaríamos qual percentual das casas, apartamentos, bares poderiam ter um piano e com que frequência os pianos precisam ser afinados. A partir desse momento, começaríamos a esboçar quantos afinadores de piano poderiam existir em Chicago, sobre um raciocínio embasado, e divido por partes.

3. Encontre o equilíbrio justo entre as visões de dentro e de fora

Os superprevisores buscam constantemente por situações ou padrões semelhantes que os ajudem a entender os eventos, por mais que certas ocorrências possam parecer únicas e sem paralelos na história. Eles procuram fazer uma análise histórica e entender a frequência coisas desse tipo acontecem.

4. Atinja o equilíbrio justo entre a reação aquém e a reação além à evidência

Previsores experientes aprendem a achar indícios reveladores antes das outras pessoas. Nesse ponto é importante achar pistas que realmente sejam úteis para a previsão, e não ruídos que apenas vão confundir. Os superprevisores tendem a ser atualizadores de crença incrementais, ou seja, eles não constroem teses muito estruturadas sobre um tema, mas vão acrescentando informações e construindo as teses gradativamente, e muitas vezes mudam a direção.

5. Procure pelo choque de forças causais operando em cada problema

Sempre dê uma olhada no contra-argumento em relação às suas posições. Na dialética clássica, a tese vai de encontro à antítese, produzindo a síntese. No olho da libélula, uma perspectiva vai de encontro a outra e assim sucessivamente – sendo que todas juntas formam a imagem. A síntese muitas vezes envolve a necessidade de conciliar opiniões contrárias e subjetivas.

6. Empenhe-se em distinguir o maior número de graus de dúvida que o problema permite, mas não além disso

Envolva-se no maior número de possibilidades possíveis, mas chegue a uma conclusão antes de se perder na análise infinita de todos os dados disponíveis. Chega uma hora que tem de ser feito um corte na coleta de perspectivas e é preciso chegar a uma conclusão. Deve-se buscar as nuances para melhorar ao máximo o processo de decisão.

7. Encontre o equilíbrio certo entre carecer de confiança e estar superconfiante, entre a prudência e a firmeza de decisão

Os superprevisores compreendem os riscos tanto de fazer um julgamento apressado, mostrando uma confiança que não pode ser construída, quanto de levar muito tempo e não sair do excesso de dúvidas. Muitas vezes tem de se tomar a decisão mais qualificada possível, sabendo dos riscos envolvidos.

8. Procure os erros por trás de seus equívocos, mas cuidado com vieses retrospectivos no espelho retrovisor

Buscar lições continuamente nas situações vividas é um excelente hábito, mas não tente justificar ou achar desculpas para seus fracassos. Algumas pessoas não gostam de análises que corrigem seu curso e confundem isso com um sinal de fraqueza. Conduza autópsias inflexíveis. O sucesso também deve ser estudado, pois muitas vezes pode ter ocorrido por sorte, e a repetição daquele comportamento pode levar ao fracasso futuro.

ANÁLISE DE UM CENÁRIO E DESENVOLVIMENTO DE UMA PREVISÃO

9. Extraia o melhor dos outros e deixe que os outros extraiam o melhor de você
Aprender a conversar com outras pessoas, mesmo que não sejam a sua equipe profissional; escutar outras opiniões, mesmo que sejam contrárias, é muito importante. É preciso compreender os argumentos contrários, questionar a precisão das informações e desenvolver argumentação.

10. Aprenda a andar na bicicleta dos erros contrabalançados
Aprender a fazer previsões é como andar de bicicleta: você tem de desenvolver equilíbrio e precisa praticar. A implementação de cada mandamento descrito até aqui envolve se equilibrar em erros opostos.

Não trate os mandamentos como mandamento
A minha ideia de reproduzir esses mandamentos aqui não é de fornecer uma receita, mas apresentar algumas diretrizes para orientar o processo de construção de previsões e cenários.

Esses mandamentos listados acima ajudam a organizar o processo de construção, e é importante ressaltar que todo processo de investimentos envolve uma análise de cenário. Por mais que a abordagem de cima pra baixo, vindo do cenário geral para o mais específico (*top-down*) não seja tão importante em estratégias valor de ações, o cenário econômico global é determinante. O fator econômico pode determinar que a estratégia valor seja mal sucedida por uma década.

O processo de construção de cenário deve começar por uma visão global da economia e dos principais blocos. É muito importante entender os ciclos econômicos e em qual estágio o país que está sendo analisado se encontra. O mundo está cada vez mais globalizado e os fluxos de capital são determinantes na performance dos mercados. O entendimento da geopolítica global está cada vez mais complexo em função dos vários centros de poder e múltiplos conflitos, principalmente em relação ao mundo árabe. Estimativas de PIB, juro real, inflação, resultado fiscal, contas correntes são um bom começo para uma análise rápida das economias globais. Projeções de P/E, EV/EBITDA, EPS *growth* e margens de EBITDA e Lucro fornecem parâmetros de precificação das bolsas. O *earnings yield* é um importante indicador para comparação com juros e estimativa da atratividade da bolsa. Na verdade, o *earnings yield* é o inverso do índice de preço/lucro, ou seja, representa o lucro/preço ou o retorno que a empresa tem. Nesse sentido, podemos comparar o *earnings yield* com os juros reais e ver a relação entre o retorno das empresas e a taxa de juros. Dessa relação também vem um conceito importante, que é o *equity risk premium*, o prêmio que o investidor recebe por correr o risco de investir em ações sobre os juros.

Nem sempre esta análise projeta o fluxo de capitais global, pois existem fatores locais que muitas vezes confundem a análise. Ha um artigo do Fed, encomendado por Alan Greenspan, analisando a força do *earnings yield* como estimador para o comportamento da bolsa. A relação entre o mercado de ações e a taxa de juros de dez anos americana ficou conhecida como o "modelo do Fed". Este modelo funcionou melhor em alguns períodos e não tão bem em outros, como nas crises, por exemplo. Apesar de os juros terem um papel muito importante no entendimento e na modelagem do mercado de ações, o mercado de ações reage também a outras variáveis.

A análise setorial também é importante e envolve um conhecimento detalhado da economia do país, assim como do ambiente regulatório, arena competitiva, estrutura do mercado, forças competitivas, fornecedores, clientes. Com as condições econômicas setoriais cada vez mais dinâmicas e determinantes para o sucesso de um setor, aumenta a importância desses estudos. A correlação do setor com o ciclo econômico também é determinante. Economias em recuperação tendem a favorecer setores ligados ao consumo, enquanto setores mais defensivos tendem a performar bem em situações de desaceleração econômica. O setor de *commodities* é muito cíclico e apresenta tendências positivas ou negativas por períodos mais longos. Existem também tendências macro, como a ascensão da classe média nos mercados emergentes, que podem durar ciclos longos.

No caso brasileiro, que esteve sob influência de um governo intervencionista por vários anos, deve ser realizada uma análise setorial detalhada envolvendo aspectos políticos, pois o governo pode interferir intensamente num setor, seja através de regulamentação ou de estímulos. A mudança na regulamentação do setor elétrico realizada em 2013 causou queda nas cotações das principais empresas do setor de mais de 30%.

No final deste capítulo, gostaria de abordar a questão do pessimismo e a construção dos cenários, pois acho um ponto muito relevante. O pessimismo ocupa um lugar especial no coração das pessoas. Ele é visto como algo mais sofisticado intelectualmente, enquanto os otimistas parecem ser pessoas ingênuas, que não analisam a realidade em detalhes.

Morgan Housel, no seu livro "*The Psychology of Money*", faz uma discussão bastante interessante sobre o tema. O capítulo do livro que aborda esse tema se chama "A Sedução do Pessimismo", e os comentários abaixo do título são de que o "otimismo reflete a ideia de um discurso de venda, enquanto o pessimismo parece um discurso de alguém que quer ajudá-lo."[42]

---

[42] HOUSEL, Morgan. *The Psychology of Money*: Timeless Lessons on Wealth, Greed and Hapiness. Great Britain: Harriman House, 2020.

Talvez essa ideia de que o otimista é uma pessoa que sempre acha que as coisas vão dar certo esteja distorcida pela própria definição do que é o otimismo. Os otimistas realistas não acreditam que tudo será ótimo. Isso é complacência. O otimismo é uma crença de que as chances de um bom resultado estão a seu favor ao longo do tempo, mesmo quando há contratempos ao longo do caminho. A simples ideia de que a maioria das pessoas acorda de manhã tentando tornar as coisas um pouco melhores e mais produtivas em vez de acordar procurando causar problemas é a base do otimismo. Não é complicado; também não é garantido. É a aposta mais razoável para a maioria das pessoas, na maioria das vezes. O falecido estatístico Hans Rosling disse de forma diferente: "Eu não sou otimista. Eu sou um possibilista muito sério."

O pessimismo soa mais inteligente e plausível do que o otimismo. Diga a alguém que tudo vai ser ótimo e provavelmente você não será considerado e receberá um olhar cético. Diga para essa mesma pessoa que ela está em perigo e você terá sua atenção total. Se você for um analista e disser que teremos uma recessão, os jornais vão entrevistá-lo. Se você disser que a situação é boa e a bolsa tem uma boa perspectiva, a mídia não dará muita atenção. A indústria de boletins informativos de investimentos já descobriu esse fato, e é povoada por profetas da desgraça, apesar de operar em um mercado de ações que subiu 17 mil vezes no último século (incluindo dividendos).

Quando percebemos quanto progresso os humanos podem fazer durante a vida em tudo, desde o crescimento econômico e avanços médicos até ganhos no mercado de ações à igualdade social, poderíamos pensar que o otimismo ganharia mais atenção, mas não é o que acontece. O ser humano tem um fascínio pelo pessimismo. Parte disso é instintivo e inevitável. Kahneman diz que a aversão assimétrica à perda é um escudo evolutivo. Ele escreve: "Quando comparadas diretamente ou ponderadas umas contra as outras, as perdas pairam maiores do que os ganhos. Essa assimetria entre o poder das expectativas ou experiências positivas e negativas tem uma história evolutiva. Organismos que tratam as ameaças como mais urgentes do que as oportunidades têm mais chance de sobreviver e se reproduzir."[43]

Os raciocínios pessimistas também têm problemas na sua estrutura lógica, que as pessoas preocupadas com a possibilidade de ocorrência da próxima crise não percebem. Não se deve fazer extrapolações nem para o bem nem para o mal, pois os mercados de adaptam e se transformam diante de diversas situações. Assumir que algo feio vai ficar cada vez mais feio é uma previsão fácil de fazer, e é persuasivo, porque não requer imaginar o mundo se transformando.

---

[43] KAHNEMAN, Daniel. *Thinking*, Fast and Slow. London: Penguin Books, 2011.

Mas os problemas são corrigidos e as pessoas se adaptam; ameaças incentivam soluções em igual magnitude. Esse é um ponto relevante da história econômica, mas que é facilmente esquecida por pessimistas que preveem em linhas retas.

Um outro ponto sobre esse tema é que o progresso acontece muito lentamente para perceber, mas os contratempos acontecem muito rapidamente para ignorar. O crescimento é impulsionado pela composição dos avanços, o que sempre leva tempo. É uma construção longa, enquanto a destruição é impulsionada por pontos únicos de falha, que podem acontecer em segundos, e perda de confiança, que pode acontecer num instante. É mais fácil criar uma narrativa em torno do pessimismo porque as peças da história tendem a ser mais frescas e recentes. Narrativas otimistas exigem olhar para trechos longos da história e desenvolvimentos, que as pessoas tendem a esquecer, além de requererem maiores esforços para serem remontados.

Muitos analistas preferem se encaixar nas narrativas pessimistas pois parecem ser cautelosas e detalhadas, criando inclusive espaços para surpresas positivas; por outro lado as projeções otimistas não têm espaço para erros e muitas vezes parecem ser viesadas e sem profundidade analítica. Nesse sentido, é preciso tomar muito cuidado com esse tema para não embarcar no viés pessimista dos analistas e acabar perdendo grandes oportunidades.

CAPÍTULO 19
Prevendo Crises e Pontos de Ruptura

> "O mercado de ações previu nove das últimas cinco recessões."
>
> Paul Samuelson

Um ponto que merece especial atenção na gestão de investimentos são as crises econômicas ou eventos (guerras, doenças, atentados terroristas) que podem causar grandes oscilações nos mercados e, consequentemente, fortes perdas de recursos em curtos períodos. Alguns investidores são muito atentos à essa questão, pois conseguir lidar bem com uma crise pode fazer a diferença de uma década em relação à performance. O assunto de bolhas também está intimamente ligado às crises econômicas, pois na maioria dos casos é o fator antecedente. O estudo das crises passadas por si só também não é o bastante, pois o objetivo é entendê-las para tentarmos prevê-las, e uma vez que elas aconteçam, que saibamos como lidar com elas. Portanto, as crises, bolhas, ciclos econômicos, previsões e cenários também estão intimamente interligados. Talvez uma das primeiras previsões tenha vindo do Egito na forma dos sete anos de vacas gordas, seguido de sete anos de vacas magras. Entretanto, aprendemos que o mundo é extremamente complexo e suscetível a vários tipos de crises. O importante desta história é o conceito de ciclos econômicos e a inevitabilidade das crises.

Historiadores têm realizado boas análises sobre crises passadas, apontando grandes rupturas estruturais ocasionadas por elas, muitas vezes relacionadas a pragas ou doenças. Pragas têm tido um foco especial. A Peste Antonina (165-180) pode ser considerada como um dos principais fatores para o fim do Império Romano; a Peste Negra (1347-1351) contribuiu para o fim do feudalismo; alguns supõem que a Grande Praga de Londres (1665-1666) levou ao início do capitalismo vindo da Holanda. No momento que estou escrevendo este livro, em 2020, estamos no meio de uma crise econômica causada por uma doença, o coronavírus, e ainda não sabemos quais serão as transformações causadas no mundo.

Grandes investidores aprendem com a história. Durante as grandes crises, se você quer proteger o seu patrimônio e explorar oportunidades, você tem de antecipar as consequências. Como os historiadores, você tem de trabalhar com dados insuficientes e extrapolar as suas conclusões.

Existe uma piada que diz que, das últimas cinco recessões, os economistas conseguiram prever nove, mas isso tem um fundo de verdade; uma estatística verdadeira (Loungani)[44] indica que, na década de 1990, eles previram com um ano de antecedência apenas duas das sessenta recessões do mundo inteiro.

Uma das formas de encarar uma crise financeira é tratá-la como um erro de previsão. Os erros de previsão costumam ter muito em comum. Concentramos nossa atenção nos indícios que contam uma história sobre um mundo ideal, não sobre o mundo real. Ignoramos os riscos mais difíceis de aferir, mesmo quando oferecem as maiores ameaças ao nosso bem-estar. Fazemos estimativas e suposições a respeito do mundo que são muito mais rudimentares do que nos damos conta. Temos grande aversão à incerteza, mesmo quando se trata de uma parte irredutível do problema que estamos tentando resolver. Os seres humanos têm uma enorme capacidade de ignorar os riscos que ameaçam seu meio de vida, como se assim essas ameaças se afastassem.

É extremamente difícil prever os ciclos de negócios; entender um organismo tão complexo quanto a economia é muito complicado. As previsões econômicas enfrentam três desafios fundamentais. Primeiro, é dificílimo distinguir causa e efeito com base apenas em estatísticas econômicas. Segundo, a economia está sempre mudando, então as explicações de comportamento econômico que se aplicam a um ciclo de negócios talvez não funcionem em ciclos posteriores. E, terceiro, por pior que tenham sido suas projeções, os economistas também não dispõem de dados muito bons para trabalhar.

É muito mais difícil encontrar algo que identifique o sinal; variáveis que atuam como indicadores antecedentes em um ciclo econômico não raro se revelam inadequadas para outro ciclo. Dos sete indicadores antecedentes em um artigo publicado em 2003 na revista Inc, escrito por Sperling, de todos os bons previsores nas recessões de 1990 e 2001, apenas dois – preços dos imóveis

---

[44] LOUNGANI, Prakash. "*The Arcane Art of Predicting Recessions*". Financial Times via International Monetary Fund, 18 de dezembro de 2000. Disponível em http://www.img.org/external/np/vc/2000/121800.htm

e contratações temporárias – ofereceram alguma noção discernível da recessão que se iniciou em 2007. Outros, como empréstimos comerciais, só começaram a cair um ano depois do começo da crise.

Saber reconhecer, antecipar e responder a cenários de deterioração estrutural da economia é um dos principais desafios para alcançar resultados de investimentos bem-sucedidos durante qualquer horizonte de tempo significativo. Para Howard Marks[45], entender os ciclos é uma das coisas mais importantes para um investidor. A maioria dos grandes investidores tiveram sucesso em entender como eles funcionam e em qual ponto estamos em determinado momento. Esta percepção permite que os investidores posicionem os seus portfólios preparados para o que está por vir pela frente.

Nós usamos nossa habilidade de reconhecer e entender padrões para tornar nossas decisões mais fáceis, aumentar benefícios e evitar a dor. É importante que dependamos do nosso conhecimento de padrões recorrentes para que não tenhamos que reconsiderar todas as decisões do zero.

Economias, empresas e mercados também operam de acordo com padrões, e alguns são comumente chamados de ciclos. Eles surgem de fenômenos naturais, mas, importante também, dos altos e baixos da psicologia e do comportamento humano resultante. Como a psicologia e o comportamento humano desempenham um papel tão importante na criação deles, esses ciclos não são tão regulares quanto os ciclos de um relógio, mas podem afetar profundamente os investidores. Se prestarmos atenção nos ciclos podemos sair na frente. Se estudarmos ciclos passados, entendermos suas origens e ficarmos alertas para o próximo, não precisamos reinventar a roda para perceber cada ambiente de investimento novo. E temos menos chances de sermos pegos de surpresa pelos acontecimentos. Podemos dominar esses padrões recorrentes para nossa melhora como investidores.

Em relação aos ciclos econômicos, o ideal é irmos alterando nossas posições em função dos estágios do ciclo. As probabilidades mudam à medida que nossa posição nos ciclos muda. Se não variarmos nossa posição de investimento à medida que essas coisas acontecem, estamos sendo passivos em relação aos ciclos; em outras palavras, estamos ignorando a chance de aumentar as probabilidades a nosso favor. Mas se aplicarmos algumas informações sobre ciclos, podemos aumentar nossas apostas e colocá-las em investimentos mais agressivos quando as chances estão a nosso favor, e podemos nos defender quando as chances estão contra nós.

---

[45] MARKS, Howard. *The Most Important Thing Illuminated*. Uncommon Sense for the Thoughtful Investor. New York: Columbia Business School Publishing, 2013.

Uma das palavras-chaves necessárias para entender as razões para estudar ciclos é "tendências". Se os fatores que influenciam o investimento fossem regulares e previsíveis – por exemplo, se a previsão do cenário macro funcionasse – poderíamos falar com mais propriedade sobre o que vai acontecer. No entanto, essa incerteza não significa que estamos indefesos em contemplar o futuro. Em vez disso, podemos falar sobre as coisas que podem ou devem acontecer, e quão provável isso é. Podemos chamar essas coisas de "tendências".

Este assunto envolve questões bastante complexas. Como caracterizar uma crise? Quais foram as principais crises no mundo? Como é a duração da crise? Quais são os indícios que podem antecipar o movimento de crise e a queda dos mercados? Como as crises terminam?

Existe uma boa literatura sobre o assunto das crises econômicas. Kindleberger e Aliber apresentam uma história das crises financeiras no livro *"Manias, Panics and Crashes"*. A intenção do Kindleberger parece ter sido a de escrever uma história natural das crises, semelhante à experiência vivida por Darwin na sua expedição a bordo do Beagle, coletando, examinando e classificando espécimes interessantes. Manias, pânicos e acidentes parecem ter uma vantagem sobre roedores, pássaros e besouros, pois existem relatos dos contemporâneos, às vezes com discernimento, mas muitas vezes são apenas descrições pouco relevantes. Na verdade, as crises são fenômenos bastantes complexos e mutantes. Foram encontrados padrões e regularidades, causas e efeitos; também ficaram claro nesse estudo as irracionalidades que acabam afetando direta ou indiretamente aqueles envolvidos nos processos de crise. Elas também recebem um impacto forte do comportamento das pessoas e da resposta das instituições. O mercado de capitais e as instituições monetárias também são participantes importantes no processo.

Na crise de 2008, a primeira reação foi olhar 80 anos para trás, para os estragos provocados pela Grande Depressão. A percepção dos erros cometidos nos anos 1930 ajudou a impedir que a economia global caísse em uma crise de magnitude similar em 2008. Os mercados financeiros sofreram, mas as perdas acumuladas para os investidores americanos foram bastante menores que as dos anos 1930.

A diferença principal entre as duas crises está no comportamento dos bancos centrais. Em particular, o Federal Reserve (Fed), sob o comando de Ben Bernanke, um estudioso da Grande Depressão, mostrou-se disposto a prover ampla liquidez para os sistemas americano e global. Eichengreen escreveu recentemente uma análise profunda sobre a comparação ente as duas maiores crises globais – 1929 e 2008/2009 e as respectivas lições que podemos tirar delas[46]

---

[46] EICHENGREEN, Barry. *Hall of Mirrors*: The Great Depression, The Great Recession, And the Uses – And Misuses – of History. Oxford: Oxford University Press, 2015.

PREVENDO CRISES E PONTOS DE RUPTURA

As bolhas muitas vezes antecedem as crises. A história das bolhas é tão antiga quanto a história dos mercados e, frequentemente, elas têm sua origem no crescimento acelerado do crédito. Alguns analistas julgam que um crescimento no nível de endividamento numa taxa entre 20% a 30% no ano por um período mais longo não é sustentável, e possivelmente irá gerar uma crise. Duas das primeiras bolhas a serem narradas ocorreram da década de 1600 na Europa. A primeira delas foi a famosa bolha das Tulipas, que começou em 1634. Uma tulipa chegou a ser vendida por 5 mil guildas (o equivalente hoje a US$ 60 mil) no pico do mercado. Durante esta bolha, especuladores de todas as classes sociais compraram e venderam até mesmo bulbos de tulipas que ainda não existiam, constituindo-se o exemplo mais antigo de contratos futuros. Diz-se que algumas variedades de bulbos de tulipa rapidamente tornaram-se alguns dos objetos mais caros do mundo, até que a bolha dos bulbos estourou em 1637.

Um pouco mais tarde, na Inglaterra, uma bolha mais convencional foi criada em títulos da South Sea Corporation, uma empresa sem ativos que tinha licença para explorar riquezas nos mares do Sul. A queda violenta das ações, que deixou muitos investidores da Inglaterra mais pobres, foi descrita no livro clássico de 1841 escrita pelo jornalista escocês, Charles Mackay, "*Extraodinary Popular Delusions and the Madness of Crowds*" que poderia ser traduzido como "Ilusões Populares e a Loucura das Massas". Mackay descreveu as bolhas como uma loucura coletiva, não dando foco ao lado econômico, mas no comportamento de manada. Ele diz que os homens tendem a ter um comportamento de rebanho e a perder a razão em manada também, só recuperando-se lenta e individualmente. Ele disserta sobre como o excesso de liquidez na economia e as emoções humanas – principalmente a ganância – geram manias e bolhas nos mercados[47].

Ao longo do século 19 houve vários episódios de bolha e depressão no mercado financeiro nos EUA, e muitos foram acompanhados de pânico bancário. À medida que os mercados foram crescendo e se tornaram mais líquidos na década de 1900, havia uma esperança de que os novos investidores, mais preparados e experientes, reduzissem a ocorrência de bolhas. Entretanto, em 1907, J. P. Morgan teve de interferir nos mercados para encerrar uma onda de pânico, reforçando sua imagem como um líder no mercado financeiro da época.

A década de 1920 assistiu uma alta expressiva das ações americanas, alimentada pelos intermediários, corretores de ações, bancos, e sustentada pela regulação frouxa. A queda de 1929 precipitou a Grande Depressão e criou talvez a maior série de mudanças regulatórias nos EUA, desde restrições aos

---

[47] MACKAY, Charles. *Extraordinary Popular Delusions and the Madness of Crowds*. 1852.

bancos (Lei Glass-Steagall) até a criação da Comissão de Valores Imobiliários (SEC – *Securities and Exchange Commission*).

O período após a Segunda Guerra Mundial inaugurou um longo tempo de estabilidade para os Estados Unidos, e embora tenha existido uma crise em 1970, as oscilações nos preços dos ativos não chegaram nem perto dos picos e vales nos períodos anteriores a guerra. No fim da década de 1970 houve alguma especulação sobre o preço dos metais preciosos, no ouro e na prata, causando um pico e um vale nesses ativos.

Em 1987, o mercado de ações dos EUA perdeu mais de 20% do seu valor em um único dia, a pior queda em um único dia na história do mercado, sugerindo que, apesar das melhorias tecnológicas e mais liquidez, os mercados ainda estavam muito suscetíveis a bolhas e depressões.

Na década de 1990, aconteceu outro capítulo na história das bolhas, com a queda significativa das empresas relacionadas à Internet (as *dot-com*). Depois do mercado pagar preços altíssimos para as ações dessas empresas, por ter dificuldade de avaliá-las, houve também uma queda expressiva na cotação dessas ações.

O mercado tenta tipificar as bolhas e estudar o seu comportamento, ainda que cada bolha seja, de certa forma, única. Muitas bolhas são fenômenos monetários e resultam do crescimento forte do crédito.

O nascimento da bolha é um objeto de estudo muito grande, pois quem conseguir prever a próxima poderá ganhar muito dinheiro. Alguns analistas entendem que no nascimento da bolha existe uma história, sobre o mercado ou ativos, muito forte. No caso das empresas de tecnologia existia a tese de que a Internet estava se tornando acessível a cada vez mais pessoas, permitindo que houvesse o desenvolvimento acelerado dos negócios de comércio eletrônico (*e-commerce*).

Outro componente importante nas bolhas é a propagação das histórias de sucesso para outros investidores do mercado, que vão querer participar também. Nesse contexto, os novos investidores farão a ação subir, comprando no mercado, e teremos um caso de profecia que se autorrealiza. Na visão de Robert Shiller, a base psicológica para uma bolha especulativa é a exuberância irracional. Uma bolha especulativa é uma situação na qual as notícias sobre as altas nos preços dos ativos alimentam o entusiasmo dos investidores e que espalha o otimismo como se fosse um vírus, um contágio psicológico. Esse processo atrai mais pessoas para o mercado, narrativas são criadas para justificar a alta e os preços continuam nessa trajetória.

A segunda fase é a sustentação das bolhas. Existe um ecossistema que se beneficia de sua criação. Nesse ecossistema podemos incluir os principais agentes do mercado: investidores, analistas, bancos, gestores de recurso, imprensa. É quando aparecem especialistas de mercado, dizendo "dessa vez é diferente", e que as condições e regras mudaram e isso explicaria os altos preços pagos por determinado ativo, e que aqueles que discordam estão desatualizados ou antiquados. Os países que começam a receber fluxo de recursos para investimento veem a moeda valorizar, os ativos subirem e o efeito riqueza se auto alimentar, causando novas altas nos ativos.

Todas as bolhas tendem a estourar, embora seja difícil mapear qual foi o evento que deflagrou o estouro da bolha. Elas precisam de cada vez mais investidores entrando para sustentar o preço. E as mesmas forças que criaram a bolha provavelmente serão as que terão influência no seu estouro.

Depois do estouro da bolha, os investidores juram que serão mais cuidadosos e criteriosos. Que não irão mais investir em tulipas ou empresas de tecnologia da Internet. Mas as bolhas são diferentes, e os investidores acabam embarcando em alguma outra viagem que terá uma nova história convincente, mas que provavelmente nos levará à próxima crise.

Baseada na nossa leitura da história podemos concluir que as bolhas são inevitáveis, muito em função da irracionalidade dos mercados.

James Montier escreveu um artigo interessante sobre bolhas quando houve a crise de 2008/2009 chamado *"The Road to Revulsion"*. Ele argumenta que os eventos ocorridos nos Estados Unidos não eram um cisne negro, mas um exemplo de surpresa previsível. Tratar a crise de crédito como um cisne negro seria abdicar de toda a responsabilidade por sua ocorrência, e as bolhas deveriam ser vistas como um subproduto do comportamento humano, que é extremamente imprevisível. Os detalhes de cada bolha são diferentes, mas os padrões gerais permanecem muito semelhantes. Como Marx disse, a história se repete pela primeira vez como tragédia, pela segunda vez como farsa.

Montier divide a análise das bolhas em cinco fases. O início (i) seria o deslocamento, que geralmente é causado por um choque exógeno, que desencadeia a criação de oportunidades de lucro em alguns setores, enquanto fecha a disponibilidade de lucro em outros setores. Enquanto as oportunidades criadas forem maiores do que aquelas que são fechadas, o investimento e a produção aumentarão para explorar essas novas oportunidades. É provável que ocorra o investimento em ativos financeiros e físicos. Nesse ponto, estaremos testemunhando o nascimento de um *boom*. Numa segunda fase (ii) viria algum evento relacionado a crescimento de crédito. Assim como o fogo não pode crescer sem oxigênio, uma bolha precisa de liquidez para se alimentar. Minsky[48]

---

[48] MINSKY, Hyman P. *Stabilizing an Unstable Economy*. New York: McGraw-Hill, 2008.

argumentou que a expansão monetária e a criação de crédito são amplamente endógenas ao sistema, ou seja, não apenas o dinheiro pode ser criado pelos bancos existentes, mas também pelo desenvolvimento de novos instrumentos de crédito, expandindo-se muitas vezes, empacotados em estruturas de derivativos, para além do sistema bancário. Na fase da euforia (iii), todo mundo começa a aceitar que estamos entrando numa nova era. Criam-se fundamentos para justificar a alta contínua dos ativos. Os padrões tradicionais de avaliação são abandonados e novas métricas são introduzidas para justificar o preço atual. Uma onda de otimismo e excesso de confiança é desencadeada, levando as pessoas a superestimar os ganhos, subestimar os riscos e geralmente pensar que podem controlar a situação. Como nada que é bom dura pra sempre, uma hora chega a conta a ser paga, e começa o estágio crítico ou o início de uma crise financeira (iv). É frequente neste estágio, o aparecimento de "*insiders*" que começam a vender os ativos, inicia-se uma fase de dificuldades financeiras, nas quais o excesso de alavancagem e liquidez que se acumulou durante o *boom* se torna um grande problema. Pode eventualmente surgir fraudes nessa fase da bolha. No estágio final (v), caracterizando a fase final do ciclo de vida de uma bolha, há um sentimento de repulsa, na qual os investidores estão tão assustados com os eventos em que se envolveram que não conseguem mais participar do mercado.

Marc Faber faz uma análise muito interessante também sobre os comentários das autoridades e pessoas do mercado financeiro um pouco antes do *crash* da bolsa em 1929, de certa forma negando a pior, a mais profunda e mais longa recessão que afetou o mundo. Ele faz um comentário que acho importante guardarmos na nossa memória, pois é um questionamento muito pertinente e assustadoramente atual.

> "Vimos os chefes de praticamente todas as instituições financeiras se levantarem nos últimos meses e afirmarem que o pior já passou. Por que alguém ouviria essas pessoas? Se eles não viram o desastre chegando, estariam eles qualificados para nos dizer que está tudo bem? Talvez eu seja apenas exageradamente cético, mas isso parece uma conspiração de otimismo. A recessão mal começou, e muito menos alcançou seu ponto mais baixo. Os movimentos do mercado nos últimos anos têm todas as características de um falso *rally*. Isso parece negação. Longe de ficar para trás, o pior ainda pode estar à frente."[49]

---

[49] Este artigo/estudo está disponível na Internet, foi escrito pelo James Montier, como sendo um relatório da área de research do Societe Generale de Londres, e se chama "Road do Revulsion". E este artigo inclui um texto escrito pelo Marc Faber, comentando as frases que foram escritas por diversas autoridades da época, em 1929, comentando a possibilidade da queda na bolsa de 1929 se transformar numa crise maior.

Abaixo, a coletânea organizada por Marc Faber sobre os comentários na crise de 1929.

"Não posso deixar de erguer a voz dissidente às declarações de que estamos vivendo em um paraíso de tolos e que a prosperidade neste país deve necessariamente diminuir no futuro próximo."
E. H. H. Simmons, Presidente da Bolsa de Valores de Nova York,
12 de janeito de 1928

"Não haverá interrupção de nossa prosperidade permanente."
Myron E. Forbes, presidente Pierce Arrow Motor Car Co.,
12 de janeiro de 1928

"Nenhum Congresso dos Estados Unidos, jamais reunido, teve uma perspectiva mais agradável do que a que aparece atualmente. No campo interno há tranquilidade e contentamento ... e o maior recorde de anos de prosperidade. No campo estrangeiro há paz, a boa vontade vem do entendimento mútuo."
Calvin Coolidge, 4 de dezembro de 1928

"Quando a história financeira e empresarial de 1929 for finalmente escrita, os acontecimentos ocuparão um lugar de destaque no que será sem dúvida a crônica de um período brilhante."
The New York Times, julho de 1929

"Torna-se cada vez mais evidente que, em muitos aspectos, 1929 entrará na história do país como o ano mais marcante desde a Guerra Mundial em termos de demanda sustentada por bens e serviços."
The New York Times, agosto de 1929

"Pode haver uma queda nos preços das ações, mas não algo semelhante a um *crash*."
Irving Fisher, principal economista dos Estados Unidos,
5 de setembro de 1929

"Os preços das ações alcançaram o que parece ser um patamar permanentemente alto. Não acho que haverá em breve, se é que haverá algum dia, uma queda de 50 ou 60 pontos dos níveis atuais, como os pessimistas previram. Espero ver o mercado de ações num nível muito mais alto do que hoje em alguns meses."
Irving Fisher, 17 de outubro de 1929

"Esta queda não terá muito efeito nos negócios."

Arthur Reynolds, presidente do Continental Illinois
Bank of Chicago, 24 de outubro de 1929

"O negócio fundamental do país, que é a produção e distribuição de *commodities*, fornece uma base sólida e próspera."

Presidente Herbert Hoover, 25 de outubro de 1929

"Esta é a hora de comprar ações. Este é o momento de lembrar as palavras do falecido J. P. Morgan ... que qualquer homem que seja pessimista em relação à América irá a falência."

R. W. McNeel, analista de mercado, New York Herald Tribune,
30 de outubro de 1929

"Na maioria das cidades deste país, esse pânico de Wall Street não terá nenhum efeito."

Paul Block, presidente da cadeia de jornais Block,
15 de novembro de 1929

"A tempestade financeira definitivamente passou"

Bernard Baruch, 15 de novembro de 1929

Todos esses comentários, feitos por personalidades e investidores da época, mostraram-se completamente equivocados. A Grande Depressão, também conhecida como a Crise de 1929, teve início em 1929, persistiu ao longo da década de 1930, terminando apenas com a Segunda Guerra Mundial. É considerada o pior e o mais longo período de recessão econômica do sistema capitalista. Esse período de depressão econômica causou altas taxas de desemprego, quedas drásticas do PIB de diversos países, bem como quedas drásticas na produção industrial, preços de ações, e em praticamente todo o medidor de atividade econômica em diversos países do mundo. Os efeitos negativos da Grande Depressão atingiram seu ápice nos Estados Unidos em 1933. Neste ano, o Presidente americano Franklin Delano Roosevelt aprovou uma série de medidas conhecidas como *New Deal*. Essas políticas econômicas, de estímulo através da intervenção do governo foram, três anos mais tarde, racionalizadas por John Maynard Keynes em sua obra clássica, "*Teoria Geral do Emprego, do Juro e da Moeda*".

Um outro tema que pode desencadear uma forte realização de mercado, ainda não tão frequente, que é totalmente imprevisível e que causa um desconforto muito grande, principalmente pela incerteza e pânico que causa, são as pandemias. Estamos enfrentando em 2020 o coronavírus, e os efeitos econômicos têm sido muito intensos.

Quando pensamos na crise de 2008/2009, o paralelo é feito com a crise de 1929. E quase toda crise econômica recente tem como comparável essas duas crises, como sendo o pior que pode acontecer em termos de *crash* de mercado. Em relação às doenças, a principal havia sido a pandemia de 1918, que por enquanto ainda não tinha nenhum paralelo. O coronavírus é o único evento comparável, mas em bases muito diferentes da gripe espanhola em 1918, pois esta foi há 100 anos e no meio da Primeira Guerra Mundial.

Analisando as crises mais intensas, em 2008 houve uma queda 57% e a volta para o mesmo patamar levou 17 meses, aproximadamente um ano e meio. Durante a gripe espanhola em 1918, a bolsa caiu 34%, misturou-se com Primeira Guerra Mundial e voltou para o mesmo nível também um ano e meio depois.

Cada crise tem suas especificidades. Em 1929 a bolsa caiu 74,6% até 1933 e só voltou para o mesmo nível 25 anos depois, em 1954. Esse é o motivo dessa crise ter sido tão profundamente estudada por vários economistas, principalmente no que diz respeito à reação do governo diante dela. Ben Bernanke, que foi um grande estudioso da crise de 1929, coordenou uma resposta do governo americano bem diferente do passado na crise de 2008, repensando o papel do governo em crises de alta intensidade como a força que pode evitar uma recessão profunda.

Podemos considerar que durante crises graves a bolsa pode cair aproximadamente 50%, o que é um evento raro e de altíssima intensidade. Em crises intermediárias ou mais leves a bolsa pode ter uma correção entre 20% a 30%. Importante ressaltar que não estamos analisando os outros mercados e focando apenas na bolsa, por ser de certa forma o mais sensível e por reagir a todos os outros mercados, como moedas e juros.

Um pouco antes de iniciar a crise do coronavírus, a bolsa brasileira (Ibovespa) atingiu 120 mil pontos, no fim de janeiro de 2020; duas semanas depois atingiu 60 mil pontos, uma queda de 50%. Duas semanas depois já tinha voltado para 80 mil pontos, uma queda do ponto máximo de 33%. A bolsa americana (índice S&P 500) atingiu 3.400 pontos no fim de fevereiro de 2020, duas semanas depois foi para 2.237 pontos, caindo 34%, no mínimo, e duas semanas depois já estava em 2.900 pontos, uma queda de 24%. Talvez a crise do coronavírus represente a maior queda no menor período de tempo e a volta mais rápida também.

A pandemia do coronavírus deixará muitas lições, e pode ser considerada como um novo paradigma em termos de crise, mas em vez de criar novas tendências, podemos considerar que ela está causando uma aceleração das tendências que já vinham ocorrendo em termos de bolsa; por exemplo, reforçando a importância dos setores de tecnologia e saúde, tornando as empresas já fracas mais frágeis ainda e as fortes, maiores.

As comparações entre o coronavírus e a gripe espanhola se acumulam, mas a pandemia de gripe espanhola de 1918 continua a ser de longe a mais mortal da história, à frente do recente coronavírus. À época, matou pelo menos 50 milhões de pessoas em todo o mundo (o equivalente a 200 milhões hoje), sendo meio milhão delas habitantes dos Estados Unidos. Talvez o mais alarmante seja que a maioria dos mortos pela doença estava no auge da vida – geralmente entre 20 e 40 anos –, em vez de idosos ou pessoas com a imunidade enfraquecida.

Em 1918, o mundo era um lugar muito diferente. Os médicos sabiam que existiam vírus, mas nunca haviam visto um – não havia microscópios eletrônicos, e o material genético dos vírus ainda não havia sido descoberto. Hoje, no entanto, os pesquisadores não apenas sabem como isolar, mas conseguem identificar sua sequência genética, testar medicamentos antivirais e desenvolver uma vacina. No passado, era impossível testar pessoas com sintomas leves para que pudessem ser colocadas voluntariamente em quarentena, e era quase impraticável fazer o rastreamento do contágio, pois a gripe parecia infectar e causar pânico em cidades e comunidades inteiras de uma só vez. Além disso, havia pouco equipamento de proteção para os profissionais de saúde, e os aparelhos com respiradores, que podem ser usados por pessoas muitos doentes hoje, nem existiam.

Com uma taxa de mortalidade de pelo menos 2,5%, a gripe de 1918 era muito mais mortal que a gripe comum, e tão infecciosa que se espalhou amplamente e resultou em um número de mortes elevado. Pesquisadores acreditam que a pandemia poupou pessoas mais velhas porque elas já tinham alguma imunidade a ela. Eles teorizam que décadas antes houve uma versão desse vírus, embora não tão letal, que se espalhou como uma gripe comum. Os idosos de 1918 teriam sido expostos a essa gripe e teriam desenvolvido anticorpos.

Tipologia de uma crise

  i. Algo muito ruim acontece, e ninguém reconhece.
 ii. Os mercados reconhecem, mas desprezam.
iii. Os mercados entram em pânico, mas os governos não reconhecem/desprezam.
 iv. Os governos entram em pânico.
  v. Os mercados não acreditam nos governos e se mantêm em pânico.
 vi. As medidas começam a surtir efeito, o pânico diminui, logo depois os mercados se recuperam.

A questão da narrativa econômica e seu impacto nos mercados está sendo cada vez mais relevante, e foi muito bem desenvolvida no livro *"Narrativa Econômica: Como as Histórias ficam Virais e Influenciam os Eventos Econômicos"*, de Robert Shiller, professor de Yale e ganhador do Nobel. A ideia de que o comportamento humano pode influenciar os mercados é um tema bastante aceito, e inclusive foi transformado em teoria por George Soros, a teoria da reflexividade. Há um bom exemplo desse efeito na queda das ações quando o Império Austro-Húngaro declarou guerra contra a Sérvia, em 28 de julho de 1914. Neste momento, as bolsas europeias e americanas fecharam, aumentando ainda mais o pânico e contribuindo para o envio de ouro dos EUA para Europa, o que aumentou o risco das rotas oceânicas. E esse medo dos EUA era decorrente da narrativa criada pelos europeus sobre o Pânico de 1907, que criou uma imagem de instabilidade nos EUA, como um lugar que você deveria tirar o seu dinheiro o mais rápido possível diante de uma crise. Diante dessa situação, porque os mercados não fecharam quando a Alemanha declarou guerra contra a Alemanha, em 3 de setembro de 1939? Em parte, por causa da narrativa que os investidores que deixaram o dinheiro nos EUA na Primeira Guerra Mundial ganharam um bom retorno investindo na economia americana, que foi favorecida vendendo suprimentos para a Europa durante a guerra. O resultado dessa narrativa foi uma alta na bolsa americana (S&P) de 9,6% quando a guerra foi declarada.

Outro exemplo de como as histórias influenciam a economia é quando os economistas elaboram previsões pessimistas do PIB, exagerando uma situação que poderia não acontecer. Mas com a rápida e intensa disseminação das previsões, por celulares e outros meios eletrônicos, nesse novo ambiente global, a intenção dos empresários em fazer novos investimentos pode ser afetada e acabar efetivamente gerando uma recessão, realizando a profecia.

CAPÍTULO 20

Como Ajustar a sua Carteira de Investimentos em Função dos Cenários Econômicos e como Reagir em Cenários de Rupturas e Crise

> "Os mercados geralmente são imprevisíveis, de modo que é preciso ter cenários diferentes. A ideia de que você pode realmente prever o que vai acontecer contradiz minha maneira de ver o mercado."
>
> George Soros

Os investidores sempre querem prever qual será o retorno para os ativos para os próximos anos. Nesse sentido, buscam construir cenários econômicos, para basear as projeções de retornos dos ativos. J. P. Morgan, quando foi questionado sobre qual era a perspectiva para os investimentos, respondeu que "eles vão oscilar". "Previsões sobre o futuro" é uma área bastante complexa e incerta.

Grandes mudanças nas perspectivas para ativos financeiros muitas vezes exigem uma profunda reflexão e uma reordenação dos percentuais de alocação de ativos. Por exemplo, uma expansão econômica significativa nos Estados Unidos durante os anos 1950 e 1960 exigiu uma alocação em ações muito acima da média. Em contrapartida, a década de 1970 testemunhou o aumento da inflação (acompanhado por dois aumentos significativos liderados pela OPEP nos preços do petróleo), aumento na taxa de juros, uma queda de 14,7% no índice S&P 500 em 1973 – seguido por uma queda de 26,5% em 1974 – e geralmente retornos negativos para as ações, como classe de ativos, durante a maior parte dos dez anos.

As condições do mercado financeiro podem influenciar poderosamente, não apenas a alocação de ativos, mas também abordagens predominantes para o comportamento dos investidores e a estratégia de investimento. Em um mercado de alta de ações, os investimentos em renda fixa e as alocações táticas podem ser deixadas de lado, para haver uma concentração total em ações, por exemplo.

Por outro lado, em períodos de queda prolongada dos preços dos ativos financeiros muitos investidores tendem a se concentrar em uma faixa mais restrita de classes de ativos. Os investidores irão se concentrar principalmente na preservação de capital e nos investimentos tradicionais e que tenham caráter defensivo, como renda fixa de curto prazo. Com expectativas contidas e maior conscientização sobre riscos, os investidores tendem a enfatizar também categorias alternativas de investimentos mais defensivas, como alguns fundos multimercado. No Brasil, com as fortes inconstâncias da economia e o nível alto de juros, houve uma popularização dos fundos multimercados a partir dos anos 2000, como uma classe de ativos importante.

Os cenários econômicos são determinantes na construção da sua matriz de investimentos. A tabela a seguir apresenta uma amostra simplificada em função dos diversos cenários econômicos.

Matriz de Investimentos

		Crescimento Econômico	Mercado de Lado	Recessão
Renda Fixa	Pós-fixado	→	→	→
	Pré-fixado	↓	↑	↑
	Juros Reais	↓	↑	↑
Renda Variável	Long Bias	↑	↑	↓
	Long Only	↑	↑	↓
Multimercados	Macro	↑	↑	→
	Multiestratégias	↑	↑	→
	Quantitativos	→	↑	→
	Long Short Market Neutral	→	↑	↑
Fundos Imobiliários	Lajes Corporativas	↑	→	↓
	Shoppings	↑	→	↓
	Galpões Logísticos	↑	→	↓
	Fundos de Fundos	↑	→	↓
Fundos Alternativos	Fundos Infraestrutura	→	↑	↑
	Eventos	→	↑	↑
	Venture Capital	↑	→	↓
	Private Equity	↑	→	↓
	High Yield	↑	↑	↓
Fundos Internacionais	Ações Globais	↑	↑	↓
	Crédito/Renda Fixa	→	↑	→
Commodities		↑	→	↓
Ouro		↓	→	↑

Parte V
FINANÇAS COMPORTAMENTAIS (*BEHAVIOUR FINANCE*)

"O principal problema do investidor – e até seu pior inimigo – provavelmente será ele mesmo.

Benjamin Graham

"Qualquer pessoa tomada como indivíduo é razoavelmente sensata e razoável – como membro de uma multidão, ele imediatamente se torna um estúpido."

Friedtich Von Schiller, citado por Bernard Baruch

"Os humanos são criaturas intuitivas, mas os mercados são inerentemente contraintuitivos."

Ken Fisher

As finanças comportamentais são um tema cada vez mais em evidência. Atualmente, vários pesquisadores têm procurado entender a relação entre a razão, a emoção e as decisões de investimentos, o comportamento econômico e a tomada de decisão. É uma área que estuda as influências cognitivas, sociais e emocionais observadas sobre o comportamento econômico das pessoas. O pensamento humano é prejudicado por armadilhas psicológicas, fato que se tornou amplamente reconhecido apenas na última década. Todos nós já fomos apressados demais em chegar a uma conclusão sobre algo e lentos demais em mudar de opinião.

Richard Thaler, economista americano da Universidade de Chicago, foi um dos pioneiros, no final dos anos 1970, a estudar as relações entre psicologia e economia. Na sua visão, a psicologia apontava para o fato de que as decisões econômicas e financeiras refletiam o poder das emoções sobre os comportamentos. Thaler, por muito tempo, trocou experiências com Daniel Kahneman e Amós Tversky, dois psicólogos e cientistas comportamentais israelenses.

Kahneman e Tversky são os responsáveis pela Teoria da Perspectiva, que rendeu a Kahneman (Amós já havia falecido) o prêmio Nobel de economia em 2002.

A Teoria da Perspectiva pode ser explicada de um modo bem simples: diante da pergunta *"Você prefere ganhar R$ 3 mil – com 100% de probabilidade – ou 80% de chances de ganhar R$ 4 mil?"*, a grande maioria escolhe a alternativa A, ou seja, preferem não correr o risco e garantir os R$ 3 mil líquidos e certos no bolso.

Por outro lado, se perguntarmos *"Você prefere perder R$ 3 mil – com 100% de probabilidade – ou 80% de chance de perder R$ 4 mil?"* desta vez, a maioria escolhe a alternativa B, ou seja, preferem correr o risco de perder R$ 4 mil, acreditando no sucesso de 20% de chances de não perder, mas evitam a perda líquida e certa.

Isso significa que as pessoas em geral têm aversão à perda e não aversão ao risco – o risco é aceitável quando se busca evitar a perda. Segundo Kahneman, pela Teoria da Perspectiva perder dói 2,5 vezes mais do que o ganho.

O risco é inerente a qualquer atividade humana, pois viver já é um risco. Entretanto, nos primórdios da origem humana, possivelmente os sobreviventes foram aqueles mais avessos ao risco, e isto deve estar sedimentado no cérebro humano há milhões de anos. É provável que esses vieses de comportamento tenham origem no processo evolutivo do ser humano. A evolução é um processo muito lento e provavelmente nossos cérebros estão concebidos para o ambiente que lidamos há 150 mil anos, nas savanas africanas, e não para lidarmos com a revolução industrial de 300 anos atrás e menos preparado ainda para era da informação que vivemos atualmente.

Essa discussão é importante para sabermos que o processo de formação do intelecto humano requer milhares de anos, de modo que nosso funcionamento ainda é demasiadamente impulsionado pelo nosso instinto emocional, pela busca da sobrevivência, motivo pelo qual nossas decisões têm muito mais um cunho emocional, como medo, aversão à perda, evitar o risco, preservação da espécie, do que razão. Nosso cérebro não pensa de forma estatística, ele pensa de forma dramática, ignoramos as estatísticas e nos apegamos ao que traz medo. Tudo isso se consolidou em nossa mente como vieses cognitivos.

Vieses cognitivos são tendências de pensamento que surgem geralmente a partir de:

- Atalhos de processamento de informações – heurísticas;
- A nossa capacidade de processamento limitada do cérebro – embora pese 2% a 3% de nossa massa corporal, ele consome 25% de nossa energia;
- As motivações emocionais e morais: no que acreditamos;
- Distorções no armazenamento e recuperação de memórias: lembramos de momentos de uma viagem, mas não da viagem toda;
- Influência social.

Essas tendências de pensamento interpretam informações de modo a fazer um sentido objetivo da realidade. Então, os cérebros humanos são programados para cometer todos os tipos de erros mentais que podem afetar nossa capacidade de fazer julgamentos racionais.

Existem mais de 180 tipos de vieses cognitivos que interferem na forma como processamos dados, pensamos criticamente e percebemos a realidade. Vamos falar dos dois mais comuns:

Viés da disponibilidade: esse viés faz com que nos baseemos em eventos específicos, facilmente lembrados, excluindo outras informações pertinentes. É a tendência a superestimar a probabilidade de eventos com maior disponibilidade na memória e que pode ser influenciada por quão recentes são as memórias ou o quanto elas são incomuns ou emocionalmente carregadas.

Viés da confirmação: é a tendência a procurar, interpretar, focar e lembrar-se de informações de tal forma que confirmem nossas próprias ideias preconcebidas. É muito mais fácil confirmar o que já pensamos do que descobrir e admitir que estamos errados – para isso, existem um custo psicológico, uma perda. Temos mais aversão à perda do que ao risco.

Rolf Dobelli descreve vários erros de pensamento no livro *"A Arte de Pensar Claramente"*, os quais ele chama de desvios sistemáticos em relação à racionalidade. Um dos erros clássicos em investimento é a falácia do custo irrecuperável (*sunk cost fallacy*), na qual o investidor acha que só pode vender uma ação que caiu quando ela pelo menos voltar para o custo de aquisição. Entendemos que a decisão de investimento deve considerar as perspectivas futuras e não as perdas passadas. Segundo Dobelli, "A triste piada da falácia de custo irrecuperável é a seguinte: quanto mais dinheiro você já tiver perdido com uma ação, mais se apegará a ela."[50]

---

[50] DOBELLI, Rolf. *The Art Thinking Clearly*. New York: Harper, 2014.

O objetivo de explorar o tema de finanças comportamentais é o de capacitar os investidores a entenderem os processos mentais envolvidos na tomada de decisão em relação aos investimentos. Através da exposição às ideias de finanças comportamentais os investidores podem ser capazes de: (i) reconhecer e antecipar as causas e efeitos de erros na tomada individual de decisão em relação aos investimentos, evitando erros caros, (ii) estar ciente das falibilidades de processamento de informações financeiras dos seres humanos e do grau em que os indivíduos dependem da intuição e (iii) desenvolver um entendimento dos fatores que podem causar bolhas ou quedas muito forte no preço dos ativos.

CAPÍTULO 21
Visão Geral e História do Desenvolvimento

"A dúvida não é uma condição agradável, mas a certeza é absurda."

Voltaire

Fundamentalmente, as finanças comportamentais são sobre entender como as pessoas tomam decisões financeiras, tanto individual quanto coletivamente. Ao entender como investidores e mercados se comportam pode ser possível modificar-se ou adaptar-se a esses comportamentos, a fim de melhorar os resultados financeiros.

As finanças comportamentais, comumente definidas como a aplicação da psicologia nos processos de decisão sobre investimentos, viraram um tema muito relevante a partir da crise na bolsa americana das ações de tecnologia em março de 2000, e tornaram-se fundamentais na área de investimentos após a crise de 2008/2009.

Alguns pesquisadores forneceram contribuições relevantes na área de finanças comportamentais. Robert Shiller, professor da Yale University, abordou a questão da irracionalidade nas decisões de investimentos no seu livro *"Irrational Exuberance"*; já Kahneman desenvolveu um modelo que nos auxilia a entender como pensamos e decidimos. Ele pensou num sistema dual, que divide o nosso universo mental em dois domínios. O Sistema 2 é o reino familiar do pensamento consciente. Consiste em tudo que decidimos nos focar. Por outro lado, o Sistema 1 é em grande parte um estranho para nós. É o reino da percepção automática e das operações cognitivas. Não temos consciência desses processos de gatilho rápido, mas não poderíamos funcionar sem eles. Seríamos desligados.

O Sistema 1 vem primeiro. Ele é rápido e está constantemente operando em segundo plano. O Sistema 2 é mais lento e analítico, buscando evidências e procurando avaliar o problema de forma mais racional e profunda. O Sistema 1 é projetado para tirar conclusões precipitadas com base em uma evidência mínima. Ele precisa decidir rápido, buscando as evidências já existentes sem questioná-las. Nesse sentido, são criadas rapidamente histórias que coloquem coerência no mundo e nas evidências que carregamos sem qualquer questionamento.

Quando lemos nos jornais explicações sobre porque o mercado de ações caiu ou subiu no dia anterior, pode ser considerado quase como um exemplo de utilização do Sistema 1, pois é buscado um racional rápido, sem nenhum teste mais sofisticado de consistência ou uma análise mais profunda para explicar um evento que pode, inclusive, ter um componente aleatório. O impulso para fornecer explicações costuma ser algo bom; de fato, é a força propulsora por trás de todos os esforços humanos para compreender a realidade. O problema é que processamos muito rápido as informações e chegamos a conclusões precoces, sem termos gasto o tempo necessário nesse processo. Nossa primeira ideia é nos basearmos na primeira explicação racional e reunir evidências que sustentem nosso raciocínio inicial. Isso é o que os psicólogos chamam de viés de confirmação. Essa é uma maneira pobre de construir um modelo mental preciso de um mundo complicado, mas uma forma eficaz de satisfazer o desejo por ordem do cérebro, porque fornece explicações ordenadas, sem pontas soltas. Tudo é claro, consistente e estabelecido, e o fato de que "tudo se encaixa" nos dá a confiança de estar de posse da verdade. "É sábio levar a sério as admissões de incerteza", observa Daniel Kahneman, "mas as declarações de confiança elevada informam acima de tudo que um indivíduo construiu uma história coerente em sua mente, não necessariamente que essa história seja verdadeira"[51].

Talvez tenhamos de ter um pouco da mentalidade dos grandes jogadores de xadrez, que tendem a ser bons em metacognição – pensar sobre o modo como pensam – e em corrigir a si mesmos se acharem que não estão atingindo o equilíbrio adequado. Os pontos fracos em nossa maneira de pensar são, em geral, criados por nós.

---

[51] KAHNEMAN, Daniel. *Thinking*, Fast and Slow. London: Penguin Books, 2011.

CAPÍTULO 22
Armadilhas Comportamentais

> "Para ser bem sucedido nos investimentos, você não precisa ter um QI muito alto. O que é necessário é ter temperamento para controlar os impulsos que levam outros investidores a tomarem decisões erradas."
>
> James Montier

> "Os investidores enfrentam dificuldades cognitivas na tentativa de tomar decisões lucrativas."
>
> Daniel Kahneman e Amos Tversky

Iremos nesse capítulo procurar abordar os principais vieses cognitivos relacionados aos processos de tomada de decisão em relação aos investimentos, com foco no investidor individual. Existem muitos estudos mostrando evidências abundantes de comportamentos irracionais e erros de julgamento em processos de tomada de decisão.

As armadilhas estão diretamente ligadas a outros temas desse livro, como a dificuldade de o investidor manter a sua alocação estratégica de ativos em períodos de euforia ou depressão e a criação de bolhas no mercado, muitas vezes originadas de vieses cognitivos. A bolha das tulipas é um clássico exemplo histórico de irracionalidade dos mercados.

A psicologia cognitiva geralmente descreve o pensamento humano em termos de entrada de dados, representação, computação ou processamento e externalização ou saída de dados. Como se fosse o processamento da informação por um computador.

Muitos estudos mostraram que quando as pessoas se deparam com problemas complexos de tomada de decisão, que exigem tempo substancial e requisitos cognitivos, elas têm dificuldade em elaborar uma abordagem racional para o processo decisório. Esse problema é agravado pelo fato de muitos investidores precisarem lidar com uma potencial sobrecarga de informações para processar.

Para decisões mais significativas, as pessoas não descrevem sistematicamente problemas, registram dados necessários e/ou sintetizam informações para criar regras para tomar decisões complexas. Em vez disso, elas geralmente seguem um caminho mais subjetivo de raciocínio para determinar um curso de ação consistente com seu resultado desejado ou preferências gerais.

Os indivíduos tomam decisões, embora tipicamente ótimas, simplificando as escolhas apresentadas, normalmente usando um subconjunto das informações disponíveis, e descartando algumas alternativas (geralmente complicadas, mas potencialmente boas) para chegar a um número mais gerenciável. Eles se contentam em encontrar uma solução "boa o suficiente" em vez de chegar à decisão ideal. Ao fazê-lo, podem (sem querer) influenciar o processo de tomada de decisão. Esses vieses podem levar a comportamentos irracionais e decisões defeituosas. No campo de investimento, isso acontece frequentemente: muitos pesquisadores documentaram inúmeros vieses que os investidores têm. É necessário identificar os vieses, compreendê-los e lidar com eles antes que eles tenham a chance de impactar negativamente o processo de tomada de decisão dos investimentos.

Existem várias definições da palavra "viés", tais como: (i) erro estatístico de amostragem ou teste causado por favorecer sistematicamente alguns resultados em relação aos outros, (ii) preferência ou inclinação que inibe o julgamento imparcial, (iii) inclinação ou preconceito em favor de um ponto de vista específico[52]. Neste trabalho, estamos preocupados com vieses que causam decisões financeiras irracionais devido a (i) raciocínio cognitivo defeituoso ou (ii) raciocínio influenciado por emoções que também podem ser considerados sentimentos, ou, devido a ambos.

Por exemplo, alguns investidores têm um instinto de jogo e querem correr risco com parte do seu capital. Neste caso, talvez a melhor solução seja separar uma pequena porcentagem da carteira para apostas de alto risco e curto prazo, deixando a grande maioria do portfólio investido numa carteira equilibrada e com visão de longo-prazo.

Em sua forma mais simples, os vieses cognitivos são os baseados no raciocínio cognitivo defeituoso (erros cognitivos), enquanto os vieses emocionais são aqueles baseados no raciocínio influenciado por sentimentos ou emoções. Erros cognitivos decorrem de erros estatísticos básicos, processamento de informações ou memória; erros cognitivos podem ser considerados como resultado de raciocínio defeituoso. Vieses emocionais decorrem de impulso ou intuição e podem ser considerados resultantes do raciocínio influenciado por sentimentos.

---

[52] POMPIAN, Michael. M. *Behavioral Finance and Wealth Management*: How to Build Investment Strategies That Account for Investor Biases. Hoboken: John Wiley & Sons, 2012.

ARMADILHAS COMPORTAMENTAIS

Erros cognitivos, que provêm de estatísticas básicas, processamento de informações ou erros de memória, são mais facilmente corrigidos do que os vieses emocionais. Os investidores são mais capazes de adaptar seus comportamentos ou modificar seus processos se a fonte do viés for um raciocínio ilógico, mesmo que o investidor não entenda completamente as questões. Por exemplo, um indivíduo pode não entender o complexo processo matemático usado para criar uma tabela de correlação de classes de ativos, mas ele pode entender que o processo que está usando para criar um portfólio de investimentos não correlacionados é o melhor. Em outras situações, os vieses cognitivos podem ser considerados como "pontos cegos" ou distorções na mente humana. Vieses cognitivos não resultam de predisposições emocionais ou intelectuais em relação a certos julgamentos, mas sim de procedimentos mentais subconscientes para o processamento de informações. Em geral, porque os erros cognitivos decorrem de raciocínio defeituoso, melhores informações, educação e conselhos podem muitas vezes corrigi-los.

Pompian[53] divide os vieses em duas categorias. Os vieses de perseverança de crença seriam a primeira categoria e estão intimamente relacionados ao conceito psicológico de dissonância cognitiva. Dissonância cognitiva é o desconforto mental que se sente quando novas informações entram em conflito com crenças ou cognições anteriormente mantidas. Para resolver esse desconforto, as pessoas tendem a notar apenas informações de interesse para elas (chamada exposição seletiva), ignorar ou modificar informações que conflitam com crenças existentes (chamada percepção seletiva), e/ou lembrar e considerar apenas informações que confirmem crenças existentes (chamada retenção seletiva). Aspectos desses comportamentos estão contidos nos vieses categorizados como perseverança da crença. Os seis vieses de perseverança de crenças mais estudados são dissonância cognitiva, conservadorismo, confirmação, representatividade, ilusão de controle e retrospectiva.

A segunda categoria de vieses cognitivos tem a ver com "erros de processamento", e descreve como as informações podem ser processadas e usadas ilogicamente ou irracionalmente na tomada de decisões financeiras. Ao contrário dos vieses de perseverança da crença, estes estão menos relacionados a erros de memória ou na atribuição e atualização de probabilidades e, em vez disso, tem mais a ver com a forma como as informações são processadas. Os sete erros de processamento são: ancoragem e ajuste, contabilidade mental, enquadramento, disponibilidade, viés de auto atribuição, viés de resultado e viés da informação

---

[53] POMPIAN, Michael. M. *Behavioral Finance and Wealth Management*: How to Build Investment Strategies That Account for Investor Biases. Hoboken: John Wiley & Sons, 2012.

mais recente. Os indivíduos são menos propensos a cometer erros cognitivos se permanecerem vigilantes à possibilidade de que estes possam ocorrer. Um processo sistemático para descrever problemas e objetivos, coletar, gravar e sintetizar informações, documentar decisões e o raciocínio por trás delas e comparar os resultados esperados ajudará a reduzir erros cognitivos.

Embora a emoção não tenha uma definição universalmente aceita, geralmente é acordado que uma emoção é um estado mental que surge espontaneamente e não através do esforço consciente. As emoções estão relacionadas a sentimentos, percepções ou crenças sobre elementos, objetos ou relações entre eles; estes podem ser uma função da realidade ou imaginação. As emoções podem resultar em manifestações físicas, muitas vezes involuntárias. Emoções podem fazer com que os investidores tomem decisões subideais. As emoções são difíceis de serem controladas.

Vieses emocionais são mais difíceis de corrigir do que erros cognitivos porque se originam de impulso ou intuição em vez de cálculos conscientes. Os vieses emocionais raramente são identificados e registrados no processo de tomada de decisão porque têm a ver com como as pessoas se sentem e não com o que e como pensam. Os seis vieses emocionais mais estudados são aversão à perda, excesso de confiança, autocontrole, *status quo*, doação e aversão ao arrependimento.

A seguir, vamos nos debruçar um pouco mais sobre os principais vieses de perseverança de crenças, erros de processamento e vieses emocionais.

22.1 Viés de Dissonância Cognitiva

> "Nós temos o hábito de distorcer os fatos até eles se tornarem alinhados com as nossas próprias visões."
>
> Charlie Munger

Quando a informação recém-adquirida entra em conflito com entendimentos pré-existentes, as pessoas muitas vezes experimentam desconforto mental – um fenômeno psicológico conhecido como dissonância cognitiva. Cognições, na psicologia, representam atitudes, emoções, crenças ou valores; dissonância cognitiva é um estado de desequilíbrio que ocorre quando cognições contraditórias se cruzam.

Psicólogos concluíram que as pessoas geralmente realizam racionalizações de longo alcance, a fim de sincronizar suas cognições e manter a estabilidade psicológica. Quando as pessoas modificam seus comportamentos ou cognições para alcançar a harmonia cognitiva, no entanto, as modificações que fazem

ARMADILHAS COMPORTAMENTAIS

nem sempre são racionais ou em seu interesse próprio. A maioria das pessoas tenta evitar situações dissonantes e até mesmo ignorar informações potencialmente relevantes para evitar conflitos psicológicos.

Teóricos identificaram dois aspectos diferentes da dissonância cognitiva que dizem respeito à tomada de decisões: (i) percepção seletiva, onde os sujeitos registram apenas informações que parecem afirmar um curso escolhido, produzindo assim uma visão incompleta da realidade e, portanto, imprecisa, e incapazes de entender objetivamente as evidências disponíveis, tornam-se cada vez mais propensos a erros subsequentes; (ii) tomada seletiva de decisão, que geralmente ocorre quando o compromisso com um curso de decisão é alto. A tomada de decisões seletivas racionaliza ações que permitam a uma pessoa aderir a esse curso, mesmo que a um custo econômico exorbitante; os tomadores de decisão seletivos podem, por exemplo, continuar a investir em um projeto cujas perspectivas pioraram muito a fim de evitar desperdiçar os fundos que já foram investidos. Muitos estudos mostram que as pessoas reforçarão subjetivamente decisões ou compromissos que já tomaram.

A dissonância cognitiva não transforma a tomada de decisão viesada por si só. A força motriz por trás da maior parte do comportamento irracional é a tendência dos indivíduos de tomar decisões erradas para reduzir a dissonância cognitiva em um esforço para aliviar o seu desconforto mental.

A conclusão de superar os efeitos comportamentais negativos da dissonância cognitiva é que os investidores precisam admitir imediatamente que ocorreu uma cognição defeituosa. Em vez de adaptar crenças ou ações para circunavegar a dissonância cognitiva, os investidores devem abordar sentimentos de mal-estar em sua fonte e tomar uma ação racional apropriada. Se você acha que pode ter feito uma decisão de investimento ruim, analise a decisão; se seus medos se provarem corretos, enfrente o problema de frente e retifique a situação. A longo prazo você se tornará um investidor melhor.

22.2 Viés de Conservadorismo

> "Para investir com sucesso ao longo de uma vida não é requerido um QI estratosférico, *insights* incomuns sobre negócios ou informações privilegiadas. O que é necessário é um instrumental e um processo intelectual para tomada de decisões, e a capacidade de manter as emoções controladas para não atrapalhar o seu processo."
>
> Warren Buffett

O viés de conservadorismo é um processo mental no qual as pessoas se agarram às suas visões já existentes e consolidadas e bloqueiam a entrada de novas informações, ou dão pouca relevância a fatos novos ou outras visões. Por exemplo, suponhamos que um investidor receba notícias negativas sobre o resultado de uma empresa e que essa informação entre em conflito com as informações já existentes. O viés de conservadorismo irá fazer o investidor ter pouca reação em relação à nova informação, mantendo a visão positiva decorrente das informações anteriores e não tomando nenhuma atitude. Investidores tendem a manter suas crenças em detrimento de absorver novas informações, e essa pode ser considerada como uma variação da dissonância cognitiva.

Uma das explicações para o conservadorismo é o custo cognitivo de processar novas informações ao atualizar as crenças, e quando essas informações são apresentadas de um modo complexo, dados estatísticos ou explicações muito abstratas, as chances de não serem levadas em consideração são ainda maiores. Por outro lado, as pessoas tendem a reagir exageradamente a informações que são facilmente processáveis, como cenários e exemplos concretos

Em um estudo publicado em 1985, Werner De Bondt e Richard Thaler[54] chegaram a uma evidência de que os investidores tendem a reagir exageradamente às notícias. No estudo concluiu-se que ações que apresentaram performances ruins nos últimos 5 anos, performaram significativamente melhor em relação às ações que tinham performado bem nos últimos cinco anos.

Acredito que os investidores tenham de ter consciência desse viés, mas não se deve perder a visão de longo prazo. Quando você investe numa ação, você tem uma ideia do resultado projetado para frente e os resultados trimestrais e eventos são confirmações de que você esteja na direção correta ou não, mas são pontos que vão construindo uma trajetória. Assim, é importante analisar as novas informações com "cabeça aberta", mas também é importante incorporar as informações na macro figura e ver se houve mudanças estruturais ou não no caso de investimento, ou seja, voltamos um pouco para discussão entre sinal e ruído.

---

[54] WERNER, F.M. De Bondt. THALER, Richard. Does the Stock Market Overreact?. Journal of Finance 40 (3) (July 1985): 793-805.

22.3 Viés de Confirmação

> "É um erro peculiar e recorrente do entendimento humano ser mais movido e estimulado por afirmações do que por negações."
>
> Francis Bacon

O viés de confirmação se refere à percepção seletiva que tende a enfatizar as ideias que confirmam as nossas crenças. É a necessidade humana de buscar confirmações de que foi tomada a melhor decisão; a tendência de valorizar todas as notícias e opiniões que vão na mesma direção da nossa tese e minimizar ou desqualificar tudo que é contrário. A razão para a ocorrência desse viés continua sendo a lógica cognitiva, ou seja, existe um custo cognitivo muito alto em absorver informações que desorganizem o processo de pensamento já consolidado e que dão suporte para a tomada de decisão. É mais complexo lidar com uma gama de informações mais ampla, sendo que parte confirma a sua tese e parte contradiz. É muito mais fácil buscar as informações que deem suporte para a tese principal.

O jogo de pôquer é uma boa comparação para entendermos o viés de confirmação, pois se a cada jogo que tivermos na mão acharmos que é o melhor da mesa e não nos preocuparmos em supor o jogo que os outros têm, ficará claro o nosso problema de raciocínio, pois teremos perdas muito grandes. As pessoas tendem a acreditar no que elas querem acreditar e ignoram as evidências que mostram o contrário. Essa é a essência do viés de confirmação.

Ter consciência do viés já é parte da resolução do problema. Umas das principais formas de se lidar com essa situação é fazer o exercício contínuo de buscar informações que sejam contrárias à sua tese e lê-las. O fato de existirem opiniões diferentes não significa que você esteja errado.

22.4 Viés de Representatividade

> "Não se encaixe em estereótipos. Não vá atrás dos mais recentes modismos de gerenciamento. A situação determina qual a melhor abordagem para a equipe cumprir a missão."
>
> Colin Powell

Para obter significado nas experiências vividas, as pessoas desenvolvem uma propensão a classificar objetos e pensamentos. Quando as pessoas confrontam um novo fenômeno que não se encaixa nos padrões e classificações conhecidos, tendem a encaixar assim mesmo na classificação existente, confiando numa aproximação para enquadrar o novo fenômeno no mundo já conhecido. Esta estrutura classificatória existente fornece uma ferramenta conveniente para o processamento de novas informações, incorporando simultaneamente *insights* obtidos a partir de experiências passadas relevantes/análogas, ajudando as pessoas a terem reflexo na resposta e sobreviver. Em algumas situações, os novos elementos se parecem com os padrões existentes, mas na realidade são totalmente diferentes. Nesse caso, o reflexo de classificação produz uma compreensão incorreta do novo elemento, criando um viés de representatividade e contaminando todas as nossas interações futuras com esse elemento.

Humanos tendem também a cometer um erro chamado de "lei dos pequenos números", que é assumir que mesmo pequenas amostras representam toda uma população. Nenhum princípio científico comprova essa lei. Um investidor pode chegar a uma conclusão sobre investimentos, baseado no comportamento de uma amostra sem representatividade estatística, levando ao erro de análise.

Um dos exemplos de aplicação desse viés é quando os investidores criam estereótipos, tais como ações de valor. Então como uma ação com determinadas características foi classificada como uma ação de valor, o investidor por uma análise de semelhança classifica outra ação como sendo de valor também, mas ela não deveria fazer parte desse grupo. Esse viés pode levar o investidor a fazer uma gestão por estereótipos em vez de analisar as particularidades de cada ação.

Outro exemplo do viés de representatividade é na escolha de um gestor baseado na rentabilidade passada. Mesmo considerando os últimos três anos, ainda é uma amostra temporal muito curta. Num estudo conduzido pela Vanguard Investments Australia. e depois publicado pela Morningstar, foram analisados os cinco melhores fundos de 1991 até 2003[55]. E as conclusões foram as seguintes:

- Apenas 16% dos cinco melhores fundos continuaram na lista dos cinco melhores no ano seguinte;
- Os cinco melhores fundos apresentaram rentabilidades 15% menores no ano seguinte;
- Os cinco melhores fundos bateram por muito pouco (por 0,3%) o mercado (*benchmark*) no ano seguinte;
- Dos cinco melhores fundos, 21% deles, deixaram de existir em 10 anos.

---

[55] Este estudo está disponível no web site da Morningstar: www.morningstar.com

22.5 Viés da Ilusão de Controle

"Eu afirmo não ter controlado os eventos, mas confesso claramente que os eventos me controlaram."

Abraham Lincoln

O viés da ilusão de controle, outra forma de comportamento dissonante, descreve a tendência humana de acreditar ser possível controlar ou pelo menos influenciar os resultados quando, na verdade, eles não podem.

O viés da ilusão de controle pode causar alguns comportamentos que levam a erros de investimentos. Por exemplo, pode levar o investidor a negociar e mudar de posições com uma frequência muito acima do razoável. A ilusão de controle pode levar investidores a manter portfolios excessivamente concentrados, pois entendem que podem controlar o que acontece com as empresas. Alguns investidores, que são empresários bem sucedidos, muitas vezes tem excesso de confiança e acham que podem ser competentes em gerir seus próprios investimentos também, mas é uma atividade muito complexa e específica.

Existem alguns pontos importantes para que o investidor tente minimizar o viés da ilusão de controle no seu processo de investimento. (i) Reconheça que investimentos bem sucedidos são uma atividade probabilística: o primeiro passo no caminho para a recuperação da ilusão de viés de controle é dar um passo atrás e perceber o quão complexo é o sistema capitalista global. Mesmo os investidores mais sábios não têm absolutamente nenhum controle sobre os resultados dos investimentos que fazem. (ii) Reconheça e evite circunstâncias que ilusoriamente corroborem a possibilidade de se controlar as situações: racionalmente, torna-se claro que algumas correlações são arbitrárias e não causais. Não se permita tomar decisões financeiras sobre o que você pode discernir como sendo uma base arbitrária. (iii) Procure pontos de vista contrários: ao contemplar um novo investimento, tire um momento para refletir sobre quaisquer considerações que possam pesar contra. Pergunte a si mesmo: por que estou fazendo esse investimento? Quais são os riscos negativos? Quando venderei? O que pode dar errado? Essas perguntas importantes podem ajudá-lo a analisar a lógica por trás de uma decisão antes de implementá-la. (iv) Mantenha registros: uma vez que você decidiu seguir em frente com um investimento, uma das melhores maneiras de manter as ilusões de controle distantes é manter registros de suas transações, incluindo lembretes que explicitam as razões que estão por trás de cada negociação. Anote algumas das características importantes de cada investimento que você faz, e enfatize os atributos que você determinou serem a favor do sucesso do investimento.

Peter Lynch, um dos principais investidores, documentava todas as suas observações e análises das empresas nas quais ele investia. Lynch mantinha um arquivo de cadernos cheios de informações. Ele esperava que sua equipe fosse igualmente minuciosa, e queria uma apresentação por escrito detalhada delineando os pormenores e a base de cada nova recomendação. Os investidores devem se esforçar para alcançar esse padrão.

Esse viés de ilusão de controle serviu também para refletirmos sobre a atividade de investimentos como um todo. Racionalmente, sabemos que os retornos dos investimentos de longo prazo não deveriam ser impactados pelas crenças, emoções e impulsos de curto prazo que os investidores lidam nas transações do dia a dia. Em vez disso, o sucesso no longo prazo é resultado de fatores incontroláveis, como o desempenho das empresas e as condições econômicas gerais. Durante períodos de turbulência no mercado, porém, pode ser difícil ter isso em mente. O sucesso em investir, em última análise, é encontrado por investidores que podem vencer esses desafios psicológicos diários e manter a perspectiva de longo prazo.

22.6 Viés de Retrospectiva

> "Em retrospectiva, tudo fica muito claro."
>
> Bart Cummings

Descrito de forma simples, o viés de retrospectiva é o impulso que diz: "Eu sabia o tempo todo!". Uma vez que o evento ocorreu, as pessoas que são afetadas por esse viés tendem a achar que o evento era previsível – mesmo que não fosse. Esse comportamento é estimulado pelo fato de os resultados reais serem mais facilmente compreendidos do que os múltiplos resultados que poderiam ter acontecido, mas não se materializaram. Portanto, as pessoas tendem a superestimar a precisão de suas próprias previsões. Isso não quer dizer que elas não possam fazer previsões precisas, mas apenas que podem acreditar que fizeram uma previsão precisa em retrospectiva. Desenvolvimentos imprevisíveis incomodam, já que é sempre embaraçoso ser pego desprevenido. Além disso, as pessoas tendem a lembrar de suas próprias previsões do futuro como mais precisas do que realmente foram. Para aliviar o desconforto associado ao inesperado, as pessoas tendem a ver as coisas que já aconteceram como sendo relativamente inevitáveis e previsíveis. Essa visão é muitas vezes causada pela natureza reconstrutiva da memória. Quando olham para trás, elas não têm memória perfeita; e tendem a "preencher as lacunas" com o que preferem acreditar. Ao fazer isso, as pessoas podem evitar que aprendam com o passado.

Uma pessoa sujeita ao viés de retrospectiva assume que o resultado observado é, de fato, o único resultado que foi possível. Assim, subestima a incerteza que precede o evento em questão e os resultados que poderiam ter se materializado, mas não o fizeram. Uma vez que um evento faz parte da história do mercado, há uma tendência de ver a sequência que levou até ele, fazendo com o que o evento pareça inevitável. Os resultados exercem uma pressão irresistível sobre suas próprias interpretações. Em retrospectiva, erros com resultados felizes são descritos como movimentos táticos brilhantes, e resultados infelizes de escolhas que foram bem fundamentadas em informações disponíveis são descritos como erros evitáveis.

Uma consequência do viés de retrospectiva é o fato de atrapalhar os investidores a aprender com os erros. Pessoas com viés de retrospectiva ligados a outro viés psicológico têm dificuldade em reconstruir um estado de espírito imparcial – é mais fácil argumentar pela inevitabilidade de um desfecho relatado e convencer-se de que não teria sido diferente. Em suma, o viés de retrospectiva leva as pessoas a exagerar a qualidade de sua previsão, além de dar uma falsa sensação de segurança ao tomar decisões de investimento. Isso pode se manifestar em comportamentos excessivos de risco e colocar os portfolios dos investidores em xeque.

Como todos os vieses, a melhor forma de lidar com o viés de retrospectiva é admitir a sua influência e tomar cuidado com as análises das situações passadas.

22.7 Viés de Contabilidade Mental

> "A contabilidade mental é o conjunto de operações cognitivas usadas por indivíduos e famílias para organizar, avaliar e acompanhar as atividades financeiras."
>
> Richard Thaler

O viés de contabilidade mental descreve a tendência das pessoas a classificar, categorizar e avaliar os resultados, agrupando os ativos em um número de contas mentais não comunicáveis. É como se separássemos as coisas em caixinhas dentro do cérebro restringindo a tomada de decisões. Por exemplo, classificarmos o recurso pela forma como foi obtido (trabalho, herança, jogo, bônus etc.) ou a natureza do uso pretendido do dinheiro (lazer, necessidades etc.). Dinheiro é dinheiro, independente da fonte ou uso pretendido.

O conceito de enquadramento é importante na contabilidade mental. No enquadramento, as pessoas alteram suas perspectivas sobre dinheiro e investimentos de acordo com as circunstâncias que enfrentam. Richard Thaler, da Universidade de Chicago, realizou um experimento[56] no qual era dado um recurso para as pessoas apostarem no lançamento de uma moeda e poderem ganhar ou perder parte do dinheiro, ou simplesmente guardarem o dinheiro sem nenhuma perda. Outro grupo não recebia os recursos gratuitamente, mas simplesmente respondiam se queriam apostar ou não. A inclinação do primeiro grupo em apostar foi significativamente maior por terem ganho o dinheiro, então perder ou ganhar não era tão relevante, deixando-os mais confortáveis para assumir riscos. As vezes as pessoas criam contas mentais para justificar ações que parecem sedutoras, mas que são, de fato, imprudentes. Outras vezes, as pessoas obtêm benefícios da contabilidade mental; por exemplo, separar um dinheiro para aposentadoria pode prevenir a pessoa de gastar o dinheiro prematuramente.

Kahneman and Tversky conduziram uma experiência na qual eles perguntavam às pessoas se elas queriam comprar ingressos para o teatro. No primeiro grupo foi dito às pessoas que elas tinham perdido o ingresso, mas poderiam comprá-lo novamente, com o que as pessoas não concordavam. No segundo grupo, elas eram informadas que tinham perdido dinheiro, equivalente ao valor dos ingressos, e se queriam mesmo assim comprá-los. E as pessoas concordaram em comprar os ingressos. Esse é um bom exemplo para ilustrar o efeito do viés da contabilidade mental, pois nos dois casos os efeitos da perda e da ida ao teatro são os mesmos, a única coisa que muda é o fato de saber se os ingressos ou o dinheiro foram perdidos.

A contabilidade mental é um viés profundo, com muitas manifestações, e pode causar uma variedade de problemas para os investidores. O mais básico desses problemas é a colocação de ativos de investimentos em caixas separadas de acordo com o tipo de ativo, sem levar em conta as possíveis correlações que conectam os investimentos. Tversky e Kahnneman alegaram que a dificuldade que os indivíduos têm em lidar com as interações entre investimentos leva os investidores a construir carteiras em formato de pirâmide, em camadas[57]. Cada nível aborda uma meta de investimento específica, independente das metas globais de investimentos. Por exemplo, quando o objetivo é preservar

---

[56] THALER, Richard H. Mental Accounting Matters. Journal of Behavioral Decision Making 12, no. 3: 183-206.

[57] TVERSKY, Amos. KAHNEMAN, Daniel. Rational Choice and the Framing of Decisions. Journal of Business 59 (1986): S251-S278.

a riqueza, os investidores tendem a direcionar para investimentos de baixo risco, como fundos de renda fixa de curto prazo. Para obter renda, eles dependem de títulos de renda fixa de prazo longo, fundos imobiliários e ações pagadoras de dividendos. Buscando ganhos de capital recorrem a instrumentos mais arriscados, como ações de mercados emergentes e ofertas iniciais de ações (IPOs). Olhar o todo, considerando os aspectos de risco e retorno é muito importante para se atingir os objetivos, mas nessa abordagem de pirâmide esses aspectos fundamentais são negligenciados, criando ineficiências e a construção de um portfólio subótimo. Muitas vezes, as pessoas não conseguem avaliar um potencial investimento baseado em sua contribuição para o retorno geral da carteira; em vez disso, eles olham apenas para o desempenho recente da camada de ativos relevante. Essa visão relativamente comum e prejudicial decorre do viés da contabilidade mental.

22.8 Viés de Ancoragem e Ajuste

> "Para chegar a um porto, precisamos navegar, às vezes com o vento, e às vezes contra ele. Mas não devemos ficar à deriva ou ancorar."
>
> Oliver Wendell Holmes

Quando as pessoas precisam estimar um valor com magnitude desconhecida, elas geralmente começam imaginando algum número inicial, uma referência, uma âncora, que será ajustada para cima ou para baixo para refletir informações e análises subsequentes. Essa âncora, uma vez refinada e reavaliada, amadurece para uma estimativa final. Inúmeros estudos demonstram que, independentemente de como as âncoras iniciais foram escolhidas, as pessoas tendem a ajustá-las de forma insuficiente e produzem aproximações finais que são, consequentemente, tendenciosas. As pessoas são geralmente melhores em estimar comparações relativas em vez de números absolutos, como nos mostra o exemplo a seguir.

Suponha que você esteja se perguntado se a população do Canadá é maior ou menor que 20 milhões. Obviamente, você responderá "acima" ou "abaixo". Se você fosse então solicitado a adivinhar um valor populacional absoluto, sua estimativa provavelmente cairia em algo perto de 20 milhões, porque você provavelmente está sujeito a ancoragem por sua resposta anterior.

Ancoragem e ajuste é uma heurística psicológica que influencia a forma como as pessoas intuem probabilidades. Os investidores que exibem esse viés são frequentemente influenciados por "pontos" de compra – ou níveis de preços arbitrários ou índices de preços – e tendem a se apegar a esses números quando enfrentam questões como "devo comprar ou vender esse título?" ou "o mercado está supervalorizado ou desvalorizado agora?" Isso é especialmente verdade quando a introdução de novas informações complica ainda mais a situação. Os investidores racionais tratam essas novas informações objetivamente e não refletem sobre os preços de compra ou preços alvo na decisão de como agir. O viés de ancoragem e ajuste, no entanto, implica que os investidores percebem novas informações através de uma lente distorcida. Eles colocam ênfase indevida em pontos de ancoragem estatisticamente arbitrários e psicologicamente determinados. A tomada de decisão, portanto, desvia-se de um processo de raciocínio clássico normal.

Muitos investidores mantêm uma certa posição a um certo preço, mesmo que não faça sentido. Você já manteve uma ação perdida porque você estava ancorado ao preço que você pagou por ela? A maioria das pessoas já passou por esta situação, e ficam esperando o ativo se recuperar para o nível de referência do passado. Nesses casos, muitas vezes, a coisa mais racional a fazer é vender perdedores e usar o benefício tributário para compensar com outros ganhos, mas poucas pessoas conseguem se soltar dessa âncora. Geralmente obedecemos ao princípio principal da "teoria das perspectivas" de Kahnneman e Tversky, que sustenta que perdas e arrependimentos são muito mais dolorosos do que ganhos, por isso evitamos desencadear uma perda.

O viés de ancoragem está bem disseminado no mercado financeiro, e é um dos obstáculos que limita o raciocínio dos investidores e impede a busca dos pontos de inflexão. Junto com a ancoragem, vem o raciocínio da extrapolação, ou seja, se uma empresa está crescendo lucro ao ano em 10%, na projeção, os analistas irão manter o ritmo, mesmo que a empresa tenha criado um produto novo e possa mudar completamente o seu padrão de resultados. Os analistas das casas de pesquisa (*sell-side*) costumam estimar um potencial de valorização para as ações entre 10% e 30%, pois é mais conveniente, e já justifica uma recomendação de compra, mesmo que a empresa possa ter um potencial de valorização para dobrar de valor. Nesse caso eles vão ajustando o preço-alvo para cima, conforme o papel vai subindo, dando as mais variadas explicações possíveis, mas de qualquer jeito, estão acertando. E quando uma ação cai fortemente, eles rapidamente ajustam seus preços-alvo para que a ação não fique com mais do que 50% de potencial de valorização, mesmo que exista fundamento para tal comportamento.

22.9 Viés de Enquadramento (*Framing*)

> "É melhor cortar a pizza em quatro pedaços, porque eu não estou com fome suficiente para comer seis."
>
> Yogi Berra

O viés de enquadramento é relativo à tendência dos tomadores de decisão de responder a várias situações de forma diferente, com base no contexto em que uma escolha é apresentada (enquadrada). Isso pode acontecer de várias maneiras, incluindo como as palavras são colocadas, como os dados são apresentados em tabelas e gráficos e como os números são ilustrados.

O exemplo mostrado na figura abaixo é clássico para entendermos melhor o viés de enquadramento. Qual linha é mais longa?

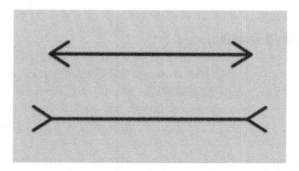

A maioria das pessoas vai responder que é a segunda pela ilusão de ótica, apesar as duas linhas terem exatamente o mesmo tamanho. Na feira temos outro exemplo, que é o anúncio "leve três maçãs por R$ 7", muito mais atrativo do que colocar o preço unitário das maçãs por R$ 2,33. As pessoas serão levadas a comprar três maçãs.

O enquadramento de uma decisão, que de certa forma é o contexto e as condições que foram apresentadas em relação a ela, forma a concepção subjetiva do tomador de decisão. Muitas vezes é possível enquadrar um determinado problema de decisão em mais de uma maneira.

A disposição de um indivíduo em aceitar o risco pode ser influenciada pela forma como os cenários são enquadrados – positiva ou negativamente. Suponhamos que foi mostrado para um investidor que com a Carteira A ele terá 70% de atingir os seus objetivos financeiros, enquanto a Carteira B oferece 30% de chance de não atingir os seus objetivos financeiros. Apesar das carteiras serem idênticas, as pessoas tenderão a escolher a Carteira A, pois terão a percepção (ilusória) de que suas perspectivas de desempenho serão mais atraentes. O viés de enquadramento tem grande impacto na construção do perfil de risco do investidor, pois as perguntas formuladas de forma inadequada podem levar a classificar o investidor como avesso a risco, sem ele realmente ser e vice e versa.

O viés de enquadramento tem uma subcategoria que poderíamos chamar de enquadramento restrito ou estreito. Ela ocorre quando as pessoas se concentram restritivamente em um ou dois aspectos de uma situação, excluindo outros cruciais e comprometendo assim sua tomada de decisão. Nesse caso, iremos ver as decisões através de uma lente estreita. Por exemplo, se investidores de longo prazo começam a se importar muito com flutuações de preço de curto prazo podem perder a perspectiva, passar a negociar as posições em função das flutuações do curto prazo e perder o ganho potencial maior de longo prazo.

22.10 Viés de Disponibilidade

> "É irônico que a maior bolha de ações coincidiu com a maior quantidade de informação disponível. Sempre achei que isso seria uma coisa boa, mas talvez não fosse tão bom."
>
> James J. Cramer

O viés de disponibilidade é um atalho mental que faz com que as pessoas estimem a probabilidade de um resultado baseado no quão prevalente ou familiar esse resultado aparece em suas vidas. As pessoas que exibem esse viés percebem facilmente possibilidades lembradas como sendo mais propensas do que aquelas perspectivas que são mais difíceis de imaginar ou difíceis de compreender. Em suma, o viés de disponibilidade baseia-se em julgamentos sobre a probabilidade ou frequência de uma ocorrência com base em informações prontamente disponíveis, não necessariamente baseadas em informações completas, objetivas ou factuais.

As pessoas geralmente assumem inadvertidamente que pensamentos, ideias ou imagens prontamente disponíveis representam indicadores imparciais de probabilidades estatísticas. Elas estimam as probabilidades de certos eventos de acordo com o grau de facilidade com que lembranças ou exemplos de eventos análogos podem ser acessados a partir da memória. Impressões extraídas da imaginação e da experiência passada combinam-se para construir uma série de resultados concebíveis, cujas probabilidades estatísticas reais são, em essênciaa, arbitrárias.

Existem várias categorias de viés de disponibilidade, das quais as quatro que mais se aplicam aos investidores são: (i) capacidade de recuperação, (ii) categorização, (iii) faixa estreita de experiência e (iv) ressonância.

A capacidade de recuperação (i) é referente às ideias que são recuperadas pela nossa memória mais facilmente e por esse fato parecem inadequadamente mais críveis. Os investidores tenderão a escolher investimentos baseados nas informações disponíveis mais próximas, que podem vir através de amigos, consultores, dificultando o processo de olhar todas as opções de investimento disponíveis de forma mais analítica para chegar a uma conclusão mais limpa, sem vieses. A categorização (ii) está relacionada ao processo como as mentes das pessoas compreendem e arquivam percepções de acordo com certos esquemas de classificação. Elas tendem a categorizar informações que correspondam a uma determinada referência. A primeira coisa que seus cérebros fazem é gerar um conjunto de termos de pesquisa, específicos para a tarefa em questão, que lhes permitirá navegar eficientemente na estrutura de classificação do seu cérebro e localizar os dados de que precisam. No entanto, diferentes tarefas requerem diferentes conjuntos de pesquisa; e quando é difícil montar uma estrutura para isto, as pessoas muitas vezes concluem erroneamente que a pesquisa simplesmente faz referência a uma gama mais escassa de resultados. Se um francês simultaneamente tentar chegar a uma lista de vinhedos americanos de alta qualidade e uma lista correspondente de vinhedos franceses, por exemplo, a lista de vinhedos dos EUA provavelmente será mais difícil de criar. O francês, como resultado, pode prever que vinhedos americanos de alta qualidade existem com uma probabilidade menor do que os famosos vinhedos franceses, mesmo que este não seja necessariamente o caso. A terceira categoria de viés de disponibilidade (iii) ocorre quando uma pessoa possui um quadro de referência excessivamente restritivo a partir do qual formular uma estimativa objetiva. Se considerarmos um investidor que só olha para o mercado de ações brasileiro, ele perderá grandes oportunidades de investimentos em empresas globais, de setores que ainda não estão desenvolvidos no Brasil, ou de acessar empresas que operam em países com altas taxas de crescimento. As pessoas, impactadas por esse viés, terão uma tendência a investir no que estiver mais próximo da sua experiência de vida, na indústria que elas trabalham, na região que elas moram, ou nas ações das empresas que elas têm relacionamento como consumidor, por exemplo. Na ressonância (iv), as pessoas muitas vezes favorecem investimentos que sentem corresponder às suas personalidades ou que tenham relações com o seu próprio comportamento. Por exemplo, o conceito de valor (comprar ativos com desconto) é mais intuitivo, mais próximo, e tem a ver com a personalidade e comportamento de muitos investidores. O conceito de crescimento, que pressupõe que ações de empresas, mesmo caras, vão criar valor ao longo do tempo pelo forte crescimento das receitas já pressupõe um outro tipo de personalidade, de tomar mais risco acreditando no crescimento da economia, uma visão mais otimista. Nesse caso, a ressonância pode atrapalhar a otimização da carteira de ações do investidor.

A forma de lidar com o viés de disponibilidade é realizar uma análise detalhada dos investimentos a serem realizados. O foco dos investimentos no longo prazo também é uma abordagem que reduz a tendência humana de se fixar em eventos recentes e explorados pela mídia. O ditado de "nada é tão bom ou tão ruim quanto parece" é um bom pensamento contra os impulsos associados ao viés de disponibilidade.

Um pesquisador da Universidade de Cornell chamado Christopher Gadarowski, em 2001, investigou a relação entre retornos de ações e cobertura da imprensa. Ele descobriu que as ações que receberam mais cobertura da imprensa passaram a ter um baixo desempenho no mercado nos dois anos seguintes à sua exposição no noticiário.[58]

Também é importante ter em mente que as pessoas tendem a ver as coisas que ocorrem há mais de alguns anos como história passada. Por exemplo, se você recebeu uma multa por excesso de velocidade na semana passada, você provavelmente reduzirá sua velocidade ao longo do próximo mês. No entanto, com o passar do tempo, é provável que você volte aos seus velhos hábitos de condução. Da mesma forma, o viés de disponibilidade faz com que os investidores exagerem na importância das condições atuais do mercado, sejam elas positivas ou negativas. A bolha tecnológica de 1990 é um bom exemplo desse viés. Os investidores, considerando que estava nascendo uma nova economia baseada em tecnologia abandonaram os conceitos mais elementares de avaliação de empresas e desconsideraram os riscos. Quando o mercado se corrigiu, esses mesmos investidores perderam a confiança e se concentraram demais nos resultados negativos de curto prazo que estavam experimentando.

Outro problema significativo é que grande parte das informações que os investidores recebem é imprecisa por serem baseadas em dados insuficientes e múltiplas opiniões. Além disso, as informações podem ser desatualizadas ou confusamente apresentadas. O viés de disponibilidade faz com que as pessoas atribuam graus de credibilidade desproporcionais a essas informações quando elas chegam disseminadas por uma mídia, em muitos casos, sensacionalista

---

[58] GADAROWSKI, Christopher. *Financial Press Coverage and Expected Stock Returns*. Ithaca, Cornell University, Working Paper, 2001.

e superficial. Muitos investidores, que sofrem de sobrecarga de informações, ignoram o fato de que muitas vezes não estão preparados e não tiveram treinamento para filtrar ou interpretar esse dilúvio de dados. E como resultado, os investidores, muitas vezes, acreditam ser mais precisamente informados do que realmente são.

22.11 Viés de Auto Atribuição

> "A confiança que as pessoas têm em suas crenças não é uma medida da qualidade das evidências, mas da coerência da história que a mente conseguiu construir."
>
> Daniel Kahneman

> "O excesso de confiança é um problema muito sério. Se você não acha que isso afeta você, provavelmente é porque você está confiante demais."
>
> Carl Richards

O viés de auto atribuição (ou viés de atribuição autossuficiente) refere-se à tendência dos indivíduos de atribuir seus sucessos a aspectos inatos, como talento, habilidades e capacidades, enquanto atribuem as falhas a influências externas, como a má sorte. Os jogadores de futebol acham que ganharam o jogo pela habilidade diferenciada que eles têm, e quando perdem foi culpa da arbitragem.

A auto atribuição é um fenômeno cognitivo pelos quais as pessoas atribuem falhas a fatores situacionais e sucessos a fatores disposicionais. Este viés pode ser dividido em duas tendências: (i) o viés de auto aprimoramento, que representa a propensão das pessoas a reivindicar um grau irracional de crédito por seus sucessos e (ii) o viés de auto proteção que representa o efeito corolário – a negação irracional da responsabilidade pelo fracasso. O viés de auto aprimoramento pode ser explicado de uma perspectiva cognitiva. Pesquisas mostraram que, se as pessoas pretendem ter sucesso, então os resultados de acordo com essa intenção – sucessos – serão percebidos como resultado de pessoas agindo para alcançar o que originalmente pretendiam. Os indivíduos, então, naturalmente aceitarão mais crédito por sucessos do que fracassos, uma vez que pretendem ter sucesso em vez de falhar. O viés de auto proteção também pode ser parcialmente explicado de uma perspectiva emocional. Alguns argumentam que a necessidade de manter a autoestima afeta diretamente a atribuição dos resultados da tarefa, pois as pessoas se protegerão psicologicamente à medida que tentam compreender suas falhas. Como essas explicações cognitivas e emocionais estão ligadas, pode ser difícil determinar qual forma do viés está trabalhando em uma determinada situação.

Dana Dunn, professora de psicologia no Moravian College em Bethlehem, Pennsylvania, fez uma pesquisa interessante sobre o tema[59]. Ela observou que seus alunos têm dificuldade em reconhecer o viés de auto atribuição em seus próprios comportamentos. Ele realizou um experimento no qual pedia aos alunos que listassem seus pontos fortes e pontos fracos, e observou que os alunos consistentemente listavam mais pontos fortes. Os investidores também são impactados por esse comportamento. Quando um investidor compra um ativo e tem um ganho, então foi devido ao seu conhecimento de negócios e investimentos. Mas quando esse investimento é negativo, então foi devido, naturalmente, à má sorte ou algum outro fator que não foi culpa do investidor. Os pontos fortes das pessoas, geralmente, consistem em qualidades pessoais que eles acreditam que as capacitam para o sucesso, enquanto fraquezas são características que as predispõe a falhar. Os investidores sujeitos ao viés de auto atribuição percebem que os sucessos de investimento são mais frequentemente atribuíveis a características inatas e que as falhas de investimento são devido a fatores exógenos.

Atribuir irracionalmente sucessos e fracassos pode prejudicar os investidores de duas maneiras primárias. Primeiro, as pessoas que não são capazes de perceber erros que cometeram são consequentemente, incapazes de aprender com esses erros. Em segundo lugar, os investidores que se creditam desproporcional-mente quando surgem resultados desejáveis podem tornar-se prejudicialmente confiantes em seu próprio conhecimento de mercado.

Um artigo interessante sobre esse tema é *"Learning to Be Overconfident"*, de Terrance Odean e Simon Gervais. Eles desenvolveram um modelo que descreve como *traders* novatos, que exibem suscetibilidade ao viés de auto atribuição, acabam injustificadamente confiantes em suas habilidades de investimento porque tendem a assumir graus inadequados de responsabilidade pelas perdas que sofreram. A auto atribuição ensina os investidores a assumir involuntariamente graus inadequados de risco financeiro e a negociar de forma muito agressiva. Esse estudo revelou que, embora os investidores iniciantes estejam consistentemente confiantes de que podem superar o mercado, a maioria não consegue fazê-lo.

---

[59] DUNN, Dana S. Demonstrating a Self-Serving Bias. Teaching of Psychology 16 (1989): 21-22.

ARMADILHAS COMPORTAMENTAIS

Gervais e Odean chegaram a três observações, apoiadas por dados estatísticos: (i) períodos de prosperidade, em geral, são seguidos por períodos de volume de negociação acima do esperado, uma tendência que demonstra o excesso de confiança excessiva na tomada de decisão dos investidores; (ii) nos períodos em que o excesso de confiança aumenta o volume de negociação, os resultados ficam abaixo da média; (iii) os *traders* mais jovens e bem sucedidos tendem a negociar mais e demonstram mais confiança.

Um dos casos de auto atribuição clássicos é quando o investidor confunde *alpha* com *beta*, ou seja, o investidor tem bons resultados pela tendência geral do mercado de alta em função da conjuntura (*beta*) e acha que o lucro foi por sua alta capacidade de investir (*alpha*). Nesse caso, cresce sua auto confiança, e o investidor aumenta suas posições, investe em ativos que não costuma investir e concentra as posições. A consequência desse processo pode ser grandes perdas geradas pelo viés de auto atribuição.

Investimentos bem sucedidos podem ser resultado de muitos fatores, e um dos mais frequentes é o mercado de alta ou de baixa., portanto é muito importante o investidor ter um senso crítico e grande objetividade na análise dos sucessos e fracassos, para poder tirar as lições corretas dos eventos. No entanto, a maioria das pessoas não tem tempo para analisar a complexa confluência de fatores que os ajudaram a realizar o lucro ou enfrentar os potenciais erros que agravaram uma perda. A pós-análise é uma das melhores ferramentas de aprendizagem à disposição de qualquer investidor. É compreensível, mas, em última instância, irracional, temer um exame dos erros do passado. O único erro real e grave é continuar sucumbindo ao excesso de confiança e, como resultado, repetir os mesmos erros. Ser humilde e aprender com seus erros passados é a melhor maneira de se tornar um investidor mais inteligente, melhor e mais bem sucedido.

22.12 Viés de Resultado

> "Insanidade é fazer a mesma coisa, da mesma maneira,
> e esperar um resultado diferente."
>
> Provérbio Chinês

O viés de resultado refere-se à tendência dos indivíduos de decidirem fazer algo com base no resultado de eventos passados, em vez de observar o processo pelo qual o resultado surgiu. O exemplo típico desse viés é o investidor aplicar num fundo porque o histórico dos últimos três anos foi bom, sem ter um maior entendimento do processo de investimento deste fundo e da comparação com outros fundos da indústria.

Esses são alguns dos erros que podem surgir em função do viés de resultado: os investidores podem evitar um gestor com base em um resultado ruim, ignorando o processo potencialmente sólido pelo qual o gestor tomou a decisão; os investidores podem investir em classes de ativos supervalorizados com base em resultados recentes, como o forte desempenho do ouro ou preços dos imóveis, e não prestar atenção às avaliações ou ao histórico dos preços da classe de ativos em questão, investindo num ativo quando este se encontra no seu pico.

Costuma-se dizer no mercado financeiro que investir num fundo em função da sua rentabilidade passada, ou num ativo em função da sua performance passada, é como dirigir um carro olhando pelo espelho retrovisor: provavelmente você vai bater o carro.

Elaine Walster, da University of Hawaii, realizou um estudo interessante sobre o viés de resultado[60]. Walster apresentou informações sobre uma pessoa hipotética e uma descrição de um acidente, na qual a pessoa estava envolvida. Alguns indivíduos foram informados de que o carro estacionado da pessoa andou uma curta distância até uma colina e atingiu uma árvore, resultando em pequenos danos. Para outras pessoas, foi informado que o carro percorreu um caminho longo e bateu numa árvore, resultando em danos consideráveis. Quando perguntados sobre a responsabilidade da pessoa sobre o acidente, as pessoas atribuíram maior responsabilidade pelo acidente à pessoa quando as consequências do acidente foram graves e não leves. Extrapolando esse exemplo para o mundo dos investimentos, podemos concluir que os investidores tendem a atribuir mais significado a resultados mais drásticos (positivos ou negativos) do que aos leves. Isso significa que os investidores podem irracionalmente evitar ou ser atraídos por gestores que têm movimentos dramáticos em seus retornos em oposição àqueles que não o fazem, em vez de focar no processo pelo qual o resultado surgiu. Este exemplo pode ser aplicado até no ambiente corporativo, ou seja, indivíduos que são mais dramáticos podem ter mais exposição e promoções do que aqueles mais discretos.

Um dos erros mais básicos no investimento é focar no resultado sem levar em conta o processo utilizado para criar esse resultado. Um conceito intimamente relacionado é quando uma grande quantidade de risco é usada para criar os retornos.

---

[60] WALSTER, Elaine. *Assignment of Responsibility for an Accident.* Journal of Personality and Social Psychology 3 (1966): 73-79.

22.13 Viés de Recência

> "O presente nunca é nosso objetivo; o passado e o presente são nossos meios, o futuro sozinho é nosso objetivo."
>
> Blaise Pascal

> "As quatro palavras mais caras no idioma inglês são 'desta vez é diferente' ".
>
> Jonh Templeton

> "Para obter conhecimento, acrescente coisas todos os dias; para obter sabedoria, remova coisas todos os dias."
>
> Lao Tsu

O viés de recência é uma predisposição cognitiva que faz com que as pessoas se lembrem e enfatizem os acontecimentos e observações que aconteceram recentemente mais do que aqueles que ocorreram em um passado próximo ou distante. Suponha, por exemplo, que um passageiro de um cruzeiro, olhando para fora do convés, observe que viu precisamente o mesmo número de barcos azuis e verdes durante toda a viagem. No entanto, se os barcos verdes passarem com mais frequência no final do cruzeiro, com a passagem de barcos azuis distribuídos ao longo da viagem ou concentrados no início, o viés de recência influenciaria o passageiro a recordar que encontrou mais barcos verdes do que azuis.

Uma das manifestações mais óbvias e perniciosas do viés de recência entre os investidores diz respeito ao uso indevido das rentabilidades dos fundos. Os investidores olham a rentabilidade dos fundos nos últimos três anos, mas acabam investindo no fundo que foi bem mais recentemente.

Nos ciclos dos mercados, o viés de recência também se manifesta através do raciocínio da extrapolação, no qual investidores acham que o movimento mais recente vai continuar por períodos longos, esquecendo que existem pontos de inflexão e que tendências podem mudar significativamente. Entre 2004 e 2007, com o otimismo do mercado, muitos investidores assumiram a posição de que ele continuaria subindo para sempre, esquecendo o conceito da ciclicalidade e do pêndulo. Os investidores que basearam suas decisões em suas próprias observações subjetivas de curto prazo, esperavam que a história continuasse a se repetir. Muitas vezes, esse comportamento cria uma sensação de confiança e estabilidade equivocadas e se torna um catalisador para o erro.

Ao estudar o mercado, investidores mais cautelosos analisam grandes amostras de dados para determinar probabilidades. Utilizando esse processo são obtidas conclusões mais científicas. O viés da recência faz com que os investidores coloquem muita ênfase nos dados coletados mais recentemente, em vez de examinar a massa toda de dados, que muitas vezes abrangem intervalos muito mais extensos de tempo. Os investidores precisam, também, sempre ter a perspectiva do valor justo ou intrínseco dos ativos. Se os preços subiram demais, por exemplo, podem estar se aproximando ou ter excedido o seu valor justo. Isso pode implicar que há, talvez, melhores oportunidades de investimentos em outros ativos ou outros mercados.

O viés de recência pode fazer com que investidores extrapolem padrões e façam projeções baseadas em amostras de dados históricos muito pequenas para garantir alguma precisão. Esses investidores que tomam decisões baseadas em amostras de dados pequenas e recentes são vulneráveis a comprar ativos em momentos de picos de preços.

Outro problema que pode ocorrer é perder o foco no valor intrínseco em função da euforia dos dados recentes. A natureza humana, buscando ganhos aparentemente fáceis de serem obtidos, tende a focar nos dados positivos recentes que são mais atrativos, do que na disciplina de investimento e do valor justo dos ativos, assuntos menos atraentes e que não estão alinhados com o momento de euforia e grandes ganhos.

A ênfase no momento presente leva a alguns erros clássicos de investimentos. É como você ter de sair no melhor da festa. Este não é um conceito intuitivo do ser humano, que em geral quer aproveitar a festa até o fim, partindo do princípio que saberá o momento de sair da festa. No mercado financeiro este conceito é descrito na famosa frase "desta vez vai ser diferente". Durante a bolha da Internet, muitos investidores disseram que a forma tradicional de avaliar as ações tinha morrido e deveríamos ter novas métricas para investir em empresas que não conseguíamos prever quando começariam a dar algum lucro. A memória de fortes ganhos de curto prazo tem o poder de anular, em nossas mentes, fatos históricos, avaliações racionais, bolhas, picos e vales que ocorrem com relativa frequência. Quando estamos começando a ser dominado por esse viés, devemos nos esforçar para buscar uma verificação da realidade. A alocação de ativos pode sofrer sérios danos afetada por esse viés da novidade recente. Os investidores podem se apaixonar por uma classe de ativos que está apresentando uma rentabilidade espetacular no curto prazo, concentrando seus investimentos e comprometendo uma alocação estratégica bem desenhada e que iria dar grandes resultados no longo prazo.

22.14 Viés de Aversão à Perda

> "Ganhe como se estivesse acostumado, perca como se tivesse gostado para variar."
>
> Ralph Waldo Emerson

O viés de aversão à perda foi estudado por Daniel Kahneman e Amos Tversky em 1979, como parte da teoria original da perspectiva, abordando o aspecto de que as pessoas geralmente sentem um impulso mais forte para evitar perdas do que para adquirir ganhos. Uma série de estudos sobre a aversão à perda deram origem a uma regra: psicologicamente, a possibilidade de uma perda é, em média, duas vezes mais poderosa em termos de motivação do que a possibilidade de fazer um ganho de igual magnitude; isto é, uma pessoa avessa a perdas pode exigir, no mínimo, um ganho de R$ 200 para cada R$ 100 colocado em risco. Nesse cenário, riscos que não pagam o dobro são inaceitáveis.

A aversão à perda pode impedir que as pessoas saiam de investimentos não rentáveis, mesmo quando veem pouca ou nenhuma perspectiva de uma reviravolta, fazendo com que ela espere muito tempo para recuperar a perda de um investimento. Muitas vezes a melhor resposta para uma perda é sair daquele ativo e procurar ganho em outras coisas. Da mesma forma, o viés de aversão à perdas pode fazer com que investidores saiam rápido demais de um ativo que esteja dando lucro, uma vez que evitar uma perda é uma preocupação mais urgente. O problema aqui é sair muito antes da hora com o objetivo de proteger os ganhos, limitando o potencial positivo. Em resumo, a aversão à perdas faz com que os investidores as mantenham por prazos longos esperando uma recuperação e saiam dos ativos lucrativos precocemente, levando as carteiras a terem retornos subótimos.

Esse viés é presente em muitas reuniões mensais entre assessores de investimento e seus clientes para analisar os resultados. Nessas reuniões, clientes que tem o viés de aversão à perda muito forte tenderão a manter os investimentos perdedores e realizar rapidamente os lucros obtidos no sentido de mantê-los, causando um desequilíbrio na carteira.

Ao longo do século 20, um enigma de investimento ainda não foi resolvido: dado os respectivos riscos das duas classes clássicas de ativos, por que os retornos das ações excederam consistentemente os retornos dos investimentos em renda fixa ao longo do tempo? Em 1985, Rajnish Mehra e Edward C. Prescott escreveram um artigo chamado *"The Equity Premium: A Puzzle"*, que demostra que o *equity premium* – o prêmio médio do retorno do investimento em ações, sobre o retorno médio do retorno em *Treasury bills* (*T-Bills*) – tem

216 COMO ESCOLHER E ADMINISTRAR SEUS INVESTIMENTOS

sido em média 6,18% no último século. Um estudo mais recente mostrou que de 1900 até 2002 as ações americanas renderam um prêmio anual de 5,3% sobre os *T-bills*. Então por que os investidores não investem só em ações? Mehra e Prescott buscaram uma solução para esse enigma usando coeficientes de aversão ao risco relativo.

Os professores Shlomo Benartzi e Richard Thaler sugeriram[61] uma solução para o enigma do prêmio de risco de ações baseado no que eles chamaram de "aversão à perda míope". Sua explicação está fundamentada na combinação de dois conceitos comportamentais: aversão à perda e miopia. Quando esses dois conceitos têm efeito combinado em investidores sensíveis a esse tipo de questão, os levariam a investir em renda fixa. Eles perceberam que investidores mais avessos a risco tendem a avaliar os seus portfólios com mais frequência, a ter um horizonte de investimento mais curto e, consequentemente, maior exposição à renda fixa.

Uma das soluções para evitar esse problema é fixar objetivos, tanto de ganhos quanto de perdas. Pode se ter, por exemplo um preço justo para vender a ação, com pelo menos 15% do ganho, e pode ser fixado também um "*stop loss*", que é um parâmetro de limitação da perda, ou seja, se essa ação cair 10% eu a vendo para cessar a minha perda. É importante que esses parâmetros sejam baseados em estudos fundamentalistas sobre o preço justo da ação e as circunstâncias do mercado.

22.15 Viés do Excesso de Confiança

> "Muitas pessoas supervalorizam o que não são e subestimam o que são."
>
> Malcom S. Forbes

Em sua forma mais básica, o excesso de confiança pode ser resumido como fé injustificada no raciocínio intuitivo, julgamentos e habilidades cognitivas. Embora o conceito de excesso de confiança derive de experimentos psicológicos e pesquisas em que os sujeitos superestimam tanto suas habilidades preditivas quanto a precisão das informações que receberam (essencialmente fraquezas cognitivas), essas cognições defeituosas levam a comportamentos emocionalmente carregados, como a tomada excessiva de riscos e, portanto,

---

[61] BENARTZI, Shlomo; THALER, Richard H. *Myopic Loss Aversion and the Equity Premium Puzzle.* Quarterly Journal of Economics, February 1995, p. 73-92.

ARMADILHAS COMPORTAMENTAIS

o excesso de confiança é classificado como um viés emocional e não cognitivo. Em suma, as pessoas pensam que são mais inteligentes e têm informações melhores do que realmente têm. Por exemplo, eles podem receber uma dica de um consultor financeiro ou ler algo na internet, e então já se sentirem prontos para tomar uma decisão de investimento com base em sua vantagem de conhecimento percebida.

Inúmeros estudos têm demonstrado que os investidores estão confiantes demais em suas habilidades. Especificamente, os intervalos de confiança que os investidores atribuem às suas previsões de investimentos são muito estreitos. Esse tipo de excesso de confiança pode ser chamado de excesso de confiança de previsão. Ao estimar o valor futuro de uma ação, por exemplo, investidores superconfiantes incorporarão muito pouca margem na variação do preço justo, mas a experiência demonstra que muitas coisas inesperadas podem acontecer causando grandes mudanças de preço, então os investidores deveriam ter um preço justo e uma área grande de variação dele para várias circunstâncias. A implicação desse comportamento é que os investidores podem subestimar os riscos negativos para suas carteiras.

Muitas vezes, também, eles ficam muito certos dos seus julgamentos. O excesso de confiança atrapalha a análise dos erros, e as pessoas ficam surpresas com as perdas, mas continuam buscando continuamente aquela ação que vai gerar um grande ganho, girando excessivamente as posições.

Roger Clarke e Meir Statman realizaram um estudo interessante sobre o excesso de confiança nas previsões em 2000.[62] Eles entrevistaram investidores sobre a seguinte questão: *"Em 1896, o Dow Jones, que é um índice de ações que não inclui reinvestimento de dividendos, estava em 40. Em 1998, atingiu 9.000. Se os dividendos tivessem sido reinvestidos, qual seria o valor do DJIA em 1998? E qual seriam dois valores máximos e mínimos para que o valor correto esteja dentro dessa faixa com 90% de margem de confiança?".* Na pesquisa, poucas respostas se aproximaram razoavelmente do valor correto e ninguém estimou um intervalo de confiança correto. A resposta para a questão é 652.230, ou seja, esse seria o valor se os dividendos fossem reinvestidos. É surpreendente, porque as empresas pagaram um bom nível de dividendos, e o fato de ser reinvestido por muitos anos, mais de um século, é um fator poderoso. Essa pesquisa mostra que, em relação a questões complexas, mesmo especialistas sofrem do viés de excesso de confiança e podem errar muito uma previsão.

---

[62] CLARKE, Roger G. STATMAN, Meir. *The DJIA Crossed 652,230.* Journal of Portfolio Management, Winter 2000, 89-93.

Outro exemplo clássico é a tendência de ex-executivos ou herdeiros se recusarem a se desfazer das ações das empresas que trabalharam ou herdaram, e diverisificar posições, porque alegam "conhecimento interno" ou apego emocional à empresa. Eles não conseguem contextualizar essas ações como investimentos arriscados. No entanto, nomes icônicos do mundo dos negócios declinaram ou desapareceram.

As pessoas demostram confiança excessiva nas situações do cotidiano, e transportam essa confiança para a arena dos investimentos. Elas tendem a acreditar muito na precisão de seus próprios julgamentos. A confiança excessiva leva a previsões imprecisas e erros de investimentos.

Inúmeros estudos analisam os efeitos prejudiciais do excesso de confiança por parte dos investidores. Existe uma pesquisa, que por sua abrangência, é considerada um trabalho de referência, e que aborda um aspecto que gosto de ressaltar como uma doença do nosso tempo e que tem atrapalhado a rentabilidade dos portfólios, que é a ilusão de ganho com *trading*. Os professores Brad Barber e Terrance Odean, da Universidade da Califórnia, estudaram as transações de investimento de 1991 a 1997 de 35 mil famílias e publicaram seus resultados em um artigo de 2001, *"Boys Will Be Boys: Gender, Overconfidence, and Common Stock Investment"*. Interessados em estudar o impacto do excesso de confiança no desempenho do portfólio, eles perceberam que investidores confiantes demais escutam pouco a opinião de outras pessoas e acabam girando suas posições excessivamente. Eles notaram também que, como os homens são mais confiantes que as mulheres, eles vão negociar e mudar as posições com mais frequência e ter um desempenho das carteiras pior do que elas. Homens e mulheres, no estudo de Barber e Odean, teriam se saído melhor se tivessem mantido seus portfólios do início durante todo o ano. Em geral, as ações que os investidores individuais vendem passam a ganhar retornos maiores em relação às novas ações compradas. Há uma relação entre o fato de os investidores mudarem de posições excessivamente, baseados no excesso de confiança, ocasionando baixas performances nos portfólios. O excesso de confiança acaba levando ao comportamento de excesso de *trading*, pois se eu sou muito bom, quanto mais investimentos eu realizar e girar, mais eu ganho dinheiro. Há inúmeros estudos mostrando que excesso de *trading* leva a resultados pobres em termos de performance.

O excesso de confiança é um dos vieses mais prejudiciais que um investidor pode ter. Isso acontece porque subestimar os riscos, negociar com frequência excessiva, estar sempre procurando por uma dica ou ideia que indique qual é a ação do momento e manter uma carteira concentrada são pontos que comprometem a gestão do portfólio e o resultado de longo prazo.

22.16 Viés de Autocontrole

> "Quem controla os outros pode ser poderoso, mas quem domina a si mesmo é ainda mais poderoso"
>
> Lao Tzu

O viés de autocontrole é uma tendência comportamental humana que faz com que as pessoas não ajam em busca dos seus objetivos de longo prazo por falta de autodisciplina, uma inabilidade em postergar a recompensa. O dinheiro é uma área em que as pessoas são notórias por mostrarem uma falta de autocontrole. O viés de autocontrole também pode ser descrito como um conflito entre os objetivos das pessoas e sua incapacidade, decorrente da falta de autodisciplina, de agir concretamente na direção de atingir esses objetivos, muitas vezes em função de distrações temporárias.

Os investidores podem focar demais em ativos geradores de renda em detrimento de outros ativos que poderiam dar ganho de capital. Uma carteira equilibrada deve ter parte de ativos mais geradores de renda, e parte com uma perspectiva de longo prazo, que não gerem renda nesse momento, mas que permitam um ganho significativo no longo prazo. O mesmo desvio acontece quando um investidor acaba cedendo ao desejo de ficar negociando ações no curto prazo, buscando ganhos mais rápidos, e perde grandes oportunidades de longo prazo, mantendo os investimentos por mais tempo.

22.17 Viés de *Status quo*

> "Quem deseja sucesso constante, deve mudar sua conduta com o tempo."
>
> Niccolo Maquiavel

O viés de *status quo* é um viés emocional que predispõe as pessoas que têm uma série de opções a escolher a opção que mantenha a situação existente, uma escolha pela continuidade em vez de alternativas que possam trazer mudanças. Este viés foi identificado e analisado por William Samuelson e Richard Zeckhauser em 1988. Em outras palavras, o viés de *status quo* opera em pessoas que preferem que as coisas permaneçam relativamente iguais. O princípio científico da inércia tem muita semelhança intuitiva com o viés *status quo*; ele afirma que um corpo em repouso deve permanecer em repouso, a menos que seja movido por uma força externa – mas a inércia não é tão forte quanto ele. As pessoas não abandonam facilmente uma condição quando lhes dizem: "As coisas sempre foram assim." O viés de *status quo* está relacionado, de certa forma, com um efeito de ancoragem.

Um exemplo que já foi utilizado no viés do excesso de confiança é aplicável a este viés também. Importante dizer que quando conhecemos todos os vieses começamos a perceber que existem semelhanças e inter-relações entre eles. O exemplo das ações que foram recebidas de herança e que não são vendidas, mesmo que cause grande concentração no portfólio e aumento de risco, também se aplica aqui. Pode haver uma combinação de conforto em manter o *status quo*, falta de percepção de concentração de risco, apego emocional à posição acionária que carrega uma conexão com uma geração anterior e a questão tributária, pois posições antigas costumam ter um valor alto de impostos a ser pago.

Há um estudo interessante sobre esse viés, realizado por Samuelson e Zeckhauser[63], no qual sujeitos foram informados de que cada um tinha herdado uma grande soma em dinheiro de um tio e poderia optar por investir o dinheiro em qualquer uma de quatro carteiras possíveis. Cada carteira oferecia um nível diferente de risco e uma taxa de retorno diferente compatível. Um outro grupo recebeu as mesmas informações, mas recebeu uma informação adicional, de que o tio, antes de morrer, havia investido a quantia em uma carteira de risco moderado. E como era de se esperar, a carteira de risco moderado se mostrou muito mais popular no segundo grupo, mantendo o *status quo*. Este estudo reforçou a ideia de que os investidores tendem a preferir manter a posição atual. O viés de *status quo* é forte e, por se tratar de um viés emocional, deve exigir um esforço dos investidores para reduzir sua influência. O viés de *status quo* combinado com o viés de aversão à perda pode causar um imobilismo no investidor, limitando o processo de tomada de decisão e o impedindo de aproveitar novas oportunidades de investimento e diversificação que poderiam dar maior rentabilidade ao seu portfólio.

---

[63] SAMUELSON, William. ZECKHAUSER, Richard J. *Status quo Bias in Decision Making.* Journal of Risk and Uncertainty, 1988: 7-59.

22.18 Viés de Aversão de Arrependimento

> "Daqui a 20 anos você ficará mais decepcionado com as coisas que não fez do que com as que fez."
>
> Mark Twain

O viés de aversão ao arrependimento atrapalha o processo de decisão e de mudança, pois as pessoas temem escolher um caminho e se arrepender depois. Basicamente, esse viés busca evitar a dor emocional do arrependimento associada à má tomada de decisão. Em momentos de crise ou forte realização de mercado, os investidores que têm viés de aversão ao arrependimento ficam indevidamente apreensivos em função das perdas geradas, e se sentem instintivamente levados a serem conservadores e recuar, perdendo oportunidades de investir em ativos excessivamente deprimidos. Esses momentos, muitas vezes, apresentam as melhores oportunidades de investimentos. As pessoas que têm esse viés hesitam justamente nos momentos que realmente precisam de um comportamento mais agressivo.

A aversão ao arrependimento não entra em cena apenas após uma derrota; também pode afetar a resposta de uma pessoa aos ganhos de investimento. Pessoas que exibem aversão ao arrependimento podem ser relutantes, por exemplo, em vender uma ação cujo valor subiu recentemente – mesmo que indicadores objetivos atestem que é hora de sair.

Existem muitos estudos em psicologia experimental sugerindo que o arrependimento influencia a tomada de decisões sob condições de incerteza. O arrependimento faz com que as pessoas repensem decisões passadas e questionem suas crenças. As pessoas tendem a evitar a angústia de dois tipos de erro (i) o erro de comissão e o (ii) erro de omissão. A palavra em inglês *commission* não tem uma boa tradução para o português, e o erro de comissão seria no sentido do comprometimento em seguir uma direção ou assumir uma posição e esta não ter sido uma boa escolha. Erros de comissão ocorrem quando tomamos ações equivocadas. Erros de omissão surgem de inação equivocada, ou seja, oportunidades negligenciadas ou esquecidas.

O arrependimento é diferente da decepção, pois o primeiro implica que existia a possibilidade de ter sido evitado, foi consequência de uma escolha. Além disso, os sentimentos de arrependimento são mais intensos quando resultados desfavoráveis emergem de erros de comissão do que de erros de omissão.

A aversão ao arrependimento faz com que os investidores se antecipem para evitar a dor do arrependimento que vem com a perda. Os investidores têm medo não só da perda, mas também da culpa da escolha errada. Nesse sentido, eles tendem a favorecer investimentos que não tem tanto potencial de ganho, mas parecem confiáveis.

Esse viés pode levar o investidor a ter um comportamento de manada, pois comprar um ativo em um aparente consenso pode limitar o potencial de arrependimento futuro. Outra consequência negativa é o excesso de conservadorismo. O investidor precisa ter convicção da importância de adicionar ativos de risco numa carteira, num horizonte de longo prazo. Recusar-se a assumir risco, muitas vezes, significa abrir mão de uma recompensa potencial. Outro sintoma do viés de aversão de arrependimento é ficar fora do mercado depois de uma perda. A gestão disciplinada do portfólio é crucial para o sucesso a longo prazo. Isso significa comprar em momentos em que o mercado está baixo e vender nos momentos em que o mercado está em alta.

E se for identificado que os vieses cognitivos estão sendo muito representativos e estão distorcendo o processo de investimento, deslocando a tomada de decisões, deve-se procurar identificar quais vieses estão sendo mais nocivos e desenhar um plano para enfrentá-los e reduzir sua influência.

CAPÍTULO 23

Como incorporar as Finanças Comportamentais na Construção e Ajustes do seu Portfólio de Investimentos

"Investir com sucesso é antecipar as antecipações dos outros."

John Maynard Keynes

"As coisas não mudam; nós mudamos"

Henry David Thoreau

As finanças comportamentais estão se aproximando cada vez mais dos investidores, como ilustra essa passagem retirada de um relatório da Merrill Lynch/CapGemini sobre Gestão de Investimentos Globais, publicado em março de 2011.

"Fatores emocionais são uma característica proeminente da psique atualmente, e as empresas de gestão de patrimônio e os advisors devem incorporar esses fatores emocionais em uma gestão de portfólio mais robusta, além da gestão de riscos, de modo a atingir adequadamente as metas e necessidades dos clientes. Com bilhões em ativos ainda em movimento após a crise, as empresas de gestão de riqueza estão adotando mudanças, aproveitando os mais importantes princípios das finanças comportamentais para reconstruir a confiança dos investidores e impulsionar mais inovação em suas ofertas e modelos de serviços."[64]

---

[64] Relatório da Capgemini e Merrill Lynch chamado de "World Wealth Report 2010", pp. 28. Este relatório está disponível no site da Capgemini.

Este relatório é apenas um exemplo, mas existem vários outros demonstrando que as finanças comportamentais estão sendo crescentemente incorporadas no dia a dia dos investidores, para ajudar na tomada de decisão e aprimorar os processos de investimentos. Não existe uma metodologia prática e objetiva de implementação, mas o conhecimento e a análise dos principais vieses cognitivos já permitem várias correções de rota na construção e manutenção dos portfólios. O objetivo de listar todos esses vieses é o de praticamente fazer uma longa sessão de psicanálise nos investidores para que eles se libertem de todas esses vieses que distorcem o raciocínio e possam investir com a maior clareza mental possível.

A tomada de consciência dos vieses já é um processo bastante importante, pois reduz a influência destes. E é um assunto complexo, pois existe muita integração entre eles e a combinação de alguns vieses pode potencializar o problema.

É muito importante para o investidor, por esforço próprio, ou com a ajuda de assessores ou conselheiros de investimentos, buscar o seu portfólio estrutural, formado pela alocação de ativos que busque a melhor relação entre risco e retorno, respeitando o nível de risco tolerado por cada cliente e ciente dos vieses cognitivos para não deixar que atrapalhem o processo de investimento.

Parte VI
HISTÓRIA FINANCEIRA DO MUNDO

"Aqueles que não conhecem a história estão fadados a repeti-la"

Edmund Burke

"Nossa época não pode ser completamente compreendida se todas as outras não forem compreendidas. A canção da história só pode ser cantada como um todo."

Jose Ortega Y Gasset

"Você não pode entender economia sem entender filosofia e história. John Maynard Keynes foi o maior economista do século passado, e ele era principalmente um filósofo; assim como Adam Smith, o maior economista do século XVIII. Se a inteligência é a capacidade de integração, a criatividade é a capacidade de integrar informações de fontes aparentemente desconectadas, e uma medida de ambas as habilidades é necessária para o sucesso no longo prazo nos mercados."

Leon Levy e Eugene Linden

Acho importante a perspectiva histórica para entendermos a evolução dos mercados e as perspectivas futuras. Os mercados evoluíram significativamente nos últimos 100 anos, sendo importantes aliados ao desenvolvimento econômico da sociedade atual.

Conhecer a história financeira do mundo pode não te capacitar a prever a próxima crise global, mas certamente irá fornecer subsídios para você entender os ciclos econômicos e os contextos nos quais as crises estão inseridas. Você também poderá comparar as crises e entender semelhanças e diferenças entre elas.

CAPÍTULO 24
História dos Investimentos e dos Mercados

> "As finanças são muitas vezes consideradas como um assunto abstrato e matemático que ocasionalmente chama a atenção para si mesmo por crises dramáticas ou como símbolo de excesso. De fato, as finanças têm sido parte integrante do desenvolvimento da sociedade humana nos últimos 5.000 anos. As finanças desempenharam um papel fundamental no desenvolvimento das primeiras cidades, no surgimento de impérios clássicos e na exploração do mundo."
>
> William N. Goetzmann

Niall Fergunson tem uma perspectiva interessante sobre a história financeira do mundo, separando em estágios[65]. No primeiro estágio vem o nascimento dos juros e a família Médici, como os primeiros grande banqueiros, que financiaram a cultura e as artes do renascimento. Num segundo momento veio o processo de financiamento dos países com a criação de dívidas públicas. Esse mercado se desenvolveu rapidamente e permitiu aos países estruturarem o crescimento, lidar com crises, estimular o desenvolvimento e financiar guerras. O mercado de ações teve também uma importância relevante no desenvolvimento do capitalismo global, financiando e estruturando o crescimento das empresas e fornecendo grandes ganhos e perdas aos investidores. O mercado de moedas, historicamente, também foi muito ativo e relevante, principalmente no comércio entre diversos países. Esses talvez sejam, atualmente, os principais mercados e os principais ativos que irão fazer parte da montagem de um

---

[65] FERGUNSON, NIALL. *The Ascent of Money*: A Financial History of the World. New York: The Penguin Press, 2008.

portfólio de investimentos. Mas há 100 anos, as coisas eram muito diferentes, e estudarmos sobre a criação e evolução desses mercados nos ajuda a ter uma perspectiva mais profunda do tema investimentos e entender melhor o funcionamento dos mercados.

A democratização dos investimentos – a extensão do acesso às atividades de investimento à população em geral – é um fato muito relevante. Isto foi possível graças à Revolução Industrial, ao desenvolvimento do mercado de ações e dos mercados públicos. Com o tempo, houve a criação da aposentadoria, a construção de carteiras de investimentos diversificadas, a expansão da regulação de valores imobiliários, a crescente compreensão das crises cíclicas e da teoria dos investimentos e o desenvolvimento de gestores de investimentos independentes e empreendedores.

A alocação de recursos como um processo de investimento começou a surgir desde a Revolução Comercial e o sucesso dos bancos de mercadores das cidades-estados italianas. Evidências claras mostram que em Florença, no século 15, por exemplo, os Médici e outros, que agressivamente comprometeram seus recursos financeiros e humanos para financiar empreendimentos em finanças, fabricação têxtil e comércio, tinham consciência aguda da importância da alocação de recursos. Eles mostraram uma acuidade notavelmente moderna ao entender a necessidade de analisar as oportunidades de investimentos disponíveis. De fato, podemos até encontrar essa acuidade na gestão imobiliária grega e romana antigas, onde os proprietários de imóveis selecionavam gestores que tomavam decisões sobre recursos agrícolas e investimentos de capital, a fim de maximizar os retornos.

O sistema bancário italiano se tornou modelo para o desenvolvimento de outras instituições financeiras, principalmente no norte da Europa, que viriam a ser os grandes financiadores do comércio, notadamente a Holanda, a Inglaterra e a Suécia. Esses países evoluíram o modelo italiano e começaram um movimento de inovação financeira, lançando a semente para a futura criação de bancos centrais.

A evolução do sistema bancário no norte da Europa deu início a características que conhecemos hoje e para nós são coisas muito normais, mas para o mundo daquela época eram uma grande inovação, como os bancos centrais, as contas correntes, a alavancagem dos bancos, o crédito e a liquidação financeira virtual, por transferências entre contas correntes sem que tivesse que envolver o dinheiro em espécie. Em Amsterdã, em 1609, foi criado o primeiro banco de câmbio, *Wisselbank*, que permitia aos clientes abrirem contas denominadas numa moeda padronizada e terem um serviço de transferência que permitiu o crescimento das transações comerciais. Mas esse sistema ainda possuía uma limitação, pois havia o mesmo valor dos seus depósitos em reservas de metais preciosos e moedas. Em Estocolmo, em 1656, com a fundação do *Riskbank*, houve a evolução no modelo, pois o banco poderia emprestar além do valor das suas reservas de metais preciosos, criando o conceito de alavancagem. A terceira grande inovação foi a criação do Banco da Inglaterra em 1694, que ajudou o governo em relação às finanças de guerras, passando a ser o único banco, a partir de 1709, que podia operar sobre uma base de ações.

Adam Smith disse que: "*A operação criteriosa dos negócios bancários, substituindo pelo papel grande parte de ... ouro e prata ... provê ... uma espécie de caminho de vagão através do ar.*"[66] Nos anos seguintes à publicação de "*A Riqueza das Nações*", em 1776, houve um significativo desenvolvimento das instituições financeiras na Europa e Estados Unidos. O Banco da Inglaterra, como um precursor do Banco Central, começou a ter funções públicas, desempenhando um papel importante nas transações interbancárias. Com o tempo, a sua taxa de desconto sobre as notas comerciais e promissórias começou a ser utilizada como referência ou taxa mínima.

O padrão ouro segurou o desenvolvimento dos bancos; apesar de ter algumas vantagens como forçar os governos a seguirem políticas fiscais e monetárias prudentes e servir de âncora para as expectativas de inflação, tinha várias desvantagens por amarrar a política monetária e fornecer poucos instrumentos para os governos lidarem com as crises. Levou bastante tempo, mas o padrão ouro foi sendo removido, até fechar a última janela de conversão do dólar em ouro em 1971, pelo presidente Richard Nixon, representando a queda do regime monetário de *Breton Woods*.

Depois da criação do crédito pelos bancos, o desenvolvimento dos títulos foi o segundo grande marco na história dos investimentos. Os títulos são emitidos como uma forma dos governos e empresas tomarem dinheiro emprestado de todos os participantes do mercado, sejam investidores institucionais, pessoas físicas, bancos e outros. O mercado de títulos começou timidamente nas cidades-estados do norte da Itália, há aproximadamente 800 anos, e hoje tem um mercado estimado em torno de US$ 100 trilhões de acordo com a SIFMA - *Securities Industry and Financial Markets Association*. Os mercados de títulos são muito importantes para a economia mundial, pois eles determinam a taxa de juros global, que é utilizada como parâmetro para a precificação de ações, imóveis e todas as classes de ativos. O mercado de títulos também é um bom indicador da credibilidade da política fiscal e monetária de um

---

[66] SMITH, Adam. A Riqueza das Nações. São Paulo, Madras, 2009. Originalmente publicado em 1776.

governo. Quando o mercado começa a desconfiar da capacidade de solvência do governo, começa um movimento de venda dos títulos, com a consequente alta de juros, que pode forçar o Estado a tomar medidas duras, seja renegociando o pagamento da dívida ou entrando mais forte num programa de cortes de custos para recuperar a credibilidade.

O mercado de títulos, no seu desenvolvimento, foi ajudado pelas guerras, pois os governos precisavam de financiamento para bancar o custo do conflito. Durante os séculos 14 e 15, as cidades-estados italianas de Florença, Pisa e Siena fizeram guerras entre si e com outras cidades, sendo que eram contratados mercenários (*condottieri*) para organizar as guerras, anexar terras e saquear os rivais. Esses títulos eram emitidos pelas cidades e os cidadãos ricos eram obrigados a tê-los. Eles podiam ser vendidos, criando um mercado relativamente líquido, formando então um dos primeiros mercados de títulos do mundo. No norte da Europa, algumas cidades seguiam o mesmo modelo, tais como as cidades francesas de Douai e Calais, e cidades flamengas, como Gante.

As guerras eram financiadas por dívidas e a Inglaterra se desenvolveu nessa atividade, com a ajuda de um dos principais banqueiros da época, Nathan Mayer Rothschild. Os Rothschild montaram uma casa bancária, na qual cada irmão ficava em uma capital da Europa, e podiam explorar as diferenças de preços e de câmbio nos mercados, propiciando ganhos de arbitragem.

O mercado de títulos é muito sensível à inflação, e as hiperinflações na Alemanha, Áustria e Polônia no período após a Primeira Guerra Mundial foram bastante negativas para os mercados de títulos. A inflação é uma das principais preocupações de quem investe neste mercado, pois pode reduzir significativamente os ganhos.

Depois desse evento de hiperinflação na Alemanha, ao longo do tempo muitos países perderam o controle das contas públicas e entraram em processos inflacionários agudos. A história econômica da Argentina no século 20 é um exemplo de como uma má gestão financeira pode destruir um país.

Depois do nascimento dos bancos, do desenvolvimento do mercado de títulos, o próximo passo foi o aparecimento da corporação de risco limitado, uma sociedade por ações, ou anônima – acionária, porque o capital da empresa é possuído conjuntamente por múltiplo investidores; de risco limitado porque a existência separada da empresa como uma "pessoa jurídica" protegia os investidores de perder toda a sua riqueza se o empreendimento fracassasse. Nos séculos 17 e 18, os holandeses foram precursores em várias inovações financeiras que ajudaram a lançar as bases do sistema financeiro moderno. Enquanto as cidades-estados italianas produziram os primeiros títulos governamentais transferíveis, eles não desenvolveram o outro ingrediente necessário

HISTÓRIA DOS INVESTIMENTOS E DOS MERCADOS

para gerar um mercado de capitais completo: o mercado de ações. A Holanda foi a pioneira na criação dessa companhia cuja posse era compartilhada por "acionistas". No início de 1600, a Companhia Holandesa das Índias Orientais (VOC, na sua forma abreviada), com o objetivo de desenvolver o comércio de especiarias, tornou-se a primeira empresa na história a emitir ações para o público em geral. Na mesma época, foi criada na Inglaterra a Companhia das Índias Orientais, mas com menos acionistas e capital menor.

Faltava ainda desenvolver um mercado organizado para a negociação das cotas dessas empresas. A companhia acionária e a bolsa de valores nasceram, então, num espaço de apenas poucos anos uma da outra. Tão logo a primeira corporação, que era formada por investimentos públicos, apareceu no cenário, com a primeira oferta pública inicial de ações (IPO), um mercado secundário surgiu para permitir que essas ações fossem compradas e vendidas. E acabou se tornando um mercado líquido. A rotatividade das ações da VOC foi alta: em 1607, um terço do total das ações da Companhia tinha sido transferido dos seus donos originais. Logo depois, emergiu no mercado de Amsterdã um animado comércio de vários derivativos, entre os quais opções e operações compromissadas. Os comerciantes holandeses também foram pioneiros na venda a descoberto (apostar na queda das ações, vendendo-as sem tê-las) – uma prática que foi proibida pelas autoridades holandesas em 1610. Outro tema que surgiu nessa época foi o da governança corporativa, estabelecendo regras para permanência de diretores e indicações para auditores.

A ascensão econômica e política da VOC, primeira empresa listada em bolsa a ser bem sucedida, pode ser observada pelo preço da sua ação. A bolsa de valores de Amsterdã sofria volatilidade em cima de rumores de guerra, paz e naufrágios, de uma maneira detalhadamente descrita pelo judeu sefaradita Joseph Penso de la Vega, em seu livro, chamado apropriadamente, de "Confusion de Confusiones" (1688). Interessante que o primeiro livro que descreve os altos e baixos da bolsa de valores tenha este nome. Entre 1602 e 1733, as ações da VOC subiram do valor nominal de 100 até um pico demorado que chegou a 786, além do pagamento significativo de dividendos, tornando muito ricos alguns acionistas importantes como Dirk Bas.

Foi nesta época também que foi gerada uma das primeiras bolhas das bolsas de valores, com uma empresa semelhante à Companhia Holandesa das Índias Orientais (VOC), a Mississipi, criada por John Law, um escocês oportunista que dominou a economia francesa com o apoio do rei da França numa história improvável. É importante analisarmos esse caso para entender como se formou talvez a primeira bolha na bolsa de valores e como, apesar do aumento crescente das regulações, os mercados sempre estarão sujeitos a bolhas, pois esse evento também tem muito a ver com a psicologia humana e o comportamento das massas.

John Law pode ser considerado o pai da bolha na bolsa de valores. Um ambicioso escocês, um assassino condenado, um jogador compulsivo e um imperfeito gênio financeiro, John Law não foi somente responsável pelo primeiro *boom* verdadeiro e pelo primeiro colapso dos preços das ações. Pode-se dizer que ele, indiretamente, causou a Revolução Francesa, por arrebentar completamente a melhor chance que a monarquia do *ancien régime* teve para reformar as suas finanças. Sua história é um dos contos de aventura mais assombrosos, ainda que o menos compreendido, em toda a história financeira. E é também muito importante para entendermos nosso tempo.

Nascido em Edimburgo, em 1671, Law era filho de um ourives muito bem-sucedido, e foi para Londres em 1692, mas rapidamente começou a desperdiçar seu patrimônio numa variedade de aventuras de negócios e jogos. Dois anos mais tarde, envolveu-se num duelo e matou seu oponente. Foi julgado por duelar e sentenciado à morte, mas escapou da prisão e fugiu para Amsterdã. Na Holanda, teve contato com todos os avanços do mercado financeiro, montou alguns negócios, mas achava o governo holandês conservador demais e procurava um país que aceitasse e patrocinasse suas ideias. Tentou contatos nos governos inglês, escocês e italiano, buscando aceitação para a sua ideia de emissão de notas bancárias que funcionassem como dinheiro e que permitissem alavancagem, mas sem sucesso. Foi só na França que ele pode iniciar o seu plano com o apoio estatal. Provavelmente suas ideias foram aceitas na França, apesar da sua má fama, pelo fato de o país estar enfrentando sérios problemas fiscais, no meio de uma recessão e em busca de uma solução milagrosa. Encilhado pela enorme dívida pública que resultara das guerras de Luís XIV, o governo estava à beira da sua terceira falência em menos de um século.

Foi apresentada uma proposta por Law para um banco emitente de notas promissórias públicas. O *Banque Générale* foi estabelecido em 1716 sob a direção de Law, com licença para emitir notas promissórias pagáveis em espécie (ouro e prata), por um período de 20 anos. Em 1717, ele conseguiu que as notas promissórias do *Banque Générale* pudessem ser usadas para o pagamento de todos os impostos. Law propôs tomar conta do comércio da França com o território da Louisiana, um vasto, mas completamente subdesenvolvido pedaço de terra nos Estados Unidos, ajudando a expandir as possessões ultramarinas da França, a exemplo da Companhia das Índias Orientais. Foi criada em 1717 a *Compagnie d'Occident* que recebeu a concessão do monopólio do comércio com a Louisiana por 25 anos, com ações vendidas para os franceses. Law encabeçava a lista de diretores. Em 1718, o Banque Générale recebeu a aprovação do selo

HISTÓRIA DOS INVESTIMENTOS E DOS MERCADOS

real e se tornou o *Banque Royale*, na verdade, o primeiro banco central francês. Enquanto isso, a *Compagnie d'Occident* continuou a se expandir. Em 1719, ela assumiu as companhias das Índias Orientais e da China, para formar a *Compagnie des Indes*, mais conhecida como Companhia Mississipi. Começava o processo da criação da bolha. Como Law não tinha limites, ele começou a ampliar a expansão monetária que seu próprio banco poderia criar, para financiar a compra de ações da empresa na qual ele era o acionista majoritário. Foi como se um homem estivesse administrando simultaneamente algumas das maiores corporações dos EUA, o Tesouro americano e o *Federal Reserve System*. Esse ciclo acabou com as ações da Companhia Mississipi despencando, o descontrole inflacionário, o fechamento do *Banque Royale* e a reintrodução do uso do ouro e da prata nas transações domésticas. A bolha e o malogro de Law atrasaram fatalmente o desenvolvimento econômico da França, colocando os franceses longe do alcance do papel-moeda e das bolsas de valores durante gerações. Na Inglaterra, ocorreu uma bolha bem menor num caso semelhante, que ficou conhecido como a Bolha dos Mares do Sul.

A história das bolsas de valores é uma história de grandes flutuações e crises econômicas profundas, afetando a vida das pessoas como um todo. Em 2015, a *World Federation of Exchanges* listava 189 bolsas de valores no mundo, 13 nos Estados Unidos e 96 combinando Europa, África e Oriente Médio.

Outro avanço na história financeira mundial foi o mercado de seguros que começou a se formar em Londres no final do século 17. Catorze anos depois do Grande Incêndio de 1666, que destruiu 13 mil casas em Londres, Nicholas Barbon estabeleceu a primeira companhia de seguro contra o fogo. Mais ou menos na época, começou a se formar um mercado de seguro marítimo. Os seguros na época ainda não tinham uma base teórica quantitativa mais sólida para a avaliação dos riscos que estavam sendo cobertos, sendo que eventualmente os sinistros ultrapassavam o valor dos prêmios. Foram os matemáticos, com conceitos como probabilidade, certeza, distribuição normal, inferência e expectativa de vida, que estruturaram o mercado de seguros. Na Escócia surgiu o primeiro fundo moderno de seguro, baseado em corretos princípios atuariais e financeiros, em vez da antiga aposta mercantil, com a colaboração de Robert Wallace, Alexander Webster e Colin Maclaurin. Esse mercado cresceu tanto que as companhias de seguros e os fundos de pensão se tornaram alguns dos maiores investidores do mundo – os chamados investidores institucionais, que hoje dominam os mercados financeiros globais. Quando, depois da Segunda Guerra Mundial, as companhias de seguro foram autorizadas a começar a investir na bolsa de valores, elas construíram rapidamente grandes participações na economia inglesa, e se tornaram proprietárias de um terço das maiores companhias locais em meados dos anos 1950. Atualmente, só a Scottish Widows tem mais de 100 bilhões de libras sob gestão. Os prêmios dos seguros subiram constantemente em relação ao PIB dos países desenvolvidos, de cerca de 2% antes da Primeira Guerra Mundial para pouco menos de 10% atualmente.

Outro mercado importante para a história financeira do mundo é o mercado imobiliário, que talvez seja uma das formas mais antigas de investimento. O mercado de financiamento imobiliário também é uma parte muito importante da economia, pois reduz o risco de crédito em função da garantia da propriedade e permite taxas de juros mais baixas e prazos mais longos. Desde 1959, o total da dívida hipotecária nos Estados Unidos cresceu 75 vezes. Atualmente (2019), os empréstimos imobiliários nos EUA são quase equivalentes ao PIB do país, quando eram 38% há 60 anos. Esse salto no volume de empréstimos ajudou a financiar um *boom* no investimento residencial, que atingiu um pico de 50 anos em 2005, e talvez tenha ajudado a construir a bolha imobiliária que resultou na crise de 2008/2009. Nesse ponto, ressaltamos a importância de entender a história. Não que, em função dessa análise, fosse possível prever a crise de 2008/2009 focada no financiamento do setor imobiliário e principalmente nos empréstimos de mais alto risco, conhecidos como *subprime*, mas havia indícios que poderiam levar a um pouco mais de cautela na alocação dos investimentos ou a gastar algum dinheiro com seguros e proteções, como a compra de uma opção de venda mais longa (*put*) ou alguma compra de dólar ou ouro.

O financiamento imobiliário foi sendo desenvolvido ao longo do tempo. Antes dos anos 1930, pouco mais de dois quintos das famílias americanas possuíam as casas onde viviam. As poucas pessoas que fizeram empréstimo para comprar suas casas nos anos 1920 se viram em profundas dificuldades com a Grande Depressão. As hipotecas eram de curto prazo, geralmente de três a cinco anos, e não eram amortizadas, ou seja, as pessoas pagavam os juros, mas não iam abatendo o principal, tendo que pagar um valor alto no fim. Quando veio a crise de 1929, houve muitas execuções de hipotecas e os preços das casas sofreram reduções significativas, levando ao colapso da indústria da construção civil, revelando como a ampla economia americana confiava no investimento residencial como impulsionador do crescimento.

A forma que o governo americano encontrou para tentar tirar o país da prolongada crise de 1929 foi a intervenção na economia ocupando um espaço maior, dado que o mercado fracassou. Os técnicos criaram a *Home Owner's Loan Corporation* (Corporação de Empréstimo de Donos de Casas) para refinanciar as hipotecas em termos mais longos, de até quinze anos. Para garantir os depositantes, que estavam traumatizados pelas falências bancárias dos três anos anteriores, Roosevelt introduziu o seguro federal dos depósitos. Mas foi a *Federal Housing Administration* (Administração Federal da Habitação), a FHA, que realmente fez a diferença para os americanos que queriam comprar suas casas. Ao oferecer um seguro garantido pelo governo federal, a FHA reinventou o mercado de hipotecas, possibilitando o financiamento de até 80% do valor do imóvel, por 20 anos, amortizados e com juros baixos. Ao padronizar a hipoteca de longo prazo, e criar um sistema nacional de inspeção, a FHA lançou as bases para um mercado secundário nacional. Esse mercado surgiu em 1938, quando uma nova *Federal National Mortgage Association* – apelidada de *Fannie Mae* – foi autorizada a emitir títulos e a usar a renda para comprar as hipotecas dos *Savings and Loans* locais.

Outros dois temas muito relevantes quando pensamos no desenvolvimento dos mercados financeiros são os derivativos e a globalização, temas estes que redefiniram os mercados, dando uma nova dimensão, mas como tudo na história, não foi um avanço linear, e sim um movimento de avanços, paradas e retrocessos.

Acredito que os ciclos das descobertas, o comércio com a China e a criação das colônias tenha sido o início do processo de globalização. O próprio desenvolvimento da Companhia das Índias Orientais foi um passo importante neste processo da época. Ele não era apenas financeiro, mas envolvia guerras e dominação para garantir os investimentos realizados, o que seria impensável, de certa forma, nos tempos atuais. A Inglaterra em 1840 entrou em guerra com a China por questões comerciais e relativas ao ópio, que transformou Hong Kong numa possessão britânica e liberou o comércio de ópio. Os ingleses começaram um movimento de globalização na era vitoriana, enquanto Hong Kong florescia como entreposto. O investidor inglês possuía várias opções de investimentos globais. O livro contábil da N. M. Rothschild & Sons mostrava um portfólio multimilionário formado por bônus emitidos pelos governos do Chile, Egito, Alemanha, Hungria, Itália, Japão, Noruega, Espanha e Turquia, e ações emitidas por onze diferentes ferrovias, entre as quais quatro na Argentina, duas no Canadá e uma na China. Como Keynes escreveu no seu livro "*Consequências Econômicas da Paz*", quase não exigia qualquer esforço para que um londrino de posses moderadas "aventurasse sua riqueza nos recursos naturais e novos empreendimentos em qualquer região do mundo, e compartilhasse, sem exceção nem problemas, os seus prospectivos frutos e vantagens"[67].

---

[67] KEYNES, John Maynard. *The Economic Consequences of the Peace*. Anna Ruggieri, 2017. Originalmente publicado em 1919.

As três décadas anteriores a 1914 foram muito boas para os investidores estrangeiros. Em 1908, todos os bancos centrais europeus já tinham se comprometido com a adoção do padrão ouro, reduzindo o risco de grandes flutuações de taxas de câmbio.

O início da Primeira Guerra Mundial trouxe grandes perdas aos mercados e parou completamente o processo de globalização, que só viria a se desenvolver novamente muitos anos depois. As mais importantes bolsas do mundo ficaram fechadas por períodos superiores a cinco meses, e houve corrida aos bancos para saques. Os governos começaram a agir para salvar suas economias e seus sistemas bancários com medidas inéditas: fechamentos temporários dos mercados, moratórias de dívidas, papel-moeda emitido pelos governos em caráter de emergência, resgate das instituições mais vulneráveis. O fechamento do mercado de ações e a intervenção das autoridades para suprir a liquidez provavelmente evitaram uma desastrosa queima de ativos.

Aqui podemos tirar uma lição desse episódio. A primeira era de globalização financeira demorou pelo menos uma geração para se materializar. Mas foi destruída em alguns dias. E seriam necessárias mais de duas gerações para consertar o estrago causado pela Primeira Guerra Mundial, principalmente porque ela acabou tendo forte influência na geração da Segunda Guerra Mundial. Dos anos 1930 até o final de 1960, as finanças internacionais e a ideia de globalização ficaram adormecidas.

Com as moedas fluindo novamente, e mercados globais florescendo, como o de títulos europeus, começou nos anos 1970 algum crescimento da globalização, seguido de um novo tropeço com a crise dos mercados emergentes. Os bancos ocidentais investiram os excedentes dos países exportadores de petróleo no Oriente, os petrodólares na América Latina e nos países do Leste Europeu, com a dissolução do bloco comunista. Em agosto de 1982 viria o não pagamento do México e uma nova crise no processo de globalização. Mas os governos não podiam mais enviar suas esquadras de guerra para recuperar o dinheiro investido, então foram criadas duas instituições para coordenar esse processo de recuperação de países em crise financeira: o FMI (Fundo Monetário Internacional) e o Banco Mundial. Dessa época também houve a formação do Consenso de Washington, que estipulava uma lista de dez políticas econômicas visando reduzir os déficits fiscais.

Nos anos 1980, houve o desenvolvimento de um mercado que representaria uma das maiores transformações nos mercados financeiros globais: o mercado de derivativos. E junto com o mercado de derivativos vieram os "*hedge funds*", fundos que operam todos os mercados, muitas vezes através de derivativos. Um dos grandes eventos relacionados aos *hedge funds* foram a aposta bem sucedida

HISTÓRIA DOS INVESTIMENTOS E DOS MERCADOS

de George Soros, de US$ 10 bilhões, acreditando na desvalorização da moeda inglesa e a quebra do LTCM, o maior *hedge fund* americano na época, dos economistas ganhadores do Prêmio Nobel, Myron Scholes e Robert Merton. De acordo com a *Hedge fund Research*, em 1990, havia um pouco mais de 600 *hedge funds* administrando cerca de US$ 39 bilhões. Em 2000, havia 3.873 fundos com US$ 490 bilhões, e atualmente devem existir por volta de 10 mil *hedge funds* administrando mais de US$ 3 trilhões. A explicação para essa explosão no crescimento da indústria é que eles têm funcionado relativamente bem como uma classe de ativos, com volatilidade relativamente baixa e correlação pequena para outros veículos de investimentos. Mas os lucros dos *hedge funds* vêm caindo – de 18% nos anos 1990 para 7,5% nos anos 2000. Existe também algum ceticismo se os resultados dos *hedge funds* realmente refletem "*alpha*" (geração absoluta de resultado), em oposição ao "*beta*" (movimentos gerais do mercado que podem ser capturados com alocação de ativos).

O mercado financeiro pode ser considerado como um outro planeta, pois ele se alavancou sobre a economia real e tomou uma proporção gigantesca. Em 2006, a produção econômica aferida do mundo inteiro estava por volta de US$ 47 trilhões, segundo dados levantados por Niall Fergunson. A capitalização total do mercado das bolsas de valores do mundo era de US$ 51 trilhões, 10% maior. A quantidade de derivativos era de US$ 473 trilhões, mais de dez vezes maior. Atualmente, 2020, o GDP global está em torno de US$ 90 trilhões, o valor de mercado das bolsas em US$ 90 trilhões também e o mercado de derivativos está em US$ 640 trilhões, sete vezes maior que a economia real.

24.1 História das Crises Financeiras

> "Muitos que agora estão caídos se recuperarão e muitos que agora estão muito bem irão cair."
>
> Horácio

> "Quanto mais eu estudei e escrevi sobre crises financeiras, mais eu percebi que você pode entendê-las melhor através das lentes da psicologia e da história, do que das finanças."
>
> Morgan Housel

Talvez uma das lições mais importantes para os economistas e para a sociedade que tenha ficado da história das crises financeiras seja relativa à Grande

Depressão e na análise de possíveis medidas para evitar a sua recorrência. A lição é de que uma política monetária ineficiente ou inflexível no rastro de um declínio agudo nos preços de ativos pode transformar a correção em recessão, e uma recessão numa depressão.

Em fevereiro de 2020, o *Dow Jones Industrial Average* atingiu próximo de 30 mil pontos, o nível mais alto em 100 anos de história. Então a severidade da pandemia da covid-19 entrou em cena e jogou o índice em março de 2020 para 18.590, uma queda de 38%, destruindo uma longa criação de valor num período de um mês. Estamos adotando aqui o Dow Jones porque estamos comparando com crises que aconteceram há mais de 100 anos e o S&P 500 só surgiu em 1926, enquanto o Dow Jones começou em 1896.

O objetivo dessa análise é mostrar outras crises para buscarmos parâmetros e termos uma perspectiva histórica das grandes quedas da bolsa americana. Algumas quedas duraram dias, semanas ou até meses. Estamos analisando apenas a bolsa americana pelo histórico longo e por ser o mercado mais bem estruturado ao longo do tempo.

Se considerarmos que a crise do coronavírus causou até aqui uma queda máxima de 38%, e algumas semanas depois a queda foi reduzida para 15%, poderíamos classificar a crise atual como de rápida recuperação dos mercados e não tão grave, quando comparamos com as últimas 14 crises da bolsa americana.

Segue um histórico das últimas crises na bolsa americana, com um pequeno descritivo de cada período.

1. Pânico de 1901
Declínio do DJIA: -10,8% de 6 de maio de 1901 até 9 de maio de 1901
maior queda num único dia: -6,1% (9 de maio de 1901)

O maior pânico depois que o DJIA iniciou no mercado de ações em 1896 ocorreu meia década depois, em maio de 1901. O pânico começou depois que alguns investidores, incluindo o famoso banqueiro J. P. Morgan, buscaram ganhar o controle da empresa Northern Pacific Railway. Eles começaram a comprar agressivamente as ações da empresa e causaram pânico no mercado. No dia 9 de maio, o pior dia do pânico, as ações de algumas empresas caíram entre 10% a 25%. Nesse dia, as ações da U.S. Steel, na época uma das maiores empresas dos EUA caíram 45%.

História dos Investimentos e dos Mercados

2. Pânico de 1907

Declínio do DJIA: -45% de 7 de janeiro de 1907 até 15 de novembro de 1907
maior queda num único dia: -8,3% (14 de março de 1907)

Embora tenha sido precedido pelo Pânico de 1901, o Pânico de 1907 é reconhecido como a primeira crise financeira global do século 20. Entre 1814 e 1914, os Estados Unidos tiveram 13 pânicos bancários – sendo que o de 1907 foi o pior. Antes do pânico realmente tomar corpo, no segundo semestre de 1907, o mercado começou a apresentar sinais de fraqueza, incluindo um declínio impressionante de 8,3% em 14 de março, que na época era o segundo maior declínio em um único dia na história do índice.

Um pânico mais amplo começou em 15 de outubro, quando o Knickerbocker *Trust* e a Westinghouse Electric Company faliram. O fracasso levou a uma reação em cadeia e ao pânico nas ações devido à liquidez limitada e à diminuição da confiança nos bancos. O governo federal e os grandes empresários, incluindo J. P. Morgan e John D. Rockfeller, ajudaram a estabilizar os mercados por meio de salvamentos e outros meios, mas não antes do DJIA perder 15% de seu valor em um mês. O evento deu lugar a reformas monetárias que levaram à formação do Federal Reserve System dos EUA.

3. Wall Street Crash de 1929

Declínio do DJIA: -46,6% de 16 de setembro de 1929 até 13 de novembro de 1929
maior queda num único dia: -12,8% (28 de outubro de 1929)

A Crise de 1929 foi o pior evento na história do Dow Jones. No dia 29 de outubro de 1929, dia que ficou conhecido como a Terça Negra (*Black Tuesday*), investidores perderam bilhões de dólares na Bolsa Americana, quando o DJIA caiu em torno de 12% pelo segundo dia na sequência, acelerando o colapso econômico que caminhou para a Grande Depressão. No período de 2 meses, começando no meio de setembro, o Dow Jones caiu em torno de 46,6%.

O *crash* foi causado por uma atividade especulativa intensa desde 1920. Quando o desemprego começou a subir e a produção iniciou uma queda, as ações estavam sendo negociadas a valores bem acima do justo.

4. Recessão de 1937-38

Declínio do DJIA: -42,6% de 4 de setembro de 1937 até 31 de março de 1938
maior queda num único dia: -5,9% (19 de novembro de 1937)

Em 4 de setembro de 1937 o Dow fechou perto de 172 pontos. No dia seguinte, o índice caiu 5%, na primeira de muitas quedas nos próximos meses. Em 31 de março, o Dow fechou abaixo de 100 pontos pela primeira vez em anos, quando o Dow perdeu mais de 20% do seu valor num período de duas semanas.

Esse declínio de aproximadamente 43% em 200 dias aconteceu durante a recessão de 1937/1938, um período no qual o PIB caiu 10% e o desemprego atingiu 20%. A recessão, que oficialmente foi de maio de 1937 até junho de 1938, veio quando os EUA estavam no meio da recuperação da Grande Depressão e no começo da Segunda Guerra Mundial.

5. Alemanha invade a França – 1940

Declínio do DJIA: -24,5% de 10 de maio de 1940 até 10 de junho de 1940
maior queda num único dia: -6,8% (14 de maio de 1940)

Apesar da Segunda Guerra Mundial ter começado em 1939 com a invasão da Polônia pela Alemanha, as ações americanas ainda não tinham reagido muito até a Alemanha invadir a França, em 1940. Em questão de semanas, Hitler dominou todas as maiores potências militares da Europa e as ações americanas desabaram. A queda da bolsa iniciada com a invasão da França começou em maio e ao longo do próximo mês o DJIA caiu 24,5%. A maior queda num dia foi em 14 de maio, com o índice caindo aproximadamente 7%.

6. Fim da Segunda Guerra Mundial – 1946

Declínio do DJIA: -23,2% de 29 de maio de 1946 até 9 de outubro de 1946
maior queda num único dia: -5,6% (3 de setembro de 1946)

Apesar de o fim da Segunda Guerra Mundial marcar o início de um período histórico de prosperidade, ele configurou um tempo de incerteza econômica e ansiedade. Muitos investidores assumiram que o fim dos gastos de guerra iria levar a uma desaceleração econômica. A queda começou no início, prolongou-se durante, e ainda continuou mesmo com o fim da guerra. Entre maio e outubro de 1946, o Dow Jones caiu 23,2%

História dos Investimentos e dos Mercados

7. Declínio de Kennedy de 1962 (Kennedy Slide - 1962)
Declínio do DJIA: -26,8% de 28 de dezembro de 1961 até 26 de junho de 1962
maior queda num único dia: -5,7% (28 de maio de 1962)

O Declínio de Kennedy de 1962 ocorreu nos primeiros meses de 1962. Em 28 de dezembro de 1961, o Dow fechou em 731,51, e seis meses depois, em 26 de junho, em 535,76. A queda veio depois de um longo período de crescimento e alguns explicaram como um movimento de correção de ações muito caras.

8. Queda das Ações de Tecnologia de 1970
Declínio do DJIA: -18,7% de 20 de abril de 1970 até 26 de maio de 1970
maior queda num único dia: -3,1% (25 de maio de 1970)

Durante o segundo semestre de 1970, o mercado americano caiu com intensidade, em função das ações de tecnologia como a Eletronic Data System, de Ross Perot, que perdeu 85% do seu valor, assim como outras empresas de fabricantes de supercomputadores como Control Data e empresas de dados como a Mohawk Data, que caíram mais de 80%.

O início do *crash* foi catalisado pela batalha legal da IBM com o Departamento de Justiça para poder unir o software e o hardware, além da incapacidade da empresa de produzir o seu novo computador System 370. Analistas atribuí-ram a queda ao excesso de confiança no crescimento do setor de tecnologia e nas perspectivas de rentabilidade que acabaram não se confirmando.

9. Crise de 1973/1974
Declínio do DJIA: -45,1% de 11 de janeiro de 1973 até 6 de dezembro de 1974
maior queda num único dia: -3,5% (18 de novembro de 1974)

Devido em parte a uma série de políticas econômicas implementadas pela administração Nixon, a inflação começou a subir, ficando fora de controle, no início de 1973. A perda do poder de compra levou o presidente Richard Nixon a congelar preços e salários. Com o escândalo de Watergate ganhando espaço ao mesmo tempo, o Dow caiu mais de 20% nos oito primeiros meses de 1973. E o mercado caiu mais ainda em outubro, em função do embargo da OPEP para os EUA.

10. Segunda-feira Negra (Black Monday) – 1987

Declínio do DJIA: -22,6% em 19 de outubro de 1987
maior queda num único dia: -22,6% (19 de outubro de 1987)

O DJIA perdeu quase um quinto de valor num único dia, a maior queda num único dia na história. A recente pandemia de coronavírus, apesar de ser a queda mais rápida de todos os tempos, não apresentou uma queda tão intensa num dia só, inclusive por causa do *circuit breaker*. O *circuit breaker* foi criado em 1987 nos EUA justamente por causa da *Black Monday*. Pela regra americana, existem limites na queda de 7%, 13% e 20%. Nos dois primeiros níveis há uma parada geral por 15 minutos, nos 20%, o mercado só volta no dia seguinte.

Como alguns outros casos, a *Black Monday* não teve sua origem num evento específico. Alguns fatores podem explicar a queda repentina: (i) déficit comercial crescente nos EUA, (ii) uso crescente de negociação eletrônica e (iii) e o crescimento do conflito entre Irã e Kuwait que poderia comprometer o fornecimento de petróleo para os EUA.

11. Invasão do Kuwait – 1990

Declínio do DJIA: -18,4% em 2 de agosto de 1990 até 11 de outubro de 1990
maior queda num único dia: -3,3% (6 de agosto de 1990)

Enquanto os anos 1990 podem ser caracterizados como um período de alta nas ações, uma recessão no início da década causou pânico temporário e jogou os mercados para baixo. O FED ainda estava preocupado que os déficits do governo, que levaram à *Black Monday* alguns anos antes, poderiam persistir e mantiveram uma política monetária restritiva.

Quando Sadaam Hussein invadiu o Kuwait em 2 de agosto de 1990, os preços do petróleo aumentaram rapidamente refletindo numa queda de 20% no Dow Jones nos próximos dois meses. O declínio veio durante uma recessão mais ampla, que durou de julho de 1990 até março de 1991.

12. Queda do Long-Term Capital Management – 1998

Declínio do DJIA: -19,2% em 19 de julho de 1998 até 31 de agosto de 1998
maior queda num único dia: -6,4% (31 de agosto de 1998)

Long-Term Capital Management, ou LTCM, era um *hedge fund* baseado em Connecticut que administrava mais de US$ 100 bilhões. Gerido por economistas ganhadores do Prêmio Nobel de Economia e veteranos de Wall Street,

HISTÓRIA DOS INVESTIMENTOS E DOS MERCADOS

o fundo, fundado em 1994, foi inicialmente muito bem sucedido – mas quase destruiu o sistema financeiro quando faliu quatro anos depois.

A estratégia de arbitragem de preços dos ativos do fundo se mostrou falha quando a Rússia entrou em *default* no verão de 1998. Quando as perdas do LTCM alcançaram bilhões de dólares, a queda da bolsa começou. Num único dia naquele verão, o Dow perdeu 6,4% do seu valor. No fim, o governo interferiu para liquidar a LTCM e evitar o efeito contágio no mercado financeiro.

13. A Bolha da Internet – 2002
Declínio do DJIA: -31,4% em 19 de maio de 2002 até 9 de outubro de 2002
maior queda num único dia: -4,6% (19 de julho de 2002)

A mudança para o século 21 viu um rápido crescimento no setor de tecnologia nos EUA, alimentado pelos investimentos maciços nas oportunidades que a Internet estava gerando. Entretanto, começou a ficar claro para os investidores que muitas dessas empresas estavam muito sobrevalorizadas, e entre 19 de março e outubro de 2002 o Dow Jones caiu mais de 30%.

O Nasdaq (índice de tecnologia) caiu mais ainda, com o índice caindo mais de 75% do seu valor, e empresas como Cisco, Oracle e Intel perderam mais de 80%. Nesse período, várias empresas grandes de Internet quebraram.

14. Grande Crise Financeira de 2008/2009
Declínio do DJIA: -53,7% de 9 de outubro de 2007 até 9 de março de 2009
maior queda num único dia: -4,6% (15 de outubro de 2008)

A bolha no setor imobiliário causada pela falta de controle dos derivativos de crédito levou à crise das hipotecas *"subprime"*, culminando na Grande Crise Financeira. A quebra do Lehman Brothers, o quarto maior banco de investimento do mundo naquela época, foi um dos fatores que aceleraram as perdas. O DJIA veio de 14 mil pontos em outubro de 2007 para 6.500 em fevereiro de 2009. Nesse período iniciou-se uma recessão global.

Através de um esforço gigantesco de evitar o aprofundamento da recessão, numa ação combinada dos governos em uma política monetária expansionista, a situação começou gradativamente a melhorar. Só em 2013 o Dow recuperou os pontos perdidos.

Nosso objetivo em elencar essa sequência de quedas na bolsa é mostrar para o investidor que apesar de todas essas crises, analisando o mercado americano, o resultado do investimento em bolsa é significativamente superior ao investimento em juros no longo prazo. Segundo o estudo do Jeremy Siegel, autor do livro *"Stocks for The Long Run"*, US$ 1 investido em 1802 em ações teria gerado US$ 704.997 em 2012 e US$ 1.778 investidos em juros no mesmo período. Ou seja, essa é a essência do capitalismo, o investimento em empresas no longo prazo tem de ser superior aos juros.

No Brasil esse comparativo é mais complexo, pois tivemos períodos muito longos de juros excessivamente altos, desequilíbrios monetários e fiscais, hiperinflação, maxi desvalorizações cambiais. Acreditamos que com a maior estabilização da economia brasileira, que permitiu uma taxa de juros mais baixa, o Brasil possa se aproximar gradativamente dos países desenvolvidos. Nesse contexto, a bolsa de valores brasileira pode começar a fazer parte do portfólio dos investidores de maneira mais permanente, e não apenas de forma oportunista.

24.2 História dos Fundos

> "Nas duas últimas décadas, os fundos mútuos tornaram-se o principal investimento para pequenos investidores. Na virada do século XXI, o número de fundos mútuos nos Estados Unidos excedeu o número de títulos listados da Bolsa de Valores de Nova York. Comparado com investimentos diretos em ações e títulos individuais, os fundos mútuos oferecem as vantagens da liquidez e diversificação a um custo relativamente baixo. Embora a popularidade dos fundos mútuos seja relativamente recente, as origens dos fundos mútuos remontam aos primeiros dias de negociação de ações organizadas."
>
> K. Geert Rouwenhorst

De acordo com o *Investment Company Institute* (ICI), os fundos de investimento surgiram no século 18, na Europa. Em 1774, Adriaan Van Ketwich, comerciante e corretor holandês, convidou investidores para formar um *trust*, o *Eendragt Maakt Magt*, a fim de fornecer oportunidades de diversificação de investimentos para investidores com menor volume para aplicar. O primeiro fundo de investimento britânico foi criado em 1868, o *Foreign and Colonial Government Trust*, com o objetivo de dar ao investidor menor os mesmos benefícios a que possuíam acesso os grandes investidores, através de uma carteira de ações diversificada e de menor risco. Esses fundos, tanto ingleses quanto

HISTÓRIA DOS INVESTIMENTOS E DOS MERCADOS

americanos, no início, se pareciam mais com os fundos fechados. As companhias vendiam um número fixo de cotas, cujo preço era determinado pela oferta e demanda.

Um fundo mais parecido com o fundo de ações que conhecemos hoje surgiu em 1924, que foi o primeiro fundo aberto, chamado *The Massachusetts Investor Trust*, que começou com US$ 50 mil investidos em 45 ações. Nesse fundo havia uma oferta continuada de novas cotas que poderiam ser resgatadas a qualquer momento pelo valor corrente dos ativos.

Essa nascente indústria de fundos sofreria um choque com o *crash* do mercado acionário na crise de 1929, motivando o congresso americano a posteriormente aprovar leis para proteger os investidores e regular títulos, valores mobiliários e o mercado financeiro, incluindo a indústria de fundos mútuos. A lei adotada em 1940, chamada de *The Investment Company Act*, abordou os principais riscos dos fundos, criando regras adotadas até hoje. Os principais pontos da lei foram os seguintes: (i) exigiu que os ativos dos fundos fossem marcados a valor de mercado todos os dias; (ii) proibiu transações entre o fundo e seu administrador; (iii) estabeleceu limites de alavancagem; (iv) exigiu um sistema estatutário de diretores independentes; e (v) determinou aos gestores elaboração de relatórios e transparência nas operações. Essa lei regulamentou também os gestores, distribuidores, diretores, gerentes e empregados dos fundos mútuos.

Um australiano nascido em 1901 em Melbourne, Alfred Winslow Jones, filho de pais americanos, foi morar nos Estados Unidos ainda criança, graduou-se em Harvard em 1923, tornou-se diplomata dos EUA no início dos anos 1930. No início da década de 1940 ele completou seu PhD em sociologia e juntou-se ao editorial da revista Fortune. Ao escrever um artigo sobre novas tendências de investimentos, ele teve a ideia de fazer gestão de recursos. Juntou US$ 100 mil e iniciou seu fundo, e sua estratégia consistia em comprar ações que considerava com grandes chances de crescimento ao longo do tempo e vender a descoberto ações em que ele estimava performar mal no mesmo período, para minimizar os riscos e eventualmente utilizar os recursos das vendas das ações para alavancar suas operações de compra. Para colocar em prática suas estratégias e buscar uma maior eficiência em sua gestão, Jones estruturou seu fundo na forma de "*limited partnership*", uma sociedade limitada onde o número de investidores do fundo seria finito e definido na abertura do mesmo, para que ele não pudesse ser regulado pela SEC. Livre dessa regulamentação, Jones instituiu uma taxa de performance de 20% dos lucros como forma de incentivo para a gestão. Sua estratégia pioneira de minimizar os riscos fazendo posições contrárias em ativos com alta correlação entre si e de usar alavancagem, estratégias que anteriormente eram conhecidas por aumentar os riscos, deram origem ao primeiro *hedge fund*. O fundo entrou em operação em 1949. Jones também contratou outros gestores e delegou a eles autoridades sobre parte do fundo; assim ele começou o primeiro *hedge fund multigestor*.

A SEC define os *hedge funds* como uma companhia que reúne recursos de seus sócios e investe em instrumentos financeiros, assim como os fundos mútuos, utilizando-se de alavancagem e outras formas de estratégias especulativas que podem vir a aumentar o risco da carteira. Diferente dos fundos mútuos, os *hedge funds* vendem suas cotas para grupo privado de número limitado de investidores, e por isso não são obrigados a registrar perante a SEC. Em meados dos anos 1960 o fundo de Jones ainda estava ativo e começou a inspirar imitações. Alguns gestores que anteriormente trabalharam com Jones na gestão do fundo começaram a montar seus próprios *hedge funds*. Uma pesquisa da SEC revelou 140 *hedge funds* abertos no ano de 1968. No final da década de 1960 ocorreu um *boom* nos mercados de ações e os *hedge funds* que faziam estratégias comprados e vendidos (*long & short*), iniciadas por Jones, começaram a performar abaixo do resto do mercado. Muitos *hedge funds* começaram a desfazer suas posições vendidas com o interesse de aproveitar o bom momento do mercado acionário. Alguns começaram a alavancar suas posições apostando na alta do mercado. No período subsequente, 1972-74, ocorreu uma grande queda na bolsa, o S&P 500 despencou significativamente e os vários *hedge funds* que utilizavam-se de alavancagem apostando na alta da bolsa sofrem grandes perdas e encerraram suas atividades. Em 1984, uma pesquisa pela Tremont Partners identificou apenas 68 *hedge funds* operando, menos da metade do número de 1968.

Em meados da década de 1980, liderados pelo bom desempenho do Tiger Fund gerido por Julian Robertson, começou uma tendência de melhora para os *hedge funds*. O fundo de Robertson montava posições de alavancagens em papéis e moedas no mundo inteiro, utilizando-se de análises macroeconômicas globais, estratégia conhecida como *global macro fund*, e assim procurando distorções que pudessem ser exploradas.

Os *hedge funds* passaram a ser admirados por seu alto grau de retornos, mas ao mesmo tempo foram alvos de muitas críticas por serem acusados de causarem crises internacionais atribuídas a fenômenos especulativos. Envolvidos nessas polêmicas temos o Quantum Fund de George Soros, que obteve mais de 1 bilhão de dólares em ganhos operando vendido em libras esterlinas durante a crise do Mecanismo de Taxa de Câmbio da União Europeia. No final da década de 1990 o mundo assistiu a diversos episódios de grandes movimentos nos mercados envolvendo *hedge funds*, como o fundo de Soros perdendo US$ 2 bilhões durante a crise da Rússia, e posteriormente perdendo US$ 3 bilhões apostando

HISTÓRIA DOS INVESTIMENTOS E DOS MERCADOS

contra as empresas de internet durante o *boom* das .com; o Tiger Fund apostando incorretamente no yen contra o dólar e perdendo também US$ 2 bilhões; também o Tiger Fund apostando contra as empresas do novo mercado (empresas de internet) e sofrendo perdas expressivas que geraram resgates que acabaram levando o fundo a encerrar as atividades em 2000.

De acordo com dados pesquisados na Investopedia, nos anos 50, nos EUA, havia em torno de 100 fundos abertos, com ativos totais de mais de US$ 600 milhões. A indústria apresentou um pequeno crescimento durante os anos 60, acompanhando a melhora da economia e dos mercados. Nesse período, a maioria dos fundos investia em ações e era cobrada uma taxa de entrada de 8,5% do valor do investimento.

Nos anos 1970, com o declínio do mercado acionário, os investidores mudaram o foco dos fundos de ações para fundos de renda fixa de curto prazo, os *Money Market Funds*, que não cobravam a tradicional taxa de entrada. Nos anos 1980, os fundos de renda fixa de curto prazo tornaram-se importantes veículos para gestão de caixa das empresas e investidores institucionais, superando em patrimônio os fundos de ações e os fundos de renda fixa de longo prazo (*bonds*). No final da década de 1970, foram introduzidos os fundos livres de imposto de renda (*tax-exempt funds*), baseados na legislação que permitia repassar aos cotistas o benefício de não cobrar imposto dos títulos emitidos pelos municípios.

Em 1987, o total de ativos dos fundos atingiu US$ 800 bilhões, crescendo a uma taxa superior a 17% ao ano, atingindo atualmente mais de US$ 20 trilhões.

Em 1960, o Presidente Eisenhower assinou o *Real Estate Investment Trust Act,* dando origem aos fundos de investimentos imobiliários como são conhecidos atualmente nos EUA, os REITS, outra classe de fundos importante e que vem crescendo. O desenvolvimento desses fundos democratizou os investimentos imobiliários em ativos comerciais, como lajes corporativas e galpões logísticos, antes só disponíveis para investidores muito grandes ou institucionais.

A partir de 2002 começou a haver uma demanda crescente pelos ETFs (*Exchange Traded Funds*). Estes fundos negociados em bolsa são carteiras indexadas a um índice de referência (*benchmark*) e contam com taxas de administração inferiores às dos fundos mútuos. Em 2020, o patrimônio dos ETFs está se aproximando dos US$ 5 trilhões.

Um dos casos mais famosos de problemas na indústria de *hedge funds* no final da década de 1990 foi a quebra do *Long-Term Capital Management* (LTCM). Essa era uma das casas mais importantes de estratégia quantitativa, e seus principais gestores eram altamente conceituados em Wall Street. Inicialmente bem sucedido, apresentado um retorno anual de 21% no seu primeiro ano, 43% no segundo ano e 41% no terceiro ano, em 1998 perdeu US$ 4,6 bilhões em menos de 4 meses em função de uma combinação de alta alavancagem e exposição à Crise Financeira da Ásia em 1997 e a Crise Financeira da Rússia em 1998.

Uma das principais estratégias do LTCM era a de valor relativo envolvendo arbitragem juros de renda fixa e futuros de índices de ações. Como exemplo, uma de suas operações explorava pequenos descasamentos entre taxas de juros de papéis de dívida entre países da União Europeia baseado no fato de que essas taxas deveriam convergir, pois os juros da UE eram amarrados. Por serem descasamentos extremamente pequenos era necessário ter uma grande alavancagem nessa operação para obter retornos significativos para o fundo. Para se ter uma ideia, a LTCM detinha US$ 120 bilhões em posições, enquanto o patrimônio de seu fundo era de apenas US$ 4,8 bilhões. No verão de 1998, a crise da Rússia causou um grande desbalanceamento nos juros de vários países, quando investidores preocupados com suas posições começaram a migrar para ativos de menor risco. A LTCM perdeu parte significativa de seu patrimônio e sofreu uma crise de liquidez, pois não havia como encerrar suas gigantescas posições de ativos de baixa liquidez a preços de mercado e nem como levantar empréstimos para honrar suas dívidas e aguardar a melhora para assim encerrar suas posições. A solução foi o Federal Reserve Bank de New York, junto com mais 14 bancos, pagar os empréstimos da LTCM e encerrar todas as suas posições. Após a crise da Rússia e o caso LTCM, a captação dos *hedge funds* parou temporariamente até meados de 1999, quando os fundos retomaram seu ritmo de crescimento. Desde sua criação em 1949 surgiram várias estratégias diferentes da estratégia original de comprado/vendido com viés neutro de mercado lançado por Jones. Novos instrumentos financeiros surgiram nesse período, possibilitando o aumento da eficiência dos mercados e, assim, o surgimento de novas estratégias.

Recentemente a indústria de gestão de recursos está passando por uma transformação dialética. Ao mesmo tempo que a indústria de fundos passivos cresce significativamente, está sendo criada a sua antítese, fundos fechados, com pouca liquidez e taxas de administração mais altas. Investidores institucionais e *private* têm caminhado na direção de fundos privados de nichos, tais como *venture capital, private equity* e *private debt*. Uma parcela grande e crescente dos ativos alocados pelos grandes fundos de pensão globais, *endowments* e fundos soberanos tem sido direcionada para mercados privados. Em um levantamento de 2019, da Revista Economist, a mediana de participação dos investimentos em mercados privados atingiu 23% do total.

Globalmente, os investimentos privados cresceram 44% em cinco anos, terminando em 2019, segundo levantamento do JPMorgan Chase. Outra forma

HISTÓRIA DOS INVESTIMENTOS E DOS MERCADOS

de olhar para esse mercado é olhar para as quatro maiores empresas de Wall Street que são especialistas em investimentos privados – Apollo, Blackstone, Carlyle e KKR. O total de ativos geridos por essas empresas cresceu 76% nos últimos 5 anos, para US$ 1,3 trilhões.

Esse forte desenvolvimento em investimentos privados é baseado na crença que esses investimentos exclusivos, acessíveis para poucos clientes, irão performar melhor que os investimentos públicos. Esses produtos têm a limitação da baixa liquidez, o que não permite aos investidores fazerem mudanças de rumo em função de mudanças econômicas. E o histórico ainda não é muito longo para uma análise mais profunda, mas é uma tendência, que aparentemente veio para ficar e que ainda precisa ser mais bem testada em momentos de recessão e euforia de mercado.

Existe uma grande discussão sobre se é melhor investir em fundos ativos ou passivos. Fundos ativos são aqueles nos quais o gestor escolhe os ativos de acordo com o seu processo de investimentos, com o objetivo de ter uma rentabilidade acima dos parâmetros de mercado. Os fundos passivos são os ETFs, ou seja, fundos que espelham os *benchmarks*. Acho que essa discussão será eterna, sem uma conclusão definitiva.

Charles Ellis, no seu livro, *"Winning the Loser's Game"* usa alguns exemplos que considero interessantes para discutirmos a complexidade da gestão ativa de fundos atualmente.

Ele utiliza o jogo de tênis para mostrar que pode ser dividido em dois jogos: um disputado pelos profissionais e o outro jogado por amadores. Apesar dos jogadores utilizarem o mesmo equipamento, os profissionais ganham pontos, enquanto os amadores perdem pontos. Os profissionais forçam o erro do oponente através de jogadas mais agressivas, com riscos calculados, e raramente cometem erros, enquanto os amadores tentam não errar e mandar a bola de volta para que o oponente cometa um erro. Os dois jogos são fundamentalmente opostos. O tênis profissional é um jogo de vencedores: o resultado é determinado pelas ações do vencedor. O tênis amador é um jogo de perdedores: o resultado é determinado pelas ações do perdedor, que derrota a si mesmo.

Neste sentido, na gestão profissional de fundos, para obter performance acima da média através da gestão ativa, você depende de explorar os erros dos seus competidores.

A gestão de investimentos parte da premissa que investidores irão performar melhor que o mercado. Essa expectativa otimista era razoável há 50 anos, mas não hoje em dia. Os mercados têm passado por tantas mudanças que ela não é mais verdadeira. Analisando o mercado americano, aproximadamente 70% dos fundos performam abaixo dos seus índices de referência (*benchmarks*). Quanto maior o fundo, menos atrativo para os cotistas ele deve ficar, pois o universo de opções para investir fica bastante reduzido.

Essa ideia de que alguns investidores podem consistentemente performar melhor que o mercado é um dos temas mais discutidos e dificilmente se chegará a um consenso sobre esse tema. Mas alguns gestores de fundos conseguem sistematicamente performar melhor que o mercado por períodos longos, mais frequente entre gestores de hedge funds, do que em gestores de fundos de ações.

24.3 História da Bolsa de Valores, do Ibovespa e dos Fundos no Brasil

24.3.1 História da Bolsa de Valores no Brasil

> "Ao mercado de capitais e ao seu importante instrumento, a bolsa de valores, está reservado o papel fundamental para o crescimento do Brasil."
>
> Roberto Teixeira da Costa

A Bolsa Livre foi fundada em 23 de agosto de 1890 pelo presidente Emílio Rangel Pestana, no que seria o embrião da Bolsa de Valores de São Paulo. Com vida curta em razão da política do encilhamento, a bolsa encerrou suas atividades em 1891 e só veio ressurgir em 1895. Naquele ano nascia a Bolsa de Fundos Públicos de São Paulo.

Cerca de 40 anos depois, com a maturação do mercado de ações no Brasil, a bolsa foi transferida de lugar e foi instalada no Palácio do Café, localizado no Pátio do Colégio, na zona central da capital paulista. No ano seguinte, em 1935, seu nome foi novamente alterado, passando para Bolsa Oficial de Valores de São Paulo. Somente em 1967 a entidade passou a ser denominada Bovespa, a Bolsa de Valores de São Paulo.

Até o início da década de 1960, a Bovespa e as demais bolsas brasileiras – ao todo eram 27, uma por Estado – eram entidades oficiais corporativas, controladas pelas secretarias estaduais de finanças (as atuais secretarias da fazenda).

Com as reformas implementadas no sistema financeiro nacional entre 1965 e 1966, as bolsas assumiram a característica institucional. Explicando: elas deixaram o governo e se transformaram em associações civis sem fins lucrativos. A partir daí elas se tornaram autônomas financeira, patrimonial e administrativamente.

Desde o nascimento do mercado de capitais brasileiro, no início do fim do período colonial, a Bolsa de Valores do Rio de janeiro era o grande mercado.

A situação só começou a mudar de figura com a crise econômica de 1970, no *crash* durante o governo militar, quando a importância da Bovespa começou a crescer em relação à bolsa do Rio.

Com o grande volume de recursos carreados para o mercado acionário, principalmente em decorrência dos incentivos fiscais criados pelo Governo Federal, houve um rápido crescimento da demanda por ações pelos investidores, sem que houvesse aumento simultâneo de novas emissões de ações pelas empresas. Isto desencadeou o *boom* da Bolsa do Rio de janeiro quando, entre dezembro de 1970 e julho de 1971, houve uma forte onda especulativa e as cotações das ações não pararam de subir.

Após alcançar o seu ponto máximo em julho de 1971, iniciou-se um processo de realização de lucros pelos investidores mais esclarecidos e experientes, que começaram a vender suas posições. O quadro foi agravado progressivamente quando novas emissões começaram a chegar às bolsas, aumentando a oferta de ações em um momento em que muitos investidores, assustados com a rapidez e a magnitude do movimento de baixa, procuravam vender seus títulos.

O movimento especulativo, conhecido como "*boom* de 1971", teve curta duração, mas sua consequência foi vários anos de mercado deprimido, pois algumas ofertas de ações de companhias extremamente frágeis e sem qualquer compromisso com seus acionistas, ocorridas no período, geraram grandes prejuízos e mancharam de forma surpreendentemente duradoura a reputação do mercado acionário. Apesar disso, notou-se uma recuperação das cotações, a partir de 1975, devido a novos aportes de recursos e maiores investimentos por parte dos Fundos de Pensão.

Não obstante vários incentivos adotados pelo governo, o mercado de capitais não teve o crescimento esperado, ainda que em alguns momentos tenha havido um aumento na quantidade de companhias abrindo seu capital, e um volume razoável de recursos captados pelas empresas através de ofertas públicas de ações tenha ocorrido durante a década de 1980.

O processo de internacionalização do mercado chega ao país no final desta década. A partir de meados da década de 1990, com a aceleração do movimento de abertura da economia brasileira, aumenta o volume de investidores estrangeiros atuando no mercado de capitais nacional. Além disso, algumas empresas brasileiras começam a acessar o mercado externo através da listagem de suas ações em bolsas de valores estrangeiras, principalmente a *New York Stock Exchange*, sob a forma de ADRs – *American Depositary Receipts* –, com o objetivo de se capitalizar através do lançamento de valores mobiliários no exterior.

Ao listar suas ações nas bolsas americanas, as companhias abertas brasileiras foram obrigadas a seguir diversas regras impostas pela SEC – *Securities*

and Exchange Commission –, órgão regulador do mercado de capitais norte-
-americano, relacionadas a aspectos contábeis, de transparência e divulgação
de informações, os chamados "princípios de governança corporativa".

A partir daí, as empresas brasileiras começam a ter contato com acionistas
mais exigentes e sofisticados, acostumados a investir em mercados com práticas
de governança corporativa mais avançadas que as aplicadas no mercado brasileiro. Ao número crescente de investidores estrangeiros soma-se uma maior
participação de investidores institucionais brasileiros de grande porte e mais
conscientes de seus direitos.

Com o passar do tempo, o mercado de capitais brasileiro passou a perder
espaço para outros mercados, devido à falta de proteção ao acionista minoritário e a incertezas em relação às aplicações financeiras. A falta de transparência
na gestão e a ausência de instrumentos adequados de supervisão das companhias influenciavam a percepção de risco e, consequentemente, aumentavam
o custo de capital das empresas.

Algumas iniciativas institucionais e governamentais foram implementadas
nos últimos anos com o objetivo de assegurar melhorias das práticas de governança corporativa das empresas brasileiras, das quais destacamos a criação do
Novo Mercado e dos Níveis 1 e 2 de governança corporativa pela Bovespa.

No final dos anos 1990 era evidente a crise de grandes proporções pela
qual passava o mercado de ações no país. A título de exemplo, o número de
companhias listadas na Bovespa tinha caído de 550 em 1996 para 440 em
2001. O volume negociado, após atingir US$ 191 bilhões em 1997, recuara
para US$ 101 bilhões em 2000 e US$ 65 bilhões em 2001. Além disso, muitas
companhias fechavam o capital e poucas abriam.

É nesse cenário que a Bovespa cria o Novo Mercado, um segmento especial
de listagem de ações de companhias que se comprometam voluntariamente a
adotar as boas práticas de governança corporativa. Numa necessária adaptação
à realidade do mercado de ações brasileiro, são criados dois estágios intermediários: Níveis 1 e 2, que, juntos com o Novo Mercado, estabelecem compromissos crescentes de adoção de melhores práticas de governança corporativa.

A ideia que norteou a criação do Novo Mercado tem seu fundamento na
constatação de que entre os diversos fatores que contribuem para a fragilidade do
mercado de capitais brasileiro está a falta de proteção aos acionistas minoritários.
Dessa forma, a valorização e a liquidez das ações de um mercado são influenciadas
positivamente pelo grau de segurança que os direitos concedidos aos acionistas
oferecem e pela qualidade das informações prestadas pelas empresas.

A ausência de regras adequadas de defesa dos interesses dos acionistas minoritários acarreta a exigência por parte dos investidores de um deságio sobre

o preço da ação, causando uma desvalorização no valor de mercado das companhias. Dessa forma, é esperado que as empresas cujas ações estejam listadas em algum dos segmentos diferenciados de governança corporativa, nas quais os riscos envolvidos são minimizados, apresentem prêmios de risco consideravelmente reduzidos, implicando valorização do patrimônio de todos os acionistas.

Em 2000, São Paulo e Rio comandaram um acordo de integração das nove bolsas de valores brasileiras ativas: além da Bovespa e Bolsa do Rio, se uniram a de Minas – Espírito Santo – Brasília, do Extremo Sul, de Santos, da Bahia – Sergipe – Alagoas, de Pernambuco, da Paraíba, do Paraná e a Bolsa Regional. A partir de então, as ações de companhias abertas e os títulos privados seriam todos negociados na Bovespa. A Bolsa do Rio, por sua vez, ficaria encarregada do mercado eletrônico de títulos públicos, serviço lançado em agosto daquele ano.

A partir de 2003, houve um reaquecimento do mercado. Para se ter uma ideia da magnitude dessa retomada, basta observar o salto na quantidade de ofertas iniciais (IPOs) após 2003. Em todo o período de 1996 a 2003 foram feitas apenas quatro – menos de uma por ano –, ao passo que entre 2003 e 2011 foram realizadas mais de 100.

Após todas as mudanças anteriores, em apenas quatro anos outras quatro modificações transformaram a Bovespa no que ela é atualmente. Em setembro de 2005 houve o fim do pregão eletrônico 100% doméstico, dando fim a toda aquela confusão de papéis e corretores ao telefone, que foi por muito tempo símbolo do mercado financeiro.

Na sequência, em 2007, ocorreu a abertura de capital – IPO – da empresa coligada Bovespa Holding, que é um consórcio das corretoras que operam na bolsa. E, em seguida, no dia 26 de março de 2008, a Bovespa anunciou oficialmente o início do processo de fusão com a BM&F (Bolsa de Valores, Mercadorias e Futuros), nome da instituição fruto da fusão que perdura até hoje.

24.3.2 O Ibovespa

Uma das maiores referências para os investidores de renda variável, o Ibovespa nasceu em janeiro de 1968 e, ao longo das últimas décadas, já passou por muitas fases. As transformações foram graduais, mas hoje o índice é um pouco menos concentrado e suscetível às influências de estatais.

Uma decisão de 1967 passou a permitir que contribuintes utilizassem parte do imposto devido na compra de cotas dos chamados fundos 157, de ações de companhias abertas, estimulando o mercado de ações. A medida foi revogada em 1983.

254   COMO ESCOLHER E ADMINISTRAR SEUS INVESTIMENTOS

Entretanto, com os juros reais extremamente elevados naquela época e, depois, a atuação do BNDES oferecendo crédito subsidiado, por muitas décadas o mercado acionário não era uma alternativa viável de captação de recursos para as empresas brasileiras. Ao mesmo tempo, para os investidores fazia muito mais sentido aplicar em títulos públicos, com risco muito menor, mas que ofereciam rendimento bastante elevado.

Nas primeiras carteiras teóricas, o Ibovespa era repleto de empresas de *commodities* e de indústrias de base, como siderúrgicas e metalúrgicas. Em 1968, as cinco maiores participações do índice concentravam 37,2% do total. Na década de 1970, o índice era claramente dominado por estatais. Na década de 1980, as estatais ainda tinham protagonismo, mas começavam a dar espaço para as privadas, como a Paranapanema.

Cinco Principais Ações do Ibovespa desde Sua Criação

Ano do Ibovespa	1ª	2ª	3ª	4ª	5ª	Soma
1968	Antártica OP	Souza Cruz OP	Vale do Rio Doce PP	Cimento Itaú ON	Cimento Itaú PP	
	7,7	7,7	7,7	7,0	7,0	37,1
1970	Docas OP	Alpargatas OP	Belgo Mineira OP	Moinho Santista OP	Banespa ON	
	6,2	5,5	4,8	3,6	3,5	23,6
1975	Petrobras PP	Acesita OP	Cesp PP	Vale do Rio Doce PP	Belgo Mineira OP	
	9,7	6,6	5,2	5,0	4,8	31,3
1980	Petrobras PP	Banco do Brasil PP	Vale PP	Vidraçaria Santa Marina OP	Banespa PP	
	11,7	7,9	3,7	3,5	3,2	30,0
1985	Paranapanema PP	Petrobras PP	Vale do Rio Doce PP	Copene PPA	Sharp PP	
	23,0	7,2	4,4	3,7	3,6	41,9
1990	Paranapanema PN	Vale do Rio Doce PP	Petrobras PP	Telebras PP	Cofap PP	
	19,2	16,6	12,3	7,4	2,9	58,4
1995	Telebras PN	Petrobras PN	Eletrobras PN	Vale do Rio Doce PN	Eletrobras ON	
	33,9	10,7	9,3	5,9	5,8	65,6
2000	Petrobras PN	Telemar PN	Globo Cabo PN	Embratel PN	Bradesco PN	
	8,5	8,5	8,0	4,8	4,7	34,5
2005	Telemar PN	Petrobras PN	Vale do Rio Doce PNA	Usiminas PNA	CSN ON	
	9,1	7,9	7,0	5,8	4,4	34,2
2010	Vale PNA	Petrobras PN	BM&FBovespa ON	Itaú Unibanco PN	OGX Petróleo ON	
	10,7	9,7	3,8	3,8	3,7	31,7
2015	Itaú Unibanco PN	Ambev ON	Bradesco PN	Petrobras PN	BRF ON	
	10,1	7,5	7,1	4,5	4,4	33,6
2019	Itaú Unibanco PN	Vale ON	Bradesco PN	Petrobras PN	B3 ON	
	9,0	8,1	7,2	6,9	5,2	36,4

Fonte: B3, Valor Econômico

Em 1985, a grande campeã de participação no índice era justamente a Paranapanema, produtora de cobre, com 23% das ações da carteira teórica.

Nos anos 1990, as empresas de telecomunicações dominavam, e a Telebrás chegou a representar metade do índice, que foi criado pelo economista Mário Henrique Simonsen. Anos depois, no entanto, em vez de diluir os pesos das empresas no índice, a concentração aumentou. Na carteira de 1995, a Telebrás ainda abocanhava 33,9% do Ibovespa e a as cinco maiores participações detinham 65,7% do total.

O Ibovespa era ponderado pela liquidez. Quanto mais negociada a ação, maior o peso. Essa distorção permaneceu até o fim de 2013.

HISTÓRIA DOS INVESTIMENTOS E DOS MERCADOS

Atualmente, as cinco principais ações do Ibovespa representam 36,5% do índice, patamar semelhante à carteira válida de setembro a dezembro de 1968, porém diferente e mais diversificado em sua composição total. O setor de serviços era pouco diversificado há 15 anos. Hoje, temos educação, saúde, locadoras, shoppings e outros. Só Vale e Ambev (ações da Antarctica, então) resistem até hoje desde a primeira formação do índice.

Entre os dez maiores pesos no Ibovespa, a concentração passou de 66% em 1968 para 55,3% neste ano. A redução da concentração do índice foi muito importante. Antes, havia o total domínio de Petrobrás, Eletrobrás e Telebrás. A expansão de empresas e setores novos foi o grande ganho nos últimos 15 a 20 anos. E muito se deve às emissões do Novo Mercado.

Não só as empresas eram diferentes nos primórdios do Ibovespa, mas a metodologia que calculava quem entrava ou saía do índice também passou por mudanças. Desde 2014, a forma de filtrar as empresas mudou com o intuito de corrigir distorções, como a que permitiu que OGX tivesse parcela de 5% no Ibovespa no primeiro quadrimestre de 2013.

Para fazer parte do índice hoje, as ações e *units* precisam estar presentes em 85% dos pregões e ter volume financeiro acima de 0,01% no último ano. O índice é reavaliado a cada quatro meses e as ações e *units* que fazem parte dele precisam corresponder a cerca de 80% dos negócios e do volume financeiro de toda a bolsa brasileira. O índice é quadrimestral porque nos primórdios tudo era calculado à mão.

Na carteira em vigor atualmente, o setor de serviços financeiros, que engloba a própria B3, bancos e seguradoras, ganhou espaço e representa 36,3% do total, superando as *commodities*, que ocupam 28,5% da carteira. O peso das estatais segue elevado, com 11,8% do índice concentrado em Petrobras.

Embora muitos eventos políticos e econômicos tenham impacto nos preços das ações e, por consequência, no Ibovespa, o principal índice acionário do país não pode ser usado como um termômetro da economia real, ou seja, não representa de verdade o que acontece no mercado corporativo e na vida das pessoas.

Entretanto, a bolsa brasileira ainda não representa a economia brasileira em termos de diversificação setorial. Se adotarmos a indústria de alimentos como exemplo, podemos entender melhor a representatividade. Com 35,7 mil empresas no país, segundo a Associação Brasileira da Indústria de Alimentos (Abia), apenas quatro estão no Ibovespa: Ambev, BRF, Marfrig e JBS. Outros nomes de peso da alimentação estão fora da carteira do Ibovespa, como Minerva, Camil, Burger King, IMC e M. Dias Branco.

Como base de comparação, o S&P 500, índice acionário americano, tem as 500 principais empresas (por liquidez e tamanho de mercado), enquanto o Ibovespa tem apenas 68 companhias atualmente.

Hoje temos 328 empresas listadas na bolsa, mas com real liquidez, apenas umas 200 companhias. No último pico do mercado, no fim de 2007 – ano marcado pela popularização das aberturas de capital –, a bolsa chegou a ter mais de 400 empresas. Precisaria ter pelo menos umas 500 listadas com alguma liquidez para haver uma melhor diversificação do Ibovespa e da bolsa.

Na década de 1990 a participação de investidores estrangeiros também era completamente irrisória. Foi nessa época, com a onda de privatizações, que alguns deles chegaram à bolsa, mas um crescimento significativo só ocorreu mesmo na década de 2000. O salto recente no número de pessoas físicas cadastradas na bolsa, que já supera 1,5 milhão, é outro indicador do potencial de crescimento do mercado.

Apesar de representar um universo menor de opções para investir, o mercado acionário brasileiro apresentou avanços importantes nos últimos anos, como o forte aumento no volume negociado e a maior diversificação de empresas e setores. Além disso, o corte dos juros para as mínimas históricas permitiu o crescimento da participação do investidor local, especialmente de varejo, ampliando o acesso a recursos por empresas. Hoje, já é possível montar estratégias diversificadas com ações de menor liquidez.

Vale ressaltar que abrir capital no Brasil não é um processo barato. Pesquisa da PwC aponta que os custos para um IPO na bolsa local variam de 2,5% a 5,6% dos recursos captados[68]. Além disso, muitos empresários ainda resistem em dividir o controle e prestar satisfações a minoritários e analistas. Esse receio do empresário brasileiro em abrir capital é cultural.

De fato, os juros nas mínimas têm forçado os investidores a migrarem para a renda variável – processo que, aliado à expectativa de recuperação mais forte da economia, vai levar mais empresas à bolsa. O recorde de ofertas de ações em 2019, com mais de R$ 76 bilhões, foi um sinal desse processo, apesar de os IPOs terem movimentado apenas R$ 10,2 bilhões.

Com a evolução da economia e aprimoramentos regulatórios, há potencial para o mercado brasileiro crescer bastante. Hoje o valor de mercado das empresas listadas em bolsa equivale a 61,2% do PIB, mas essa proporção é muito maior em países desenvolvidos e mesmo em alguns emergentes.

---

[68] Estudo privado realizado pela PWC.

24.3.3 História dos Fundos de Investimentos no Brasil

O nascimento da indústria de fundos no Brasil se deu meio século mais tarde que nos EUA. Embora existam divergências a respeito do primeiro fundo de investimento a entrar em operação no Brasil, alguns afirmam que o fundo de investimento fechado Valéria Primeira, do grupo Deltec, foi o pioneiro na indústria brasileira, tendo iniciado suas operações em 1952. Segundo a Anbima (Associação Brasileira das Entidades dos Mercados Financeiro e de Capitais), o primeiro fundo de investimento brasileiro teria sido o Crescinco, criado em 1957. Era um fundo de ações administrado pela *International Basic Economic Corporation* (Ibec), uma empresa pertencente ao grupo Rockfeller. O fundo investia em ações de empresas do setor automobilístico, como a Willys–Overland do Brasil, a primeira fábrica de motores a gasolina do país.

Antes da década de 1960, os brasileiros investiam principalmente em ativos reais (imóveis), evitando aplicações em títulos públicos ou privados. A um ambiente econômico de inflação crescente – principalmente a partir do final da década de 1950 – se somava uma legislação que limitava em 12% ao ano a taxa máxima de juros, a chamada Lei da Usura, também limitando o desenvolvimento de um mercado de capitais ativo.

Essa situação começa a se modificar quando o Governo que assumiu o poder em abril de 1964 iniciou um programa de grandes reformas na economia nacional, dentre as quais figurava a reestruturação do mercado financeiro, quando diversas novas leis foram editadas.

Em 1965, foi criada a Lei do Mercado de Capitais com o objetivo de estimular os investidores a participar de investimentos produtivos, uma vez que a preferência era a aplicação em imóveis tanto para a renda quanto para reserva de valor. Essa lei estabeleceu as normas e regulamentos básicos para estruturar o mercado financeiro nacional.

Em 1967, foram criados os fundos com incentivos fiscais destinados à capitalização das empresas, em um sistema conhecido como Fundos 157. Estes fundos eram uma opção dada aos contribuintes de utilizar parte do imposto devido, quando da Declaração do Imposto de Renda, em aquisição de quotas de fundos de ações de companhias abertas administrados por instituições financeiras de livre escolha do aplicador. Os fundos 157, que deveriam servir como aprendizado para os investidores atuarem no mercado de capitais, não cumpriram com a sua finalidade. Por falta de fiscalização e normas rígidas, todo tipo de abuso foi cometido por alguns administradores, como taxas de administração acima de 10% ao ano e transferência de ações e debêntures com baixo retorno para a carteira dos Fundos 157.

Em 1984, surgiram os primeiros fundos mútuos de renda fixa no Brasil. Na época, o Banco Central buscava aumentar o volume aplicado pelos investidores institucionais para financiar a dívida pública, e os fundos de investimento cumpriram esse papel. Podemos observar também que esta indústria de fundos brasileira, apesar de ter se desenvolvido de forma rápida, ainda é um fenômeno recente na história econômica do país.

No final de 1993 surgiram os fundos de ações carteira livre com limites de diversificação não restritos, como os fundos mútuos de ações, o que lhes conferiu maior flexibilidade. Em 1994, foram regulamentados os fundos de renda fixa de curto prazo. Em 1995, foram autorizados do Fundos de Investimento no Exterior (Fiex), destinados à compra de títulos da dívida do governo brasileiro emitidos no mercado internacional e de empresas brasileiras.

Parte VII
A ABORDAGEM DE GRANDES INVESTIDORES

"Se eu tenho visto mais longe do que os outros, é ficando sobre os ombros de gigantes."

Sir Isaac Newton

"Grandes investidores precisam ter a perfeita combinação de intuição, senso de negócio e talento para investimentos."

Andrew Lo

Os grandes investidores são pessoas que obtiveram um alto grau de diferenciação na atividade de gestão de recursos, seja por criarem processos inovadores ou desenvolverem visões de mercado muito antes de seus concorrentes. A comprovação da genialidade se materializa nas cotas dos fundos que eles administram, ou seja, é um dado material.

Ao escrever sobre os grandes investidores é impossível manter uma total isenção, portanto junto com a visão do investidor vou mesclando um pouco da minha leitura e do meu entendimento dos processos e estratégias destes vanguardistas.

É muito importante estudar os grandes investidores para que possamos absorver filosofias de investimentos, técnicas, estratégias, comportamentos dessas pessoas comprovadamente bem sucedidas. É importante procurar entender não só a estrutura central da forma como eles pensam os mercados, mas também suas personalidades que permitiram que controlassem as emoções e conseguissem ter um processo de tomada de decisão racional.

No mundo atual, onde tudo é rápido e fluido, muitos investidores podem pensar por que perder tempo lendo sobre nomes que já fazem parte do passado.

Como Escolher e Administrar seus Investimentos

Podem achar que o mundo financeiro é tão dinâmico que aprender sobre esses investidores seria uma perda de tempo. Este é um tema complexo, mas as novas gerações tendem a negar seus antecessores, assim como os filhos têm essa luta histórica com seus pais para ocupar o seu espaço e se impor. Entretanto, eu acredito que existe uma forma de absorver os conceitos do passado e construir novos baseando-se na sua sabedoria. Umberto Eco, citando Bernardo de Chartres, dizia que somos como anões nos ombros de gigantes, de modo que podemos ver mais longe que eles, não em virtude de nossa estatura ou acuidade de nossa visão, mas porque, estando sobre seus ombros, estamos acima deles[69]. Portanto, julgamos essa parte do estudo de outros gestores fundamental para que possamos nos apoiar nos ombros de gigantes e conseguirmos ver mais longe.

Iremos abordar alguns investidores, tanto os mais famosos e clássicos, quanto outros não tão conhecidos, mas que tenham algo importante para agregar no nosso estudo.

---

[69] ECO, Umberto. *Nos ombros dos gigantes*: escritos para La Milanesiana, 2001-2015. Rio de Janeiro, Record, 2018.

CAPÍTULO 25
Benjamin Graham

"Investir é mais inteligente quando é mais semelhante a empreender."

"Uma operação de investimento é aquela que, após análise profunda, promete segurança do capital investido e um retorno adequado. As operações que não atendem a essas condições são especulativas."

"Você não está certo nem errado porque a multidão discorda das suas ideias."

Benjamin Graham

Benjamin Graham pode ser considerado como o fundador da análise fundamentalista de ações numa época dominada pela especulação, por informações privilegiadas – *insider informations* – e outras práticas não muito bem vistas. A publicação em 1934 do livro *"Análise de Ações"*, com David Dodd, marca o início da profissão de analista de ações.

Para Warren Buffett, o melhor livro de investimentos já escrito é o "Investidor Inteligente", de Benjamin Graham, publicado em 1949.

Graham também pode ser considerado um dos fundadores da escola valor de investimentos. Apesar de toda a evolução que a escola de investimento baseada em valor passou de 1920 até os dias atuais, Graham iniciou uma abordagem que ainda se mantém viva.

Ele fugia da ideia de simplesmente comprar uma ação porque ela estava barata em termos de P/L, mas ele buscava entender a empresa como um todo, e aliava essa análise mais profunda com ferramentas mentais poderosas para controlar as emoções ao investir.

Graham nasceu Benjamin Grossbaum em 1894, em Londres, e mudou-se com a família para os Estados Unidos quando tinha um ano. Seu pai trabalhava na indústria de porcelana, proporcionando-lhe uma vida confortável. No entanto, em 1903, o pai morreu, e a família foi arrastada para a pobreza. Para equilibrar o orçamento, sua mãe transformou a casa em uma pensão. Precisando aumentar a renda familiar ainda mais, ela especulava com ações, inicialmente com sucesso modesto, mas perdeu tudo na quebra da Bolsa em 1907. A lição dos perigos da especulação em oposição à segurança do investimento se tornaria uma das questões principais no desenvolvimento da filosofia de Graham.

A primeira edição do livro "*Security Analysis*" começa com a frase de Horácio do Livro Ars Poética: "*many shall be restored thar now are fallen and many shall fall that now are in honor*", numa tradução livre, "muitos que agora estão caídos se recuperarão e muitos que agora estão muito bem irão cair."[70] Esta frase representa bem a escola de investimentos valor que procura empresas que o mercado não está dando a devida atenção, mas que tenderão a se recuperar por terem bons produtos, serem competitivas e terem boa gestão. Por outro lado, algumas empresas que estão numa fase muito boa e muito bem precificadas pelo mercado poderão decepcionar e apresentar quedas significativas no preço das ações. Essa frase também representa alguns investidores chamados de "*contrarians*", que procuram ativos para investir nos quais o mercado tem uma visão negativa e que apresentem preços bem baixos.

Um aluno muito capaz, Graham foi ágil em seus estudos, conciliando-os com uma grande variedade de empregos comuns aos jovens estudantes. Ganhou uma bolsa integral na Universidade Columbia, com notas altas em todas as matérias, apesar de trabalhar meio período durante todo o curso. Conseguiu se formar em apenas dois anos e meio, no final de 1914. Antes disso, com apenas 20 anos, foi convidado a ingressar em três departamentos diferentes na Columbia: Inglês, Filosofia e Matemática. Ele não aceitou e, apesar, ou talvez por causa, da situação financeira da sua mãe, decidiu trabalhar em Wall Street, inicialmente como mensageiro, depois como escriturário, analista e finalmente como sócio.

Graham entrou no mercado financeiro em uma época de grandes mudanças. Em sua autobiografia, "*The memoirs of the dean of Wall Street*" escreveu: "Nos primeiros dias, o negócio de Wall Street era mais um jogo de cavalheiros, com um conjunto elaborado de regras. A ênfase era na descoberta de informações internas com pouca atenção dispensada à análise financeira. No entanto, nos anos 1920, esse sistema estava começando a declinar, e em

---

[70] GRAHAM, Benjamin. DODD, David. *Security Analysis*: Sixth Edition. First Edition: 1934. New York: McGraw-Hill, 2009.

seu lugar estavam aparecendo as ferramentas modernas de análise financeira"[71]. Graham foi pioneiro desse novo regime, usando sua inteligência privilegiada para analisar títulos.

Durante a Grande Quebra de 1929-32, os até então lucrativos investimentos de Graham sofreram perdas de quase 70% do capital. Isso mudou sua atitude em relação às posses materiais e ele resolveu não ser levado por gastos que não podia bancar. Nunca mais quis ser manobrado ou motivado pela ostentação e luxos desnecessários. Mais que isso: Graham refletiu profundamente sobre o período para tentar descobrir quais foram os erros fundamentais. Concluiu que investidores tinham se convertido em especuladores. Na verdade, a palavra investidor não deveria ser aplicada a eles: tinham ideias equivocadas de valores de investimentos e se afastado de princípios centrais. Esqueceram que é preciso muita cautela para avaliar ações se a ideia é ter uma postura segura.

O principal conceito da escola valor, na época de Graham e atualmente, é a prática de comprar ações por um preço menor do que elas valem – o famoso raciocínio de comprar um dólar por 50 centavos. E o investimento nessas ações descontadas implica na noção de margem de segurança, ou seja, uma garantia que permite algum espaço para errar, imprecisões, azar, ou as vicissitudes da economia ou do mercado. Enquanto alguns consideram que o investimento seguindo os princípios da escola valor é um processo mecânico de identificação de barganhas, ele é na verdade uma sofisticada filosofia de investimentos que recomenda uma análise fundamentalista profunda da empresa, horizonte de investimento de longo prazo, análise do risco para obter limites, e resistir às armadilhas psicológicas.

Muitas ideias e princípios foram criadas por Graham, e foram passando por evoluções até os dias de hoje. Um desses conceitos é a percepção de que os mercados são eficientes e os preços das ações em determinado momento refletem com precisão os fundamentos da empresa. Algumas vezes o mercado precifica uma ação corretamente, mas muitas outras não. E os mercados tendem a ser bastante ineficientes no curto prazo, mas tendem a ser mais racionais no longo prazo, pois os resultados das empresas ao longo do tempo vão confirmando ou negando os cenários desenhados pelos analistas e investidores. Nas palavras de Graham, "O preço de uma ação é um elemento essencial, de forma que uma ação pode estar refletida adequadamente nesse preço ou não."[72] Aqueles

---

[71] GRAHAM, Benjamin. DODD, David. *The Memoirs of the Dean of Wall Street*. New York: McGraw-Hill, 1996.

[72] ARNOLD, Glen. *The Great Investors*: Lessons on Investing from Master Traders. Harlow: Financial Times Prentice Hall, 2010.

que julgam que o mercado é uma máquina precisa de chegar ao valor justo das empresas estão sendo levados emocionalmente pelo instinto do rebanho. A melhor abordagem é comparar o mercado com uma máquina de votação – um concurso de popularidade influenciado pelo sentimento –, e nessa condição aparecerão grandes oportunidades de investimentos decorrentes de distorções de preços.

Para Graham, a análise de uma empresa começa pela análise financeira, coletando dados passados e procurando de forma conservadora projetar resultados futuros. Também é importante entender o setor e o ambiente competitivo no qual a empresa está inserida, além da qualidade da direção. Ele era muito crítico em relação às projeções futuras, principalmente por ter presenciado tantas projeções de lucros excessivamente otimistas no final dos anos 1920 transformadas em poeira. Também começou com Graham a importância tanto da análise quantitativa quanto da qualitativa. A análise qualitativa é que dá suporte para a quantitativa, pois muitos elementos, aparentemente subjetivos, são fundamentais na projeção dos resultados.

Graham investiu em empresas ruins, situadas em setores problemáticos e que eram evitadas pelo mercado, e ganhou dinheiro. Ele alertava para o risco de investir em empresas glamourosas antecipando resultados ainda melhores e se frustrar. Nesse caso, como essas empresas já estavam caras, a correção no preço das ações era mais forte. Existe o conceito de reversão à média, no qual empresas que estão com um desempenho inferior tendem a evoluir para a média com melhoras na gestão e buscando se aproximar dos líderes mais rentáveis do setor, enquanto empresas que estão num nível de excelência têm mais dificuldade de surpreender o mercado positivamente.

A estabilidade da empresa, e consequentemente dos resultados, também era um aspecto importante na análise do Graham. Ele preferia investir em uma empresa que não tivesse uma margem tão alta, mas que apresentasse uma estabilidade de resultados quando olhado o histórico, em detrimento de uma empresa mais glamourosa que apresentasse margens mais altas, mas com grande volatilidade nos números operacionais e financeiros.

O conceito de margem de segurança ganhou notoriedade nas palavras do Graham. O valor deve estar bem acima do preço pago para que possamos ter estômago para aguentar flutuações de preço pra baixo mais significativas. Pode-se fazer um paralelo com a margem de segurança para se projetar pontes ou navios, ou seja, é dimensionado uma estrutura que é mais do que necessária para aguentar tudo que é normal e até eventos muito pouco prováveis.

Houve momentos na história da Bolsa de Valores, como a alta de 1972, em que Graham declarou publicamente que havia uma margem de segurança inadequada. Na ocasião, seu raciocínio era que, embora o potencial estimado de ganho das ações estivesse maior do que a taxa de retorno dos títulos do governo, a diferença não era suficientemente grande para garantir uma margem de segurança, dada a vulnerabilidade do retorno sobre o patrimônio para possíveis quedas em função de mudanças de cenário. Nesse caso, assumir o risco não era suficientemente compensador. Isso foi julgado profético depois da forte queda de 1973-74. Os investidores em 1972, como os de 1929, negligenciaram a necessidade de padrões de valor bem estabelecidos e se asseguraram de que os preços pagos não estivessem muito perto da linha de corte.

Em investimentos você tem de fugir da ideia que você tem de estar investido totalmente o tempo todo. Você pode, pacientemente, esperar pela margem de segurança para entrar no mercado de ações ou em uma ação específica.

Valor intrínseco era um conceito importante para Graham, apesar de ele não conseguir detalhar com precisão. Naquela época ainda não existiam modelos de avaliação de empresas mais sofisticados, tais como o fluxo de caixa descontado. Havia alguns conceitos, tais como estimar por qual valor a empresa inteira poderia ser vendida, ou avaliar os lucros futuros da empresa e, consequentemente, os dividendos futuros, mas isso depende de muitos fatores, de novos produtos, do ambiente competitivo, do comportamento dos concorrentes, do ambiente regulatório, e esses elementos podem mudar com frequência. Por isso que Graham era tão favorável ao conceito de margem de segurança.

Além de olhar as ações como participações em empresas e a margem de segurança, outro ponto importante para Graham é a questão de que os investidores deveriam tirar vantagem das flutuações de mercado e não ficar muito preocupados com elas. Existem muitos fatores não técnicos que movem os mercados e que não deveriam ter peso tão grande, pois o preponderante no longo prazo é efetivamente o valor justo da empresa e que deve ser refletido pelo preço da ação. Para Graham, os investidores deveriam manter a disciplina de comprar e vender em função dos seus parâmetros, e quando os preços das ações estivessem em níveis intermediários, apenas observar o mercado. Esse é um dos dramas da atividade de investimento, a necessidade de estar sempre atuando e tomando decisões, mesmo que não haja nenhuma para ser tomada em determinado momento.

Neste trecho do livro "*O Investidor Inteligente*", Graham transmite sua visão sobre os especuladores e seu comportamento maníaco-depressivo na parábola do Sr. Mercado:

> "Imagine que em alguma empresa privada você possua uma parte pequena que custou US$ 1.000. Um dos seus parceiros, chamado Sr. Mercado, é muito prestativo. Todo dia ele diz o quanto acha que vale o seu investimento e

assim se oferece para comprar sua parte ou para vender outra parte com base naquele valor. Às vezes a ideia de valor que ele tem parece plausível e justificada por avanços na empresa e perspectivas, como você sabe. Geralmente, porém, o Sr. Mercado permite que seu entusiasmo e os seus medos tomem conta, e o valor que ele propõe parece um tanto quanto tolo. Se você é um investidor prudente ou um empresário sensível, vai deixar a comunicação diária do Sr. Mercado determinar sua visão do valor de um investimento de US$ 1.000 na empresa? Só se concordar com ele, ou caso você queira negociar com ele. Pode estar feliz em vender a ele quando cotizar um preço ridiculamente alto, e igualmente feliz em comprar quando seu preço for baixo. Mas o resto do tempo será mais inteligente ter ideias próprias de valor sobre seus investimentos, baseados em relatórios completos da empresa sobre suas operações e posições financeiras."[73]

Muitos investidores fazem exatamente o contrário, ou seja, vendem as ações por um preço baixo, quando estão com medo da situação econômica, e compram quanto estão otimistas com o cenário por um preço alto.

Graham desenvolveu três formas de olhar os investimentos e se posicionar: (i) o valor atual do investimento, (ii) o investimento de valor defensivo e (iii) o investimento de valor empreendedor – cada um com certos fatores essenciais.

A estratégia de investir considerando os bens atuais da empresa foi a base do sucesso de Graham nos anos 1930 e 1940. Era uma forma de estimar o valor atual da empresa em função dos seus ativos, independente do crescimento futuro, e investir naquelas empresas que o valor de mercado estivesse descontando em relação aos ativos correntes da empresa. No investimento sobre valores de bens atuais, Graham entra na avaliação do balanço da empresa e nos informes financeiros buscando empresas subavaliadas pelo mercado, valendo menos que o patrimônio líquido, aquilo que chamaríamos de índice de preço sobre o valor patrimonial.

Graham fazia um cálculo de patrimônio líquido através do seguinte raciocínio: ele pegava os bens atuais, deduzia todas as dívidas e dividia isso pelo número de ações chegando assim a um Valor Líquido dos Bens Atuais por Ação (NCAV – *Net Current Asset Value per Share*).

Graham também recomendava uma análise qualitativa da empresa, para ver se a análise quantitativa estava consistente e se as perspectivas para a empresa eram realmente positivas. Estes eram sugestões de alguns pontos a serem

---

[73] GRAHAM, Benjamim. *The Intelligent Investor.* Fourth Revised Edition. First Edition: 1949. New York: Harper & Row, 1973.

focados na análise qualitativa: (i) posição competitiva da empresa dentro da sua indústria; (ii) características operacionais da empresa; (iii) as perspectivas para a empresa e (iv) as perspectivas do setor econômico do qual ela faz parte.

Graham foi o precursor e o organizador do atual raciocínio de avaliação de uma empresa no sentido do investimento num conceito mais amplo, pensando o negócio como um todo e suas perspectivas.

Ele entendia que, em épocas de queda de mercado, os investidores são envolvidos pelo medo e que coisas piores poderiam vir, e que muitas empresas possam não sobreviver, terminando valendo zero. Numa crise muito forte, como a que ele vivenciou em 1929, muitas empresas podem não sobreviver, mas uma parcela considerável irá e podem ser compradas por valores muito baratos. No meio da crise, os investidores têm dificuldade de separar as boas empresas das que terão problemas e poderão não resistir.

Investimentos nessas empresas que tem valor de mercado abaixo do valor patrimonial exigem paciência do investidor em esperar a recuperação para que o preço de mercado reflita as transformações pelas quais uma empresa em crise terá de passar até voltar a ser saudável e apresentar boa rentabilidade. Essas empresas estão muito baratas, mas não existe nenhum *"trigger"* ou catalisador que chame a atenção do mercado para a distorção de preço. Ele ressaltava também a importância de diversificação, porque algumas empresas não irão entregar as suas expectativas.

Baseado nos conceitos de valor intrínseco e margem de segurança, Graham desenvolveu duas outras visões: investimento defensivo e investimento empreendedor (ou agressivo).

No investimento defensivo o investidor deve obter retorno focando em segurança e seguindo uma lista de verificação simples que leva a uma análise mais superficial e menor necessidade de mudança de posições. Em geral, são empresas já maduras, com histórico de resultados financeiros consistentes e pouco voláteis, múltiplos atrativos, estrutura forte de balanço e boa pagadora de dividendos. Esses critérios, normalmente excluem as empresas que apresentam crescimento mais forte.

No investimento empreendedor Graham propõe critérios relativamente semelhantes às ações defensivas, mas com parâmetros menos rigorosos, permitindo *small caps* e empresas que não tenham um histórico de resultados tão consistentes. Neste tipo de investimento, ele sugere que seja feita uma análise mais profunda com projeções de resultados futuros, análise de mercado, concorrência e da qualidade da gestão. Aqui também começa a se delinear o conceito de círculo de competência desenvolvido mais para a frente por Buffett. Nesse sentido, essa carteira deve ser mais concentrada.

As pessoas acham que se montarem uma carteira semelhante ao índice irão performar próxima do *benchmark*, o que é uma verdade, mas acham também que com algum esforço de análise poderão ganhar do mercado, o que não é comprovado. Muitos gestores com equipes experientes não apresentam rentabilidades consistentemente maiores que a média do mercado.

Graham ressaltava que investidores que quisessem aplicar no estilo de investimento empreendedor precisariam ter muita dedicação de tempo e esforços na análise das empresas. E quanto mais detalhada e fundamentada fosse essa análise maior a probabilidade de obter bons resultados.

Três tipos de empresas foram citadas por Graham como candidatas ao investimento empreendedor: (i) grandes empresas desfavorecidas, que são impopulares, mas que tem recursos para enfrentar períodos ruins e podem responder rápido em situações favoráveis de mercado, (ii) empresas de segunda linha que estão sendo negligenciadas, pois o mercado costuma *glamourizar* algumas ações ou setores, permitindo o aparecimento de oportunidades e (iii) ações cíclicas que não estão apresentando uma perspectiva favorável no momento e cujos preços estão exageradamente baixos. O mercado, muitas vezes, tende a pensar linearmente, extrapolando os momentos bons e ruins e se esquecendo da ciclicalidade.

Graham não costumava girar muito sua carteira e mantinha seus investimentos mais por anos do que meses. Esse é um tema que tem sido muito debatido, pois alguns investidores acham que atualmente os investimentos devem ser mais dinâmicos que no passado. Graham vendia uma ação em duas situações, se (i) a qualidade da empresa se deteriorasse ou (ii) se o preço aumentasse para um nível não justificável por algumas estimativas de valor. Ele ressaltava bastante o ponto de que a busca diligente pelo valor intrínseco é o que dava segurança ao investidor para não vender a ação em função dos movimentos irracionais causados pelos especuladores.

Acho importante pensarmos sobre esses estilos de investimento de Graham para o mercado de ações, pois foram desenvolvidos há quase 100 anos e ainda mostram grande atualidade. Buffett aplicou muitos dos conceitos de Graham, mas foi questionando e procurando evoluir alguns conceitos. Por exemplo, algumas empresas que aparentemente estavam baratas poderiam continuar baratas ou levar tanto tempo para melhorar que não justificava o investimento. Algumas dessas empresas se configuram em situações que os investidores chamam de "*value trap*", ou armadilha de valor, ações que estão baratas, mas que por motivos estruturais continuarão baratas por um longo tempo.

O texto a seguir traz um trecho de uma das cartas aos acionistas, escritas por Buffett, tratando exatamente dessas falsas barganhas.

> "Primeiro, o preço de "barganha" original provavelmente não acabará sendo uma jogada tão grande afinal. Em uma empresa complicada, logo que um problema foi resolvido, surge outro – nunca há somente uma barata na cozinha. Em segundo, qualquer vantagem inicial que você assegura vai rapidamente erodir pelo retorno baixo que a empresa gera. Por exemplo, se você compra uma empresa por US$ 8 milhões que pode ser vendida ou liquidada por US$ 10 milhões e, rapidamente faz isso, vai conseguir altos retornos. Mas o investimento vai desapontá-lo se a empresa for vendida por US$ 10 milhões em 10 anos e nesse ínterim tiver ganhado e distribuído, anualmente, só uns poucos centavos sobre o custo. O tempo é o amigo da empresa maravilhosa, o inimigo da medíocre."[74]

Buffett fez outro comentário sobre esse tema de comprar empresas muito baratas esperando uma reestruturação por parte da gestão:

> "É muito melhor comprar uma empresa maravilhosa a um preço justo do que uma empresa medíocre a um preço maravilhoso. Quando uma diretoria com reputação de brilhante entra em uma empresa com reputação de má empresa, é a reputação da empresa que permanece intacta."[75]

Ao contrário de muitos de seus sucessores que se transformaram em bilionários, Graham não ganhou muito com seus investimentos. Quando faleceu, em 1976, seus bens estavam avaliados em US$ 3 milhões. Mas ele pode ser considerando como o pioneiro no desenvolvimento dos conceitos até hoje aplicados na análise fundamentalista de ações.

---

[74] Buffett, W. E. Carta aos acionistas incluída com o Annual Report of Berkshire Harthaway Inc., de 1989.

[75] Buffett, W. E. Carta aos acionistas incluída com o Annual Report of Berkshire Harthaway Inc., de 1989..

CAPÍTULO 26
Philip Fisher

> "Eu peço aos meus clientes que não julguem os meus investimentos no mês ou no ano, mas num período de três anos."
>
> Philip Fisher

Fisher foi um dos primeiros investidores a focar no tema do crescimento, contrariando a tese de que investidores que buscam empresas com taxas significativas de crescimento não estão preocupados com o preço das ações. O crescimento pode se transformar em valor quando materializado, mas envolve um grau de risco maior, pois pode não ocorrer como planejado, tanto por fatores internos da empresa quanto externos.

Ele acreditava ser possível performar melhor que o mercado, mas somente com muito foco e análise detalhada das empresas. Nesse sentido, ele aconselhava aos investidores focar em alguns setores e empresas, em vez de olhar o mercado como um todo, para poder aprofundar a análise.

Nascido em 1907, Fisher teve uma carreira bem longa de 74 anos no mundo dos investimentos, antes de se aposentar aos 91 anos. Veio de uma família grande, e despertou para os investimentos desde pequeno, quando ouviu uma conversa entre a sua avó e um tio, que discutiam sobre os investimentos dela em ações. Ele ficou intrigado e entusiasmado com a possibilidade de comprar uma parte de qualquer empresa com lucros futuros. Em seus anos de adolescência, ele começou a investir e teve ganhos modestos no mercado em ascensão dos anos 1920, ganhando a desaprovação e o desencorajamento de seu pai médico, que estava preocupado que ele estivesse desenvolvendo hábitos de apostador.

Fisher aprendeu muito na recém-fundada *Graduate School of Business* da Universidade Stanford. Como estudante do primeiro ano em 1927-28, um dia por semana do curso estava agendado para visitar grandes empresas na área de São Francisco sob a tutela do professor Boris Emmett. Essas visitas forneciam conhecimentos valiosos sobre algumas empresas. Os estudantes não só conseguiam ver como elas trabalhavam como também tinham a oportunidade de fazer perguntas à diretoria e, sob orientação inteligente do professor Emmett, eram capazes de analisar os pontos fortes e fracos de cada empresa. Ao perceber quão valiosa era essa parte do curso, Fisher maximizou suas oportunidades ao oferecer uma carona ao professor nessas viagens, ganhando um tempo a sós com ele, e ouvindo seus comentários inteligentes tanto antes das visitas quanto, o mais importante, depois delas.

Dessas visitas e comentários, ele formou duas convicções que foram a base de sua filosofia de investimentos: compreendeu o conceito de "empresa de crescimento potencial", em uma época que a expressão era pouco conhecida e ficou consciente da extrema importância das vendas e do *marketing* no sucesso de uma empresa. Mesmo jovem, ele conseguia ver que grandes investimentos eram frequentemente encontrados em empresas que são capazes não só de vender seus produtos, mas também de avaliar as mudanças necessárias e os desejos dos clientes.

No verão de 1928, apesar de não ter se formado, ele conseguiu a posição de analistas de títulos em um banco de São Francisco, cujo principal papel era fornecer dados estatísticos para os corretores de títulos. Para Fisher, o trabalho era tediosamente simples e intelectualmente desonesto.

No outono de 1928 ele conseguiu algum tempo para realizar análises sobre os fabricantes de rádio, numa perspectiva de análise de ações e das empresas. Ele visitou os departamentos de rádios de várias lojas e perguntou aos compradores suas opiniões sobre os três maiores concorrentes do setor. Descobriu que a empresa preferida pelo mercado de ações não era a melhor entre os compradores e clientes. A RCA, uma empresa popular na época, estava apenas se mantendo, enquanto a Philco, com novos modelos atraentes e um processo de fabricação eficiente era a preferida pelos consumidores. Nos 12 meses seguintes, as ações da RCA apresentaram uma tendência de queda. Dessa experiência, ele tirou uma lição importante: ler os números da empresa não é suficiente para justificar o investimento nela. É preciso sair e conversar sobre a empresa e suas perspectivas com aqueles que possuem relações com ela: clientes, fornecedores, concorrentes. Essa atitude investigativa é uma das bases da filosofia de investimento de Fisher.

Ele estava cada vez mais convencido que as ações estavam muito caras em 1929, prevendo que haveria uma forte correção no mercado. Entretanto, foi pouco ouvido, pois nesta época predominava uma tese de uma "nova era", na qual os preços das ações continuariam subindo, refletindo a melhora dos lucros em função das novas tecnologias (rádio, carros, eletricidade) que iriam dar um estímulo maior na economia, como não havia ocorrido no passado. É a famosa tese de "desta vez será diferente". Esse é um ponto muito debatido entre investidores, economistas e historiadores, se existem mudanças estruturais na economia ou o mercado é cíclico e tende a voltar aos mesmos problemas. Não existe uma resposta definitiva para essa questão, mas segundo Fisher, uma perspectiva histórica do mercado de ações fornece uma boa base para pensarmos o passado e projetarmos o futuro.

Em 1930, ele se uniu a uma corretora local com o objetivo de buscar ações atrativas, e durante oito meses colocou em prática o que tinha aprendido e pensado. Infelizmente, não serviu muito, já que a empresa foi mais uma vítima da Crise de 29 e Fisher acabou sem emprego.

Decidiu então seguir sozinho, em 1931, com sua própria empresa de investimentos, a Fisher & Co, em uma minúscula sala alugada, sem janelas. O momento era complexo para se começar uma nova empresa, mas, apesar dos ganhos muito pequenos, foi um momento importante para poder pensar em sua filosofia de investimentos e formar uma carteira de clientes, que eram fiéis a ele principalmente considerando os bons retornos.

Fisher buscava desenvolver sua filosofia de investimento lembrando de momentos passados com o professor Emmett, buscando empresas que fossem negociadas a preços inferiores ao valor intrínseco e que tivessem bons fundamentos. Ele elaborava algumas perguntas para dar base à sua análise das empresas:

- As pessoas chaves da direção da empresa são competentes?
- Tem uma forte posição competitiva?
- As operações e o planejamento de longo prazo são bem conduzidos?
- Há linhas de novos produtos suficientes e com alto potencial para sustentar o crescimento por vários anos?

Fisher, no desenvolvimento da sua filosofia de investimento, já tinha a preocupação em ter investimentos de longo prazo e se afastar do giro rápido de posições, que poderia até dar um bom resultado no curto prazo, mas não era sustentável e normalmente acabava em desastre.

Durante a Segunda Guerra Mundial, Fisher teve algumas funções na Aviação do Exército, e aproveitou esse tempo para desenvolver suas ideias e filosofia de investimentos. Depois da guerra, procurou focar em empresas com alto potencial de valorização e formou um grupo de no máximo 12 clientes. Fisher procurava empresas impopulares, mal analisadas, mas intrinsecamente sólidas. Nessa época também, Fisher decidiu focar na análise da indústria química. Nessa busca encontrou a Dow, que se transformou num investimento muito bem sucedido.

A análise da Dow Química possui alguns pontos que iriam se transformar nos aspectos relevantes da análise de Fisher: uma equipe unida buscando resultados conjuntos; uma visão de longo prazo da alta administração que fizesse sentido; foco nas áreas de competência, sem querer ampliar excessivamente a grade de produtos; forte ênfase em pesquisa e desenvolvimento; saber gerenciar o desenvolvimento das pessoas e mantê-las na empresa por períodos longos. Utilizando essa mesma análise, Fisher identificou duas empresas pequenas de tecnologia que viriam a se tornar grandes empresas muito bem sucedidas: Texas Intruments e Motorola.

Com o tempo, Fisher foi desenvolvendo sua filosofia de investimentos através de raciocínios lógicos, erros e acertos dos outros e pelos seus próprios erros. Fisher adotou o termo *Scuttlebutt*, que na sua visão é o ato de pesquisar sobre uma empresa falando com todas as pessoas que possam agregar valor ao caso de investimento: fornecedores, competidores, clientes, colaboradores, membros de associações comerciais etc. Depois de realizado o *Scuttlebutt*, o investidor irá mais preparado para conversar com a gestão da empresa, pois já sabe de pontos positivos e negativos e a imagem geral que outros têm sobre ela.

Um ponto importante é a preocupação com o longo prazo. Fisher raramente vendia uma empresa investida antes de completar três anos. Ele também se preocupava com o crescimento, pois empresas pequenas muito eficientes podem perder essa característica com o crescimento e se tornarem empresas burocráticas, com baixa rentabilidade.

Fisher dava bastante foco à qualidade das pessoas na sua análise de investimentos. Ele achava que a alta gerência deveria ao mesmo tempo estar preocupada com a operação do dia a dia e com o planejamento estratégico de longo prazo. Fisher achava que empresas vencedoras deveriam ter salários e bônus acima da média, pois uma alta rotatividade é algo perturbador e acaba custando mais para a empresa. Também é importante a formação de novos talentos e se há grandes disparidades de remuneração entre os diversos níveis da empresa, o que pode ser um alarme de problemas.

Temos de entender que o universo de investimento de Fisher era bastante diferente do atual. Ele cita, por exemplo, a Du Pont, que foi fundada em 1802, e começou fazendo pólvora. Com o tempo, em função de um grande investimento em pesquisa e desenvolvimento, se expandiu em inovações químicas, como Nylon, Celofane, Neoprene, Teflon e Lycra. Muitos pontos importantes da análise de Fisher ainda permanecem bastante atuais, mas nos dias de hoje a velocidade das mudanças é bem maior.

Na visão de Fisher, os analistas profissionais não têm tempo suficiente para analisar profundamente as empresas, além de existirem atualmente os interesses dos bancos de investimento que se mesclam aos interesses dos analistas, e as ações tendem a se comportar influenciadas muito mais pelos consensos da comunidade financeira do que da realidade efetiva das empresas. Os mercados tendem a ter um comportamento de manada. Tendências e estilos dominam o mercado financeiro assim como fazem com a indústria da moda. Os investidores devem ter paciência até o mercado retomar a racionalidade, pois as bolhas podem levar tempo, mas explodem. Investidores sérios devem recuar e procurar se afastar de todo o tumulto do mercado e analisar os fatos calmamente. Paciência e autodisciplina são necessárias, já que a espera pode ser considerável; para ser um bom investidor você precisa de um bom sistema nervoso, mais do que uma boa cabeça. Investidores devem ter nervos de aço e colherão boas recompensas.

Se uma empresa está apresentando um índice de preço/lucro alto, mas terá um crescimento forte ao longo dos próximos anos, talvez seja a barganha do mercado. Não se prenda aos múltiplos no curto prazo.

Fisher gostava de carteiras concentradas para que o investidor pudesse realmente perder tempo analisando as empresas investidas. O objetivo da diversificação é que erros serão cometidos e não podemos depender de poucas opções, mas é melhor ter um número mais reduzido das melhores empresas do que um pouquinho de muitas. Comprar ações nas quais você tenha pouco conhecimento é mais arriscado do que ter a diversidade inadequada. O investimento em ações cíclicas deveria ser equilibrado por ações mais estáveis. Não é uma boa ideia investir totalmente em um setor particular, porém investir em dez setores diferentes pode ser diversificar demais.

Nas empresas grandes, bem estabelecidas e que estão crescendo, o investimento deveria ser maior, mas não mais que 20%. Empresas médias, ainda não estabelecidas, deveriam receber um investimento de 8 a 10% do fundo. As pequenas de alto potencial, mas que podem desapontar, não deveriam ser maiores que 5%.

Fisher não gostava de fazer um movimento clássico, muito comum atualmente, que é vender a empresa por achar que vai ocorrer algum evento no curto prazo e você poderá comprá-la mais barata. O investidor de longo prazo sempre vai superar o de curto prazo.

Ele também não era um grande adepto de previsões macroeconômicas. A comunidade financeira dedica muito tempo em adivinhar o futuro econômico; seria melhor se concentrar na procura de empresas sólidas, bem administradas e que estejam com preços baixos. Esse é um tema de vários investidores, mas quando pensamos no Brasil, alguma energia deve ser gasta na análise da economia, pois os movimentos do mercado de ações aqui são muito fortes em determinados eventos políticos. Mas eu concordo que a ênfase deve ser nas empresas.

Fisher teve muita influência sobre muitos investidores nos últimos 50 anos.

CAPÍTULO 27
Warren Buffett

"O mercado de ações é um mecanismo de transferência de riqueza dos impacientes para os pacientes."

"Somente quando a maré baixa é que você descobre quem estava nadando pelado."

Warren Buffett

Warren Buffett provavelmente é o investidor mais conhecido, estudado e bem sucedido do mundo. Começando do nada, simplesmente escolhendo ações e companhias para investimento, Buffett acumulou uma das maiores fortunas do século 20. Durante um período de quatro décadas, ele suplantou o mercado de ações por uma margem assombrosa e sem correr riscos indevidos ou sofrer um único ano de perdas. Trata-se de um feito que os sábios de mercado, os corretores de Wall Street e acadêmicos julgam ser impossível.

Acho que falar de Warren Buffett é um ato que envolve uma certa responsabilidade, por estar falando do melhor investidor de todos os tempos, uma pessoa simples e ao mesmo tempo extremamente sofisticada na sua filosofia de investimento. Muitos livros foram escritos tentando formar uma imagem de um investidor com múltiplas habilidades. Tentarei nesse capítulo fazer uma grande simplificação, pois poderíamos escrever um livro inteiro só sobre esse tema, e já seria pouco. Farei um esforço para descrever suas principais características, um pouco da sua história, traços da sua filosofia de investimentos, já sabendo que será um retrato incompleto de um gênio. Deixarei também uma boa bibliografia, e sugiro fortemente aos leitores que posteriormente se aprofundem no tema Warren Buffett. Importante também lembrar que ele é, provavelmente, um dos maiores doadores para Fundações, ou seja, um dos maiores filantropos do mundo.

Uma das características que eu mais gosto em Warren Buffett é sua independência e autenticidade de raciocínio num mundo onde as pessoas estão cada vez mais burocratizadas e pasteurizadas. Buffett reforça muito o conceito

278   Como Escolher e Administrar seus Investimentos

do investidor *versus* o gestor de fundos profissional, que age mais politicamente do que buscando as melhores opções de investimentos. Para os gestores profissionais atuais, o importante é participar da comunidade financeira e errar em conjunto. Dessa forma existe a explicação que vários gestores de qualidade também estavam investidos naquela ação de uma empresa de qualidade, tal como Apple, por exemplo. Buffett é o exemplo vivo da possibilidade de ser autêntico, independente, pouco preocupado com a opinião da comunidade financeira e apresentar uma performance muito diferenciada, um antídoto à mediocridade, ao comportamento de rebanho e à busca de resultados pequenos de curto prazo.

Terei de fazer um esforço grande para escrever resumidamente sobre Warren Buffett e procurar passar a essência do grande gênio da área de investimentos em ações. O gênio de Buffett é principalmente um gênio de caráter – paciência, disciplina e racionalidade.

Os acionistas que investiram com Buffett também ficaram ricos, com o seu capital sendo beneficiado exatamente na mesma proporção que o dele. Se uma pessoa tivesse investido US$ 10 mil quando Buffett deu início à sua carreira em seu escritório de Omaha, em 1956, e ficasse com ele o tempo todo, teria um investimento final em 1994 da ordem de US$ 80 milhões.

Buffett nasceu em 1930, em Omaha, Nebraska, onde ainda vive. Seu pai, Howard, dirigia uma empresa de corretagem e mais tarde foi por quatro legislaturas congressista dos Estados Unidos. Desde jovem, ele mostrou uma forte aptidão para o dinheiro e os negócios, demonstrando tanto empreendedorismo quanto iniciativa, primeiro trabalhando no mercado de seu avó, e aos 11 anos fazendo apontamentos no painel da Harris Upham, uma corretora de ações na Bolsa de Nova York que ficava no mesmo prédio da corretora de seu pai.

Seu primeiro investimento aconteceu cedo. Aos 11 anos, ele, a sua irmã Doris compraram três ações preferenciais da Cities Services a US$ 38,25 por ação. Desse primeiro investimento, ele aprendeu três lições valiosas, que mostraram ser influentes por toda sua carreira de investimentos. Lição um: não entre em pânico se os preços caírem. O investidor precisa de paciência e força de vontade para permanecer firme em caso de adversidade. As ações da Cities Service caíram para US$ 27. Lição dois: não venda para ter um lucro de curto prazo. Se o investidor tem a convicção de que seu investimento é bom, então não deveria vender para ter um lucro rápido. A Cities Service subiu até US$ 40, quando Buffett vendeu, mas elas mais tarde chegaram a US$ 202 por ação, que teria dado um lucro de US$ 490 a Buffett e sua irmã. Essas duas lições ensinaram a ele sobre a importância de investir em boas empresas no longo prazo. Lição três: Buffett aprendeu sobre responsabilidade pessoal. Sentiu-se culpado quando a ação caiu porque sua irmã o tinha confiado o seu dinheiro.

Estava determinado a ter certeza do sucesso ao investir o dinheiro dos outros; esse exemplo ético seria a base de sua vida profissional.

Como investidor, Buffett evitava o uso de opções, derivativos, futuros, proteção dinâmica, análise moderna de portfólio e todas essas estratégias desenvolvidas pelos acadêmicos. Ao contrário dos especialistas em ações atuais, cuja mentalidade é de um operador, Buffett arriscava seu capital no crescimento de longo prazo de uns poucos negócios selecionados. Nesse ponto, lembrava os magnatas de uma época anterior, como por exemplo o velho J.P. Morgan.

Buffett se formou na Woodrow Wilson *High School* em 1947. Enquanto estava na escola, acumulou uma quantia considerável, que se tornaria a base para o seu primeiro fundo de investimentos. Nessa época, até completar 14 anos, teve várias atividades: entregava jornais, comprava pacotes de Coca-Cola e a as vendia individualmente com lucro, coletava e reciclava bolas de golfe, publicava uma folha com dicas sobre as corridas de cavalo, comprava máquinas de fliperama e as alugava para bar*bear*ias, comprou 40 acres de terra em Nebraska e alugava para um fazendeiro.

Aos 17 anos, Buffett entrou na *Wharton School of Finance*, mas depois de dois anos se decepcionou com o que era ensinado na faculdade e saiu para completar sua graduação na Universidade de Nebraska. Foi em Nebraska que ele leu o livro que mudaria a sua vida e daria as bases para os seus investimentos: "*O Investidor Inteligente*".

Ao sair de Nebraska em 1950, formado em economia, se inscreveu em Harvard, mas foi rejeitado. Na época ele ficou chateado com isso, mas entrou em Columbia onde conheceu e estudou com Benjamin Graham, que se tornou não só seu professor, mas seu amigo. Foi o único estudante a receber um A+ na matéria de análise de títulos. Deixou Columbia em 1951, com um Mestrado em Economia e um bom conhecimento dos princípios de Graham: valor intrínseco e margem de segurança.

Enquanto estudava em Columbia, Buffett ficou sabendo que Graham era diretor de uma seguradora que era listada em bolsa, chamada Geico. Ele conseguiu uma reunião com um executivo que permaneceu por quatro horas respondendo às perguntas de Buffett, por considerá-las inteligentes. Ele gostou muito do negócio de seguros, principalmente pela possibilidade de a empresa poder aplicar as reservas em investimentos. Quando estava trabalhando na corretora do pai, Buffett investiu 65% do seu patrimônio em ações da Geico, que na época eram cerca de US$ 10 mil. Tentou persuadir clientes a investirem também, mas ninguém foi convencido por um jovem de 20 anos, com exceção da sua tia Alice, que ganhou bastante dinheiro investindo com ele. Em 1952, ele vendeu suas ações por aproximadamente US$ 15 mil, o que foi um bom retorno, mas se tivesse mantido por mais 20 anos teria vendido por US$ 1,3 milhão. Essa foi mais uma das lições aprendidas: quando você encontrar uma empresa excelente mantenha suas ações pelo tempo que ela conseguir manter esse nível de excelência.

Buffett tinha muita dificuldade para falar em público e se inscreveu num curso do Dale Carnegie. Ele conseguiu superar essa dificuldade e começou a dar aulas na Universidade de Omaha.

Nos anos que passou na corretora, ele conseguiu se aproximar de Graham, discutindo ideias de investimentos, e em 1954 conseguiu ser admitido como analista de investimentos. Esse período foi muito importante, pois ele conseguiu absorver os fundamentos de Graham. Quando Graham se aposentou dois anos depois, Buffett com 25 anos, voltou para Omaha com um fundo de US$ 174 mil. Essa foi a chance para ele começar seu próprio fundo e aplicar tudo que tinha aprendido até então. Ele via Omaha como um lugar muito melhor para pensar investimentos do que Nova York, onde havia estímulos o tempo todo. Se você é atingido por uma avalanche de notícias, choques de curto prazo e dicas, há o risco que você comece a reagir às informações. Você pode começar a negociar excessivamente as ações, perder a visão de prazo mais longo e o foco nos fatores que realmente são importantes para a empresa.

Durante o período de 1956 a 1969, Buffett teve várias sociedades com investidores com o objetivo de superar o Dow Jones, em janelas de três anos, pois este era o período que ele julgava ser justo para avaliar um investidor. A primeira delas, Buffett Associates Ltd., teve sete associados e um fundo de investimento de US$ 105 mil (US$ 35 mil dos quais eram investimentos da Tia Alice); a última, Buffett Partnership Ltd., tinha mais de 90 sócios e no ano anterior em que foi encerrada, valia US$ 104 milhões.

Ano	Dow Jones	Resultados da Sociedade	Resultados dos Sócios (depois da taxa de Buffett)
1957	-8,4	10,4	9,3
1958	38,5	40,9	32,2
1959	20,0	25,9	20,9
1960	-6,2	22,8	18,6
1961	22,4	45,9	35,9
1962	-7,6	13,9	11,9
1963	20,6	38,7	30,5
1964	18,7	27,8	22,3
1965	14,2	47,2	36,9
1966	-15,6	20,4	16,8
1967	19,0	35,9	28,4
1968	7,7	58,8	45,6
Composto 1957-68	185,7	2.610,6	1.403,5

Fonte: Carta aos Sócios de Warren Buffett, 22.Jan.1969

Buffett conseguiu resultados expressivos aplicando os princípios do Graham: analisou detalhadamente as empresas e só investiu naquelas com preços baixos em relação aos seus ativos e com alta margem de segurança. Buffett não queria ser pago se não conseguisse pelo menos um retorno de 6%. Uma vez atingido esse valor, ele recebia um quarto do lucro atingido. Se em algum ano os 6% não fossem cobertos, ele não receberia nada até o déficit ser coberto.

Uma reunião aconteceu em 1959 que foi importante para os dois participantes: Warren Buffett conheceu Charlie Munger num almoço organizado por um amigo. Nesse momento nasceria a famosa parceria, apesar de durante uma década ser apenas de ideias, com cada um mantendo sua empresa em separado, com apenas alguns investimentos em conjunto.

Nos anos 1960, Buffett estava incomodado com o comportamento do mercado de ações que entrou num movimento de alta, possivelmente influenciado pela Guerra do Vietnã, com índices de preço/lucro chegando a 50x a 100x para ações como Xerox, Avon e Polaroid. Ele então entrou em discordância com os seus sócios, e houve o fim da sociedade em maio de 1969. Buffett ficou então com a participação na Berkshire Hathaway, que era de 29%. Ele continuou sua atividade de investimento, e na crise de 1973-74 encontrou uma oportunidade para aumentar a sua participação na Berkeshire Hathaway para 43%. Buffett tentou fazer a empresa ser competitiva como indústria têxtil, mas em função da maior competitividade do produto importado, mudou a sua visão e passou a investir no setor de seguros pela Berkshire. Buffett estudou o mercado de seguros e concluiu que era um bom negócio, além de fornecer capital para novos investimentos ao longo do tempo.

A compra de 10% do Washington Post, em 1973, é um dos exemplos de investimento minoritário em uma empresa da bolsa. A empresa possuía uma franquia forte – o jornal Washington Post, a revista Newsweek e cinco estações de televisão e rádio. Nesse investimento Buffett não estava tão focado nos ativos existentes, mas na perspectiva futura, evoluindo os conceitos desenvolvidos por Graham. Em 2010, a posição acionária no Washington Post foi avaliada por US$ 600 milhões, um ganho espetacular de 57 vezes em 40 anos. Outras ações de empresas com marcas fortes também proporcionaram ganhos expressivos como Coca-Cola, oito vezes, Procter & Gamble, nove vezes. Buffett cometia erros, mas o resultado médio era bastante expressivo.

Ele também fez diversos investimentos em empresas não listadas na bolsa. Em geral, o formato de análise era semelhante, empresas sendo vendidas abaixo do valor intrínseco, com marcas fortes e bom time de gestão. Buffett e Munger deixavam a gestão da empresa para o time de diretores que já estava

282 Como Escolher e Administrar seus Investimentos

fazendo um bom trabalho e se concentravam nas decisões estratégicas de capital e investimento. Eles eram muito focados no retorno sobre o capital.

A Nebraska Furniture Mart (NFM) é também um exemplo do investimento típico de Buffett. A empresa é uma loja de móveis em Omaha, que começou e ainda é dirigida pela família Blumkin. Parte da análise de Buffett sobre uma empresa é pensar se gostaria de concorrer com ela, e este era um caso de que seria muito difícil concorrer com uma família tão dedicada à gestão do seu negócio e muito focados em gerar valor aos seus clientes e expandir a empresa ao máximo possível em um único lugar. Buffett dá muito valor para a qualidade do time de gestão do negócio. A NFM foi fundada por Rose Blumkin, afetuosamente conhecida como Sra. B. Ela migrou da Rússia para os Estados Unidos aos 23 anos, sem falar inglês e sem educação formal. Vendeu roupas usadas e quando tinha poupado US$ 500 abriu uma loja de móveis em 1937. Com 90 anos, em 1983, ela se recusava a se aposentar e ainda trabalhava sete dias por semana.

Um dos principais conceitos da filosofia de investimentos de Buffett e Munger é investir como se fosse um empreendedor, com foco total no negócio, como se a empresa fosse sua. Eles olham a empresa investida como se a tivessem recebido como herança e esse fosse o seu único ativo. Estudam em detalhes o setor, a empresa e conversam com o time de gestão, empregados, concorrentes, fornecedores, clientes, buscando todo tipo de informação que ajudem na gestão. E nessa visão de longo prazo, eles tendem a manter suas posições por períodos mais longos. Eles não gostam de investidores que mudam constantemente suas posições.

Buffett usa o termo de empresas "inevitáveis" como sendo empresas fortes, eficientes, dominantes em seu setor e que vão continuar assim até um futuro previsível, empresas de setores que não experimentam grandes mudanças. Atualmente, no mundo em constante mudança e com setores que estão sendo disruptivos, está cada vez mais difícil encontrar este tipo de empresa. Coca-cola e Gillette são dois exemplos deste estilo. Uma das coisas que preocupam Buffett e Munger é quando uma empresa começa a sair do seu escopo, perde o foco e começa a se aventurar em novos setores, para os quais elas podem não estar preparadas.

Neste critério mais restrito, utilizado por Buffett, não são muitas empresas que passam, ou seja, é um trabalho mais complexo encontrar as que são realmente diferenciadas. Existe um ponto que eu acho bastante relevante atualmente, que é a pressão que os investidores profissionais têm por performar bem no mês, no trimestre, no ano e em três anos, o que os força a estar constantemente girando a carteira e perdendo os ganhos que necessitam de prazo mais longo para serem obtidos. Investidores particulares têm uma vantagem sobre os profissionais, pois não precisam ficar investindo o tempo todo, podem esperar pelo momento certo. Buffett gosta muito das comparações com o beisebol; o investidor particular pode ficar esperando o melhor arremesso e não será dispensado depois de três arremessos. Você pode deixar várias empresas passarem e só investir naquela que você realmente está convicto, como se fosse a bola perfeita para você rebater. É como se o mercado tivesse te arremessando empresas o tempo todo e você não precisa ter a menor pressa em escolher uma para investir.

Outro conceito importante é o círculo de competência. Eu gosto bastante desse conceito porque as pessoas o ignoram com frequência, achando que podem aproveitar todas as oportunidades do mercado. Essa é uma equação, ou seja, toda vez que você começa a olhar empresas e setores demais você perde profundidade na análise. A arte é encontrar o equilíbrio ótimo entre abrangência e profundidade, sabendo das consequências de se avançar muito para um dos lados. A segurança no investimento muitas vezes é adquirida através de conhecimento, isto é, se você fez uma análise detalhada da empresa, tem um bom conhecimento do setor, e mesmo que as ações caiam, que a empresa apresente um resultado ruim temporariamente ou que haja uma crise, você terá confiança em manter a ação no portfólio.

A busca da simplicidade é um princípio não só para pensar em investimentos, mas na vida como um todo. Buffett costuma dizer que se o caso de investimento for tão complexo que ele não entenda, outros também não irão e a ação não tenderá a se valorizar. Além disso, explicações muito complexas muitas vezes demonstram fraquezas de argumentos. Buffett no passado evitou investir em ações de tecnologia por ter dificuldade de entender o negócio da empresa, e isso não impediu que ele conseguisse outras boas empresas para investir.

Buffett e Munger gostam do conceito de margem de segurança de Graham e julgam que é um dos principais pontos do sucesso no investimento. Para se estimar uma boa margem de segurança é preciso ter um cálculo detalhado do valor intrínseco da empresa. Sempre é bom investir em ações que deem uma boa margem de segurança, pois existe gordura para aguentar algum imprevisto. Eles dão bastante valor para a experiência e ficam satisfeitos por seus diretores continuarem, independentemente da idade, conforme Buffet disse na carta aos acionistas da Berkshire em 1988:

> "Não removemos *superstars* da nossa equipe somente porque eles chegaram a uma idade específica — sejam os tradicionais 65 ou os 95 alcançados pela Sra. B em 1988. Diretores ótimos são um recurso muito escasso para serem descartados simplesmente porque um bolo fica cheio de velas. Além do mais,

nossa experiência com MBAs recém-formados não foi assim muito brilhante. Os registros acadêmicos deles sempre parecem fantásticos, e os candidatos sempre sabem exatamente o que falar; mas é muito frequente que eles tenham pouco compromisso com a empresa e pouco conhecimento dos negócios em geral. É difícil ensinar truques antigos a um cachorro novo."[76]

Buffett e Munger também têm um foco grande no uso do capital, e reconhecem que muitas empresas são administradas por diretores que não possuem nem a inclinação nem o conhecimento para fazer o melhor uso dele. Eles citavam o setor de companhias aéreas e o têxtil como exemplos de mau uso de capital. O setor de aviação, em geral, oferece um produto pouco diferenciado em um mercado com excesso de capacidade, fazendo com que os clientes busquem o menor preço em vez de serem leais a uma companhia. Buffett aprendeu a dificuldade de se investir num setor ruim com as tentativas de retomar o lucro com a indústria têxtil da Berkshire Hathaway. Ele assistiu a concorrente Burlington Industries investir pesadamente no setor têxtil, injetando uns US$ 3 bilhões de capital em 20 anos, sendo que após esse mesmo período, apesar dos pesados investimentos, as ações perderam dois terços do valor em termos reais. Buffett disse na carta aos acionistas da Berkshire em 1985:

> "Esse resultado devastador para os acionistas indica o que pode acontecer quando muita inteligência e energia são aplicadas a uma premissa equivocada. A situação é sugestiva do cavalo de Samuel Johnson: "Um cavalo que sabe contar até dez é um cavalo notável – não um matemático notável.". Da mesma forma, uma empresa têxtil que aloca capital de forma brilhante dentro do seu setor é uma notável tecelagem – mas não uma empresa notável. Minha conclusão a partir da minha própria experiência e de muita observação de outras empresas é que bons históricos gerenciais (medidos por retornos econômicos) têm muito mais a ver com que tipo de empresa você embarca, do que com o modo como você rema (apesar de que inteligência e esforço ajudam muito, claro, em qualquer empresa, boa ou ruim). Há alguns anos, eu escrevi: "Quando um grupo de executivos, com uma reputação de brilhantismo, entra em um negócio com reputação de situação econômica fundamentalmente pobre, é a reputação do negócio que permanece intacta." Nada mudou desde então, segundo meu ponto de vista. Se você se encontrar em um barco com

---

[76] Buffett, W.E. (1988) Letter do shareholders included with the 1988 Annual Report of Berkshire Hathaway Inc.

vazamentos crônicos, a energia devotada a mudar de barco é provavelmente mais produtiva do que a energia devotada a tapar buracos."[77]

Buffett é favorável a utilização do capital para a recompra de ações toda vez que as cotações estiverem abaixo do valor intrínseco, seja usando o caixa ou através de empréstimos a taxas razoáveis. Os acionistas se beneficiam de dois modos: o primeiro é com a valorização das ações em função da recompra, o segundo é a mensagem que a diretoria está passando para o mercado de confiança no negócio da empresa.

Segue abaixo uma pequena coletânea de opiniões do Buffett e Munger, seguidas do texto do mesmo tema na carta aos acionistas:

"Não fique muito obcecado com as oscilações diárias do mercado de ações."

Não se anime muito com os ganhos do seu investimento quando o mercado está subindo: *"Não há razão para dar piruetas pelos ganhos de 1995. Esse foi um bom ano no qual qualquer bobo podia ganhar um trocado no mercado de ações. E nós ganhamos".* 1996

Não dê muita importância para as projeções macroeconômicas: *"O cemitério de profetas tem uma grande seção separada para os analistas de macro. Nós temos feitos poucas projeções macro na Berkshire e raramente vimos os outros tendo um sucesso sustentado com elas".* 2004

Não se deixe enganar pelos cálculos, métodos e fórmulas complexas: *"Os investidores devem ser céticos em relação aos modelos baseados em históricos. Construídos por um sacerdócio que soa meio nerd, usando termos esotéricos como beta, gama, sigma e coisas do tipo, esses modelos costumam impressionar. Muitas vezes, porém, os investidores se esquecem de examinar os pressupostos por trás dos símbolos. Nosso conselho: cuidado com os nerds que elaboram as fórmulas".* 2009

Não fique sem caixa. *"Nós nunca seremos dependentes da gentileza de estranhos ... nós sempre organizaremos nossas relações para que qualquer exigência de caixa que pensemos que poderemos ter seja muito menor do que a nossa própria liquidez".* 2010

---

[77] Buffett, W.E. (1985) Letter do shareholders included with the 1985 Annual Report of Berkshire Hathaway Inc. As cartas que o Warren Buffet escreve, tanto podem ser encontradas nas várias coletâneas que foram publicadas como por exemplo a: BUFFETT, Warren. Berkshire Hathaway Letters to Shareholders 1965-2014. Explorist Productions, 2016., como no site da Berkshire Hathaway, no qual existe a seção Shareholder Letters.

Aprenda com os erros. *"Agonizar por causa dos erros é um equívoco. Mas reconhecê-los e analisá-los pode ser útil, embora essa prática seja uma raridade nas salas de conselho."* 2001

Os mercados mudaram muito desde que Buffett começou a sua empresa. Entendo que ele teria dificuldade em replicar o seu sucesso se estivesse começando de novo no mercado atual, onde as informações sobre empresas estão amplamente disponíveis e muitos gestores de recursos estão buscando ações de valor atrativas. Mas isso não reduz de forma alguma a sua genialidade.

CAPÍTULO 28
Charlie Munger

> "Não conheço nenhum investidor bem sucedido que não seja um leitor voraz."
>
> Charlie Munger

Charlie Munger é conhecido como um dos investidores mais bem sucedidos, além de ser uma pessoa muito interessante, e ficou bastante conhecido como como o sócio do Warren Buffett. O mais interessante de Munger não é seu sucesso como investidor, mas a forma como ele pensa e deixa suas emoções sob controle.

Munger sempre teve um direcionamento muito forte para pensar independentemente. Na área de investimentos, são raras as pessoas que tomam decisões de forma independente. O mercado de ações atual no Brasil tem muitas pessoas girando excessivamente seus portfolios, buscando ganhos de curto prazo e perdendo a capacidade de raciocínio independente e uma visão de mais longo prazo e estratégica das ações. Nesse sentido, revisitar os ensinamentos do Munger pode ser importante para resgatar alguns conceitos básicos da arte de investir. A aplicação do raciocínio independente permite um maior controle das emoções e a possibilidade de evitar erros psicológicos.

Munger lê vorazmente sobre diversos assuntos, e não só sobre o mercado financeiro. Ele sempre gostou de ler biografias pois acreditava que aprender sobre os sucessos e fracassos das pessoas é o jeito mais rápido de ficar mais esperto e sábio sem ter de passar por experiências dolorosas. Para Munger, o aprendizado é um processo contínuo, e todo investidor tem de passar sua vida estudando, não só investimentos, mas vários assuntos correlacionados. Ele desenvolveu o conceito de mosaico, no qual você unifica diversos modelos mentais de disciplinas diferentes e pode atingir resultados superiores nos seus investimentos. Primeiro, você precisaria estudar diversas áreas, tais como física, biologia, sociologia, psicologia, filosofia, literatura e matemática,

Como Escolher e Administrar seus Investimentos

entender seus modelos mentais, para depois buscar similaridades e padrões entre elas.

Os investidores (e pessoas em geral) têm que lidar com adversidades e tempos difíceis. Todos nós, investidores, temos que praticar e suportar o controle de crises, e essa é uma das razões para ler história e biografias.

Munger cita a teoria de aprendizagem de Edward Thorndike como sendo uma teoria contemporânea na ciência cognitiva, chamada conexão. Esta teoria, baseada nos estudos de Thorndike sobre padrões de estímulo-resposta, sustenta que o aprendizado é um processo de tentativa e erro no qual respostas favoráveis a novas situações (estímulos) realmente alteram as conexões neurais entre as células cerebrais. O cérebro tem a capacidade de unir conexões relacionadas a uma cadeia e transferir o que foi aprendido para situações semelhantes; a inteligência pode ser vista como uma função de quantas conexões essa pessoa aprendeu. O pensamento inovador seria formado pela combinação de dois modelos mentais. Munger criou uma expressão para o efeito que essas combinações mentais criavam como o efeito *lollapalooza*, um poder explosivo da massa crítica.

Um dos aspectos interessantes da visão de Munger é explicado por uma sentença: "Eu observo o que funciona e o que não funciona e os porquês."[78] Ele vive as mesmas experiências que todas as pessoas passam, mas o que o diferencia é que pensa profundamente sobre o porquê de as coisas acontecerem e trabalha forte para aprender com as experiências.

O sistema de investir utilizando a abordagem de valor, desenvolvido por Graham e utilizado por Munger, é uma das melhores formas de um investidor obter rentabilidades acima dos índices de mercado. Mas apenas aplicar uma série de regras não vai garantir o sucesso, pois a implementação de um sistema é uma arte, e não uma ciência. Munger também dizia que se você não é capaz de aceitar uma performance ruim no curto prazo para alcançar uma boa performance no longo prazo, você não é um candidato a adotar a estratégia de investimento de valor de Graham.

Buffet costumava dizer que investir é simples, mas não é fácil. Munger desenvolveu sua própria versão desse ensinamento de Buffett, dizendo: "pegue uma ideia simples e considere-a seriamente"[79].

---

[78] GRIFFIN, Tren. Charlie *Munger*: The Complete Investor. New York: Columbia Business School Publishing, 2015.

[79] GRIFFIN, Tren. Charlie *Munger*: The Complete Investor. New York: Columbia Business School Publishing, 2015.

O colunista do Wall Street Journal, Jason Weig, fez uma breve descrição dos desafios principais em investir:

> "Se fosse fácil ser como Charlie Munger, não existiria apenas um. Se transformar numa máquina de aprender com múltiplos modelos mentais já é um trabalho árduo. Mas mesmo as poucas pessoas que atingirem esse nível evolutivo podem não ser bem sucedidas por não terem o temperamento adequado. Essa é a razão por que Buffett e Munger voltam constantemente ao Graham: Ser um investidor que vai contra a corrente exige uma coragem extrema e uma calma implacável. Buffett fala constantemente sobre a estrutura emocional; Charlie frequentemente diz que muitos investidores, independente do quão inteligentes eles sejam, não serão bem sucedidos se tiverem o temperamento errado. Jason gosta de usar uma palavra da filosofia grega antiga para descrever essa capacidade: ataraxia ou imperturbabilidade perfeita."[80]

Munger gosta de dizer que um investidor bem sucedido nunca deixa de ser uma "máquina de aprender", por isso é preciso estar constantemente lendo e relendo livros e pensando sobre investimentos. Essa é, inclusive, umas das propostas deste livro: abrir o maior número de caminhos e raciocínios para o investidor poder se desenvolver. Não existe uma receita do sucesso, mas existem conceitos, teoria e raciocínios que precisam ser conhecidos e estudados para que os investidores possam evoluir e criar os seus próprios caminhos.

Este é um raciocínio de Charlie Munger que aparentemente é simples, mas tem grande profundidade:

> "A longo prazo, é difícil para uma ação ganhar um retorno muito melhor do que o negócio da empresa que representa a ação. Se o negócio ganhar 6% de retorno sobre o capital ao longo de 40 anos e você mantê-lo por 40 anos, você não vai obter muito mais do que 6% ao ano – mesmo que você originalmente compre com um desconto enorme. Por outro lado, se uma empresa entregar um retorno de 18% sobre o patrimônio por um período de mais de 20 anos, mesmo se você pagar um preço caro, você vai acabar com um bom resultado."

Existem tantas frases ditas por Munger, sobre investimentos e sobre a vida em geral, que separamos esta parte para colocar algumas delas.[81]

---

[80] GRIFFIN, Tren. Charlie *Munger*: The Complete Investor. New York: Columbia Business School Publishing, 2015.

[81] Estas frases foram tiradas dos seguintes livros: CLARK, David. *The Tao of Charlie Munger*: A Compilation of Quotes from Berkshire Hathaway's Vice Chairman on Life, Business, and the Pursuit of

"A alocação de capital é o trabalho número um de um investidor."

"Na engenharia, as pessoas têm uma grande margem de segurança. Mas no mundo financeiro, as pessoas não dão a mínima para a segurança."

"A ideia de ser objetivo e desapaixonado nunca será obsoleta."

"As pessoas calculam demais e pensam muito pouco."

"Um ano em que você não muda de ideia sobre uma grande ideia que é importante para você é um ano desperdiçado."

"Evite o mal, especialmente se eles são membros atraentes do sexo oposto."

"Saber o que você não sabe é mais útil do que ser brilhante."

"As pessoas são relutantes em mudar mesmo quando recebem novas informações que entram em conflito com o que já acreditam."

"A curiosidade pode proporcionar diversão e sabedoria, e ocasionalmente problemas."

"Deve-se reconhecer a realidade mesmo quando não se gosta."

"Todas as habilidades atenuam com o desuso. Eu era um gênio do cálculo até os vinte anos, depois a habilidade foi destruída pelo não uso."

"O fracasso em lidar com negação psicológica é uma maneira comum de as pessoas falirem."

"É óbvio que se uma empresa gera altos retornos sobre o capital e os reinveste nas mesmas altas taxas de retorno, ela vai se sair bem. Mas isso não venderia livros, então há um monte de conceitos mirabolantes que foram criados e que não acrescentam muito."

"Sucesso significa ser muito paciente, mas agressivo na hora certa."

"Você precisa de paciência, disciplina e uma habilidade de assumir perdas e adversidades sem enlouquecer."

"É incrível como a Berkshire age rápido quando encontramos uma oportunidade. Você não pode ser tímido – e isso se aplica a toda a vida."

"Muitas pessoas com QI alto são péssimos investidores porque têm temperamentos terríveis."

"Desenvolva confiança correta em seu julgamento."

"Aprender com os erros dos outros é muito mais agradável."

"Nem Einstein trabalhava isolado. Mas ele nunca foi a grandes conferências. Qualquer ser humano precisa de colegas de conversação."

"Ter um tipo de temperamento é mais importante do que cérebro. Você precisa manter a emoção irracional bruta sob controle."

"Temos de lidar com o que somos capazes de entender."

"Nosso trabalho é encontrar algumas coisas inteligentes para fazer, não acompanhar todas as malditas coisas do mundo."

Wealth. New York: Scribner, 2017. GRIFFIN, Tren. Charlie *Munger: The Complete Investor*. New York: Columbia Business School Publishing, 2015. KAUFMAN, Peter D. *Poor Charlie's Almanack. The Wit and Wisdom of Charles T. Munger*. Expanded Third Edition. PCA Publication, 2017.

CAPÍTULO 29
George Soros

> "Tomar uma decisão de investimento é como formular uma hipótese científica e submeter a um teste prático ... A verdade é, o investimento de sucesso é uma espécie de alquimia."

> "Uma vez que percebemos que a compreensão imperfeita é a condição humana, não há vergonha em estar errado, apenas em não corrigir nossos erros."
>
> George Soros

George Soros é um dos gestores de multimercados (*hedge funds*) mais respeitados, investindo em diversas classes de ativos, setores e países, baseado na sua teoria de ativos "fora do seu ponto de equilíbrio". Ele construiu uma fortuna para ele mesmo e os cotistas do Quantum Fund, e obteve uma taxa de retorno anual de aproximadamente 35% nos primeiros 26 anos do fundo.

Soros se vê como um filósofo. Essa visão vem de encontro com os conceitos discutidos na parte inicial desse livro, abordando filosofia de investimentos e a necessidade do investidor de construir uma visão ampla de mundo. Soros desenvolveu a teoria da reflexividade baseado na ideia de que os indivíduos não fundamentam sua tomada de decisão analisando logicamente a situação atual, mas nas percepções e interpretações dela. Além disso, as decisões tomadas pelos indivíduos podem alterar os fundamentos da situação atual, mudando novamente as percepções dos indivíduos. Pela teoria da reflexividade, os impactos da influência dos indivíduos no mercado são tão representativos que podem precipitar recessões somente pelas expectativas. Essa forma de pensar o mercado também é analisada por Howard Marks como sendo um pensamento de segundo nível. O primeiro nível seria o pensamento de comprar a ação de uma empresa por ela ser uma boa empresa. O pensamento do segundo nível seria ponderar que, se há um consenso no mercado de que a empresa é realmente boa, deveríamos vendê-la, pois deve estar negociando muito acima do preço justo. As experiências de vida de Soros lhe ensinaram que os indivíduos não baseiam suas decisões na situação real que os confronta, mas na percepção ou interpretação das pessoas sobre a situação.

Soros nasceu em uma família judia húngara, em 1930. Seu pai participou da Primeira Guerra Mundial, mas foi capturado pelos russos e levado para um campo de prisioneiros na Sibéria. Soros era um estudante particularmente fraco em matemática, mas muito interessado em ler filosofia clássica. A Segunda Guerra Mundial, para Soros, foi um curso de sobrevivência, fornecendo habilidades para a sua carreira de investidor. Ele disse que nenhum dos riscos que correu na sua vida adulta são comparáveis aos que passou tentando fugir dos invasores nazistas. Mudou-se para a Inglaterra aos 17 anos, sem dinheiro, nem amigos, e tendo trabalhos como limpar piscinas, pintura, lavagem de pratos e garçom. Essas experiências tiveram influência sobre sua determinação em ganhar dinheiro. Ele foi cursar economia na London Business School e sofreu grande influência do professor Karl Popper e do seu método científico. Soros tinha vários questionamentos sobre os modelos econômicos adotados na época, e o contato com Popper permitiu um questionamento mais estruturado. Começou a desenvolver uma tese na qual os equívocos e interpretações humanas têm um papel importante.

Foi para Nova York aos 26 anos como *trader* em Wall Street. Um dos pontos fortes de Soros era a autocrítica, que fazia com que ele conseguisse corrigir de forma rápida os seus erros. Em 1967, começou a gerir um pequeno fundo chamado First Eagle Fund, seguido pelo Double Eagle Fund. Como gestor de *hedge fund*, Soros podia aplicar os seus conceitos filosóficos com a prática de investimentos. Em 1973, começou de forma independente o Soros Fund Management, com uma equipe que era formada por ele, Jim Rogers como sócio menor e duas secretárias, localizado em um escritório com duas salas em Manhattan. Quando o fundo começou a crescer, Soros colocou o nome de Quantum Fund, em homenagem ao físico Heisenberg e seu princípio de incerteza.

Ele trabalhava com muito vigor, e em cinco anos o fundo tinha atingido US$ 100 milhões. Mas Soros absorvia o *stress* da gestão com muita intensidade, principalmente com as vendas a descoberto, chegando a dizer que suas terminações nervosas estavam ligadas ao fundo.

George Soros fama quando montou uma posição de US$ 10 bilhões contra a moeda inglesa, apostando na desvalorização, e teve em pouco tempo um lucro de US$ 1 bilhão, ficando conhecido como "o homem que quebrou o Banco da

Inglaterra." O equilíbrio de moedas na Europa em 1992 estava muito instável, e a Alemanha Ocidental realizou uma grande injeção de recursos na Alemanha Oriental em função do processo de unificação, criando fortes pressões inflacionárias dentro da economia alemã. Existia na época o MTC – Mecanismo Europeu de Taxas de Câmbio –, que permitia que as moedas flutuassem uma em relação à outra, mas dentro de um limite estreito. O processo de unificação da Alemanha e o colapso da União Soviética fizeram com que o MTC passasse de um quase equilíbrio a um desequilíbrio dinâmico. O preparo de Soros em analisar situações como essa, seja por seus estudos filosóficos, seja por assistir na sua vida pessoal grandes desequilíbrios e instabilidades, foi o segredo do seu sucesso. Ele conseguia captar e aceitar possibilidades de mudanças totais no cenário, mudanças revolucionárias, enquanto outros investidores acreditavam em mudanças graduais.

A tese principal relacionada aos investimentos formulada por Soros é formada pelo conceito de reflexividade. O embasamento desse conceito vem da observação de que, principalmente em economia, o fato não ocorre independente do comportamento do observador, como na ciência natural. Se os investidores estão apreensivos com a possibilidade de uma crise, em função do seu comportamento mais conservador eles podem efetivamente causar perdas nos mercados. Soros também questiona o paradigma de que os mercados financeiros tendem ao equilíbrio. O mercado financeiro nunca reflete com precisão a realidade, pois os preços dos ativos são formados pelos investidores, que têm erros e incompreensões nos julgamentos, e esses preços distorcidos afetam os fundamentos do mercado, gerando um movimento de desequilíbrio que se autoalimenta. A teoria clássica acredita que os mercados são eficientes, entram em desequilíbrios temporários, mas tendem a se corrigir. Para Soros, os mercados estão constantemente em desequilíbrio. As percepções dos investidores têm impacto sobre o preço dos ativos, fazendo com que ativos que estejam subindo atraiam mais compradores, reforçando a tendência, e o inverso é verdadeiro também.

Soros atribui duas funções ao pensamento dos participantes: a função cognitiva e a função manipulativa. A função cognitiva é responsável por perceber, enxergar e compreender o mundo em que vivemos. Na função cognitiva, a direção de causalidade supõe que a realidade é responsável por determinar a visão dos participantes. A função manipulativa é responsável por moldar e manipular a situação em que estamos inseridos ao nosso favor. Dessa forma, a visão dos participantes determina a realidade. Quando ambas as funções operam simultaneamente, elas podem interferir uma na outra. Se a função cognitiva pudesse agir isoladamente, ela poderia produzir afirmações verdadeiras, ou seja, conhecimento. Se houver interferência da função manipulativa, os fatos não mais servem como um critério independente pelo qual a verdade de uma afirmação pode ser julgada, já que a afirmação supostamente verdadeira pode ter sido fruto da subjetividade da visão dos participantes.

A contribuição do Soros ao entendimento desse processo de investimento é a percepção de que os investidores, quando percebem os seus erros de julgamento, em vez de voltar ao equilíbrio teórico criam outras distorções nos fundamentos, e novamente as percepções dos participantes são alteradas em resposta às mudanças dos elementos fundamentais, resultando em um final indeterminado. A conexão reflexiva causa indeterminação tanto na função cognitiva quanto na manipulativa, nesse processo no qual as percepções alimentam os eventos, que por sua vez influenciam as percepções. O equilíbrio na visão do Soros é um alvo móvel.

Soros acabou se tornando uma das principais referências no mundo das finanças e principalmente um dos gestores de *hedge fund* mais bem sucedidos do mundo.

CAPÍTULO 30
John Maynard Keynes

"O mercado pode se manter irracional por mais tempo do que você pode se manter solvente."

"A sabedoria ensina que é melhor para a reputação fracassar de modo convencional do que ser bem sucedido de forma não convencional."

"O objetivo social do investimento qualificado deve ser derrotar as forças obscuras do tempo e da ignorância que envolvem nosso futuro."

John Maynard Keynes

Keynes foi um economista que trouxe certo glamour para a área econômica. Membro atuante no grupo de intelectuais ingleses de Bloomsbury, autor de best-seller, marido de uma bailarina mundialmente famosa, grande contribuidor da macroeconomia moderna, conselheiro governamental valorizado, membro enobrecido da Câmara dos Lordes, ajudou a criar o FMI e o Banco Mundial.

Em termos econômicos, a teoria de Keynes ainda é controversa. Depois da crise global de 2008/2009, o mundo se debruçou novamente no tema de como lidar com fortes desacelerações globais através de políticas governamentais. Por um lado, está a tese defendida pelo economista Friedrich Hayek (1899-1992), baseada nos conceitos de livre mercado: corte de gastos do governo, redução de déficit e níveis de dívida e deixar a economia responder com crescimento através de mercados irrestritos para mercadorias e serviços. Por outro lado, temos a tese keynesiana, defendida pelo economista britânico John Maynard Keynes (1883-1946), pedindo uma forte intervenção do governo, com o objetivo de aumentar a demanda econômica agregada, aumentando as despesas estatais, aumento de déficits e dívida pública (pelo menos até o crescimento econômico retomar), com estímulos federais compensando a falta de gastos privados.

Além de ser um economista famoso, John Maynard Keynes também foi um grande investidor. Ao contrário da maioria dos grandes economistas, a visão de mundo de Keynes foi guiada por seus investimentos, e ele lucrou com eles. Como ele foi *trader* e gestor de recursos por mais de duas décadas, conhecia e entendia os mercados melhor do que a maioria dos economistas acadêmicos. Entre outras coisas, Keynes realmente gostava de ser um especulador e um investidor. Ele chamava suas ações favoritas de "animais de estimação". Além de pensar ideias econômicas para resgatar as economias ocidentais após eventos devastadores, ele gerenciou dinheiro para seu próprio portfólio, de seus amigos e várias instituições. Keynes foi um dos primeiros gestores de *hedge funds*, e é justamente esse Keynes investidor que queremos resgatar e tirar lições de investimentos aplicáveis.

Depois da Primeira Guerra Mundial, Keynes passou a ter uma boa renda vinda das suas aulas e seus livros. Isso permitiu que ele investisse em arte e começasse a investir em moedas e *commodities* no ambiente pós-guerra.

Apesar de ter um certo desdém aristocrático pela profissão de gestor de recursos, Keynes foi um bom investidor em ações. Ele acreditava no ditado de Francis Bacon que "o dinheiro faz um bom servo, mas um mestre ruim" – na formulação de Keynes, o mérito do dinheiro estava apenas em sua capacidade de garantir e manter as condições que permitem que alguém "viva sabiamente e de forma agradável e bem"[82].

Nos seus estudos de economia, Keynes fez uma distinção crítica entre investimento e especulação. Em 1925 ele comentou sobre a predileção inadequada dos investidores em a assumir implicitamente que o futuro será semelhante ao passado. Na sua obra "General Theory", Keynes focou nas duas razões que entendia ser as que explicavam os retornos no mercado de ações. A primeira, que ele chamou de "enterprise" era a previsão do rendimento futuro de um ativo durante toda sua vida. A outra era especulativa e era relacionada com a psicologia de mercado. Essas duas razões explicariam as expectativas de longo prazo dos investidores.

Keynes sempre achou o mercado americano de ações muito especulativo. Ele achava raro um investidor americano investir para obter renda, e que o objetivo era obter ganhos de capital. Essa abordagem de curto prazo levava

---

[82] WASIK, John F. *Keynes's Way to Wealth*: Timeless Lessons from the Great Economist. New York: McGraw Hill, 2014.

a ondas irracionais de pessimismo e otimismo. Ele descreveu o mercado como uma batalha de inteligência para antecipar quais papéis poderiam proporcionar ganhos de capital nos próximos meses, em vez de buscar rendimentos em um investimento de longo prazo.

Na parte de ações, Keynes gostava de comprar ações pagadoras de dividendos, pois eram empresas mais resilientes, de setores mais básicos da economia como eletricidade, saneamento, gás, e tinham uma certa segurança como investimento advinda dos dividendos.

Na época de sua morte, em 1946, seu patrimônio – em grande parte acumulado através de suas atividades de investimentos – era de aproximadamente 480 mil libras, equivalente à US$ 30 milhões hoje em dia. O fundo universitário de Cambridge, administrado por Keynes, registrou um aumento de doze vezes em seu valor enquanto estava sob sua administração. Ele tentava ser bem sucedido nos mercados financeiros, na teoria e na prática.

Os princípios de investimento de Keynes, pouco ortodoxos para a época, anteciparam as filosofias de investimentos de alguns investidores da estratégia valor contemporâneos muito bem sucedidos, mais notavelmente Warren Buffett.

Ele percebeu que existem boas oportunidades no mercado de ações quando há grande incerteza e, consequentemente, opiniões amplamente divergentes sobre o valor de uma ação. Como ele explicou a um colega: "A arte de investir, se existe tal arte, é a de aproveitar as consequências de uma opinião equivocada que é generalizada."[83]

Uma das primeiras experiências de gestão de investimentos de Keynes foi a P.R. Finance Company, em sociedade com "Foxy" Falk, fundada no início de 1923, e envolvida principalmente em investimentos em *commodities*. As iniciais da empresa – uma alusão ao antigo aforismo grego *"Panta rei, ouden menei"* ("Tudo flui, e nada fica parado") – foram talvez uma indicação sobre o caráter transitório e dinâmico do mercado de *commodities*. No mercado de ações também, tudo está em estado de fluxo – o que permanece é o valor intrínseco das empresas, desde que não haja mudanças estruturais.

Já naquela época, do seu observatório em Londres, Keynes notou que em Nova York, um dos maiores mercados de investimentos do mundo, a influência da especulação era enorme. É raro um americano investir buscando renda, ele vai buscar valorização do capital. Hoje, quase oito décadas depois de Keynes escrever estas palavras, a mesma situação prevalece, só que muito mais intensamente.

---

[83] WALSH, Justyn. *Keynes and the Market:* How the World's Greatest Economist Overturned Conventional Wisdom and Made a Fortune on the Stock Market.

Como um ex-aluno, Keynes estava envolvido na gestão de investimentos do King's College de Cambridge. Anteriormente, a gestão dos ativos era bem pouco imaginativa, investindo em títulos e imóveis. Keynes os convenceu de que a faculdade poderia abrir contas separadas para manter ações, moedas e *commodities*. Embora fosse um estudante de matemática, ele foi persuasivo em convencer os funcionários da faculdade de que eles poderiam ter um retorno maior. Apesar de ser difícil entender quais ativos Keynes comprou e vendeu participando da gestão do Fundo King's College de 1928 até 1945, existe um trabalho dos professores Jess Chua e Richard Woodward que mostra resultados muito bons da gestão de Keynes desse fundo[84]. Considerando que neste período houve a crise de 1929 e a Segunda Guerra Mundial, aumenta ainda mais o valor da boa performance, pois foram tempos difíceis e voláteis para a gestão de investimentos. Esses bons resultados nesse período mostram também a resiliência de Keynes e sua capacidade de se adaptar às mudanças de mercado.

Um dos principais aspectos da sua inovação na gestão de recursos foi o investimento em ações, mas ele também inovou na forma de avaliar ações antecipando vários pontos desenvolvidos futuramente por Graham, como olhar a geração de caixa, o crescimento de lucros e dividendos, estimando um potencial de valorização futuro. Com essa perspectiva, ele criou valor não só na gestão dos fundos do King College, mas também dos portfólios de duas seguradoras inglesas. Outro estudo realizado por Chambers e Dimson[85] analisou o estilo de gestão de Keynes em relação às ações e descobriu que depois da crise de 1929 ele mudou seu estilo de gestão do portfólio de ações para uma abordagem mais *"bottom-up"*, mais alinhada com a estratégia valor.

Antes de 1928, Keynes estava inclinado a investir em *commodities* que estavam tendo aumento no consumo no período após a Primeira Guerra Mundial. Isso parecia uma aposta segura. Ele havia estudado dados estatísticos e percebera que os preços das *commodities* eram geralmente negativamente correlacionados com os preços das ações e títulos. No entanto, mesmo depois de experimentar a recessão pós Primeira Guerra Mundial, Keynes e a maior parte do mundo não estavam preparados para a quebra dos mercados na crise de 1929 e a Depressão que a seguiu.

Uma lição que Keynes aprendeu durante a crise de 1929 é sobre a mudança na correlação dos ativos num período de crise. Mesmo ativos não

---

[84] WASIK, John F. *Keynes's Way to Wealth*: Timeless Lessons from the Great Economist. New York: McGraw Hill, 2014.

[85] WASIK, John F. *Keynes's Way to Wealth*: Timeless Lessons from the Great Economist. New York: McGraw Hill, 2014.

correlacionados acabaram sofrendo, não exercendo sua função de proteger o portfólio. As *commodities*, que muitas vezes caminharam em direções opostas às ações, caíram de forma semelhante a outros ativos durante a crise. O único ativo que realmente protege durante uma crise intensa é a renda fixa. Ativos de qualidade geradores de renda, como ações que pagam altos dividendos, também tendem a não cair tanto nesses períodos.

Na opinião de Keynes, uma filosofia de "ser tranquilo" – de negociar apenas quando uma diferença muito grande é identificada entre o valor intrínseco de uma ação e sua cotação – de forma alguma implica num estilo de investimento complacente ou passivo.

Apesar de seu livro "*Teoria Geral do Emprego, do Juro e da Moeda*" ter como objetivo ser um livro sobre economia, Keynes desenvolve alguns pontos no capítulo 12 bastante relacionados ao tema de investimentos. Iremos listar aqui alguns deles para mostrar que ele já começava a desenvolver conceitos importantes de investimentos. Os textos entre aspas foram tirados do livro.

1. Não é a previsão das expectativas de uma empresa que importa, mas o grau de confiança que temos nela. Keynes ressalta "*a probabilidade de nossa melhor previsão estar errada*". Esse aspecto é referente a, por exemplo, quão diferente pode vir o resultado de uma empresa em relação ao consenso de mercado.

2. Qual o valor patrimonial da empresa? Keynes menciona o valor de liquidação. "*Não faz sentido começar uma nova empresa a um custo maior do que uma empresa já existente e semelhante pode ser comprada ... assim, certas classes de investimento são regidas pela expectativa média de quem negocia na Bolsa de Valores como revelado no preço das ações, e não pelas expectativas genuínas do empreendedor profissional.*"

3. O mercado não sabe tudo. "*O elemento do real conhecimento na avaliação dos investimentos por aqueles que os possuem diminuiu seriamente.*"

4. O mercado pode ser irracional e produzir ruído. "*Flutuações diárias nos lucros dos investimentos existentes ... tendem a ter uma influência completamente excessiva, e até mesmo absurda no mercado.*"

5. O mercado pode mudar mais rápido do que você mudar de ideia. "*Uma avaliação convencional que se estabelece como resultado da psicologia de massa formada por um grande número de indivíduos ignorantes é passível de mudar violentamente como resultado de uma súbita flutuação de opinião devido a fatores que realmente não fazem muita diferença para o rendimento prospectivo.*"

Keynes também foi uma inspiração para os pioneiros nos estudos de finanças comportamentais, como Robert Shiller e George Akerlof, que resgataram a sua visão sobre o espírito animal – as atitudes e ideias que guiam a ação econômica. Eles participaram da reconstrução da ortodoxia, trazendo esses fatores psicológicos para o centro da economia.

Keynes, naquela época, já tinha a visão da maioria dos investidores contemporâneos em ações que adotam a estratégia valor. A visão é "gaste muito tempo analisando a empresa, os parâmetros de avaliação, o setor, e se vier uma crise, mantenha as posições, pois você tem segurança de que aquela empresa tem total condição de navegar pela crise e até possivelmente sair fortalecida". Keynes manteve suas posições em ações, mesmo nos períodos mais difíceis pós-1929.

Para ele, os investidores em ações têm de exercer uma vigilância constante, lutando contra ideias pré-concebidas e ter reações constantes a mudanças significativas no cenário. Ele achava que a chave para o sucesso nos investimentos em ações era a vigilância constante.

Baseado no seu conhecimento e nas suas experiências, e buscando um caminho longe das convenções da sua época, Keynes desenvolveu um conjunto de princípios de investimentos que não só lhe trouxe grande prosperidade pessoal, mas também forneceu um modelo para os investidores que aplicam nos ativos em geral e no mercado de ações mais especificamente.

1. *Escreva e atenha-se à sua política de investimentos. Anote quais são os seus objetivos. Você está buscando ativos geradores de renda? Apreciação de capital? Empresas que podem sobreviver numa recessão? Saiba quanta volatilidade você pode suportar e ajuste a sua carteira de acordo.*
2. *Cuidado em querer acertar os movimentos de mercado. Invista de forma disciplinada pensando em horizontes de investimentos mais longos.*
3. *Monte o seu portfólio de investimentos com ativos descorrelacionados, e de forma equilibrada, para que todos os ativos não caminhem na mesma direção.*
4. *Concentre-se no valor intrínseco estimado de uma ação – como representado pelos lucros projetados para uma determinada empresa – em vez de tentar adivinhar as tendências do mercado.*
5. *Certifique-se de que existe uma margem de segurança suficientemente grande – a diferença entre o valor intrínseco avaliado e o preço de uma ação – em relação às ações compradas.*
6. *Aplique julgamento independente na valorização das ações, o que muitas vezes pode implicar uma política de investimentos "contrarian", ou seja, na direção contrária do mercado.*

John Maynard Keynes

7. *Ignore as distrações constantes que o preço das ações causa, focando no valor e nos fundamentos da empresa.*
8. *Pratique uma política de concentração de portfólio, investindo naquilo que você estudou e realmente acredita.*
9. *Mantenha o temperamento adequado, equilibrando "equanimidade e paciência" com a capacidade de agir decisivamente.*

Os princípios de investimento de Keynes são extremamente simples e podem parecer, numa primeira análise, um pouco mais do que o senso comum aplicado, especialmente quando comparados com a matemática elaborada e conceitos complexos da teoria financeira moderna. Mas esses princípios o fizeram sobreviver nos anos 1930 e construir uma fortuna.

Como um último conselho de vida de Keynes eu deixaria uma recomendação para aproveitar mais a vida e beber mais *champagne*. Depois que Keynes começou ganhar mais dinheiro comprou obras de arte, livros, viajou mais, financiou atividades artísticas e doou para a sua faculdade. Seu mundo estava constantemente em tumultos, no meio de guerras, bombardeios, mas ele continuou tentando melhorar o mundo com a sua genialidade.

CAPÍTULO 31
Walter e Edwin Schloss[86]

"Tenha a coragem de suas convicções depois de tomar uma decisão."

"Você nunca conhece realmente uma ação, até comprá-la."

"Não tenha medo de ficar sozinho na sua posição, mas busque ter mais certeza sobre o que está correto no seu julgamento."

"As pessoas tendem a gostar de comprar empresas que estão indo bem, não gostam de empresas que estão indo mal. Então você olha pra essas empresas que não estão indo bem, e diz talvez essas coisas possam voltar."

Walter Schloss

Walter Schloss é um exemplo de gestor, que utiliza a estratégia valor, muito interessante e singular, pois era uma gestora formada por duas pessoas, ele e seu filho Edwin. Schloss começou o seu negócio em 1955 e apresentou um histórico, em torno de 45 anos, fornecendo um retorno composto em torno de 15% ao ano, o que é uma performance espetacular por um período tão longo. Não vamos entrar em uma análise muito detalhada dessa performance, mas é importante saber que teve um resultado bem superior ao S&P no período.

---

[86] Perfil elaborado (e adaptado) a partir de https://klse.i3investor.com/blogs/www.eaglevision invest.com/2016-05-12-story-h54300986-WALTER_SCHLOSS_LONG_TERM_VALUE_INVESTING_Calvin_Tan.jsp

Essa singularidade no estilo de gestão está relacionada ao estilo de gestão minimalista da família Schloss localizados num escritório com apenas um cômodo. Eles não visitavam empresas, raramente falavam com a gestão, não falavam com analistas e não usavam internet. Tinham esse estilo para não serem influenciados a fazer algo que não quisessem fazer, pois há muitas pessoas articuladas e inteligentes no mundo dos investimentos que podem influenciar a compra ou venda de uma ação e limitar a independência na análise. Os Schloss preferiam confiar em sua própria análise e seu comprometimento de longo prazo em buscar ações baratas. O processo de investimentos começava com uma análise sobre os demonstrativos financeiros públicos da empresa e a partir daí, a empresa passava a ser considerada uma candidata ao investimento, se pudesse ser comprada por valor menor que a somatória dos ativos menos a dívida.

O que é muito interessante no estilo de investimento dos Schloss, e que pode servir de lição para todos nós, é essa abordagem minimalista. As pessoas tendem a achar que precisam estar o tempo todo falando com analistas e corretores de investimentos para investirem em ações e terem as melhores informações sobre o que está sendo discutido no mercado, e buscam constantemente informações ou dicas que lhes proporcionem ganhos rápidos e fáceis sem que tenham que perder tempo analisando e entendendo a empresa a ser investida. O exemplo dos Schloss demonstra que é possível fazer a gestão de uma carteira de ações baseada em fundamentos, com as informações públicas, e sem ter de estar constantemente falando com pessoas do mercado financeiro. Um belo exemplo de vida, de minimalismo, integridade e competência.

Walter Schloss começou em Wall Street em 1934, com 18 anos, no meio da Depressão, trabalhando no Carl M. Loeb & Co. No final da década de 1930, Schloss fez cursos de Benjamin Graham no New York Stock Exchange Institute. Depois de algum tempo, Graham contratou Schloss, em 1946. Schloss deixou a Graham-Newman Partnership em 1955, para investir no próprio negócio.

Uma das estratégias de ensino favoritas de Graham era analisar duas empresas lado a lado, mesmo que estivessem em diferentes indústrias, e comparar os balanços. Ele poderia escolher Coca-Cola e Colgate e perguntar qual ação era mais barata em termos dos valores dos ativos líquidos. A principal preocupação de Graham era a margem de segurança, um foco que impedia de reconhecer o grande potencial na Coca-Cola. Nem todas as táticas do Graham deram certo. Schloss via Graham como um gênio, alguém cujo pensamento era original e muitas vezes contrário à sabedoria estabelecida.

Quando Schloss era perguntado sobre a sua estratégia de investimento ele dava sempre a mesma resposta suscinta: "Compramos ações baratas.". O conceito de barato vinha da comparação entre preço e valor. O que geralmente trazia uma ação para a atenção dos Schloss é que o preço tinha caído significativamente. Eles costumavam olhar as listas de maiores quedas de cotações; se descobriam que as ações estavam próximas dos preços mais baixos nos últimos dois ou três anos, tanto melhor. Essas ações tendiam a estar na extremidade oposta do espectro das ações "*momentum*", que a maioria dos corretores estavam vendendo.

Esse gosto pelo fiasco é uma visão bem "*contrarian*", ou seja, visão na contramão do mercado, que gosta de comprar os vencedores, levando as ações caras a ficarem cada vez mais caras. Os preços das ações afundam quando os investidores ficam decepcionados, seja por um evento recente, como um anúncio de resultados abaixo das expectativas, ou por um desempenho insatisfatório contínuo, que induz até investidores mais pacientes a jogaram a toalha. O investidor inteligente entende que a falta de popularidade de uma ação no presente, não necessariamente se traduz em falta de rentabilidade futura. Ao longo do tempo eles investiram em empresas de diversos setores e diversos tamanhos, mas sempre em empresa que ou despencaram de preços ou deslizaram continuamente para baixo. O tema principal é comprar empresas que estejam à venda pelo mercado.

Outro ponto importante na estratégia do Schloss é a paciência, pois as empresas que estão muito descontadas levam tempo até se recuperar. Essas empresas devem retomar a rentabilidade ou ser vendidas, e tudo isso pode levar tempo; seu período médio de espera para um investimento é de cerca de quatro anos. "Algo de bom vai acontecer", ele gosta de dizer.

Os Schloss procuram potencial de recuperação. As ações que compram tornaram-se baratas por uma razão, e seu sucesso está em sua capacidade de formar uma estimativa suficientemente precisa se o mercado exagerou ou não. Eles não tentam entrar no negócio para saber os detalhes das operações melhor do que a própria gestão, não reivindicam ou querem essa experiência. Em vez disso, limitam sua exposição a qualquer empresa e usam sua ampla e profunda experiência de investimento para orientar seu julgamento.

Como os Schloss estão no mercado há tanto tempo, eles foram forçados a ajustar seus critérios à medida que as condições de mercado mudaram. Quando os mercados são muito caros, sua definição de barato tem que ser um pouco mais flexível e relativa. Como muitos grandes atletas e alguns outros investidores de valor, eles deixam o jogo chegar até eles, e têm princípios fundamentais que não mudam. Compram ações baratas e gostam de segurá-las até se recuperarem. Caso contrário, estão dispostos a pegar o que o mercado lhes oferece, alegando que se compraram corretamente (ou seja, se as ações eram suficientemente baratas), as chances são que algo bom aconteça.

Como os Schloss carregam as suas posições em ações em média por quatro ou cinco anos, eles têm tempo para se familiarizar mais com a empresa. Continuam a olhar para cada relatório trimestral, mas não estão obcecados com as oscilações diárias dos preços, decepções de resultados trimestrais ou surpresas positivas. A abordagem deles é minimalista. Se uma empresa anuncia uma aquisição sem sentido, isso seria motivo de preocupação, e eles podem decidir vender. Uma vez que tudo na sua abordagem os orienta para empresas que não estão em indústrias em rápida mudança, eles podem se dar ao luxo de se sentar e esperar.

A noção de que um investidor pode achar o ponto mínimo de uma ação antes de ela começar a se recuperar é uma fantasia. Ninguém pode prever picos, vales ou pontos intermediários. Na maioria das vezes os investidores começarão a comprar uma ação que está caindo no caminho para baixo. As decepções ou expectativas frustradas que tornaram a ação barata não vão embora tão cedo, e ainda terão investidores que ainda não haviam desistido que irão vender as ações, pressionando os preços mais para baixo ainda. Existe uma frase clichê no mercado financeiro que é "não se deve pegar uma faca caindo". Assim, quando se quer comprar uma ação que está em queda, é melhor ir comprando aos poucos.

Quando solicitado a indicar o erro que comete com maior frequência, Edwin Schloss confessa ter comprado um percentual muito alto da posição desejada inicialmente, não deixando espaço para mais compras se o preço caísse. Os Schloss estão há muito tempo nesse negócio para achar que vão saber o ponto exato de entrar numa ação que está caindo. Investimento é uma atividade na qual é necessário humildade.

Os investidores que utilizam a estratégia valor tendem a comprar as ações muito cedo e vende-las muito cedo também, e os Schloss não são exceções. As ações baratas geralmente ficam mais baratas; quando se recuperam e começam a melhorar, chegam a um ponto em que não são mais pechinchas. Os Schloss começam a vender as ações a investidores encantados com a alta dos preços; em muitos casos, os preços das ações continuarão a subir, às vezes dramaticamente, enquanto o investidor da estratégia valor estará em busca de novas pechinchas. Para Schloss, o dinheiro deixado na mesa, para citar mais um clichê de investimentos, faz uma boa noite de sono.

A decisão de vender uma ação que não se recuperou requer mais julgamento do que vender um vencedor. Em algum momento, todo mundo joga a toalha. Para investidores da estratégia valor, como os Schloss, o gatilho geralmente será uma deterioração dos ativos ou do poder de ganhos que eles haviam inicialmente antecipado. As ações podem ainda ser baratas, mas as perspectivas de recuperação começaram a desaparecer. Mesmo a paciência do investidor mais tolerante pode finalmente ser esgotada; há sempre outros lugares para investir o dinheiro.

A questão da diversificação, que é um conceito consagrado quando estamos falando de alocação de ativos, é mais complexa para gestores de fundos de ações que seguem a estratégia valor. Os Schloss adotam um portfólio diversificado, mas sem limites máximos ou mínimo para o tamanho de uma posição. Embora possam ter 100 nomes, é típico que as 20 maiores posições respondam por cerca de 60% da carteira. Eles ocasionalmente podem ter até 20% do fundo em uma única posição, mas esse grau de concentração é uma raridade. Estão comprando ações baratas, devemos lembrar, e não grandes empresas com futuros dourados. Embora a história tenha mostrado que a maioria de seus investimentos funcionam, há sempre alguns que não. A diversificação é uma salvaguarda contra a incerteza, e uma característica essencial da estratégia bem sucedida dos Schloss.

O seu estilo de gestão implica que em algumas situações eles tenham alguma concentração setorial. Apesar de eles não concentrarem a carteira de ações em um ou dois setores, haverá uma boa centralização quando eles encontrarem ações baratas agrupadas em setores desfavoráveis. Em momentos como esses, eles podem escolher as melhores empresas em setores com perspectivas desfavoráveis. Se o preço de uma *commodity* como o cobre despencou, então as ações relacionadas ao cobre estarão à venda. A menos que o cobre desapareça permanentemente do uso como material industrial e de comunicações, os ciclos de oferta e demanda têm uma maneira de se corrigir. Empresas com baixos custos e pouco endividamento são apostas seguras nestes momentos, principalmente porque ninguém quer possuí-las. Um preço barato pode compensar uma infinidade de deficiências cíclicas, operacionais e até gerenciais.

Entendo que os Schloss têm algumas contribuições importantes para o mercado na sua abordagem de investimentos. Talvez a principal seja a possibilidade de performar sistematicamente melhor que o índice de bolsa, com uma carteira de ações montada por uma equipe de apenas duas pessoas, sem contato com analistas, corretores e outros investidores, acessando apenas as informações públicas.

CAPÍTULO 32
Aspectos Comuns das Diferentes Abordagens

> "Investidores precisam de resiliência, autodisciplina e coragem"
>
> Arnold, Glen

Glen Arnold, em seu livro *"Os Grandes Investidores"*, faz uma análise bastante interessante sobre alguns dos principais nomes da área de investimentos e levanta alguns pontos de semelhança entre eles. Listarei a seguir alguns dos temas comuns e ideias similares:[87]

Investidores procuram focar no valor das empresas e não nos preços das ações: quando um investidor pensa em comprar uma ação ele na verdade está querendo comprar um pedaço de uma empresa, e para obter sucesso nesse investimento ele precisa analisar a empresa, qualitativa e quantitativamente, o mercado que ela atua, e ter uma compreensão detalhada de tudo, como se fosse fazer parte daquela empresa por um longo período.

Controle das emoções: haverá longos períodos em que a paciência será vital. Todos os investidores passam por momentos difíceis, nos quais o mercado estará indo numa direção oposta ao cenário desenhado. Nesse momento, cabe ao investidor acreditar na sua tese de investimento e aguentar o vento contra. E o equilíbrio psicológico e a resiliência são vitais nesses momentos.

Consistência de postura: os investidores bem sucedidos costumam manter suas filosofias de investimentos por décadas, mesmo em momentos ruins.

---

[87] ARNOLD, Glen. *The Great Investors*: Lessons on Investing from Master Traders. Harlow: Financial Times Prentice Hall, 2010.

Obviamente, essas filosofias vão sofrendo alterações e evoluções ao longo do tempo, mas sem perder a sua essência.

Simplicidade: os componentes centrais das decisões de investimentos são essencialmente simples. Muitos investidores levam anos para entender a importância da busca da simplicidade nos investimentos, e muitas pessoas não conseguem entender a importância da simplicidade para a vida em geral. Não complique demais. Veja a floresta, não as árvores. O verdadeiro valor de um investimento deveria ser evidente para você; assim, cálculos detalhados e complexos simplesmente não são necessários para alcançar a margem de segurança necessária. Você já aprendeu na escola até o ensino médio toda a matemática que precisa.

Foco: grandes investidores se preocupam com o que eles podem controlar. Eles não perdem tempo se preocupando com o caminho que o mercado irá ou o que o *Federal Reserve* fará ou qual será a inflação ou as taxas de juros no próximo ano. Eles permanecem dentro de seu círculo de competência, por mais estreito que seja. Warren Buffett disse: "O que conta para a maioria das pessoas em investir não é o quanto eles sabem, mas sim o quão realista eles definem o que não sabem.[88]"

Aprendizado constante através dos erros: não existe processo de aprendizado sem erros. Até grandes investidores, quando já passaram dos 80 anos, aprendem coisas novas todo dia, geralmente de seus erros, que podem ser: (i) de omissão, (ii) de decisão e (iii) dos outros – aprenda com os erros de outros, pois você nunca viverá tempo suficiente para cometer todos os erros. É muito importante também ser observador e analisar em detalhe os erros, pois cada um é um momento precioso de reflexão e desenvolvimento. Os grandes investidores estão constantemente lendo e aprendendo (biografias, ciência e história das Bolsas, jornais, além de relatórios de empresas) – eles simplesmente nunca param de desenvolver suas mentes.

Autoconfiança: a autoconfiança é desenvolvida com o tempo, pois vem com a experiência e o conhecimento. A crença que os grandes investidores possuem em si mesmos vem de anos de trabalho e conhecimento focado, quando podem, então, se destacar da multidão e seguir uma lógica própria.

Riscos razoáveis: um grande investidor está constantemente pensando na relação risco retorno e só toma riscos quando tem confiança na assimetria de determinada posição em favor dele. Eles não jogam; fazem análises racionais e cuidadosas de grandes fatores de risco, e se movimentam quando as chances estão a seu favor. Erros e infortúnios são inerentes nos investimentos – até grandes investidores erram mais de 40% do tempo.

---

[88] ARNOLD, Glen. *The Great Investors*: Lessons on Investing from Master Traders. Harlow: Financial Times Prentice Hall, 2010.

Parte VIII
LIÇÕES DE INVESTIMENTOS E CONCLUSÃO

CAPÍTULO 33
Lições de Investimentos

"Uma das coisas mais difíceis para um investidor profissional: vir todo dia para o trabalho e não fazer nada".

Joel Greenblatt

"O mercado financeiro fornece um curso contínuo, que nunca acaba."

Ed Yardeni

"O fascinante sobre os investimentos é que existem tantas maneiras diferentes de ter sucesso."

George Soros

"A medida da inteligência é a capacidade de mudar."

Albert Einstein

"É uma linha tão tênue entre ser estúpido e inteligente."

David St. Hubbins, This is Spinal Tap

"As pessoas só aceitam mudanças na necessidade e veem necessidade apenas na crise."

Jean Monnet

São muitas as lições que envolvem a atividade de investimento. E, muitas vezes, um ponto que é muito importante para um investidor não é tão importante na ótica de outro, mas alguns pontos são recorrentes para vários investidores. Neste capítulo tentarei listar as principais lições baseadas em observações de diversos gestores, em diversos períodos e acrescidos das minhas experiências e observações, procurando inserir essas lições no contexto atual.

Irei dividir esse capítulo em pequenos tópicos, desenvolvendo um pouco os aspectos de cada lição, mas é importante saber que muitas dessas lições são interligadas, e que elas não são verdades absolutas, são opiniões, observações, constatações, dúvidas. São fragmentos de ideias que surgiram da atividade de investimentos. E as lições são vivas e estão em constante mudança e desenvolvimento. Como já discuti em outras partes desse trabalho, não acredito em receitas de "como fazer" e sou contra qualquer método que seja um conjunto de regras a ser seguido para obter sucesso. Cada investidor acaba, com o tempo, desenvolvendo sua própria filosofia e processo de investimento particular. E processos muito diferentes podem ser bem sucedidos, cada um à sua maneira. O objetivo deste capítulo é estimular a reflexão e algumas lições são, de certa forma, conflitantes com outras, pois cada situação ou contexto do mercado exige um posicionamento diferente. Por exemplo, se uma das lições é "mantenha as suas ideias", outra pode ser "não se prenda tanto às suas ideias". E não tem problema que isto ocorra, pois queremos apresentar lições relevantes, e não necessariamente todas coordenadas e alinhadas na mesma direção.

Esse capítulo reúne informações de várias fontes, filtradas, adaptadas para o mercado brasileiro e misturadas com as minhas ideias, percepções crenças e experiências. Mas gostaria de ressaltar a série de livros sobre *traders*, chamada *"Market Wizards"*, de Jack Schwager, que fornece uma visão ampla de *traders*, processos e visões de mercado financeiro. Outra obra relevante quando pensamos em lições de investimentos é o livro *"The Most Important Thing"*, de Howard Marks, que é uma coletânea reescrita das suas Cartas aos Investidores da Oaktree. E a versão *"Illuminated"* é muito interessante, pois tem comentários dos principais investidores sobre as ideias do livro. Dentre os investidores que comentam os conceitos apresentados estão Joel Greenblatt, Paul Johnson e Seth Klarman. Essa é uma ideia muito interessante e que deveria acontecer com mais frequência, outras pessoas comentando sobre um determinado livro, e passando a fazer parte do próprio livro, numa versão ampliada.

Nesta lista de lições de investimentos estão incluídas desde lições mais técnicas de gestores profissionais quanto *insights* de investidores. O objetivo é ser o mais amplo possível e não ficar tão preso à visão mais técnica. Iremos abranger tanto aspectos práticos, técnicos quanto ideias e *insights*. Na verdade, queremos um investidor mais erudito, com uma caixa de ferramentas mais completa para poder pensar os seus investimentos.

Falhar não é indicativo de fracasso

Muitos investidores começaram tendo perdas no início, e isso não deve de forma alguma se tornar um impeditivo ou uma sinalização de que ele não possa ser bem sucedido no futuro. Muitas vezes, o que faz um investidor ser bem sucedido é a forma como lida com o fracasso, sua capacidade de aprendizado com o erro e a persistência em continuar tentando. Mesmo investidores vencedores e experientes cometem erros ao longo do tempo. No momento da falha é que se aprende a grande lição de investimento, que é persistência, a capacidade de dar a volta por cima e persistir.

O erro é uma das partes mais importantes do processo de aprendizado. E com os investidores não é diferente, ou seja, perder faz parte do processo de investimento. Se existe um processo de investimento vencedor não é preciso se preocupar com perdas no caminho. As perdas fazem parte do jogo.

Alguns investidores pensam que existem investimentos ganhadores e perdedores, mas na verdade são quatro os tipos: vencedores, ganhadores, bons e maus. Não confunda os conceitos de vencedores e perdedores com bons e maus. Um bom investimento pode perder dinheiro e um mau investimento pode ganhar, mas é o bom processo que é vencedor no longo prazo, quando executado repetidamente, mesmo que possa perder dinheiro no curto prazo.

Investimento é uma questão de probabilidade. Mesmo bons processos de investimento resultarão em perdas em espaços de tempo específicos. Se você ficar com medo de errar, você irá criar uma aversão a risco e acabará tendo performances fracas. Enfrente o erro e aprenda com ele, pois é nesse processo de erro e correção que será criado um processo de investimento vencedor.

Ajustar o seu estilo de investir com a sua personalidade

Uma pessoa mais tranquila não será bem sucedida se adotar um processo de investimento baseado em *trading* e mudanças de posições constantes. Não existe o processo de investimento perfeito, existem várias metodologias que são bem sucedidas, portanto você precisa encontrar uma filosofia de investimentos que se adapte à sua personalidade e suas crenças. O que funciona para outro investidor, não necessariamente vai funcionar para você.

Muitas pessoas acabam perdendo dinheiro por não conseguirem ajustar o seu processo de investimento com sua personalidade. Alguns investidores gostam de criar a sua própria modelagem de investimentos, com sistemas computadorizados disciplinados de *trading*, mas acabam interferindo nos modelos com negociações específicas, sabotando o próprio sistema desenvolvido. Outros investidores são muito bons em pensar o futuro e entender tendências de mercado, mas acabam ficando entediados com as posições paradas por muito tempo e fazem *trades* de curto prazo, perdendo a oportunidade de obter ganhos expressivos num prazo mais longo.

Colm O'Shea, fundador e CIO da gestora baseada em Londres, COMAC Capital, fez a seguinte declaração sobre o processo de ensinar um gestor de fundos, que se aplica a um investidor também. "Se eu tentar ensinar o que eu faço, você vai falhar, porque você não é eu. Se você ficar perto de mim, você vai observar o que eu faço, e você pode pegar alguns bons hábitos. Mas há muitas coisas que você vai querer fazer diferente. Um bom amigo meu, que ficou ao meu lado por vários anos, agora está gerenciando muito dinheiro em outro *hedge fund* e indo muito bem. Mas ele não é o mesmo que eu. Ele se tornou outra coisa. Ele se tornou ele[89]."

A Importância da Dedicação

A grande maioria dos investidores bem sucedidos gasta bastante tempo estudando e analisando os mercados, os ativos, as possíveis opções de investimentos, outros investidores e múltiplas fontes de informação. Temos insistido nessa tese neste livro.

A área de investimentos é peculiar, pois as pessoas leem um livro no final de semana sobre investimentos e acham que podem começar a tomar decisões de investimentos na segunda-feira. Dado que a decisão é apenas, por exemplo, comprar ou não uma ação, a probabilidade dessa ação cair ou subir nos próximos dias é de 50%, ou seja, a pessoa leva mais tempo para entender que é preciso bastante tempo e experiência para se tornar um investidor razoável. Em outras áreas do conhecimento esse conceito da experiência e dedicação é mais visível. Se alguém, no fim de semana, ler um livro sobre como tocar harpa, não sairá tocando harpa na segunda-feira, e levará alguns vários anos de dedicação total e exclusiva para poder se candidatar a uma vaga numa orquestra. Também é pouco provável que alguém leia um livro sobre como pilotar aviões e saia pilotando um avião no dia seguinte. Mas com investimentos, as pessoas já se acham aptas depois de pouco tempo, a abrir a conta em uma corretora, começar a operar ações através de um *home broker* e obter grandes ganhos em poucos meses, o que é uma ideia bem pouco razoável.

---

[89] SCHWAGER, Jack D. *The Little Book of Market Wizards*: Lessons from the Greatest Traders. Hoboken: John Wiley & Sons, 2014.

O bom investimento deveria vir naturalmente

A construção do processo de investimentos exige esforço e conhecimento. Assim como o mapeamento e análise do mercado, também envolve acompanhamento de um conjunto de informações grande; entretanto, o processo de tomada de decisão deveria fluir com naturalidade, pois a preparação já foi feita com intensidade. Isso acontece com os músicos, que estudam a execução da música com muito esforço antecipadamente e na hora da apresentação deixam fluir toda a preparação bem executada.

Eu penso que a intuição em investimentos não vem por acaso. Ela é formada pela acumulação de conhecimento e experiências adquiridas por anos e que em alguns casos, diante de uma tomada de decisão, aparece como se fosse uma intuição.

Essas questões relativas à intuição e ao não esforço estão relacionadas aos dois lados do cérebro: (i) o lado esquerdo racional e o (ii) lado direito, mais intuitivo, artístico e emocional. O difícil é conciliar os dois lados, desenvolvendo um processo de decisão de investimentos mais equilibrado e holístico. Poderíamos pensar ons analistas de ações como sendo mais racionais, olhando mais as árvores, e os administradores de carteiras como sendo mais orientados pelo lado direito do cérebro, mais criativos, olhando a floresta.

De certa forma, o mercado financeiro acabou indo demais na direção do lado esquerdo do cérebro, o que dificulta o entendimento de um mundo em constantes mudanças. Como disse John Maynard Keynes: "Nada é mais suicida do que uma política de investimentos racional num mundo irracional."[90]

O livro "*A Arte Cavalheiresca do Arqueiro Zen*", de Eugen Herrigel, autor de origem alemã que passou seis anos no Japão, em torno dos anos de 1924 a 1929, onde lecionou filosofia na Tohoku Imperial University, é basicamente a história da experiência vivida por Herrigel ao praticar o arco e flecha enquanto esteve no Japão. Entretanto, o arqueiro zen difere do arqueiro tradicional que podemos ver nas olimpíadas por um simples motivo: seu objetivo não é meramente atingir o alvo, e isso é visto como uma consequência. O real objetivo está em se unir consciente e inconscientemente com o arco; o arco e a flecha também são parte daquele que dispara a flecha, tornando o movimento algo natural, como caminhar. A técnica zen desafia a lógica ocidental que se prende ao pensamento lógico científico; aqui o que importa é o caminho e não alcançar algo. O que nos muda é o caminho. Sou totalmente favorável

---

[90] FRIEDMAN, Milton. SCHWARTZ, Anna Jacobson. *A Monetary History of the United States*, 1857-1960. Princeton: Princeton University Press, 1963.

à ciência, estou apenas observando que, em alguns casos, em relação à investimentos, o excesso de ciência pode limitar o processo e não permitir ter uma visão mais ampla do que está acontecendo no mundo.

A história do arqueiro zen e o não esforço na realização de uma tarefa tem muita a ver com se envolver no processo de uma forma tão profunda, que você acaba se misturando com ele, isto é, o homem, o arco e a flecha acabam se tornando uma única coisa. A essência da ideia é que você tem de aprender a deixar a flecha seguir o seu fluxo. Em *trading*, assim como no arco e flecha, sempre que há um esforço muito grande, é um erro. O *trading* perfeito é aquele que não requer esforço.

Jim Rogers, ex-sócio do George Soros, disse que seus melhores investimentos foram realizados baseados em observações mais gerais sobre o mundo, como por exemplo quando ele, observando a batalha aérea na Guerra dos Seis Dias, percebeu uma vantagem aérea do Egito sobre Israel, em função do equipamento aéreo russo, que era o fornecido para o Egito, estar mais desenvolvido que o americano, fornecido para Israel. Percebendo que os EUA teriam que investir na tecnologia aérea, ele investiu na Lockheed, uma ação que se multiplicou por mais de 20x. Ou seja, a sua ideia de investimento veio de observar o mundo e não dos especialistas, que achavam o investimento em Lockheed uma má ideia. Ele, de certa forma, viu o invisível.

Essa é uma polêmica interessante, pois em muitos casos os gestores profissionais de fundos estão tão envolvidos no dia a dia em questões muito técnicas, sofrendo a pressão da cota e acabam perdendo a leveza e a visão do todo. Enquanto o investidor, com visão de longo prazo, sofrendo menor pressão, com visões muito particulares sobre cenário, mais intuitivos, pode apresentar resultados bem melhores que gestores profissionais.

Paciência

A paciência é uma qualidade desejada nos investidores, principalmente nos tempos atuais, onde tudo que é sólido desmancha no ar, e é muito importante que o investidor desenvolva uma filosofia de investimentos e siga um processo de tomada de decisões, mesmo que este processo esteja em constante evolução.

Nessa ansiedade atual por apresentar performance em todos os momentos é importante ressaltar que em alguns deles não há nada interessante para fazer. Nessas situações é melhor analisar o mercado, não fazer nada e esperar por alguma oportunidade. Alguns estudos sugerem que muitos investidores giram excessivamente seus portfólios.

Mujo é uma palavra japonesa, de origem budista, que representa a imper-manência, a aceitação da inevitabilidade da mudança. Em outras palavras, *mujo* representa os ciclos com seus respectivos altos e baixos, as coisas que vêm e vão e as mudanças no nosso ambiente que estão além do nosso controle. E cabe a nós aceitar e lidar com essas situações novas que aparecem. Isso, de certa forma, não tem tudo a ver com o ato de investir?

Warren Buffett tem uma abordagem diferente para esse mesmo tema: ele gosta de fazer paralelos com beisebol. Ele aponta que um rebatedor deve esco-lher pacientemente qual a melhor bola, em vez de tentar rebater todas, mas no beisebol o rebatedor se vê pressionado, em determinado momento, em rebater alguma bola, pois existe uma penalidade, enquanto um investidor pode deixar passar todas as bolas que quiser, sem receber penalidades, e só investir naquela empresa que realmente vê potencial alto de valorização com baixa margem de risco. A única penalidade para o investidor é a de perder dinheiro. Não há penalidade por perder oportunidades de investimentos.

Seth Klarman ressalta a importância da calibragem[91]. Se a barra fica muito alta, se o nível de exigência para aprovar um investimento fica muito restrito, você pode ficar fora do mercado por um longo período. Se a barra está posi-cionada muito baixa, com critérios menos restritivos, você estará totalmente investido muito rapidamente. Experiência e uma linha de raciocínio dinâmica são pontos importantes para um bom processo de calibragem.

Nesse ponto cabe fazer algumas observações. O gestor de fundos profis-sional sofrerá uma grande pressão para estar totalmente investido e terá muito pouco espaço para exercer sua capacidade de realizar um investimento ativo de mais qualidade. O gestor com anos de experiência enfrentando crises e dificuldades, como ressaltado por Seth Klarman, também é um recurso escasso em muitas gestoras de recursos brasileiras que privilegiam equipes jovens, com alta rotatividade e pouca experiência numa sociedade cada vez mais imediatista buscando lucros no curto prazo.

Na filosofia de investimentos da Oaktree eles gostam de explicitar sua crença que perder uma oportunidade de investimento lucrativa é de uma signi-ficância bem menor que investir num ativo perdedor. Assim sendo, os clientes estão preparados para resultados que colocam o controle de riscos num patamar mais importante que uma participação em todos os lucros possíveis.

---

[91] KLARMAN, Seth A. *Margin of Safety*: Risk-Averse Value Investing Strategies for the Thoughtful Investor. New York: HarperCollins, 1991.

Joel Greenblatt afirma[92] que podemos analisar entre 50 e 70 possíveis investimentos para filtrar e decidir por alguns poucos. E se nós investíssemos em seis ativos que apresentem bons resultados e perdêssemos 15 oportunidades que poderiam ter sido lucrativas, não deveríamos ver isso como uma perda. Jim Rogers ressaltou a importância de só investir quando você tem convicção.

Claude Debussy disse que "Música é o espaço entre as notas."[93] Poderíamos transferir esse conceito para a área de investimentos dizendo que investimento é o espaço entre os *trades*. Assim como as notas não tocadas são importantes para a música, os investimentos não realizados são importantes para o sucesso.

Muitas gestoras de recursos desapareceram porque insistiram em obter altos retornos num ambiente de baixos retornos. Isso me lembra da atividade de velejar. Quando não existe vento, temos de admitir esse fato e velejar lentamente até que o tempo mude e consigamos fazê-lo com mais intensidade. Não podemos achar que temos o poder de criar oportunidades quando elas não existem. Não é possível perpetuar altos retornos em períodos de poucas oportunidades.

Edwin Lefèvre, no livro clássico *"Reminiscences of a Stock Operator"*, escreveu uma frase que eu gosto muito: "Há um tolo simples, que faz a coisa errada em todos os momentos, mas há o tolo de Wall Street, que acha que deve negociar o tempo todo.[94]" Ele explica as razões pela compulsão de alguns investidores em ficar negociando todos os dias e as consequências dessa mentalidade: "O desejo de agir constantemente, independentemente das condições subjacentes, é responsável por muitas perdas em Wall Street, mesmo entre os profissionais, que entendem que devem levar algum dinheiro para casa todos os dias, como se estivessem trabalhando por salários regulares.[95]" A mensagem é clara: você precisa ter paciência para esperar por oportunidades reais e resistir à tentação de negociar o tempo todo. Importante ressaltar que Lefèvre escreveu essas observações por volta de 1920, e esses erros parecem tão atuais, apesar de todos os avanços ocorridos na área de investimentos, o que nos leva a concluir que a impaciência é inerente ao ser humano, e continuará atrapalhando os investidores ansiosos pelos próximos anos.

---

[92] GREENBLATT, Joel. *The little book that still Beats the Market*. Hoboken, New Jersey: John Wiley & Sons, Inc., 2010.

[93] SCHWAGER, Jack D. *The Little Book of Market Wizards*: Lessons from the Greatest Traders. Hoboken: John Wiley & Sons, 2014.

[94] LEFÈVRE, Edwin. *Reminiscences of a Stock Operator*. Hoboken: John Wiley & Sons, 1994. Originally published in 1923.

[95] LEFÈVRE, Edwin. *Reminiscences of a Stock Operator*. Hoboken: John Wiley & Sons, 1994. Originally published in 1923.

A paciência não é só essencial para entrar numa posição investida, mas também para sair dessa posição. Lefèvre diz que o pensamento para definir um investimento é importante, mas é a permanência nesse investimento por um certo período que é o mais importante para se obter os grandes ganhos. Ele cita que conheceu muitos investidores que estavam certos nas suas posições, mas não ganharam o dinheiro que deviam pela impaciência.

William Eckhardt, *trader* e gestor de fundos, tem uma tese interessante. Ele afirma que: "Enquanto amadores quebram realizando grandes perdas, os profissionais quebram em função dos lucros pequenos."[96] Eckhardt explica que o problema é que a natureza humana procura maximizar a chance de ganho, mais do que o ganho em si mesmo. Nessa linha, o desejo de maximizar o número de *trades* vencedores atrapalha o investidor, encorajando a liquidação prematura dos bons investimentos, deixando um monte de dinheiro sobre a mesa e reduzindo o ganho total em função de aumentar o percentual de *trades* ganhadores. Você tem de deixar os bons investimentos trabalharem para compensar aqueles que não estão indo tão bem.

Michael Marcus é um operador de *commodities* que em menos de 20 anos tem a reputação de ter transformado seus US$ 30 mil iniciais em US$ 80 milhões. Ele tem também uma frase muito interessante sobre esse tema: "Se você não fica com os seus vencedores, você não será capaz de pagar pelos perdedores.[97]"

Resumindo, a paciência é fundamental para os investimentos.

Evitando armadilhas

> "Um investidor precisa fazer muito poucas coisas certas, desde que evite grandes erros."
>
> Warren Buffett

Essa é uma lição importante, evitar os grandes erros. Se os seus acertos forem moderados, mas você conseguir evitar os grandes erros, você já apresentará uma performance diferenciada.

---

[96] SCHWAGER, Jack D. *The Little Book of Market Wizards*: Lessons from the Greatest Traders. Hoboken: John Wiley & Sons, 2014.

[97] SCHWAGER, Jack D. *The Little Book of Market Wizards*: Lessons from the Greatest Traders. Hoboken: John Wiley & Sons, 2014.

Investir defensivamente

> "O investimento defensivo parece um conceito muito erudito, mas é fácil de ser simplificado, é só investir com medo."
>
> Howard Marks

O resultado se constrói nos tempos ruins. Muitos gestores de fundos performam de maneira regular quando a bolsa está em alta, mas se destacam em momentos de baixa da bolsa. Essa é uma boa forma de construir resultados ao longo do tempo, ou seja, você tem bons investimentos, mas toma muito cuidado para investir defensivamente e não cair em armadilhas.

Esteja continuamente atento

Acredite na sabedoria da impermanência. No nosso mundo atual, que muda constantemente, é importante estar atento a mudanças de condições antes que elas sejam conhecidas por todos. A diferença entre a comédia e a tragédia é que na comédia os personagens descobrem a realidade a tempo de fazer algo a respeito.

Quando as coisas vão mal

Uma das questões relevantes no mundo dos investimentos é como lidar com períodos em que as coisas dão errado. O que fazer quando os investimentos não vão bem? Acho que, nesses momentos, devemos estudar os mercados, as posições, questionar as crenças, pensar com nossa própria cabeça e ver se estamos realmente no caminho certo, ou devemos mudar as posições. Diminuir o tamanho das posições também pode ser uma saída para termos mais tranquilidade e pensarmos qual caminho a seguir. Alguns investidores têm dificuldade em aceitar que todos nós erramos e que em certos momentos é melhor abandonar, pelo menos parcialmente, aquela posição que temos grande convicção. Mas estas decisões também precisam do momento certo. No caso da pandemia do coronavírus, seria uma boa decisão reduzir significativamente o risco nos primeiros sinais da doença, mas uma vez que os mercados entraram numa queda muito forte, a melhor decisão teria sido até de aumentar o risco.

Em alguns casos, é melhor se envolver em outras atividades, tirar uns dias para descansar e viajar, para retomar o pensamento de forma mais clara e menos contaminado pelas perdas recentes. Quando estamos perdendo muito em uma posição podemos ficar obcecados, paralisados, e não conseguir ver as outras oportunidades que estão aparecendo.

Importante tomar um certo cuidado quando tudo está dando certo também. Talvez seja a hora de mudar algumas posições. Aquele ditado popular que diz que "em time que está ganhando não se mexe" talvez não se aplique ao mundo dos investimentos. Quando as coisas estão dando muito certo, tendemos a ficar muito autoconfiantes e esquecemos dos riscos.

Lidando com risco

Quanto mais agressivo você for nas suas posições com o objetivo de obter mais ganhos, maior é o risco envolvido. Os investidores têm que trabalhar essa equação para incluir o conceito de proteção do patrimônio. Um bom entendimento do conceito de risco, que foi discutido na parte inicial, é fundamental para a atividade de investimento. Muitos subestimam a importância da gestão de riscos e só aprendem a importância do risco durante as crises.

É importante não ter apego às posições e sair rápido se você concluir que está errado. Não ter medo ou receio de realizar perdas e buscar outras oportunidades.

O tamanho das posições também é muito importante, pois você pode entrar errado numa ação, e ela cair depois da sua compra, mas se você entrou com uma posição pequena pode ir aumentando aos poucos, e aquele investimento que no primeiro momento parecia ser um erro pode se transformar numa posição lucrativa. O mundo ideal é ter perdas em posições pequenas e ganhos em posições grandes. Para lidar com risco, precisamos ter disciplina.

Disciplina

A disciplina é importante para a vida em geral, mas é um tema, apesar de relativamente óbvio, bastante importante para os investimentos. O olhar disciplinado e metódico para os investimentos é muito importante.

Independência

Não é difícil concluir que os grandes investidores têm um pensamento independente. Você pode buscar informações, ouvir outras opiniões, mas tem de desenvolver o seu próprio pensamento, e construir convicções para não se deixar levar pelo fluxo contínuo de notícias e opiniões, que vão contribuir para tirar o seu foco.

Confiança

Construir uma autoconfiança saudável como investidor ao longo do tempo é muito importante. No começo o sucesso nos investimentos leva para a autoconfiança, mas com o passar do tempo, é a autoconfiança que se torna fundamental para o sucesso nos investimentos.

Cuidado com a lealdade às ideias

> "Você não pode deixar que a necessidade de estar certo seja mais importante do que a necessidade de descobrir o que realmente é certo."
>
> Ray Dalio

A lealdade é um valor importante em relação à família, aos amigos, mas não necessariamente é algo produtivo no mundo dos investimentos, onde o apego ou lealdade excessiva a algumas ideias ou posições pode ser nocivo. Não é para ficar tendo uma postura volátil, mudando de ideia com frequência, mas quando há razões estruturais não se pode ter receio de mudar de ideia completamente. Muitas vezes é difícil de aceitar emocionalmente a mudança, pois significa aceitar um erro ou uma visão equivocada do mercado, mas quando o mercado vai contra as nossas expectativas e estamos perdendo bastante dinheiro, deve-se questionar se nossa visão do mercado está realmente correta.

Muitas vezes você começa o ano com uma posição na qual tem convicção, mas se o mercado for na direção contrária e você for inteligentemente desapegado das suas convicções e tiver o entendimento que as situações mudam rapidamente ou muitas vezes podemos ter uma leitura errada do mercado, você pode mudar a sua posição e transformar um período que parecia ser um ano de perdas num ano bem sucedido. Muitos investidores ficam querendo provar suas teses, mostrar que estavam certos, e não entendem que o objetivo é ganhar dinheiro e não provar teses. Em alguns casos não devemos somente desmontar uma posição investida, mas inverter o sinal, ou seja, se estávamos comprados, montar uma posição vendida na bolsa.

O Tamanho da posição importa

O tamanho da posição no mundo dos investimentos é importante e a analogia com o pôquer ajuda a pensar essa questão. No pôquer, excluindo o blefe, você deveria manter uma correlação entre o tamanho da aposta e a probabilidade de ganho. Em mantendo essa relação, mesmo num dia de azar com as cartas, é possível obter um resultado satisfatório. Apostas grandes para maiores certezas e apostas menores para probabilidades de ganho menores. Entrar numa posição pequeno e crescer quando a convicção naquele investimento aumentar é uma boa estratégia. O tamanho das posições é uma arte e um dos aspectos importantes no processo de investimento. Posições muito grandes podem ser dominadas pelo medo no processo de decisão, em vez de julgamento e experiência.

Um investidor que monta uma posição de risco e começa a obter sucesso pode optar por dobrar a posição ou aumentá-la significativamente. Nesse momento, se o mercado vai contra sua posição, por ela estar muito grande, ele pode acabar zerando a posição toda e não obter o ganho original que tinha previsto. Howard Seidler, investidor, disse que "Existem certas lições que você absolutamente tem que aprender para ser um investidor de sucesso. Uma dessas lições é que você não pode ganhar se estiver investido em uma posição alavancada que te faz ter medo do mercado[98]." Essa frase é muito reveladora do problema do tamanho da posição: alguns investidores alavancam suas posições através de operações a termo e vão ficando desconfortáveis quando o mercado vai na direção contrária e acabam por assumir perdas para estancá-las e liquidar a operação, numa posição que se não estivesse alavancada seria muito vencedora no médio prazo.

Assim como é importante controlar o tamanho das posições para controlar as perdas, também é importante saber montar posições grandes quando existe convicção. Stanley Druckenmiller disse que uma das mais importantes lições que ele aprendeu com George Soros foi que não é se você está certo ou errado que é importante, mas quanto dinheiro você ganhou quando estava certo, e quanto você perdeu quando estava errado[99]. A questão da volatilidade também é importante, pois em momento de *stress* ou crise, quando a volatilidade aumenta muito, é importante pensar em recalibrar as posições em função dela e estar consciente de que você está correndo mais risco com essa posição do

---

[98] SCHWAGER, Jack D. *The Little Book of Market Wizards*: Lessons from the Greatest Traders. Hoboken: John Wiley & Sons, 2014.

[99] SCHWAGER, Jack D. *The Little Book of Market Wizards*: Lessons from the Greatest Traders. Hoboken: John Wiley & Sons, 2014.

mesmo tamanho. A correlação entre as posições também é um ponto a ser observado, pois num momento de crise as diferentes posições podem ser correlacionadas e causar uma perda grande.

Assumindo posições confortáveis

Em muitas situações, a posição que pode lhe trazer os maiores retornos é a mais desconfortável. As posições que estão alinhadas com o mercado e trazem uma maior sensação de conforto, em geral, trazem também perspectivas de ganho menores, pois os investidores já estão posicionados. Por outro lado, ações que estão muito baratas, ou ativos que estão em um momento de baixa por motivos específicos, trazem um maior desconforto, mas podem ser favorecidos por uma mudança de cenário e trazerem ganhos expressivos.

O ser confortável também muitas vezes está alinhado com os vieses cognitivos. Por exemplo, as pessoas tendem a ser mais avessas ao risco nos ganhos, mas tomadoras de risco quando é para recuperar uma perda, ou seja, quando as pessoas obtêm ganho no mercado elas querem sair da posição rapidamente, mas quando tem perdas, mesmo que sejam grandes e crescentes, elas ficam meio que paralisadas esperando a ação voltar para o preço no qual ela investiu.

Investimento e emoções

Em geral, muitas emoções estão ligadas a vieses comportamentais como, por exemplo, a busca agressiva de ganhos para compensar as perdas. Nesse processo você perde a racionalidade e acaba montando posições maiores do que montaria normalmente. Decisões de investimento impulsivas costumam não dar certo. Uma vez que se desenhou um plano de voo, deve-se tomar cuidado com decisões de investimentos impulsivas que mudem a rota original.

É importante não confundir decisões impulsivas com decisões intuitivas. A intuição está ligada ao subconsciente. Quando intuímos que o mercado possa tomar determinada direção, pode ser o reconhecimento subconsciente de um padrão já conhecido. O que chamamos de "intuição" pode ser a síntese das informações disponíveis armazenadas, baseadas na nossa experiência, não bloqueadas por distorções emocionais. Portanto, devemos prestar atenção nas nossas intuições e procurar entendê-las, trazê-las para o nosso mundo racional e buscar os fundamentos da intuição.

A necessidade de se adaptar

A sociedade muda, os mercados mudam e cabe aos investidores se adaptarem às mudanças.

O valor dos erros

Ray Dalio considera os erros como uma das grandes oportunidades de evolução. A cultura do erro como o passo para o progresso é um dos fundamentos nos quais Dalio construiu a filosofia da Bridgewater:

> "Aprendi que há uma beleza incrível nos erros porque embutido em cada erro há um quebra-cabeça, que uma vez resolvido encontra-se uma joia (ou seja, um princípio que eu poderia usar para reduzir meus erros no futuro). Eu aprendi que cada erro era provavelmente um reflexo de algo que eu estava (ou outros estavam) fazendo errado, então se pudesse descobrir o que era isso, eu poderia aprender a ser mais eficaz ... Embora a maioria das pessoas acreditem que erros são coisas ruins, acredito que erros são coisas boas, porque acredito que o maior aprendizado é obtido, cometendo erros e refletindo sobre eles."[100]

Um dos livros mais interessantes escritos sobre investimentos é *"Princípios"*, de Ray Dalio, no qual ele descreve tudo aquilo que acredita e que fez a Bridgewater ser uma das melhores *assets* do mundo. O livro se originou de uma lista de princípios que Dalio escreveu para sua própria orientação de vida e para servir de filosofia de investimentos e de gestão da Bridgewater. Essa questão é muito importante para ele, e acho que o erro é um componente importante nessa filosofia de vida, pois os princípios foram construídos em função dos erros, correções e acertos.

Dalio, nos seus princípios e regras de gestão, dá um tratamento especial aos erros. Há quatro observações que acho interessantes: (i) reconheça que os erros são bons se resultarem em aprendizado; (ii) crie uma cultura na qual não há problema em falhar, mas é inaceitável não identificar, analisar e aprender com os erros; (iii) reconheça que você certamente cometerá erros e terá fraquezas, assim como aqueles ao seu redor e aqueles que trabalham para você; o que importa é como você lida com eles; se tratar os erros como oportunidades

---

[100] DALIO, Ray. *Principles*. New York: Simon & Schuster, 2017.

de aprendizado que podem produzir uma melhora rápida se bem tratados, você ficará animado com eles; (iv) se você não se importa em estar errado no caminho para estar certo, você vai aprender muito.

Uma das vantagens do mercado financeiro e do mundo dos investimentos é que seus erros são quantificáveis e é muito difícil escondê-los. No caso dos fundos de investimentos, as cotas são publicadas diariamente ou periodicamente, então seus erros são públicos, o que pode ser saudável para reconhecer, lidar e aprender com eles.

Alguns investidores gostam de ter um registro das suas posições, detalhando o racional de cada investimento, entradas, saídas, ganhos e perdas, como se fosse um diário de bordo. Eu gosto da ideia pois ajuda a organizar o raciocínio, pensar sobre o que deu certo e sobre o que deu errado, sobre o processo de investimento e seus ajustes e evoluções.

CAPÍTULO 34
Conclusão

> "Uma conclusão é simplesmente o lugar onde você cansou de pensar."
>
> Arthur Bloch

O mundo dos investimentos é muito amplo, e se eu fosse tratar todos os aspectos com um nível profundo de detalhe este seria um trabalho muito extenso. Optei então por focar nos aspectos mais importantes, como se fosse realmente disponibilizar uma caixa de ferramentas para o investidor na qual ele pudesse buscar o que precisasse ou soubesse onde buscar.

Uma das teses centrais desse livro é a questão da erudição em relação aos investimentos. Um conhecimento não pelo conhecimento, mas que eleve o seu nível de pensamento sobre investimentos e que tenha aplicabilidade, ou seja, falando de forma simples, que te ajude a ganhar mais dinheiro.

Ao longo desse trabalho, procurei mostrar os principais conceitos e desenvolvimentos em relação ao tema dos investimentos. Caminhando na linha de Howard Marks, tentei passar a coisa mais importante relativa aos investimentos, que também foi a busca de Marks ao escrever suas cartas para os investidores e reuni-las num livro brilhante chamado, justamente, *"The Most Important Thing"*. No final do livro ele reflete que na área de investimentos talvez não exista a coisa mais importante, mas uma série de coisas importantes, e que todas devem ser aplicadas ao mesmo tempo. As cartas de Marks continuam sendo publicadas no site da Oaktree, e talvez daqui a alguns anos ele amplie o seu livro, pois as coisas mais importantes talvez devam ser ajustadas, não por mudanças radicais, mas por evoluções naturais no processo de investimento.

Quando pensamos na alocação de investimentos, nas classes de ativos, nos grandes investidores, pela ótica do tempo, percebemos o quanto esta complexa disciplina dos investimentos tem mudado, em alguns aspectos significativamente. No começo do século, umas das principais classes de ativos para se investir eram os *bonds* de ferrovias, que hoje se transformaram num pequeno setor, pouco representativo. As empresas têm durado bem menos tempo, sendo compradas ou simplesmente desaparecendo. A famosa estratégia em ações *"buy and hold"*, comprar uma ação de uma boa empresa e manter para a vida toda, tem sido questionada, apesar de alguns investidores estarem obtendo sucesso com estratégias de horizonte de investimento mais longo. Procurei ao longo deste livro mostrar o que tem de mais moderno em termos de investimentos, mas analisar a história também é importante, de onde viemos, quais são os fundamentos que ainda se mantêm vivos, como as ideias de Keynes ou de Warren Buffett, que nasceram muitos anos atrás, mas ainda parecem modernas e inovadoras atualmente.

Penso que o futuro dos investimentos vai caminhar entre o passado e as novas ideias, uma disciplina buscando se moldar num mundo cada vez mais dinâmico e fluido. Essa foi a minha preocupação de não me prender a técnicas ou uma solução pronta sobre como ser bem sucedido nos seus investimentos, mas contribuir para a erudição do investidor, ampliando o seu raciocínio, para que ele possa navegar nesse mundo em constante mutação onde, como disse Karl Marx, em 1848, "Tudo que é sólido desmancha no ar".

Os tempos contemporâneos têm sido marcados por mudanças constantes e uma fluidez muito grande. Essa fluidez está entremeada na sociedade que tem desenvolvido um desnecessário senso de urgência, uma necessidade por estímulos constantemente renovados. Seguindo a linha de pensarmos o mundo e relacionarmos com os investimentos, penso ser importante procurarmos entender como eles estão se transformando seguindo essa tendência global de inconstância. Muitos investidores querem resultados rápidos numa estratégia de investimentos dinâmica e que os transformem em pessoas ricas o mais rápido possível, esquecendo-se que uma das variáveis importantes é o tempo e uma das grandes lições se chama paciência.

Quando pensamos os investimentos atualmente nessa aceleração que a vida contemporânea tem tomado, temos de buscar um equilíbrio. Devemos ter horizontes de investimentos longos, mas monitorá-los com mais frequência. Talvez as posições tenham uma dinâmica maior do que no passado. A leitura de cenários é mais difícil também, pois o mundo está mais complexo, e com mais detalhes específicos. Nesse sentido, a diversificação é um instrumento importante, uma forma de lidar com cenários que mudam rapidamente.

Existem novas fronteiras como a bitcoin e as criptomoedas, os fundos quantitativos e novas estratégias que irão se desenvolver ou aparecer nos próximos anos. Espero poder ampliar esse livro no futuro e poder falar desses novos investimentos.

Espero ter contribuído na formação e desenvolvimento de investidores vencedores e que tenham capacidade de aprender e mudar com o tempo.

APÊNDICES

1
Depoimento do Autor, Focando no Desenvolvimento de sua Filosofia de Investimento, como Analista, Gestor de Fundos e Estrategista

Acredito que me desenvolvi como um investidor, no início, mais focado em ações, mas posteriormente olhando os mercados como um todo, ao longo dos anos, através de um trabalho intenso, acertando e errando, mas fazendo um grande esforço para aprender com os erros.

A essência do trabalho de um gestor de fundo de ações é a escolha de um grupo de ações, entre 10 e 20, que representem sua visão de mercado no horizonte de um ano para formar uma carteira. Todas essas empresas têm de ser profundamente estudadas nos aspectos quantitativos e qualitativos.

Nos aspectos quantitativos, tem de ser feita uma modelagem, projetando pelo menos 10 anos para frente, considerando vários aspectos da empresa e do mercado, tais como, a arena competitiva, *market share*, investimentos, ciclos econômicos e chegando ao valor justo através do fluxo de caixa descontado. Uma análise histórica dos demonstrativos financeiros é fundamental para embasar a modelagem e ajuda a entender o desenvolvimento da empresa. As premissas do modelo são muito importantes e gosto de usar a curva de juros e câmbio precificados pelo mercado. Os múltiplos também devem ser calculados e comparados com os competidores internacionais para ter uma perspectiva global do setor. Acho o valor relativo de uma empresa tão importante quando o absoluto.

Uma análise histórica da ação, analisando os picos e vales, e as razões para esses movimentos é importante para entender a história da flutuação das cotações. O P/E histórico pode fornecer uma perspectiva útil também além de um

P/E histórico médio como referência. No caso das produtoras de *commodities*, a análise dos ciclos dos preços da *commodity* e os impactos nos múltiplos também é muito importante para a análise. Na verdade, as ações de produtoras de *commodities* são um capítulo à parte, pois muitas dessas ações tem comportamento muito semelhante ao contrato futuro da própria *commodity* que produz. Nesse sentido, deve-se analisar em profundidade a estrutura e dinâmica do setor, a demanda e oferta histórica para desenvolver projeções futuras dos preços da *commodity*.

A análise qualitativa termina de compor o quadro da empresa e responde à pergunta clássica do Warren Buffett: "Se o mercado ficasse fechado por dois anos e eu fosse impedido de vender essa ação (por suposição), mesmo assim eu gostaria de ficar com essa empresa". Acredito estar comprando um pedaço de uma empresa e não uma ação cotada em bolsa. Nesse sentido, acho muito importante ter profundo conhecimento da empresa nos seus aspectos principais: *management*, história, produtos, mercados, posicionamento estratégico, concorrência, clientes, fornecedores, tendências, mudanças tecnológicas, ambiente regulatório, influência e relações com o governo, perspectivas setoriais, relação com o ciclo econômico. Na história do mercado acionário brasileiro a influência do Estado tem sido muito relevante na análise da ação, diferente de outros países com economias mais avançadas e liberais onde o Estado tem pouca influência na economia.

Como Warren Buffett foi citado, cabe aqui um esclarecimento sobre sua influência sobre os gestores de renda variável. Buffett sempre teve bastante influência no pensamento dos gestores de fundos de renda variável por ter sido, talvez, o investidor em ações mais bem sucedido no mundo. Suas lições em geral se baseiam em um modo simples, racional e objetivo de ver o mundo. Buffett também teve grande influência no desenvolvimento do meu estilo de investimento.

Uma vez que eu tenha me tornado um especialista em uma determinada empresa, eu começo a inseri-la na grande figura do cenário de investimento e ver se tudo isso junto continua a fazer sentido.

Eu leio compulsivamente revistas, jornais, relatórios de *brokers*, sites, Bloomberg, Broadcast, livros, e sempre tive reuniões frequentes com estrategistas, analistas do *sell side*, *management* de empresas e economistas com o objetivo de entender e formar uma ideia do que está acontecendo com o mundo em termos econômicos e os impactos nos mercados construindo um pano de fundo. A ideia é formar uma ideia sobre os três grandes atores econômicos globais: (i) Estados Unidos, (ii) Europa e (iii) China. O Japão é um *player* importante, mas vem gradativamente perdendo espaço para a China, que tem aumentado a importância rapidamente e se tornado fundamental no entendimento das *commodities*. O Brasil tem se caracterizado como um mercado emergente, que tem perdido importância desde 2010. Paralelamente ao entendimento dos mercados é preciso analisar os mercados de renda fixa e moedas para chegar no entendimento da atratividade dos mercados de bolsa globais e finalmente ter uma opinião sobre o mercado de bolsa brasileiro. Este é um caminho complexo, mas necessário para ter uma opinião fundamentada sobre o mercado brasileiro num mercado cada vez mais globalizado. Quando eu comecei a trabalhar no mercado no final da década de 1980, a economia era pouco globalizada e um profissional com alguns conhecimentos de economia brasileira e de alguns setores e empresas era suficiente para gerir um fundo de ações. Hoje, a complexidade é enorme e a gestão tem de ser realizada por grupos.

Uma vez realizado esse processo complexo e longo, começa a definição de uma carteira de ações no fundo. Nesse momento é importante entender o tamanho da posição de caixa e a distribuição entre ações brasileiras e de outros países. Alguns fundos de ações mais sofisticados podem também *"shortear"* (ter posições vendidas) ações. Mas entendo que a essência de um fundo de ações é esse grupo de 10 a 20 ações que você deve manter e enfrentar as chuvas e tempestades que virão e que irão testar suas convicções de forma que todo aquele raciocínio estruturado poderá ser despedaçado e você irá querer mudar de profissão.

Nesse momento, gosto de lembrar da figura criada por Winston Churchill, o Black Dog. Quando o mercado começa ir na direção contrária das suas posições e você começa a perder dinheiro, você tem de sustentar a situação e aguentar o vento contra. Como dizia Churchill, o Black Dog se senta nos seus pés e não tem data para ir embora. E quanto mais você tenta se livrar dele, mais ele se apega e fica. Só quando você esquece da sua presença ele vai embora. e de repente, e o céu fica azul de novo e seu fundo começa a performar novamente. Você começa a ser respeitado pelos seus pares e clientes. O interessante é que você é a mesma pessoa, trabalhando com a mesma intensidade. São apenas flutuações do mercado testando as convicções e filtrando os gestores. Alguns sobrevivem e vão ficando mais fortes enquanto outros ficam pelo caminho. Esse é um *business* de resiliência.

Eu comecei minha carreira na Corretora Misasi como operador de bolsa pela manhã e analista de tarde, quando o pregão em São Paulo só funcionava de manhã. Esse começo foi muito importante para eu não ficar muito envolvido com a agitação do mercado, que na época era viva voz, e perder o fundamento das empresas que eu estava negociando. Durante a tarde eu ficava num ambiente separado, de estudos, mais silencioso, analisando os números das empresas e calculando múltiplos como preço/lucro, preço/valor patrimonial. Nesta época, no fim da década de 1980, no Brasil, ainda não havia modelos computacionais de *valuation* de empresas. Esses modelos estavam começando a ser desenvolvidos e eram uma área de vanguarda.

Um pouco depois fui para o Banco Garantia, que era um ícone do mercado financeiro, e comecei a trabalhar como liquidante, um *office-boy* de luxo. Comecei a buscar os balanços das empresas na bolsa e consegui virar um analista de empresas depois de alguns meses. Sempre fui fascinado pelo mercado de ações e me desenvolvia na modelagem e avaliação de empresas com prazer pelo meu trabalho. Depois de algum tempo me tornei um analista do *sell-side* aconselhando clientes, principalmente estrangeiros, pois o mercado de *buy-side* no Brasil era muito restrito. É difícil trabalhar no Brasil, país que historicamente tem as maiores taxas de juros reais e nominais do mundo, com bolsa de valores. Se você pode ganhar entre 15% a 20% ao ano em taxas de juros sem risco, porque se aventurar em comprar ações que podem cair acompanhando oscilações e crises globais? Acho que continuei trabalhando com ações um pouco por idealismo.

Fui analista de ações por mais de 10 anos, conhecendo vários setores e empresas, começando a entender a dinâmica da bolsa, o impacto dos fatores econômicos e o início da globalização, com a entrada de investidores estrangeiros no Brasil. Essa base de análise foi muito importante para formar uma base sólida na minha nova fase de gestor de fundo de ações.

Se formos pensar na formação de um bom analista de ações, é um processo de maturação longa. Um analista de ações do *buy-side* começa conhecendo as empresas, aprofundando-se no estudo de alguns setores específicos, aprendendo a modelar empresas, fazer avaliações do valor justo, entender a opinião de outros analistas sobre a empresa, analisar a liquidez, olhar a performance da ação num prazo mais longo, olhar quem são os grandes detentores da ação e arriscar as suas primeiras recomendações sobre aquela determinada empresa, se é uma compra ou uma venda.

Depois que o analista ganha segurança e confiança nas suas recomendações, ele começa a ter uma visão mais ampla do processo de investimento e passa a gerenciar melhor as suas recomendações, indicando pontos de aumentar e diminuir as posições de forma dinâmica. Neste momento também ocorrem alguns insucessos através de quedas expressivas em recomendações específicas. Não existe um analista de ações que acerte todas as suas recomendações. Essas surpresas negativas podem ocorrer por inúmeros motivos: (i) resultado publicado abaixo do esperado, (ii) mudança na administração, (iii) mudança no ambiente competitiva, (iv) mudança regulatória, (v) saída de um grande

APÊNDICES

investidor da ação e outros vários outros motivos endógenos e exógenos. O bom analista tem de sofrer errando recomendações para sentir a dor da perda de dinheiro e entender os altos e baixos da bolsa.

Em algum momento do seu desenvolvimento, o analista começa a ensaiar ser mais participativo na gestão. A partir desse momento, começa uma evolução no sentido de desenvolver habilidades de gestão tais como: (i) olhar o mercado como um todo, (ii) pensar carteiras equilibradas com ações defensivas e de *betas* mais altos, (iii) procurar pontos de entrada em temos de preços para as ações, (iv) entender os ciclos dos mercados, (v) incorporar os temas macroeconômicos na concepção de um carteira, (vi) fazer a gestão das posições em função das variações de preços, (vii) pensar em derivativos como uma forma de agregar valor para a carteira, seja em estruturas de proteção ou alavancagem.

Com o andamento do processo evolutivo, o analista, agora também gestor, começa a ter uma percepção mais ampla da atividade de investimento, e uma visão de mundo mais abrangente, conectando as diversas realidades econômicas de cada país. Neste processo também é importante a leitura contínua de livros, *papers*, jornais, artigos para se obter uma cultura de investimentos.

Também faz parte dessa fase aprender a tomar vento contra, ou seja, muitas vezes um analista indica a compra de uma ação com alta convicção embasado por um estudo profundo da empresa e do caso de investimento. Entretanto, por fatores exógenos, a ação começa a cair e não para. Nesse momento o investidor é testado em suas convicções e tem de saber manter e defender suas posições até que sua tese de investimento se mostre correta e comece a geração de resultados.

No Banco Itaú tive a oportunidade de começar uma carreira como gestor de fundo de ações, começando com alguns fundos da área de *private* e desenvolvendo uma grade sofisticada de fundos que chegaram no melhor momento de mercado em alguns bilhões de reais em patrimônio, além de conquistar a gestão do Fundo Soberano de Ações Brasil da Coréia, na época em US$ 500 milhões de dólares. O Brasil, durante o governo FHC, iniciou um processo de estabilidade econômica com uma redução dos juros, o início de uma política monetária mais eficiente, controle inflacionário, e privatizações, o que permitiu um ciclo de crescimento econômico com reflexos positivos para a bolsa de valores. O pico do mercado foi durante o governo Lula com o superciclo de *commodities*. Com o fim da alta das *commodities* e o descontrole fiscal do Brasil, a bolsa começou um processo longo de queda e voltou a ser o patinho feio dos investimentos.

Tive um processo de aprendizado muito grande nesse período e desenvolvi um estilo de gestão, fruto das minhas experiências como gestor, minhas leituras, contato com outros gestores, contato diário com analistas da minha equipe e do *sell-side*, economistas e estrategistas brasileiros e internacionais. Essa profissão é muito desafiante, pois você está aprendendo o tempo todo e melhorando o seu estilo de gestão, que não pode nunca parar de evoluir. Não existe um gestor pronto, existem gestores com processos de investimento consolidados e vencedores, mas que não podem nunca parar de evoluir pois o mercado está em um processo constante de mudanças e nem sempre as fórmulas de sucesso do passado continuam funcionando. Existe um livro chamado *"Trading like Warren Buffett"*, no qual o autor procura analisar a mudança de estilo de gestão do Buffett pelos *tradings* e percebe que algumas características de gestão mudaram com o passar do tempo, como por exemplo o tempo de permanência de uma ação na carteira, que no caso do Buffett vem diminuindo.

Um gestor tem de apresentar evoluções significativas anualmente no seu estilo de gestão. Adicionar mais recursos: (i) utilizar derivativos de forma mais eficiente, (ii) adotar novos critérios para se fazer um *"screening"* (seleção de ações) com mais qualidade, mais amplo, mais holístico, (iii) entender melhor as crises, como começam evoluem e morrem, (iv) reduzir a volatilidade do portfólio mantendo o mesmo *upside* (possibilidade de valorização) potencial, (iv) cortar as perdas de forma mais rápida. O universo de novas possibilidades em investimentos é muito amplo e um gestor deve estar num processo contínuo de aprendizagem. Neste trabalho, muitas vezes as evoluções não são visíveis ou palpáveis, mas elas existem e são muito necessárias. Num arquiteto, num chef de cozinha ou mesmo com um músico a evolução é visível, olhando os projetos de arquitetura ao longo do tempo, os novos pratos do restaurante, a execução do músico através das gravações do passado e as mais recentes. Mas para um gestor de fundos nenhuma mensuração é possível. Um gestor de fundos está aprisionado na cota do fundo. Muitas vezes, esta evolução no estilo de gestão só aparece diante de uma crise na qual determinado gestor consegue uma diferenciação muito positiva, consequência de sua evolução invisível e que não aparecia na cota do dia a dia do fundo, mas fez toda a diferença num momento crítico.

Quando fui trabalhar no Safra Asset eu desenvolvi uma visão mais ampla do mercado, pensando mais em política monetária, fiscal, macroeconomia, juros, moedas e bolsa americana, dado que o Safra Galileo é um dos principais *hedge funds* macro do mercado brasileiro. Nessa fase, eu criei um fundo que seria um *hedge fund* de ações, no qual o principal gerador de resultados são as posições de ações, mas também são construídas posições menores de juros e moedas, para agregar valor às posições de ações e/ou funcionar como *hedge*. Essa também foi uma fase muito rica, pois quando você passa a olhar o mercado como um todo sua visão sobre ações também evolui e passa a fazer parte de um contexto maior.

APÊNDICES

O dia a dia do mercado também, muitas vezes, acaba te engolindo, e você passa a reagir a cada notícia perdendo a visão da floresta como um todo. Portanto, acho que um gestor tem de lidar com duas situações. A primeira é aprender a ter um olhar duplo, olhando as árvores, mas sem perder a perspectiva da floresta. É como participar de um baile dançando, mas ao mesmo tempo olhar o baile de cima de um terraço. A segunda estratégia que eu utilizo é ficar um tempo longe do mercado estudando e lendo, para atingir níveis de pensamento mais profundos e focados e pensar em evoluções no estilo de gestão. Um dos livros que costumo reler todo final de ano para começar um novo ano preparado e focado é *"The Little Book of Market Wizards"*, de Jack D. Schwager, conforme sugerido por Peter L. Brandt na própria introdução do livro. Se quiser se aprofundar existe uma série de livros sobre os *Market Wizards*, mas esse é um resumo de todos, e mostra de forma inteligente e suscinta muitas situações que nós gestores passamos diariamente, e como alguns dos mais bem sucedidos gestores conseguiram lidar com essas situações de forma construtiva. Neste pequeno livro também é ressaltada a importância de se ter um estilo próprio de gestão pois não existe uma receita que possa ser aplicada universalmente. Muitas vezes o que funciona para um gestor, por estar encaixado no seu estilo de gestão, como por exemplo um *stop loss*, definido e rígido, pode não funcionar para outro.

Outra ideia é sempre estar lendo um livro com sua equipe. Tenho esse hábito e tem se mostrado muito produtivo. Você consegue unir toda a equipe discutindo um tema, estimulando os mais novos a participarem, tirando-a um pouco do dia a dia angustiante, direcionando o foco para discussão do estilo de gestão, desenvolvendo um senso comum, permitindo que as pessoas se expressem e formem um grupo mais harmônico. No meu estilo de gestão não existem gestores vencedores, mas equipes vencedoras. Equipes que erram, aprendem com os erros e permanecem juntas evoluindo como equipe. Obviamente, muitas vezes algum membro da equipe acha que chegou seu momento de formar sua própria equipe ou quer ter outras experiências em outros *assets*. Acho que isso faz parte do ser humano. Mas as equipes de gestão de fundos de ações e times de investimentos bem sucedidos são as que conseguem manter um grupo trabalhando bastante tempo juntos.

Uma das lições de Buffett é não ficar obcecado com as cotações diárias. O mercado pode muitas vezes apresentar um comportamento bipolar e fazer você reagir exageradamente, mudando suas posições que seriam vencedoras. Acompanhe as cotações, mas não se impressione com seus movimentos no curto prazo.

Uma lição que demorei algum tempo para aprender é que os resultados são construídos em tempos difíceis. Se o fundo que você administra cair menos em momentos de realização de mercado e você simplesmente acompanhar a alta nos momentos positivos, você já conseguirá uma significativa diferenciação em relação aos seus competidores e ao *benchmark*.

Quando passei a ser um estrategista de investimentos foi a oportunidade de amarrar todas as experiências e conhecimentos, e passar a ter uma visão mais ampla do mercado, pensando o todo, aliado a relacionamentos próximo com os principais clientes do *private*. O *asset allocation* no *private* é diferente de um *hedge fund*, são velocidades diferentes. O investidor de longo prazo quer aumentar o seu patrimônio, investindo em posições estruturais, diversificadas e com algumas estruturas de proteção, em muitos casos permanentes, mesmo que o cenário seja positivo. Esse investidor também espera uma dinâmica na carteira, adaptando as posições ao momento do ciclo econômica e o cenário projetado. O gestor do *hedge fund*, tem uma velocidade diferente, quando encontra oportunidades pode fazer uma posição grande em determinado ativo, mesmo que comprometa o balanceamento, temporariamente, do portfólio. Ele pode fazer posições de curto prazo e mudar rapidamente toda a carteira diante de uma mudança de cenário repentina. No longo prazo, todos querem maximizar suas posições de longo prazo, mas a alocação de ativos do investidor de longo prazo *versus* o gestor de *hedge funds* tem características bem diferentes e velocidades de ação também.

A atividade de investimento é um aprendizado contínuo e eu pretendo estar em constante evolução ao longo do tempo.

Glossário

Este glossário tem o objetivo de explicar alguns conceitos e palavras americanas utilizadas pelo mercado financeiro que são praticamente impossíveis de traduzir, além de serem utilizadas, na prática, por todos os integrantes do mercado. Aqui também procuramos definir alguns conceitos mais matemáticos, principalmente os relacionados a risco e mensuração de performance de investimentos para não perder fluidez do texto e colocar questões muito técnicas que muitos leitores não teriam interesse em se aprofundar nesse trabalho.

Em alguns casos iremos além da definição, desenvolvendo um pouco o tema.

Alpha: *Alpha* tem a sua origem na letra grega, mas no mundo dos investimentos é um termo usado para descrever a capacidade de uma estratégia obter lucros no mercado. Muitas vezes é utilizada para designar "excesso de retorno". Mede a capacidade ou habilidade de um gestor de fundos ou investimentos gerar valor acima dos índices de mercado (*benchmarks*). Por exemplo, se um determinado fundo de ações está rendendo mais que o índice Ibovespa, dizemos que o fundo está com *alpha* positivo, ou seja, está com retorno acima do mercado. O inverso também pode acontecer, que é o fundo com *alpha* negativo, ou seja, o fundo está performando pior do que o índice de mercado. É geralmente usado em conjunto com o *Beta* que mensura o mercado como um todo e sua volatilidade ou risco chamado de risco sistemático de mercado. Por exemplo, um fundo de ações pode causar um *alpha* tão alto que pode compensar um *beta* negativo, ou seja, um fundo de ações em determinado ano teve um *alpha* positivo de 10%,

342   COMO ESCOLHER E ADMINISTRAR SEUS INVESTIMENTOS

e naquele ano a bolsa caiu 5%, um *beta* negativo de 5%, mesmo assim o cotista desse fundo terá um ganho nominal de 5%. Nesse caso o *alpha* foi tão bom e positivo que compensou o *beta* negativo do mercado.

Assimetria (*Skewness*): Em estatística, a assimetria (chamada em inglês de *skewness*) é uma medida de falta de simetria de uma determinada distribuição de frequência. É uma alteração na distribuição normal, ou seja, existe uma cauda mais pesada. As caudas de uma distribuição normal são os extremos que tem uma probabilidade decrescente, e as caudas têm uma probabilidade semelhante de ocorrer. Na distribuição assimétrica, os eventos fogem da distribuição normal. O que a maioria dos investidores busca é um investimento assimétrico ao seu favor, ou seja, no qual a sua probabilidade de ganho é maior do que a de perda. Em função da rapidez dos mercados em fazerem ajustes instantâneos por arbitradores, essas oportunidades claras são muito raras, mas existem as assimetrias que são construídas em função da visão do investidor *vis-à-vis* a situação do mercado. Por exemplo, se uma ação está excessivamente barata pode se constituir numa situação de assimetria, pois tudo de ruim já está refletido no preço e a recuperação ainda não está materializada, criando uma situação estimada de maior probabilidade de ganho do que de perda.

Bear Market: Expressão em inglês que poderia ser traduzida como "mercado do urso." É um estado de pessimismo generalizado com fortes quedas nos mercados. Em muitos casos, o *bear market* se autoalimenta, ou seja, uma queda inicial no valor dos ativos gera um certo temor nos investidores. Abalados emocionalmente, os investidores tendem a se desfazer de suas posições. Esse ciclo se repete, causando um movimento de pessimismo e realização generalizada nos mercados. *Bear markets* longos podem causar sérias consequências nas economias, gerando queda no PIB, retração no crédito e desemprego. Como os mercados e as economias são cíclicas, os *bear markets* são seguidos, muitas vezes, por *bull markets*, que são o seu oposto.

Benchmark: O *benchmark* é um termo americano para identificar uma referência de mercado, um índice que represente uma classe de ativo como um todo, como uma referência geral. Por exemplo, se pensarmos a classe de ativos ações no Brasil, o *benchmark* mais utilizado é o Ibovespa. Se eu montei uma carteira de ações e quero analisar a sua performance, a primeira análise é comparar a rentabilidade da carteira com um *benchmark*, no caso o Ibovespa, mas poderia ser outro índice, ou *benchmark*, como o IBX-100, o IBX-50. No caso geral, o grande *benchmark* do Brasil é o CDI, que seria a taxa de juros básica da economia, ou seja, o objetivo de todos investidor no longo prazo é "bater" o CDI, o que significa ter uma rentabilidade nos seus investimentos, de forma agregada, superior ao CDI.

Beta: Essa variável mede a volatilidade, ou o risco sistêmico, da ação ou do portfólio em comparação com o mercado de um modo geral. Ela é utilizada em modelos de *valuation*, no CAPM e em análises de portfólios. O *beta* é calculado a partir de uma regressão, levando em conta o mercado e o ativo alvo. Ele representa o quanto o retorno do ativo varia em função da variação do mercado em geral. O *beta* do ativo alvo é a covariância entre o ativo e o mercado, dividido pela variância do mercado em uma janela específica de tempo. Vamos supor que você possui uma ação listada na Bovespa e que essa ação possua *Beta* = 2; quando o Ibovespa (mercado) subir 1% é esperado que sua ação suba 2%, por outro lado se o mercado cair 3% você provavelmente verá sua ação despencar 6%. Importante lembrar que o *Beta* é uma medida que não é constante e varia em função da janela de tempo que você usa para calcular. O *beta* é utilizado pelo investidor como uma medida de risco, ele vai indicar quanto o seu portfólio ou sua ação está exposta ao mercado. Se o investidor quiser ações ou fundos com menores exposições ao mercado deverá buscar *beta*s mais baixos, se quiser aumentar sua exposição às variações do mercado deverá manter ativos ou portfólios com *beta*s mais altos.

Bull Market: O *bull market*, ou mercado do touro, está relacionado com altas no mercado e otimismo. É uma condição de mercados subindo, com expectativa de crescer mais. Está intimamente ligado ao *bear market*, sendo que um pode decretar o fim do outro, e vice versa. A delimitação não é precisa. Um vai se transformando lentamente no outro, como numa metamorfose financeira. O touro (*bull*) e o urso (*bear*) são tão representativos que se tornaram, inclusive, os maiores símbolos do mercado financeiro, como referência aos seus movimentos ascendentes e descendentes de ataque.

Commodities: São produtos que funcionam como matéria-prima, produzidos em escala, e que podem ser estocados sem perda de qualidade, como petróleo, suco de laranja congelado, boi gordo, café, soja e ouro. *Commodity* vem do inglês e originalmente significa mercadoria. Outro ponto importante é que estes insumos possuem propriedades bastante semelhantes de um produtor para outro. Assim, as *commodities* são facilmente intercambiáveis e amplamente negociadas no mercado doméstico e global.

Correlação: Correlação significa uma semelhança ou relação entre duas coisas, pessoas ou ideias. No campo da estatística e da probabilidade, a correlação é qualquer relação estatística (causal ou não causal) entre duas variáveis. O método mais simples utilizados é o coeficiente de correlação, que pode assumir um valor entre -1 e +1. Se uma variável tende a aumentar à medida que as outras diminuem, o coeficiente é negativo. Informalmente, correlação é sinônimo de dependência. Existem outros métodos mais complexos para se analisar correlações, mais robustos e mais sensíveis a relações não lineares. Mas em termos de investimentos é importante sabermos da importância de se montar um portfólio diversificado, com ativos não correlacionados, para que quando acontecer uma crise, haja uma proteção para a carteira, ou seja, nem todos os ativos irão caminhar na mesma direção.

Covariância: A covariância é uma medida do grau de interdependência (ou inter-relação) numérica entre duas variáveis aleatórias. Assim, variáveis independentes tem covariância zero. Ela é prima da correlação. A covariância mede a relação linear entre duas variáveis. A covariância é semelhante à correlação entre duas variáveis, no entanto, elas diferem nas seguintes maneiras: a correlação mede tanto a força como a direção da relação linear entre duas variáveis; os valores da covariância não são padronizados.

*Day-trade***:** A tradução literal dessa expressão é compra e venda no mesmo dia. O *day-trade* é uma modalidade de negociação utilizada em mercados financeiros (como bolsa de valores), que tem por objetivo a obtenção de lucro com a oscilação de preço, ao longo do dia, de ativos financeiros. Essa atividade ganhou impulso com as plataformas eletrônicas. Não aconselho esta prática, pois a probabilidade de ganhar negociando uma ação no período de um dia é equivalente a jogar uma moeda para cima, ou seja, 50% - é uma probabilidade aleatória.

*Dividend yield***:** Pode ser traduzido como Rendimento de Dividendo. É um indicador que mede a performance da empresa de acordo com os proventos pagos aos seus acionistas. Ele mostra a relação entre os dividendos distribuídos e o preço atual da ação da empresa. Se uma ação tem um *dividend yield* estimado de 5% significa que se, ao longo de um ano, a ação ficar exatamente no mesmo nível, você vai ganhar 5% através dos dividendos, que serão depositados na sua conta.

*Drawndown***:** É a mensuração da queda de uma variável em relação ao seu pico histórico. É um conceito importante para medir o risco histórico de diferentes investimentos, abrindo a possibilidade de comparação entre diferentes ativos. Existem várias possibilidades de cálculo de *drawdown*. O MDD (Máximo *Drawdown*) é um caso especial que mensura o pior cenário possível, ou seja, pega o maior pico contra o nível mais baixo (o menor vale). Esse é um dos vários indicadores utilizados para mensurar risco financeiro de um investimento, juntamente com a volatilidade (desvio padrão) e outros. Essa ferramenta simples, de fácil uso, é uma boa arma para comparar o desempenho entre ativos, fundos etc. Existe também o conceito de que sempre é muito difícil de recuperar de uma queda, pois um fundo que caiu 50% terá de subir 100% para voltar para o mesmo ponto.

Duration: O *duration* (traduzido é duração) é o tempo médio em que você recebe os pagamentos de um investimento. Para os investidores de renda fixa é um instrumento importante para a gestão de risco da sua carteira de renda fixa. Se pensarmos no conceito de "centro de massa" da física, o centro da massa da barra corresponde ao ponto sob o qual a barra ficaria perfeitamente equilibrada. Quanto maior o *duration* de um título, maior o seu nível de risco e maior é a intensidade das flutuações do seu preço.

Earnings Yield: O *earnings yield* é o inverso do P/E (índice de *price/earnings*, P/E ou índice de preço/lucro, P/L). Se uma empresa tem um P/E estimado de 20x, o seu EY será de 1/20, ou seja, 5%. O EY é a forma mais simples de comparar os potenciais retornos entre uma ação e um *bond*. De forma simplificada, se um investidor está na dúvida entre investir em um *bond* que rende 3% e um ação que está negociando a um P/E estimado de 15x, é difícil de comparar. Mas se invertemos o P/E chegamos num EY de 6,7%. Agora podemos comparar, e a decisão é se compensa a diferença de 3,7% entre o retorno da ação e do *bond*, para compensar o risco de se investir em renda variável *vis-à-vis* renda fixa.

Endowment: O fundo patrimonial, conhecido no exterior como *endowment*, tem por finalidade gerir um patrimônio de duração perpétua, sendo os seus frutos (rendimentos) destinados à manutenção, divulgação e expansão de uma atividade específica. Hoje, globalmente falando, os *endowments* já administram o equivalente a US$ 1,5 trilhão, sendo importantes fontes de recursos para a pesquisa, a educação e as artes. Contando com gestores de primeira linha, como nos fundos de Harvard e Yale, conseguem retornos superiores consistentemente.

Equity Risk Premium: O *Equity Risk Premium* é uma medida de retorno esperado em excesso de um mercado acionário em relação a uma taxa de retorno livre de risco (como a de títulos do governo brasileiro).

ETF: O ETF, em inglês, *Exchange Traded Fund*, é basicamente um fundo de investimentos com cotas negociadas na Bolsa de Valores. Eles também são chamados de "fundos de índice", por replicarem os principais índices do mercado financeiro. Os ETFs são úteis em determinadas situações. Por exemplo, se você acha que a bolsa brasileira vai subir, comprar o ETF pode ser uma boa solução genérica, pois você compra o índice Ibovespa na bolsa como se fosse uma ação. No Brasil esse mercado ainda é pouco desenvolvido, mas nos EUA você tem muitos ETFs, inclusive temáticos, ou seja, se você decidiu investir no setor de Biotechs, provavelmente terá mais de um ETF que te dará exposição ao setor.

Fronteira Eficiente: A fronteira eficiente faz parte da Teoria Moderna de Portfólio, um modelo matemático de construção de carteiras de investimento que otimiza a alocação dos ativos para obter o melhor retorno possível para cada nível de risco.

Hedge Fund: O *Hedge fund* poderia ser traduzido literalmente como fundo de proteção, mas no Brasil ele é chamado de multimercado. Os *Hedge funds* são fundos que tem liberdade para operar todos os mercados, mas são muito focados na relação risco retorno. Nesse sentido, eles buscam maximizar os ganhos através de posições nas várias classes de ativos, como ações, renda fixa, moedas, *commodities*, mas sempre buscando proteções, de modo que consigam ter uma boa performance em vários tipos de mercados e cenários.

Information Ratio: Um parente próximo do índice de *Sharpe*. É a proporção do retorno excedente obtido por um fundo sobre um índice para o excesso de volatilidade deste fundo para a volatilidade do índice.

IPO: *Initial Public Offering*, ou Oferta Inicial Pública, é a operação inicial, na qual, uma empresa passará a ser listada na bolsa de valores.

Momentum: É a estratégia de investir em empresas com um histórico recente de valorização. O *momentum* é um fenômeno que reflete um certo padrão, ou uma "memória" no comportamento dos preços das ações. Quanto maior o rendimento da ação no passado recente, maior o seu *momentum*.

Private equity: É um tipo de atividade financeira realizada por instituições que investem essencialmente em empresas que ainda não estão listadas em bolsas de valores, ou seja, ainda estão fechadas ao mercado de capitais, com o objetivo de captar recursos pra alcançar desenvolvimento da empresa.

GLOSSÁRIO

Risco Sistêmico: É o risco inerente ao mercado como um todo. Também conhecido como risco não diversificável, volatilidade ou risco de mercado, afeta o mercado como um todo. Esse tipo de risco é imprevisível e dificilmente anulável. Ele não pode ser diminuído através de diversificação, somente através de uma alocação estratégica ou alguns tipos de proteção (*hedge*).

Sharpe Ratio: O índice Sharpe mede o desempenho de um investimento comparado a um ativo livre de risco, após o ajuste para seu risco. É definida como a diferença entre o retorno do investimento e o retorno livre de risco, dividido pelo desvio padrão do investimento. Ele permite que se compare fundos de classes de ativos diferentes. Se fossemos pensar o conceito, é de certa forma uma medida de eficiência de gestão, ou da capacidade de um gestor de transformar risco em retorno.

Stop loss: O *Stop loss* é uma ordem de venda programada para ser disparada automaticamente, caso o valor do ativo atinja o percentual de perda determinado pelo investidor. É uma forma de evitar que você tenha um prejuízo que não seja controlado. É um limite de perda pois vai garantir que você não perca todo o dinheiro investido caso o cenário esperado não aconteça.

Style Drift: Esse é um termo inglês que é difícil a tradução. Seria algo como um desvio de estilo de gestão. É uma divergência que ocorre em um fundo quando o gestor sai do seu estilo de gestão ou objetivo. Em geral, esse fenômeno causa perdas e falta de consistência na gestão de um fundo.

Variância: Na teoria da probabilidade e na estatística, a variância de uma variável aleatória é uma medida da sua dispersão estatística, indicando "o quão longe" os seus valores se encontram do valor esperado. A variância é um conceito importante para o mercado financeiro por estar ligado com o conceito de volatilidade. A volatilidade é uma medida do risco de um ativo, isto é a velocidade pela qual ele pode se movimentar para cima e para baixo em curtos períodos. E uma das maneiras de entender essa questão é justamente por meio da variância.

Venture capital: Pode ser traduzido como capital de risco. É uma modalidade de investimento focada em empresas começando, startups, com alto potencial de crescimento. O objetivo deste tipo de investimento não é apenas injetar capital na empresa para ajudá-la a crescer, mas também influenciar diretamente no andamento e na gestão do negócio. Isso contribui na criação de valor para a futura venda de participação acionária na empresa.

VIX: É o índice que mede a volatilidade das ações americanas. Quanto maior o VIX, maior é a volatilidade do mercado, e consequentemente, maior a incerteza da situação e o risco. Criado pela Chicago Board Options Exchange (CBOE), o VIX deriva da volatilidade implícita das opções no S&P.

Volatilidade: É uma medida de dispersão dos retornos de um título ou índice de mercado. Quanto mais o preço de uma ação varia num período curto, maior o risco de se ganhar ou perder dinheiro negociando esta ação, e, por isso, a volatilidade é uma medida de risco.

Referências

ABRANCHES, Sérgio. *A era do imprevisto:* a grande transição do século XXI. São Paulo: Companhia das Letras, 2017.

ACEMOGLU, Daron, ROBINSON, James A. *Why Nations Fail:* The Origins of Power, Prosperity, and Poverty. New York: Crown Business, 2012.

AHAMED, Liaquat. *Lords of Finance:* The Bankers Who Broke The World. New York: The Penguin Press, 2009.

AHUJA, Maneet. *The Alpha Masters:* Unlocking the Genius of the World's Top Hedge funds. Hoboken: John Wiley & Sons, 2012.

AKERLOF, George A., SHILLER, Robert J. *Animal Spirits:* How Human Psychology Drives the Economy, and Why It Matters for Global Capitalism. Princeton: Princeton University Press, 2009.

ALTUCHER, James, SEASE, Douglas R. *The Wall Street Journal Guide to Investing in the Apocalypse:* Make Money by Seeing Opportunity Where Others See Peril. New York: Harper Collins, 2011.

ALTUCHER, James. *Trade Like Warren Buffett.* Hoboken: John Wiley & Sons, 2005.

AMMANN, Daniel. *The King of Oil:* The Secrets Lives of Marc Rich. New York: St. Martin Press, 2009.

ANDERS, George. *Merchants of Debt:* KKR and the Mortgaging of American Business. New York: InkWell Publishing, 2013.

ANDREWS, David. *Warren Buffett em 250 frases.* Rio de Janeiro: Best Seller, 2013.

ANGEFELT, Magnus. *The World's 99 Greatest Investors:* The Secret of Success. Malmo: Roos & Tegner, 2014.

ANONYMOUS Hedge fund Manager. *Diary of a Very Bad Year:* Confessions of an Anonymous Hedge fund Manager. New York: Harper Collins, 2010.

ARIELY, Dan. *Predictably Irrational:* The Hidden Forces that Shape Our Decisions. London: Harper Collins, 2008.

ARNOLD, Glen. *The Great Investors*: Lessons on Investing from Master Traders. Harlow: Financial Times Prentice Hall, 2010.

ARNOLD, Glen. *The Deals of Warren Buffett*: Vol 1 – The First $100M. Petersfield: Harriman House, 2017.

ARNOTT, Robert D. Equity Risk Premium Myths, 2011. Esse texto está incluso no Paper "Rethinking The Equity Risk Premium da Research Foundation of CFA Institute publicado em dez/2011.

ARNOTT, Robert D., HSU, Jason C.,WEST, John M. *The Fundamental Index*: A Better Way to Invest. Hoboken: John Wiley & Sons, 2008.

ASHWORTH-LORD, Keith. *Invest in The Best*: Applying the Principles of Warren Buffett for Long-Term Investing Success. Petersfield: Harriman House, 2016.

ASSAF NETO, Alexandre. *Estrutura e Análise de Balanços*: Um Enfoque Econômico-Financeiro. São Paulo: Atlas, 2020.

ASSAF NETO, Alexandre. *Mercado Financeiro*.14. ed. São Paulo: Atlas, 2018.

ASSAF NETO, Alexandre. *Valuation*: Métricas de Valor & Avaliação de Empresas. 3. ed. São Paulo: Atlas, 2019.

AUGAR, Philip. *The Bank that Lived a Little*: Barclays in the Age of the Very Free Market. London: Penguin Random House, 2018.

AUGAR, Philip. *The Death of Gentlemanly Capitalism*: The Rise and Fall of London's Investment Banks. London: Penguin Books, 2000.

AUGAR, Philip. *The Greed Merchants*: How the Investment Banks Played the Free Market Game. London: Penguin Random House, 2006.

AUTHERS, John. *The Fearful Rise of Markets*: Global Bubbles, Synchronized Meltdowns, and How to Prevent Them in the Future. London: FT Press, 2010.

BACHA, Edmar. *Belíndia 2.0*: Fábulas e Ensaios Sobre o País dos Contrastes. Rio de Janeiro: Civilização Brasileira, 2012.

BAHCALL, Safi. *Loonshots*: How to Nurture the Crazy Ideas that Win Wars, Cure Diseases, and Transform Industries. New York: St. Martin's Press, 2019.

BAIR, Sheila. *Bull by the Horns*: Fighting to Save Main Street from Wall Street and Wall Street from Itself. New York: Free Press, 2012.

BAKER, H. Kent., RICCIARDI, Victor. *Investor Behavior*: The Psychology of Financial Planning and Investing. Hoboken: John Wiley & Sons, 2014.

BALDWIN, Richard. *The Great Convergence*: Information Technology and the New Globalization. Cambridge: Harvard University Press, 2016.

BARBER, Brad M., ODEAN, Terrance. *Boys Wil Be Boys*: Gender, Overconfidence, and Common Stock Investment. Quarterly Journal of Economics, February 2001: 261-292.

BARCELLOS, Marta. *Histórias do Mercado de Capitais no Brasil*: Depoimentos Inéditos de Personalidades que Marcaram a Trajetória das Bolsas de Valores no país. Rio de Janeiro: Elsevier, 2010.

BARRY, John M. *The Great Influenza*: The Story of the Deadliest Pandemic in History. New York: Penguin Books, 2005.

BARTUNEK, Florian., NAPOLITANO, Giuliana., MOREAU, Pierre. *Fora da Curva*: Os Segredos dos Grandes Investidores do Brasil – E o Que Você Pode Aprender com Eles. São Paulo: Portfolio-Penguin, 2016.

REFERÊNCIAS

BARTUNEK, Florian., NAPOLITANO, Giuliana. e MOREAU, Pierre. *Fora da Curva 2*: Mais Investidores Incríveis Revelam Seus Segredos – E Você Pode Aprender com Eles. São Paulo: Portfolio-Penguin, 2019.

BASTASIN, Carlo. *Saving Europe*: How National Politics Nearly Destroyed the Euro. Washington: Brookings Institution Press, 2012.

BATNICK, Michael. *Big Mistakes*: The Best Investors and Their Worst Investments. Hoboken: John Wiley & Sons, 2018.

BAUMOHL, Bernard. *The Secrets of Economic Indicators*: Hidden Clues to Future Economic Trends and Investment Opportunities. New Jersey: Wharton School Publishing, 2005.

BAYOUMI, Tamim. *Unfinished Business*: The Unexplored Causes of the Financial Crisis and the Lessons Yet to be Learned. London: Yale University Press, 2017.

BELSKY, Gary; GILOVICH, Thomas. *Why Smart People Make Big Money Mistakes ... and How to Correct Them*. Lessons from The Life-Changing Science of Behavioral Economics. New York: Simon & Schuster Paperbacks, 2009.

BENARTZI, Shlomo; THALER, Richard H. *Myopic Loss Aversion and the Equity Premium Puzzle*. Quarterly Journal of Economics, February 1995, p. 73-92.

BENELLO, Allen C. BIEMA, Michael Van. CARLISLE, Tobias E. *Concentrated Investing*: Strategies of The World's Greatest Concentrated Value Investors. Hobonken: Jonh Wiley & Sons, 2016.

BERNANKE, Ben S. *Essays on The Great Depression*. Princeton: Princeton University Press, 2000.

BERNANKE, Ben S. GEITHNER, Timothy F. PAULSON JR., Henry M. *Firefighting*: The Financial Crisis and Its Lessons. New York: Penguin Books, 2019.

BERNSTEIN, Peter L. *Against the Gods*: The Remarkable Story of Risk. New York: John Wiley & Sons, Inc., 1998.

BERNSTEIN, Peter L. *Capital Ideas Evolving*. New York: John Wiley & Sons, 2007.

BERNSTEIN, William J. *The Four Pillars of Investing*: Lessons for Building a Winning Portfolio. New York: McGraw-Hill Education, 2010.

BERNSTEIN, William J. *The Intelligent Asset Allocator*: How to Build Your Portfolio to Maximize Returns and Minimize Risk. New York: McGraw-Hill Education, 2017.

BIGGS, Barton. *A Hedge fund Tale*: of Reach and Grasp ... Or What's a Heaven For? Hoboken: John Wiley & Sons, 2011.

BIGGS, Barton. *Diary of a Hedgehog*: Biggs' Final Words on the Markets. Hoboken: John Wiley & Sons, 2012.

BIGGS, Barton. *Hedgehoging*. Hoboken: John Wiley & Sons, 2006.

BIGGS, Barton. *Wealth, War and Wisdom*. Hoboken: John Wiley & Sons, 2008.

BLINDER, Alan S. *After the Music Stopped*: The Financial Crisis, The Response, and the Work Ahead. New York: Penguin Books, 2014.

BLINDER, Alan S. *Central Banking in Theory and Practice*. Cambridge: MIT Press, 1998.

BOGLE, John. *Don't Count on It!* Reflections on Investment Illusions, Capitalism, Mutual Funds, Indexing, Entrepreneurship, Idealism, and Heroes. Hoboken: John Wiley & Sons, 2011.

BONEA, Amelia. DICKSON, Melissa. SHUTTLEWORTH, Sally. WALLIS, Jennifer. *Anxious Times*: Medicine & Modernity in Nineteenth-Century Britain. Pittsburgh: University of Pittsburgh Press, 2019

BOOKSTABER, Richard. *A Demon of Our Own Design*: Markets, Hedge funds, and the Perils of Financial Innovation. Hoboken, John Wiley & Sons, 2007.

BOOKSTABER, Richard. *Financial Crises, the Failure of Economics, and the Sweep of Human Interaction*. Princeton: Princeton University Press, 2017.

BOOTH, Wayne C. COLOMB, Gregory G. WILLIAMS, Joseph M. BIZUP, Joseph. FITZGERALD, William T. *The Craft of Research*. 4.ed. Chicago: The University of Chicago Press, 2016.

BOTTON, Alain de. *Notícias*: Manual do Usuário. Rio de Janeiro: Intrínseca, 2015.

BRANDÃO, Ignácio de Loyola. *Desvirando a Página*: A Vida de Olavo Setubal. São Paulo: Global, 2008.

BRANDES, Charles H. *Brandes on Value*: The Independent Investor. New York: McGraw-Hill, 2015.

BRANDT, Peter L. *Diary of a Professional Commodity Trader*: Lessons from 21 Weeks of Real Trading. Hoboken: John Wiley & Sons, 2011.

BRILLIANT, Heather. COLLINS, Elizabeth. *Why Moats Matter*: The Morningstar Approach to Stock Investing. Hoboken: John Wiley & Sons, 2014.

BRINSON, Gary P. HOOD, Randolph L. BEEBOWER, Gilbert L. *Determinants of Portfolio Performance*. Financial Analysts Journal, July/August 1986: 39-44.

BRINSON, Gary P. HOOD, Randolph L. BEEBOWER, Gilbert L. *Determinants of Portfolio Performance II*: An Update. Financial Analysts Journal, May/June 1991: 40-48.

BROCKMAN, John. *This Will Make You Smarter*: New Scientific Concepts to Improve Your Thinking. London: Transworld Publishers, 2012.

BROOKS, John. *Business Adventures*: Twelve Classic Tales from the World of Wall Street. New York: Open Road Media, 1959.

BROWN, Joshua M. MACKE, Jeff. *Clash of the Financial Pundits*: How the Media Influences Your Investment Decisions for Better or Worse. New York: McGraw-Hill, 2014.

BRUNER, Robert F. CARR, Sean D. *The Panic of 2007*: Lessons Learned from the Market's Perfect Storm. Hoboken: John Wiley & Sons, 2007.

BRUNNERMEIER, Markus K. JAMES, Harold. LANDAU, Jean-Pierre. *The Euro and The Battle of Ideas*. Princeton: Princeton University Press, 2016.

BRYNJOLFSSON, Erik. McAFEE, Andrew. *The Second Machine Age*: Work, Progress, and Prosperity in a Time of Brilliant Technologies. New York: W. W. Norton & Company, 2016.

BUCHAN, James. *John Law*: A Scottish Adventurer of the Eighteenth Century. London: MacLehose Press, 2018.

BUFFETT, Mary. CLARCK, David. *As Escolhas de Warren Buffett*. São Paulo: LeYa, 2014.

BUFFETT, Mary. CLARCK, David. *O Tao de Warren Buffett*. Rio de Janeiro: Sextante, 2007.

BUFFETT, Mary. CLARCK, David. *The New Buffettology*: The Proven Techniques for Investing Successfully in Changing Markets That Have Made Warren Buffett the World's Most Famous Investor. New York: Scribner, 2002.

BUFFETT, Mary. CLARCK, David. *Warren Buffett and the Interpretation of Financial Statements*: The Search for the Company with a Durable Competitive Advantage. New York: Scribner, 2008.

BUFFETT, Mary. CLARCK, David. *Warren Buffett's Management Secrets*: Proven Tools for Personal and Business Sucess. New York: Scribner, 2009.

BUFFETT, Warren. Berkshire Hathaway Letters to Shareholders 1965-2014. Explorist Productions, 2016.

CALANDRO JR., Joseph. *Applied Value Investing*: The Practical Applications of Benjamin Graham's and Warren Buffett's Valuations Principles to Acquisitions, Catastrophe Pricing, and Business Execution. New York: McGraw-Hill, 2009.

CALDEIRA, Jorge. *História da Riqueza no Brasil*: Cinco Séculos de Pessoas, Costumes e Governos. Rio de Janeiro: Estação Brasil, 2017.

CAMPOS, Roberto. *A Lanterna na Popa*. Rio de Janeiro: Top Books, 2019. Originalmente publicado em 1994.

CAREY, David. MORRIS, John E. *King of Capital*: The Remarkable Rise, Fall, and Rise Again of Steve Schwarzman and Blackstone. New York: Crown Business, 2010.

CARLISLE, Tobias E. *The Acquirer's Multiple*: How the Billionaire Contrarians of Deep Value Beat the Market. London: Ballymore Publishing, 2017

CARLSON, Charles B. *The Little Book of Big Dividends*. Hoboken: John Wiley & Sons, 2010

CARNEIRO, Francisco Magalhães. *Thought of the Day*: The First Ten Years. Six Hundred Pills of Wisdom. Lisboa, 2012. Publicado pelo próprio autor.

CASSIDY, John. *How Markets Fail*: The Logic of Economic Calamities. New York: Picador, 2009.

CHABRIS, Christopher. SIMONS, Daniel. *The Invisible Gorilla*: And Other Ways Our Institutions Deceive Us. New York: Crown, 2010.

CHAMBERS, Donald R. BLACK, Keith H. LACEY, Nelson J. *Alternative Investments*: A Primer for Investment Professionals. Charlottesville: CFA Institute Research Foundation, 2018.

CHAN, Ronald W. *The Value Investors*: Lessons from the World's Top Fund Managers. Hoboken: John Wiley & Sons, 2012.

CHAPMAN, Colin. *How the Stock Markets Work*: Fully Revised and Updated Ninth Edition. London: Cornerstone Digital, 2011.

CHARAN, Ram. CAREY, Dennis. USEEM, Michael. *Boards that Lead*: When to Take Charge, When to Partner, and When to Stay Out of The Way. Boston: Harvard Business Review Press, 2014.

CHOUEIFATY Y. COIGNARD Y. *Toward Maximum Diversification*. Journal of Portfolio Management, Fall 2008.

CHOW, Gregory C. *China's Economic Transformation*. 2. ed. Oxford: Blackwell Publishing, 2007.

CHUA, Jess H; WOODWARD, Richard S. J. M. *Keynes's Investment Performance*: A Note. The Journal of Finance, March 1983, Vol. 38: pp. 232-235.

CLARK, David. *The Tao of Charlie Munger*: A Compilation of Quotes from Berkshire Hathaway's Vice Chairman on Life, Business, and the Pursuit of Wealth. New York: Scribner, 2017.

CLARKE, Roger G. STATMAN, Meir. *The DJIA Crossed 652,230*. Journal of Portfolio Management, Winter 2000, pp. 89-93.

CLAUSEWITZ, Carl von. *Da Guerra*. São Paulo: WMF Martins Fontes, 2017.

CLENON, Andreas. *Following the Trend*: Diversified Managed Futures Trading. Hoboken: John Wiley & Sons, 2013.

COATES, John. *The Hour Between Dog and Wolf*: Risk Taking, Gut Feelings, and the Biology of Boom and Bust. New York: The Penguin Press, 2012.

COHAN, William. *Money and Power*: How Goldman Sachs Came to Rule the World. New York: Doubleday, 2011.

COHEN, Guy. *Volatile Markets Made Easy*: Trading Stocks and Options for Increased Profits. New Jersey: FT Press, 2009.

COHEN, Guy. *The Bible of Options Strategies*: The Definitive Guide for Practical Trading Strategies. New Jersey: FT Press, 2005.

COHEN, Guy. *Options Made Easy*: Your Guide to Profitable Trading. New Jersey: FT Press, 2005.

COLL, Steve. *Private Empire*: Exxon Mobil anda American Power. New York: Penguin Books, 2013.

COLLARDI, Boris F. J. *Private Banking*: Building a Culture of Excellence. Hoboken: John Wiley & Sons, 2012.

COLLINS, Jim. *Empresas Feitas para Vencer*. São Paulo: HSM Editora, 2013.

CONSTABLE, Simon. WRIGHT, Robert E. *The WSJ Guide to the 50 Economic Indicators That Really Matter*. New York: Harper Business, 2011.

COPELAND, Tom; KOLLER, Tim; MURRIN, Jack. *Valuation*: Measuring and Managing the Value of Companies. Hoboken: John Wiley & Sons, 1994.

CORREA, Cristiane. *Abilio*: Determinado, Ambicioso, Polêmico. Rio de Janeiro: Primeira Pessoa, 2015.

CORREA, Cristiane. *Sonho Grande*. Rio de Janeiro: Sextante, 2013.

CORREA, Cristiane. *Vicente Falconi*: O Que Importa é o Resultado. Rio de Janeiro: Primeira Pessoa, 2017.

CORTELLA, Mário Sergio. *Descartes*: A Paixão pela Razão. Kindle Direct Publishing, 2018.

COSTA, César Lauro da. *Opções*: Operando a Volatilidade. São Paulo: Bolsa de Mercadorias & Futuros, 1998.

COSTA, Roberto Teixeira da. *Mercado de Capitais*: Uma Trajetória de 50 Anos. São Paulo: Imprensa Oficial do Estado de São Paulo, 2007.

COVEL, Michael. *The Little Book of Trading*: Trend Following Strategy for Big Winnings. Hoboken: Jonh Wiley & Sons, 2011.

COVEL, Michael. *Trend Following*: How to Make a Fortune in Bull, Bear, and Black Swan Markets. Hoboken: Jonh Wiley & Sons, 2017.

COVERT, Jack. SATTERSTEN, Todd. *Books of All Time*: What They Say, Why They Matter, and How They Can Help You. New York: Portfolio, 2009.

CREATURA, Lawrence. *Long and Short*: Confessions of a Portfolio Manager: Stock Market Wisdom for Investors. Minneapolis: Mill City Press, 2015.

CROSBY, Alfred W. *America's Forgotten Pandemic*: The Influenza of 1918. New York: Cambridge University Press, 2003.

CROSBY, Daniel. *The Behavior Investor*. Petersfield: Harriman House, 2018.

CROSBY, Daniel. *The Laws of Wealth*: Psychology and The Secret to Investing Success. Petersfield: Harriman House, 2016.

CUADROS, Alex. *Brazillionaires*: The Godfathers of Modern Brazil. London: Profile Books, 2016.

CUNNINGHAM, Lawrence A. *How to Think Like Benjamin Graham and Invest Like Warren Buffett*. New York: McGraw-Hill, 2001.

CUNNINGHAM, Lawrence A. *The Essays of Warren Buffett*: Lessons for Corporate America. 4. ed. Hoboken: John Wiley & Sons, 2013.

CUNNINGHAM, Lawrence A. TORKELL, Eide T. HARGREAVES, Patrick. *Quality Investing*: Owning the Best Companies for the Long Term. Petersfield: Harriman House, 2016.

DALIO, Ray. *Principles for Navigating Big Debt Crises*. Westport: Bridgewater, 2018.

DALIO, Ray. *Principles*. New York: Simon & Schuster, 2017.

DAMODARAN, Aswath. *Damodaran of Valuation*: Security Analysis for Investment and Corporate Finance. New Jersey: FT Press, 2006.

DAMODARAN, Aswath. *Investment Narrative and Numbers*: The Value of Stories in Business. Hoboken: Columbia Business School, 2017.

DAMODARAN, Aswath. *Investment Philosophies*. Successful Strategies and the Investors Who Made Them Work. Second Edition. Hoboken: John Wiley & Sons, Inc., 2012.

DAMODARAN, Aswath. *Investment Valuation*: Tools and Techniques for Determining the Value of Any Asset. Hoboken, John Wiley & Sons, 2002.

DAMODARAN, Aswath. *The Dark Side of Valuation*: Valuing Young, Distressed, and Complex Businesses. New Jersey: FT Press, 2010.

DAMODARAN, Aswath. *The Little Book of Valuation*: How to Value a Company, Pick a Stock and Profit. New Jersey: John Wiley & Sons, 2011.

DANIELL, Mark Haynes. McCullough, Tom. *Family Wealth Management*: 7 Imperatives for Successful Investing in the New World Order. Singapore: John Wiley & Sons, 2013.

DANTAS, Fernando. GOLDFAJN, Ilan. *A Economia com Rigor*: Homenagem a Affonso Celso Pastore. São Paulo: Portfolio Penguin, 2020.

DARST, David M. *Mastering the Art of Asset Allocation*: Comprehensive Approaches to Managing Risk and Optimizing Returns. New York: McGraw-Hill, 2007.

DARST, David M. *The Art of Asset Allocation*: Principles and Investment Strategies for Any Market. Second Edition. New York: McGraw-Hill, 2008.

DARST, David M. *The Little Book that still Saves Your Assets*: What the Rich Continue to Do to Stay Wealthy in Up and Down Markets. Hoboken: John Wiley & Sons, 2013.

DAS, Satyajit. *Extreme Money*: Masters of the Universe and the Cult of Risk. New Jersey: FT Press, 2011

DAVENPORT, Thomas H. KIRBY, Julia. *Only Humans Need Apply*: Winners and Losers in the Age of Smart Machines. New York: Harper Business, 2016.

DAVENPORT-HINES, Richard. *Universal Man*: The Seven Lives of John Maynard Keynes. London: William Collins, 2015.

DE BONDT, Werner; THALER, Richard. *"Does the Stock Market Overreact?"*. Journal of Finance, 1985, Vol. 40, No. 3, pp. 793–805.

DE GRAUWE, Paul. *The Limits of the Market*: The Pendulum Between Government and Market. Oxford: Oxford University Press, 2017.

DESAI, Mihir. *The Wisdom of Finance*: Discovering Humanity in the World of Risk and Return. London: Profile Books, 2017.

DESAI, Padma. *Financial Crisis, Contagion, and Containment*: From Asia to Argentina. Princeton: Princeton University Press, 2003.

356 COMO ESCOLHER E ADMINISTRAR SEUS INVESTIMENTOS

DIAS, Emerson Weslei. *O Inédito Viável em Finanças Pessoais*: dinheiro caro, filosofia barata. São Paulo: D'Livros, 2016.

DIEGUEZ, Consuelo. *Bilhões e Lágrimas*: A Economia Brasileira e Seus Atores. São Paulo: Portfolio Penguin, 2014.

DILLIAN, Jared. *Street Freak*: Money and Madness at Lehman Brothers. New York: Simon & Schuster, 2011.

DILSON, Eloy; MARS, Paul; STAUNTON, Mike. *Triumph of the Optimists*: 101 Years of Global Investment Returns. Princeton: Princeton University Press, 2002.

DIMSON, Elroy; CHAMBERS, David and Others. *Financial Market History*: Reflections on The Past for Investors Today. Cambridge: CFA Institute Research Foundation & University of Cambridge, 2016.

DIMSON, Elroy; CHAMBERS, David. *Keynes, King's and Endowment Asset Management. In*: BROWN, J. HOXBY, C. *How the Financial Crisis and Great Recession Affected Higher Education*. Chicago: University of Chicago Press, 2015.

DOBELLI, Rolf. *The Art of the Good Life*, 52 Surprising Shortcuts to Hapiness, Wealth, and Success. New York: Hachette Books, 2017.

DOBELLI, Rolf. *The Art Thinking Clearly*. New York: Harper, 2014.

DORSEY, Pat. *The Five Rules for Successful Stock Investing*: Morningstar's Guide to Building Wealth and Winning in the Market. Hoboken: John Wiley & Sons, 2004.

DORSEY, Pat. *The Little Book that Builds Wealth*: The Knockout Formula for Finding Great Investments. Hoboken: John Wiley & Sons, 2008.

DOSTOIEVSKI, Fiódor. *O Jogador*. Porto Alegre: L&PM Pocket, 2011.

DROBNY, Steven. *Inside the House of Money*: Top Hedge fund Traders on Profiting in the Global Markets. Hoboken: John Wiley & Sons, 2009.

DUKE, Annie. *Thinking in bets*: making smarter decisions when you don't have all the facts. New York: Penguin, 2018.

DUNN, Dana S. Demonstrating a Self-Serving Bias. Teaching of Psychology 16 (1989): 21-22.

DURANT, Will. DURANT, Ariel. *The Lessons of History*. New York: Simon & Schuster, 1968.

DURANT, Will. *The Greatest Minds and Ideas of All Time*. New York: Simon & Schuster, 2002.

EASTERLING, Ed. *Unexpected Returns*: Understanding Secular Stock Market Cycles. Fort Bragg: Cypress House, 2005.

ECO, Umberto. *Nos ombros dos gigantes*: escritos para La Milanesiana, 2001-2015. Rio de Janeiro, Record, 2018.

EICHENGREEN, Barry. *Exorbitant Privilege*: The Rise and Fall of the Dollar and the Future of the International Monetary System. Oxford: Oxford University Press, 2011.

EICHENGREEN, Barry. *Financial Crises And What To Do About Them*. Oxford: Oxford University Press, 2011.

EICHENGREEN, Barry. *Global Imbalances and The Lessons of Bretton Woods*. Cambridge: The MIT Press, 2007.

EICHENGREEN, Barry. *Globalizing Capital*: A History of the International Monetary System. Princeton: Princeton University Press, 2008.

EICHENGREEN, Barry. *Hall of Mirrors*: The Great Depression, The Great Recession, And the Uses – And Misuses – of History. Oxford: Oxford University Press, 2015.

EICHENGREEN, Barry. *The Gold Standard in Theory and History*. London: Routledge, 1997.

REFERÊNCIAS

357

EINHORN, David. *Fooling Some of the People All of the Time, A Long Short (and Now Complete) Story, Updated with New Epilogue*. Hoboken: John Wiley & Sons, 2010.

EISENHARDT, Kathleen M. SULL, Donald. *Simple Rules*: How to Thrive in a Complex World. London: John Murray, 2015.

EL-ERIAN, Mohamed. *When Markets Collide*: Investment Strategies for the Age of Global Economic Change. New York: McGraw-Hill, 2008.

ELLIS, Charles D. *The Partnership*: The Making of Goldman Sachs. New York: Penguin Press, 2008.

ELLIS, Charles D. *Winning the Loser's Game*: Timeless Strategies for Successful Investing. Seventh Edition. New York: McGraw-Hill Education, 2017.

ENDLICH, Lisa. *Goldman Sachs*: The Culture of Success. New York: Touchstone, 1999.

EPSTEIN, David. *Range*: How Generalists Triumph in a Specialized World. London: MacMillan, 2019.

ERVOLINI, Michael A. *Managing Equity Portfolios*: A Behavioral Approach to Improving Skills and Investment Processes. Cambridge: The MIT Press, 2014.

EVANS, David S. SCHMALENSEE, Richard. *Matchmakers*: The New Economics of Multisided Platforms. Boston: Harvard Business Review Press, 2016.

EVENSKY, Harold. HORAN, Stephen M. ROBINSON, Thomas R. *The New Wealth Management*: The Financial Advisor's Guide to Managing and Investing Client Assets. Hoboken: John Wiley & Sons, 2011.

FABER, Marc. *Tomorrow's Gold*: Asia's Age of Discovery. Hong Kong: CLSA Books, 2004.

FABER, Meb. *Global Asset Allocation*: A Survey of the World's Top Asset Allocation Strategies. Danville: The Idea Farm, 2015.

FABER, Meb. *The Best Selected Writing from Leading Investment Investors and Authors Writing*. Volume 1. Petersfield: Harriman House, 2017.

FAERBER, Esme E. *All About Value Investing*. New York: McGraw-Hill, 2014.

FAITH, Curtis M. *Way of Turtle*. New York: McGraw-Hill, 2007

FAMA, E. FRENCH, K. *Business Cycles and the Behavior of Metals Prices*. Journal of Finance 43, Issue 5, (December 1988): 1077-1093.

FAMA, E. FRENCH, K. *Value versus Growth*: The International Evidence. Journal of Finance, v53, 1988.

FAORO, Raymundo. *Os Donos do Poder*: Formação do Patronato Político Brasileiro. São Paulo: Globo, 2012.

FEDDERSEN, Peter Christian. *Clube de Investimentos*. Como Criar e Gerir com Sucesso. São Paulo: Editora Saraiva, 2008.

FERGUNSON, NIALL. *A Grande Degeneração*: A Decadência do Mundo Ocidental. São Paulo: Editora Planeta, 2013.

FERGUNSON, NIALL. *Civilização*: Ocidente x Oriente. São Paulo: Editora Planeta, 2012.

FERGUNSON, NIALL. *The Ascent of Money*: A Financial History of the World. New York: The Penguin Press, 2008.

FERGUNSON, NIALL. *The House of Rothschild*: Money's Prophets 1798-1848. New York: Penguin Press, 1998.

FERGUNSON, NIALL. *The House of Rothschild*: The World's Banker 1849-1998. New York: Penguin Press, 1998.

FERGUNSON, NIALL. *The Square and the Tower*: Networks and Power from the Freemasons to Facebook. New York: Penguin Press, 2018.

FERGUSSON, Adam. *When Money Dies*: The Nightmare of the Weimar Hyper-Inflation. Puddington: Old Street Publishing, 2010.

FERRI, Richard A. *All About Asset Allocation*: The Easy Way to Get Started. New York: McGraw Hill, 2010.

FERRIS, Timothy. *Tribe of Mentors*: Short Life Advice from the Best in the World. New York: Houghton Mifflin Hartcourt, 2017.

FERRY, Luc. *Aprender a Viver*: Filosofia para os Novos Tempos. Rio de Janeiro: Editora Objetiva, 2006.

FILGUEIRAS, Maria Luiza. *Na Raça*: Como Guilherme Benchimol Criou a XP e Iniciou a maior Revolução do Mercado Financeiro Brasileiro. Rio de Janeiro: Intrínseca, 2019.

FINE, Cordelia. *A Mind of Its Own*: How Your Brain Distorts and Deceives. New York: W. W. Norton & Company, 2006.

FISCHER, Stanley. *Rational Expectations and Economic Policy*. London: The University of Chicago Press, 1980.

FISHER, Philip A. *Common Stocks and Uncommon Profits*. Originally published in 1958. Hoboken: John Wiley & Sons, 2003.

FISHER, Philip A. *Paths to Wealth Through Common Stocks*. Originally published in 1960. Hoboken: John Wiley & Sons, 2007.

FISHER, Philip A. *Conservative Investors Sleep Well*. Originally published in 1958. Hoboken: John Wiley & Sons, 2003.

FISHER, Philip A. *Developing an Investment Philosophy*. Originally published in 1958. Hoboken: John Wiley & Sons, 2003.

FISHER, Ken. HOFFMAN, Lara. *Debunkery*: Learn It, Do It, and Profit It – Seeing Trough Wall Street's Money-Killing Myths. Hoboken: John Wiley & Sons, 2011.

FISHER, Ken. HOFFMAN, Lara. CHOU, Jennifer. *The Only Three Questions That Still Count*: Investing by Knowing What Others Don't. Hoboken: John Wiley & Sons, 2012.

FISHER, Ken. HOFFMAN, Lara. *Markets Never Forget (But People Do)*: How Your Memory is Costing You Money – And Why This Time Isn't Different. Hoboken: John Wiley & Sons, 2012.

FISHER, Ken. HOFFMAN, Lara. *The Little Book of Market Myths*: How to Profit by Avoiding the Investing Mistakes Everyone Else Makes. Hoboken: John Wiley & Sons, 2013.

FMI, World Economic Outlook Database, October 2012. Disponível em < https://www.imf.org/en/Publications/WEO/weo-database/2012/October>. Acesso em 19 mar. 2021.

FORD, Martim. *Rise of the Robots*: Technology and the Threat of a Jobless Future. New York: Basic Books, 2015.

FORHOOHAR, Rana. *Makers and Takers*: The Rise of Finance and the Fall of American Business. New York: Crown Business, 2016.

FORTUNA, Eduardo. *Mercado Financeiro*: Produtos e Serviços. Rio de Janeiro: Qualitymark Editora, 2015.

FOX, Justin. *The Myth of the Rational Market*: A History of Risk, Reward, and Delusion on Wall Street. HarperCollins, 2009.

REFERÊNCIAS

FRANK, Malcom. ROEHRIG, Paul. PRING, Ben. *What to do When Machines do Everything*: How to Get Ahead in a World of AI, Algorithms, Bots, and Big Data. Hoboken: John Wiley & Sons, 2017.

FRANKLIN, Benjamin. *Poor Richard's Almanac*. Publicado originalmente em 1732. Seven Treasures Publications, 2008.

VANHAVERBEKE, Frederik. *Excess Returns*: A Comparative Study of the Methods of the World's Greatest Investors. Petersfield: Harriman House, 2014.

FREEMAN-SHOR, Lee. *The Art of Execution*: How the World's Best Investors Get It Wrong and Still Make Millions. Petersfield: Harriman House, 2015.

FRIDSON, Martin S. *Finacial Statement Analysis*: A Practioner's Guide. Hoboken: John Wiley & Sons, 1991.

FRIEDEN, Jerry A. *Capitalismo Global*: História Econômica e Política do Século XX. Rio de Janeiro: Jorge Zahar Editor, 2006.

FRIEDMAN, David D. *The Machinery of Freedom*: Guide to a Radical Capitalism. Third Edition. 2014.

FRIEDMAN, George. *The Next 100 Years*: A Forecast for the 21st Century. Doubleday, 2009.

FRIEDMAN, George. *The Next Decade*: Where We've Been ... and Where We're Going. Doubleday, 2011.

FRIEDMAN, Milton. *Capitalism and Freedom*. Fortieth Anniversary Edition. Chicago: The University of Chicago Press, 2002. Originally published 1962.

FRIEDMAN, Milton. FRIEDMAN, Rose. *Livre para Escolher*: Um depoimento Pessoal: Uma Reflexão sobre a Relação entre Liberdade e Economia. Rio de Janeiro: Record: 2015.

FRIEDMAN, Milton. SCHWARTZ, Anna Jacobson. *A Monetary History of the United States*, 1857-1960. Princeton: Princeton University Press, 1963.

FRIEDMAN, Thomas L. *The World is Flat*: A Brief History of the Twenty-First Century. Picador, 2007.

GAD, Sham M. *The Business of Value Investing*: Six Essential Elements to Buying Companies Like Warren Buffett. Hoboken: John Wiley & Sons, 2009.

GALBRAITH, John Kenneth. *The Great Crash 1929*. Mariner Books, 2009. Originalmente publicado em 1954.

GALBRAITH, John Kenneth. *A Short History of Financial Euphoria*. New York: Penguin Books, 1994. Originalmente publicado em 1954.

GALBRAITH, John Kenneth. *The Age of Uncertainty*. Houghton Mifflin Harcourt, 1979.

GALLÓ, José. *O Poder do Encantamento*: As Lições do Executivo que, Partindo de Oito Lojas, Transformou a Renner em uma Empresa de Bilhões de Dólares. São Paulo: Planeta do Brasil, 2017.

FRIEDMAN, Thomas L. *Thank You for Being Late*. An Optimist's Guide to Thriving in the Age of Accelerations. Penguin, 2016.

GADAROWSKI, Christopher. *Financial Press Coverage and Expected Stock Returns*. Ithaca, Cornell University, Working Paper, 2001.

GARBER, Peter M. *Famous First Bubbles*: The Fundamentals of Early Manias. Cambridge: MIT Press, 2001.

GARDNER, Dan. TETLOCK, Philip E. *Superforecasting*: The Art of Science of Prediction. Broadway Books, 2016.

GARNER, Howard. *Five Minds for the Future*. Harvard Business School Press, 2007.

GARNER, Howard. *Changing Minds*: The Art and Science of Changing Our Own and Other Peoples Minds. Harvard Business School Press, 2004.

GARNER, Jonathan. EM vs. US ERP – Now Similar, 2010.

GARNER, Jonathan. *The Rise of the Chinese Consumer*: Theory and Evidence. England: John Wiley & Sons, 2005.

GASPAR, Malu. *Tudo ou Nada*: Eike Batista e a Verdadeira História do Grupo X. Rio de Janeiro: Record, 2014.

GAWANDE, Atul. *The Checklist Manifesto*: How to Get Things Right. New York: Picador, 2010.

GEITHNER, Timothy F. *Stress Test*: Reflection on Financial Crises. New York: Crown Publishers, 2014.

GENTRY, Dave. *Small Stocks*, Big Money: Interviews with Microcap Superstars. Hoboken: John Wiley & Sons, 2016.

GERKEN, Louis C; WHITTAKER, Wesley A. *The Little Book of Venture capital Investing*: Empowering Economic Growth and Investment Portfolios. Hoboken, New Jersey: John Wiley & Sons, Inc., 2014.

GERVAIS, Simon, ODEAN, Terrance. *Learning to Be Overconfident*. The Review of Financial Studies, 2001.

GIAMBIAGI, Fábio. *Complacência*: Entenda Por que o Brasil Cresce Menos do que Pode. Rio de Janeiro: Elsevier, 2014.

GIAMBIAGI, Fábio. VILLELA, Fábio. HERMANN, Jennifer. CASTRO, Lavinia Barros. *Economia Brasileira Contemporânea*: 1945-2015. Rio de Janeiro: Elsevier, 2016.

GIAMBIAGI, Fábio. NONNENBERG, Marcelo. *Brasil Raízes do Atraso*: Paternalismo Versus Produtividade: As Dez Vacas Sagradas que Acorrentam o País. Rio de Janeiro: Elsevier, 2007.

GIANETTI, Eduardo. *O Elogio do Vira-Lata e Outros Ensaios*. São Paulo: Companhia das Letras, 2018.

GIANETTI, Eduardo. *Trópicos Utópicos*: Uma Perspectiva Brasileira da Crise Civilizatória. São Paulo: Companhia das Letras, 2016.

GIBSON, Roger C. SIDONI, Christopher J. *Asset Allocation*: Balancing Financial Risk. Fifth Edition. New York: McGraw-Hill, 2013.

GOODSPEED, Bennett W. *The Tao Jones Averages*: A Guide to Whole-Brained Investing. New York: E. P. Dutton Inc., 1983.

GOETZMANN, William N. *Money Changes Everything*: How Finance Made Civilization Possible. Princeton: Princeton University, 2016.

GOETZMANN, William N. IBBOTSON, Roger G. *The Equity Risk Premium*: Essays and Explorations. Oxford: Oxford University Press, 2006.

GOGERTY, Nick. *The Nature of Value*: How to Invest in the Adaptive Economy. New York: Columbia Business School Publishing, 2014.

GOLD, Russell. *The Boom*: How Fracking Ignited the American Energy Revolution and Changed the World. New York: Simon & Schuster, 2014.

GOLDGAR, Anne. *Tulipmania*: Money, Honor, and Knowledge in the Dutch Golden Age. The University of Chicago Press, 2007.

GOLDIN, Ian. KUTARNA, Chris. *Age of Discovery*: Navigating the Risks and Rewards of Our New Renaissance. Bloomsbury, 2016.

GORDON, Robert J. *The Rise and Fall of American Growth*: The U.S. Standard of Living Since The Civil War. Princeton: Princeton University Press, 2016.

GORTON, Gary B. *Misunderstanding Financial Crises*: Why We Don't See Them Coming. Oxford University Press, 2012.

GRAEBER, David. *Debt*: The First 5,000 Years. New York: Melville House, 2011.

GRAHAM, Benjamim. *The Intelligent Investor*. Fourth Revised Edition. First Edition: 1949. New York: Harper & Row, 1973.

GRAHAM, Benjamin. DODD, David. *Security Analysis*: Sixth Edition. First Edition: 1934. New York: McGraw-Hill, 2009.

GRAHAM, Benjamin. DODD, David. *The Memoirs of the Dean of Wall Street*. New York: McGraw-Hill, 1996.

GRAMM, Jeff. Dear *Chairman*: Boardroom Battles and the Rise of Shareholder Activism. Harper Collins, 2016.

GRANT, James. *Bernard Baruch*: The Adventures of a Wall Street Legend. Edinburg: Axios Press, 2012.

GRAZIER, Bernard. *A Crise de 1929*. Porto Alegre: L&PM, 2009.

GREENBERG, Alan C. *Memos From the Chairman*. New York: Workman Publishing, 1996.

GREENBERG, Alan C. SINGER, Mark. *The Rise and Fall of Bear Stearns*. New York: Simon & Schuster, 2010.

GREENBLATT, Joel. *The big secret for the small investor*: a new route to long-term investment success. New York: Crown Business, Ramdon House, 2011.

GREENBLATT, Joel. *The little book that still Beats the Market*. Hoboken, New Jersey: John Wiley & Sons, Inc., 2010.

GREENBLATT, Joel. *You Can Be a Stock Market Genius*: Uncover the Secret Hiding Places of Stock Market Profits. New York: Touchstone, 1997.

GREENSPAN, Alan. *Alan Greenspan:* The Age of Turbulence: Adventures in a New World. New York: Penguin Books, 2008.

GREENSPAN, Alan. WOOLDRIDGE, Adrian. *Capitalism in America*: An Economic History of The United States. New York: Penguin Press, 2018.

GREENWALD, Bruce C. N.; KAHN, Judd; SONKIN, Paul D.; BIEMA, Michael Van. *Value Investing*: From Graham to Buffett and Beyond. New York: John Wiley & Sons, 2001.

GRIFFIN, Tren. Charlie *Munger*: The Complete Investor. New York: Columbia Business School Publishing, 2015.

GRINOLD, Richard; KRONER, Kenneth. *The Equity Risk Premium*: Analyzing the long--run prospects for the stock market, 2002.

GRINOLD, Richard; KRONER, Kenneth; SIEGEL, Laurence B.. *A Supply Model of the Equity Premium*, 2011.

GUNTHER, Max. Os Axiomas de Zurique. Rio de Janeiro: Best Business, 2016.

HACKEL, Keneth S. LIVNAT, Joshua. *Cash Flow and Security Analysis*. Second Edition. New York: Irwin, 1996.

HAGSTROM, Robert. *Investing*: The Last Liberal Art. New York: Columbia Business School Publishing, 2013.

HAGSTROM, Robert G. *The Essential Buffett*: Timeless Principles for the New Economy. Hoboken: John Wiley & Sons, 2001.

HAGSTROM, Robert G. *The Warren Buffett Portfolio*: Mastering the Power of the Focus Investment Strategy. Hoboken: John Wiley & Sons, 1999.

HAGSTROM, Robert G. *The Warren Buffett Way*. Third Edition. Hoboken: John Wiley & Sons, 2014.

HAMMOND, P. Brett, Jr.; LEIBOWITZ, Martin L.. R*ethinking the Equity Risk Premium*: An Overview and Some New Ideas, 2011.

HEFFERNAN, Margaret. *Wilful Blindness*. Why We Ignore the Obvious at Our Peril. London: Simon & Schuster, 2011.

HEINS, John. TILSON, Whitney. *The Art of Value Investing*: How the World's Best Investors Beat the Market. Hoboken: John Wiley & Sons, 2013.

HERRIGEL, Eugen. *A Arte Cavalheiresca do Arqueiro Zen*. São Paulo: Pensamento, 2011.

HIRSCH, Jeffrey A. *The Little Book of Stock Market Cycles*: How to Take Advantage of Time--Proven Market Patterns. Hoboken: John Wiley & Sons, 2012.

HOBSBAWN, Eric. *Era dos Extremos*: O Breve Século XX 1914-1991. São Paulo: Companhia das Letras, 1994.

HOMER, Sidney. SYLLA, Richard. *A History of Interest Rates*. Fourth Edition. Hoboken: John Wiley & Sons, 2005.

HORAN, Stephen M. JOHNSON, Robert R. ROBINSON, Thomas R. *Strategic Value Investing*: Techniques from the World's Leading Value Investors of All Time. New York: McGraw-Hill, 2014.

HOUSEL, Morgan. *The Psychology of Money*: Timeless Lessons on Wealth, Greed and Hapiness. Great Britain: Harriman House, 2020.

HUANG, Yasheng. *Capitalism with Chinese Characteristics*: Entrepreneurship and the State. Cambridge University Press, 2008.

HUBBARD, Douglas W. *How to Measure Anything*: Finding the Value of "Intangibles" in Business. Hoboken: John Wiley & Sons, 2010.

HUNTINGTON, Samuel P. *The Clash of Civilizations and the Remaking of World Order*. New York: Simon & Schuster, 1996.

IBBOTSON, Roger G. KAPLAN, Paul D. D*oes Asset Allocation Policy Explain 40, 90 or 100 Percent of Performance?* Financial Analysts Journal, January/February 2000, pp. 26-33.

IBBOTSON, Roger. *The Equity Risk Premium*, 2011.

IBBOTSON, Roger. Grabowski, Roger J. Harrington, James P. Nunes, Carla. 2017 Stocks, Bonds, Bills, and Inflation (Sbbi) Yearbook. Hoboken: John Wiley & Sons, 2017.

IGER, Robert. *The Ride of a Lifetime*: Lessons Learned from 15 years as CEO of the Walt Disney Company. New York: Random House, 2019.

ILMANEM, Antti. *Time Variation in the Equity Risk Premium*, 2011.

ILMANEM, Antti. *Expected Returns*: An Investor's Guide to Harvesting Market Rewards. Hoboken: John Wiley & Sons, 2011.

IP, Greg. *The Little Book of Economics*: How the Economy Works in the Real World. Hoboken: John Wiley & Sons, 2010.

ISAAC, William M. MEYER, Philip C. *Senseless Panic*: How Washington Failed America. Hoboken: John Wiley & Sons, 2010.

ISAACSON, Walter. *Leonardo da Vinci*. Rio de Janeiro: Intrínseca, 2017.

ISMAIL, Salim. MALONE, Michael S. VAN GEEST, Yuri. *Exponential Organizations*: Why New Organizations are Ten Times Better, Faster, and Cheaper the Yours (And What to do About It). New York: Diversion Books, 2014.

JOHNSON, Simon. KWAK, James. *13 Bankers*: The Wall Street Takeover and the Next Financial Meltdown. New York: Vintage Books, 2011.

JONES, Christopher L. *The Intelligent Portfolio*: Practical Wisdom on Personal Investing from Financial Engines. Hoboken: John Wiley & Sons, 2008.

JORION, Philippe. *Value at Risk:* A Nova Referência para o Controle do Risco de Mercado. São Paulo: Bolsa de Mercadorias & Futuros, 1998.

JUDT, Tony. *Pensando o Século XX*. Rio de Janeiro: Objetiva, 2014.

KAHNEMAN, Daniel. *Thinking,* Fast and Slow. London: Penguin Books, 2011.

KALETSKY, Anatole. *Capitalism 4.0*: The Birth of a New Economy. London: Bloomsbury, 2010.

KAPLAN, Paul D. *Frontiers of Modern Asset Allocation*. Hoboken: John Wiley & Sons, 2012.

KARLGAARD, Rich. *The Power of Patience in a World Obsessed with Early Achievement*. New York: Currency, 2019.

KATSENELSON, Vitaliy N. *Active Value Investing*: Making Money in Range-Bound Markets. Hoboken: John Wiley & Sons, 2007.

KATSENELSON, Vitaliy N. *The Little Book of Sideways Markets*: How to Make Money in Markets that Go Nowhere. Hoboken: John Wiley & Sons, 2011.

KAUFMAN, Henry. *On Money and Markets*: A Wall Street Memoir. New York: McGraw-Hill, 2000.

KAUFMAN, Michael T. *Soros*: The Life and Times of a Messianic Billionaire. New York: Alfred A. Knopf, 2002.

KAUFMAN, Peter D. *Poor Charlie's Almanack*. The Wit and Wisdom of Charles T. Munger. Expanded Third Edition. PCA Publication, 2017.

KELLY, Kate. *Street Fighters*: The Last 72 Hours of Bear Stearns, the Toughest Firm on Wall Street. New York: Portfolio, 2009.

KELLY, Kevin. *The Inevitable*: Understanding the 12 Technological Forces that Will Shape Our Future. New York: Penguin Books, 2017.

KEYNES, John Maynard. *The General Theory of Employment, Interest and Money*. London: Reading Essentials, 1936.

KEYNES, John Maynard. *The Economic Consequences of the Peace*. Anna Ruggieri, 2017. Originalmente publicado em 1919.

KINDLEBERGER, Charles P.; ALIBER, Robert Z. *Manias, Panics and Crashes*. A History of Financial Crises. Sixth Edition. England: Palgrave Macmillan, 2011.

KING, Brett. *Breaking Banks*: The Innovators, Rogues, and Strategists Rebooting Banking. Singapore: John Wiley & Sons, 2014.

KING, Mervyn. *The End of Alchemy*: Money, Banking and the Future of the Global Economy. London: Little, Brown, 2016.

KINLAW, William. KRITZMAN, Mark P. TURKINGTON, David. *A Practioner's Guide to Asset Allocation*. Hoboken: John Wiley & Sons, 2017.

KLARMAN, Seth A. *Margin of Safety*: Risk-Averse Value Investing Strategies for the Thoughtful Investor. New York: HarperCollins, 1991.

KLEIN, Robert A. LEDERMAN, Jess. *Equity Style Management*: Evaluating and Selecting Investment Styles. New York: Irwin, 1993.

KLEIN, Robert A. LEDERMAN, Jess. *Small cap Stocks*: Investment and Portfolio Strategies for the Institutional Investor. New York: Irwin, 1995.

KNIGHT, Frank H. Risk, Uncertainty, and Profit: The Economic Theory of Uncertainty in Business Enterprise, and its Connection to Profit and Prosperity in Society. New York, The Riverside Press, 1921.

KOBAYASHI-SOLOMON, Erik. *The Intelligent Option Investor*: Applying Value Investing to the World of Options. New York: McGraw-Hill, 2015.

KOBOR, Adam. *A Note on Harry M. Markowitz's "Market Efficiency*: A Theoretical Distinction and So What?" Charlottesville: CFA Institute, 2006.

KOLLER, Tim; GOEDHART, Marc; WESSELS, David. *Valuation*: Measuring and Managing the Value of Companies, Seventh Edition. Hoboken: Johh Wiley & Sons, 2020.

KOO, Richard C. *The Holy Grail of Macro Economics*: Lessons from Japan's Great Recession. Singapore: John Wiley & Sons, 2009.

KRAMER, Hilary. *The Little Book of Big Profits from Small Stocks*. Hoboken: John Wiley & Sons, 2012.

KRATER, Matthew R. *Bear Market*: Trading Strategies. Trader University, 2020.

KROEBER, Arthur R. *China's Economy*: What Everyone Needs to Know. Oxford: Oxford University Press, 2016.

KRUGMAN, Paul. *The Return of Depression Economics And the Crisis of 2008*. New York: W.W. Norton Company, 2009.

KRUGMAN, Paul. OBSTFELD, Maurice. MELITZ, Marc. *International Economics*: Theory and Policy. New York: Prentice Hall, 2011.

KUHN, Thomas S. *The Structure of Scientific Revolutions*. Chicago: The University of Chicago, 2012. Publicado originalmente em 1962.

LANCHESTER, John. *How to Speak Money*: What the Money People Say – And What They Really Mean. London: Faber & Faber, 2014.

LANCHESTER, John. I.O.U.: *Why Everyone Owes Everyone and No One Can Pay*. New York: Simon & Schuster, 2010.

LANDER, Joel; ORPHANIDES, Athanasios; DOUVOGIANNIS, Martha. *"Earnings Forecasts and the Predictability of Stock Returns: Evidence form Trading the S&P"*. Federal Reserve, January 1997.

LANDIM, Raquel. *Why Not*: Como os Irmãos Joesley e Wesley, da JBS, transformaram um açougue em Goiás na maior empresa de carnes do mundo. Rio de Janeiro: Intrínseca, 2019.

LANSING, Alfred. *A Incrível Viagem de Shackleton*: A Mais Extraordinária Aventura de Todos os Tempos. Rio de Janeiro: Sextante, 2011. Publicado originalmente em 1959.

LAO-TSE. *The Tao of Pooh*.

LE BON, Gustave. *The Crowd*: A Study of The Popular Mind. 1895.

LEFÈVRE, Edwin. *Reminiscences of a Stock Operator*. Hoboken: John Wiley & Sons, 1994. Originally published in 1923.

Referências

LEIBOWITZ, Martin L. EMRICH, Simon. BOVA, Anthony. *Modern Portfolio Management:* Active Long/Short 130/30 Equity Strategies. Hoboken: John Wiley & Sons, 2009.

LEV, Baruch; GU, Feng. *The End of Accounting:* And the Path Forward for Investors and Managers. New Jersey: John Wiley & Sons, 2016.

LEVY, Leon. LINDEN, Eugene. *The Mind of Wall Street:* A Legendary Financier on the Perils of Greed and the Mysteries of the Market. New York: Public Affairs, 2002.

LEWIS, Michael. *Liar's Poker:* Rising Through the Wreckage on Wall Street. New York: Penguin Books, 1990.

LEWIS, Michael. *The Big Short:* Inside the Doomsday Machine. New York: W.W. Norton, 2011.

LEWIS, Michael. *Boomerang:* The Meltdown Tour. W.W. Norton, 2011.

LEWIS, Michael. *Flash Boys:* Cracking the Money Code. New York: Penguin Books, 2014.

LEWIS, Michael. *The Undoing Project:* A Friendship that Changed the World. New York: Penguin Books, 2017.

LICHTENFELD, Marc. *Get Rich with Dividends:* A Proven System for Earning Double-Digit Returns. Hoboken: John Wiley & Sons, 2012.

LO, Andrew W. *Adaptive Markets:* Financial Evolution at the Speed of Thought. Princeton: Princeton University Press, 2017.

LOEB, G. M. *The Battle for Investment Survival.* Start Publishing, 2012. Publicado originalmente em 1957.

LOUNGANI, Prakash. *"The Arcane Art of Predicting Recessions".* Financial Times via International Monetary Fund, 18 de dezembro de 2000. Disponível em http://www.img.org/external/np/vc/2000/121800.htm

LOWE, Janet. *Damn Right!* Behind the Scenes with Berkshire Hathaway Billionaire Charlie Munger. Hoboken: John Wiley & Sons, 2000.

LOWE, Keith. *Continente Selvagem:* O Caos na Europa depois da Segunda Guerra Mundial. Rio de Janeiro: Zahar, 2017.

LOWENSTEIN, Roger. Buffett. *The Making of an American Capitalist.* New York: Random House Trade Paperbacks, 1995.

LOWENSTEIN, Roger. *When Genius Failed:* The Rise and Fall of Long-Term Capital Management. New York: Random House, 2000.

LOWENSTEIN, Roger. *The End of Wall Street.* New York: Penguin, 2010.

LOZARDO, Ernesto. *Ok, Roberto. Você Venceu!* O Pensamento Econômico de Roberto Campos. Rio de Janeiro: Top Books, 2018.

LU, Yefei. *Inside the Investments of Warren Buffett:* Twenty Cases. New York: Columbia Business School, 2016.

LUQUET, Mara. *Gestores de Fortunas:* Histórias Reais de Sucesso no Mercado Financeiro. São Paulo: Editora Globo, 2002.

LYNCH, Peter. ROTHCHILD, John. *One Up on Wall Street:* How to Use What You Already Know to Make Money in the Market. New York: Simon & Schuster. 1989.

LYNCH, Peter. ROTHCHILD, John. *Beating the Street.* New York: Simon & Schuster. 1994.

LYNCH, Peter. ROTHCHILD, John. *Learn to Earn:* A Beginner's Guide to the Basics of Investing and Business. New York: Simon & Schuster. 1995.

MACKAY, Charles. *Extraordinary Popular Delusions and the Madness of Crowds.* 1852.

MACKENZIE, Donald. *An Engine, Not a Camera*; How Financial Models Shape Markets. Cambridge: MIT Press, 2006.

MAGGIN, John L. TUTTLE, Donald L. PINTO, Jerald E., McLEAVEY, Dennis W. *Managing Investment Portfolios*: A Dynamic Process. Third Edition. Hoboken: John Wiley & Sons, 2007.

MALKIEL, Burton G. A Random *Walk down Wall Street*: The Time-Tested Strategy for Successful Investing. New York: W. W. Norton & Company, 2019.

MALKIEL, Burton G. ELLIS, Charles D. *The Elements of Investing*. Hoboken: John Wiley & Sons, 2010.

MALLABY, Sebastian. *The Man Who Knew*: The Life & Times fo Alan Greenspan. Bloomsbury, 2016.

MALLABY, Sebastian. *More Money than God*: Hedge funds and the Making of a New Elite. New York: Penguin, 2010.

MARKOWITZ, Harry. *Portfolio Selection*. The Journal of Finance. March 1952.

MARKOWITZ, Harry. *Portfolio Selection*: Efficient Diversification of Investment. Hoboken: John Wiley & Sons, 1959.

MARKS, Gary. *Rocking Wall St.*: Four Powerful Strategies that Will Shake Up the Way You Invest, Build Your Health, and Give Your Life Back. Hoboken: John Wiley & Sons, 2007.

MARKS, Howard. *The Most Important Thing Illuminated*. Uncommon Sense for the Thoughtful Investor. New York: Columbia Business School Publishing, 2013.

MARKS, Howard. *Mastering the Market Cycle*: Getting the Odds On Your Side. Boston: Houghton Mifflin Hartcourt, 2018.

MARSTON, Richard. *Portfolio Design*: A Modern Approach to Asset Allocation. Hoboken: John Wiley & Sons, 2011.

MASONSON, Leslie N. *All About Market timing*. New York: McGraw-Hill, 2011.

MATURI, Richard J. *Stock picking*: The 11 Best Tactics for Beating the Market. New York: McGraw-Hill, 1993.

MAUBOUSSIN, Michael. *More Than You Know*: Finding Financial Wisdom in Unconventional Places. New York: Columbia Business School Publishing, 2008.

MAUBOUSSIN, Michael J. *Think Twice*: Harnessing the Power of Counterintuition. Boston: Harvard Business Press, 2009.

MAUBOUSSIN, Michael J. *The Success Equation*: Untangling Skill and Luck in Business, Sports, and Investing. Boston: Harvard Business Review Press, 2012.

MAUBOUSSIN, Michael J.; CALLAHAN, Dan. *A Long Look at Short-Termism*. Questioning the Premise. Credit Suisse. Global Financial Strategies. 2014.

MAUDE, David. *Global Private Banking and Wealth Management*: The New Realities. Hoboken: John Wiley & Sons, 2006.

MAUDIN, John. *Bull's Eye Investing*: Targeting Real Returns in a Smoke and Mirrors Market. Hoboken: John Wiley & Sons, 2004.

MAUDIN, John. *Just One Thing*: Twelve of World's Best Investors Reveal the ONE Strategy You Can't Overlook. Hoboken: John Wiley & Sons, 2006.

MAUDIN, John. TEPPER, Jonathan. *Endgame*: The End of The Debt SuperCycle and How It Changes Everything. Hoboken: John Wiley & Sons, 2011.

REFERÊNCIAS

MAUDIN, John. *The Little Book of Bull's Eye Investing*: Finding Value, Generating Absolute Returns, and Controlling Risk in Turbulent Markets. Hoboken: John Wiley & Sons, 2012.

MAYER, Christopher. *100 Baggers*. Stocks that Return 100-to-1 and How to Find Them. Baltimore, Maryland: Laissez Faire Books, 2015.

McCLOSEY, Deirdre Nansen. *Bourgeois Equality*: How Ideas, Not Capital or Institutions, Enriched the World. Chicago: The University of Chicago, 2016.

McGOWAN, Bill. BOWMAN, Alisa. *Pitch Perfect*: How to Say it Right the First Time, Every Time. HarperCollins, 2014.

McLEAN, Bethany. NOCERA, Joe. *All The Devils Are Here*: The Hidden History of the Financial Crisis. New York: Penguin, 2011.

McMILLAN, Lawrence G. *Options as a Strategic Investment*. New York, New York Institute of Finance, 1986.

MEHRA, Rajnish; PRESCOTT, Edward C. *The Equity Premium*: A Puzzle. Journal of Monetary Economics, March 1985.

MIAN, Atif. SUFI, Amir. *House fo Debt*: How They (and You) Caused the Great Recession, and How We Can Prevent It from Happening Again. Chicago: The University of Chicago, 2014.

MIHALJEVIC, John. *The Manual of Ideas*: The Proven Framework for Finding the Best Value investments. Hoboken: John Wiley & Sons, 2013.

MILANESE, Salvatore (Organizador). *Investimento em Distressed assets*: Como Lucrar com Ativos Especiais e Empresas em Crise no Brasil. São Paulo: Matrix Editora, 2019.

MILANOVIC, Branko. *Global Inequality*: A New Approach for the Age of Globalization. Cambridge: Harvard University Press, 2016.

MILLER, Jeremy C. *Warren Buffett's Ground Rules*: Words of Wisdom from the Partnership Letters of the World's Greatest Investor. HarperCollins, 2016.

MINERVINI, Mark. *Trade Like a Stock Market Wizard*. New York: McGraw-Hill, 2013

MINSKY, Hyman P. *John Maynard Keynes*. New York: McGraw-Hill, 2008.

MINSKY, Hyman P. *Stabilizing an Unstable Economy*. New York: McGraw-Hill, 2008.

MOBIUS, Mark. *Mutual Funds*: An Introduction To The Core Concepts. Singapore: John Wiley & Sons, 2007.

MOBIUS, Mark. *The Little Book of Emerging Markets*: How to Make Money in the World's Fastest Growing Markets. Hoboken: John Wiley & Sons, 2012.

MONTIER, James. *Behavioral Investing*. England: John Wiley & Sons, Inc., 2007.

MONTIER, James. *Irrational Pessimism and the Road to Revulsion*. Research Report, Dresdner Kleinwort Wasserstein, February 2003.

MONTIER, James. *The Little Book of Behavioral Investing*. Hoboken, New Jersey: John Wiley & Sons, Inc., 2010.

MONTIER, James. *Value Investing*: Tools and Techniques for Intelligent Investment. United Kingdom: John Wiley & Sons, Inc., 2009.

MORALES, Gil. KACHER, Chris. *Short Selling with the O'Neil Disciples*: Turn to the Dark Side of Trading. Hoboken: John Wiley & Sons, 2015.

NAPIER, Russell. *Anatomy of the Bear*: Lessons from Wall Street's Four Great Bottoms. Great Britain: Harriman House, Ltd, 2016.

NAPOLEONI, Loretta. *Maonomics*: Why Chinese Communists Make Better Capitalists thas We Do. New York: Seven Stories Press, 2011.

NASAR, Sylvia. *Grande Pursuit*: The Story of Economic Genius. New York: Simon & Schuster, 2011.

NATIONS, Scott. *A History of United States in Five Crashes*: Stock Market Meltdowns That Defined a Nation. New York: HarperCollins, 2017

NAUGHTON, Barry. *The Chinese Economy*: Transitions and Growth. Cambridge: MIT Press, 2007.

NEELY, J. Lukas. *Value Investing*: A Value Investor's Journey Through The Unknown. Endless Rise Investor, 2015.

NOFSINGER, John R. *The Psychology of Investing*. New York: Routledge, 2018.

NORTH, Douglas C. *Understanding the Process of Economic Change*. Princeton: Princeton University Press, 2005,

O'NEILL, Jim. *The Growth Map*: Economic Opportunity in The BRICs and Beyond. New York: Penguin, 2011.

O'SHAUGNESSY, James. *What Works on Wall Street*, Fourth Edition: The Classic Guide to Best-Performing Investment Strategies of All Time. New York: McGraw-Hill, 2012.

ODEAN, Terrance. *"Do Investors Trade Too Much?"*. American Economic Review, 89, n. 5, dezembro de 1999, p. 1297-1298.

OLIVEIRA FILHO, Bolivar Godinho de. *Gestão de Fundos de Investimentos*: O Seu Guia para Gestão de Carteiras. São Paulo: Saint Paul Editora, 2019.

OLIVEIRA, Guilherme Rebouças de. *Contribuições para o Estudo da Interligação entre as Técnicas de Análise Estratégica e a Análise de Investimentos*. São Paulo: Dissertação de Mestrado da Escola de Administração de Empresas da Fundação Getúlio Vargas, 1997.

PABRAI, Mohnish. *The Dhando Investor*: The Low-Risk Value Method to High Retuns. Hoboken: John Wiley & Sons, 2007.

CHANCELOR, Edward. *Capital Returns*: Investing Trough the Capital Cycle: A Money Manager's Reports, 2002-15. Palgrave MacMillan, 2016.

PARKER, Selwyn. *O Crash de 1929*: As Lições que Ficaram da Grande Depressão. São Paulo: Globo, 2009.

PARKER, Christopher. *Harriman's New Book of Investing Rules*: The Do's & Don'ts of the World's Best Investor. Petersfield: Harriman House, 2017.

PARKER, Geoffrey G. VAN ALSTYNE, Marshall W. CHOUDARY, Sangeet Paul. *Platform Revolution*: How Networked Markets Are Transforming the Economy and How to Make Them Work For You. New York: W. W. Norton, 2016.

PARRISH, Shane. BEAUBIEN, Hamilton. *The Great Mental Models*: General Thinking Concepts. Vol. 1. Ottawa: Latticework Publishing Inc., 2018.

PARRISH, Shane. BEAUBIEN, Hamilton. *The Great Mental Models*: Physics, Chemistry and Biology. Vol. 2. Ottawa: Latticework Publishing Inc., 2019.

PARTNOY, Frank. FIASCO: Blood In the Water on Wall Street. London. Profile Books, 1997.

PARTNOY, Frank. Wait: The Useful Art of Procrastination. London. Profile Books, 2012.

PASTORE, Affonso Celso. *Inflação e crises*. O papel da moeda. Rio de Janeiro: Elsevier Editora, 2015.

REFERÊNCIAS

PEARL, Joshua. ROSENBAUM, Joshua. *The Little Book of Investing Like the Pros*: Five Steps for Picking Stocks. Hoboken: John Wiley & Sons, 2020.

PEI, Minxin. *China's Crony Capitalism*: The Dynamics of Regime Decay. Cambridge, Harvard University Press, 2016.

PERKINS, Anthony B. PERKINS, Michael C. *The Internet Bubble*: Inside the Overvalued World of High-Tech Stocks – And What You Need to Know to Avoid the Coming Shakeout. New York: Harper Business, 1999.

PETERSON, Richard L. *Inside the Investor's Brain*. The Power of Mind Over Money. New Jersey: John Wiley & Sons, Inc, 2007.

PETERSON, Richard L. MURTHA, Frank F. *MarketPsych:* How to Manage Fear and Build Your Investor Identity. New Jersey: John Wiley & Sons, Inc, 2010.

PETERSON, Richard L. *Trading on Sentiment*: The Power of Minds Over Markets. New Jersey: John Wiley & Sons, Inc, 2016.

PETTIS, Michael. *The Great Rebalancing*: Trade Conflict, and the Perilous Road Ahead for the World Economy. Princeton: Princeton University Press, 2013.

PHELPS, Edmund. *Mass Flourishing*: How Grassroots Innovation Created Jobs, Challenge, and Change. Princeton: Princeton University Press, 2013.

PHELPS, Thomas W. *100 to 1 in the Stock Market*: A Distinguished Security Analyst Tells How to Make More of Your Investment Opportunities. Echo Point Books & Media, 1972.

POMPIAN, Michael. M. *Behavioral Finance and Investor Types*: Managing Behavior to Make Better Investment Decisions. Hoboken: John Wiley & Sons, 2012.

POMPIAN, Michael. M. *Behavioral Finance and Wealth Management*: How to Build Investment Strategies That Account for Investor Biases. Hoboken: John Wiley & Sons, 2012.

PORTER, Michael. *On Competition*. Harvard Business School Publishing, 2008.

PÓVOA, Alexandre. *Mundo Financeiro*: O Olhar de Um Gestor. São Paulo: Saraiva, 2010.

PÓVOA, Alexandre. *Valuation*: Como Precificar Ações. 2ª. Edição. São Paulo: Editora Globo, 2010.

POZEN, R. C. *The Mutual Fund Business*. Cambridge: The MIT Press, 1998.

RAJAN, Raghuram G. Fault Lines. *How Hidden Fractures Still Threaten the World Economy*. Princeton: Princeton University Press, 2010.

RAPPAPORT, Alfred. *Creating Shareholder Value*: A Guide For Managers And Investors. New York: The Free Press, 1998.

RAPPAPORT, Alfred. MAUBOUSSIN, Michael J. *Expectations Investing*: Reading Stock Prices for Better Returns. Boston: Harvard Business School Press, 2001.

REAMER, Norton. DOWNING, Jesse. *Investment*: A History. New York: Columbia University Press, 2016.

REESE, John P. FOREHAND, Jack M. *The Guru Investor*: How to Beat the Market Using History's Best Investment Strategies. Hoboken: John Wiley & Sons, 2009.

REINHART, Carmen M. ROGOFF, Keneth. *This Time is Different*: Eight Centuries of Financial Folly. Princeton: Princeton University Press, 2009.

ROACH, Stephen S. *Stephen Roach on the Newt Asia*: Opportunities and Challenges for a New Globalization. Hoboken: John Wiley & Sons, 2009.

ROGERS, Jim. *Hot Commodities*: How Anyone Can Invest Profitably in the World's Best Market. New York: Random House, 2004.

ROSPLOCK, Kirby. *The Complete Family Office Handbook*: A Guide for Affluent Families and the Advisers Who Serve Them. Hoboken: John Wiley & Sons, 2014.

SAMUELSON, William. ZECKHAUSER, Richard J. *Status quo Bias in Decision Making*. Journal of Risk and Uncertainty, 1988: 7-59.

SANTOS, José Carlos de Souza; SILVA, Marcos Eugênio da. *Derivativos e Renda Fixa*: Teoria e Aplicações ao Mercado Brasileiro. São Paulo: Editora Atlas, 2014.

SCARAMUCCI, Anthony. *The Little Book of Hedge funds*. Hoboken: John Wiley & Sons, 2012.

SCHIFRIN, Matthew. *The Warren Buffetts Next Door*: The World's Greatest Investors You've Never Heard of and What You Can Learn from Them. Hoboken: John Wiley & Sons.

SCHNEEWEIS, T. KAZEMI, H. SPURGIN, T. *Momentum in Asset Retuns*: Are Commodity Returns a Special Case?. The Journal of Alternative Investments 10, No. 4 (Spring 2008): 23-36.

SCHNEEWEIS, T. SPURGIN, T. GEORGIEV, G. *Benchmarking Commodity Trading Advisor Performance with a Passive Futures* – Based Index. CISDM Working Paper, 2000.

SCHNEEWEIS, Thomas. CROWDER, Garry B. KAZEMI, Hossein B. *The New Science of Asset Allocation*: Risk Management in a Multi-Asset World. Hoboken: John Wiley & Sons, 2010.

SCHROEDER, Alice. *The Snowball*. Warren Buffett and the Business of Life. New York: Bantam Books, 2008.

SCHWAB, Charles. *Invested*: Changing Forever the Way Americans Invest. New York: Currency, 2019.

SCHWAGER, Jack D. *The New Market Wizards*: Interviews with Top Traders. New York: HarperCollins, 1992.

SCHWAGER, Jack D. *The New Market Wizards*: Conversations with America's Top Traders. Hoboken: John Wiley & Sons, 2008.

SCHWAGER, Jack D. *Hedge fund Market Wizards*: How Winning Traders Win. Hoboken: John Wiley & Son, 2012.

SCHWAGER, Jack D. *Market Wizards*: Conversations with Top Traders. Hoboken: John Wiley & Sons, 2012.

SCHWAGER, Jack D. *Market Sense and Nonsense*: How the Markets Really Work (and How They Don't). Hoboken: John Wiley & Sons, 2013.

SCHWAGER, Jack D. *The Little Book of Market Wizards*: Lessons from the Greatest Traders. Hoboken: John Wiley & Sons, 2014.

SEABRIGHT, Paul. *The Company of Strangers*. A Natural History of Economic Life. Princeton New Jersey: Princeton University Press, 2010.

SHAPIRO, Robert J. *Futurecast*: How Superpowers, Populations, and Globalization Will Change the Way You Live and Work. New York: St Martin's Press, 2008.

SHARMA, Anurag. *Book of Value*: The Fine Art of Investing Wisely. New York: Columbia Business School Publishing, 2016.

SHARPE, William F. *Investors and Markets*: Portfolio Choices, Asset Prices, and Investment Advice. New Jersey: Princeton Universe Press, 2007.

SHEARN, Michael. *The Investment Checklist*: The Art of In-Depth Research. Hoboken: John Wiley & Sons, 2012.

REFERÊNCIAS

SHEFRIN, Hersh. *Beyond Greed and Fear*. Understanding Behavioral Finance and the Psychology of Investing. Oxford: Oxford University Press, 2002.

SHILLER, Robert J. *Irrational Exuberance*. Princeton New Jersey: Princeton Universe Press, 2005.

SHILLER, Robert J. *Narrative Economics*: How Stories Go Viral & Drive Major Economic Events. Princeton New Jersey: Princeton Universe Press, 2019.

SHILLING, A. Gary. *The Age of Deleveraging*: Investment Strategies for a Decade of Slow Growth and Deflation. Hoboken: John Wiley & Sons, 2011.

SIEGEL, Jeremy. *Stocks for the Long Run*: The Definitive Guide to Financial Market Returns & Long Term Investment Strategies. Fifth Edition. New York: McGraw Hill, 2014.

SILBER, William L. *Volcker*: The Triumph of Persistence. New York: Bloomsbury Press, 2012.

SIMMONS, Matthew R. *Twilight in the Desert*: The Coming Saudi Oil Shock and the World Economy. Hoboken: John Wiley & Sons, 2005.

SILVER, Nate. *The Signal and the Noise*: The Art and Science of Prediction. Penguin, 2012.

SILVA NETO, Lauro de Araújo. *Derivativos*: Definições, Emprego e Risco. São Paulo: Atlas, 1999.

SKIDELSKY, Robert. *Keynes*: The Return of the Master. London: Penguin, 2009.

SIRONI, Paulo. *Fintech Innovation*: From Robo-Advisors to Goal Based Investing and Gamification. Hoboken: John Wiley & Sons, 2016.

SMITH, Adam. A Riqueza das Nações. São Paulo, Madras, 2009. Originalmente publicado em 1776.

SONKIN, Paul D. JOHNSON, Paul. *Pitch the Perfect Investment*: The Essential Guide to Winning on Wall Street. Hoboken: John Wiley & Sons, 2017.

SORKIN, Andrew Ross. *Too Big to Fail*: Inside the Battle to Save Wall Street. Allen Lane, 2009.

SORNETTE, Didier. *Why Stock Markets Crash*: Critical Events in Complex Financial Systems. Princeton: Princeton University Press, 2003.

SOROS, George. *The Crash of 2008 and What it Means*: The New Paradigm for Financial Markets. New York: PublicAffairs, 2008.

SOROS, George. *The Soros Lectures*: At the Central European University. New York: PublicAffairs, 2010.

SOUZA, Amaury de. LAMOUNIER, Bolívar. *A Classe Média Brasileira*: Ambições, Valores e Projetos de Sociedade. Rio de Janeiro: Elsevier, 2010.

SOUZA, André Portela. FILHO, Naercio Menezes. *A Carta*: Para Entender a Constituição Brasileira. São Paulo: Todavia, 2019.

SPERLING, Gene. *"The Insider's Guide to Economic Forecasting"*. Inc. Magazine, 1 de agosto de 2003. Disponível em http://www.inc.com/magazine/20030801/forecasting_pagen_3.html.

SPIER, Guy. *The Education of a Value Investor*: My Transformative Quest for Wealth, Wisdom, and Enlightenment. New York: Palgrave Macmillan, 2014.

STALEY, Kathryn F. *The Art of Short Selling*. Hoboken: John Wiley & Sons, 1997.

STATMAN, Meir. *What Investors Really Want*: Discover What Drives Investor Behavior and Make Smarter Financial Decisions. New York: McGraw-Hill, 2011.

STATMAN, Meir. *Finance for Normal People*: How Investors and Markets Behave. Oxford: Oxford University Press, 2017.

STEIN, Ben; DE MUTH, Phil. *The Little Book of Alternative Investments*: Reaping Rewards by Daring to be Different. Hoboken: Jonh Wiley & Sons, 2011.

STEINMETZ, Greg. *The Richest Man Who Ever Lived*: The Life and Times of Jacob Fugger. New York: Simon & Schuster, 2015.

STEPHENSON, John. *The Little Book of Commodity Investing*. John Wiley & Sons Canada, 2010.

STIGLITZ, Joseph E. *Os Exuberantes Anos 90*:Uma Nova Interpretação da Década Mais Próspera da História. São Paulo: Companhia das Letras, 2003.

STIGLITZ, Joseph E. *Freefall*: America, Free Markets, and the Sinking of the World Economy. New York: W. W. Norton, 2010.

STONE, Brad. *The Everything Store*. New York: Little, Brown, 2013.

STRACHMAN, Daniel A. *Julian Robertson:* A Tiger in the Land of Bulls and Bears. Hoboken: John Wiley & Sons, 2004.

SUROWIECKI, James. *The Wisdom of Crowds*. New York: Anchor Books, 2004.

SWENSEN, David F. *Pioneering Portfolio Management*: An Unconventional Approach to Institutional Investment. New York: Free Press, 2009.

SWENSEN, David F. *Unconventional Success*: A Fundamental Approach to Personal Investment. New York: Free Press, 2005.

TALEB, Nassim Nicholas. *Antifragile*: How to Live in a World We Don't Understand. London: Penguin, 2012.

TALEB, Nassim Nicholas. *Fooled by Randomness*: The Hidden Role of Change in Life and in the Markets. New York: Random House, 2004.

TALEB, Nassim Nicholas. *Skin in the Game*: Hidden Asymmetries in Daily Life. New York: Random House, 2018.

TALEB, Nassim Nicholas. *The Bed of Procrustes:* Philosophical and Practical Aphorisms. New York: Random House, 2010.

TALEB, Nassim Nicholas. *The Black Swan:* The Impact of the Highly Improbable. New York: Random House, 2007.

TEGMARK, Max. Life 3.0: *Being Human in the Age of Artificial Intelligence*. Penguin, 2017.

TEMPLETON, Lauren. PHILLIPS, Scott. *Investing the Templeton Way*: The Market-Beating Strategies of Value Investing's Legendary Bargain Hunter. New York: McGraw Hill, 2008.

TERMEER, Chris. *Fundamentals of Investing in Oil and Gas*. 2013.

THALER, Richard H. *Misbehaving:* The Making of Behavioural Economics. UK: Penguin Random House, 2015.

THALER, Richard H. Mental Accounting Matters. Journal of Behavioral Decision Making 12, no. 3: 183-206.

THORP, Edward O. *A Man for All Markets:* From Las Vegas to Wall Street, How I Beat the Dealer and the Market. New York: Random House, 2017.

TJIA, John S. *Building Financial Models*, Third Edition: The Complete Guide to Designing, Building and Applying Projection Models. New York: McGraw-Hill, 2018.

TOOZE, Adam. *Crashed*: How a Decade of Financial Crisis Changed the World. New York: Viking, 2018.

REFERÊNCIAS

TRAIN, John. *Money Masters of Our Time*. New York: Harper Business, 2000.

TRAIN, John. *The Craft of Investing*. New York: Harper Collins, 1994.

TRUMP, Donald. SCHWARTZ, Tony. *Trump:* The Art of the Deal. New York: Ballantine Books, 1987.

TUCKETT, David. *Minding the Markets*. An Emotional Finance View of Financial Instability. New York: Palgrave Macmillan, 2011.

TUCKETT, David. TAFFLER, Richard J. *Fund Management*: An Emotional Finance Perspective. Research Foundation of CFA Institute, 2012.

TVERSKY, Amos. KAHNEMAN, Daniel. Rational Choice and the Framing of Decisions. Journal of Business 59 (1986): S251-S278.

VALENTINE, James J. *Best Practices for Equity Research Analysts*: Essentials for Buy-Side and Sell-Side Analysts. New York: Mc Graw Hill: 2011.

VENEZIANI, Vincent W. *The Greatest Trades of All Time*: Top Traders Making Big Profits form the Crash of 1929 to Today. Hoboken: John Wiley & Sons, 2011.

WALSH, Justyn. *Keynes and the Market:* How the World's Greatest Economist Overturned Conventional Wisdom and Made a Fortune on the Stock Market. Hoboken: John Wiley & Sons, 2008.

WALSTER, Elaine. *Assignment of Responsibility for an Accident*. Journal of Personality and Social Psychology 3 (1966): 73-79.

WALTON, Sam. HUEY, John. *Sam Walton*: Made In America: My Story. New York: Bantam Books, 1993.

WAPSHOTT, Nicholas. *Keynes Hayek:* The Clash that Defined Modern Economics. New York: W. W. Norton, 2011.

WASIK, John F. *Keynes's Way to Wealth*: Timeless Lessons from the Great Economist. New York: McGraw Hill, 2014.

WERNER, F.M. De Bondt. THALER, Richard. Does the Stock Market Overreact?. Journal of Finance 40 (3) (July 1985): 793-805.

WHITMAN, Martin. DIZ, Fernando. *Distress Investing*: Principles and Technique. Hoboken: John Wiley & Sons, 2009.

WIGGIN, Addison. *The Little Book of the Shrinking Dollar*: What You Can Do to Protect Your Money Now. Hoboken: John Wiley & Sons, 2012.

WIDGER, Chuck; CROSBY, Daniel. *Personal Benchmark*. Integrating Behavioral Finance and Investment Management. Hoboken: Jonh Wiley & Sons, 2014.

WILLIAMS, Larry. *Long-Term Secrets to Short-Term Trading*. Hoboken: John Wiley & Sons, 2012.

WILSON, Richard. *The Family Office Book*: Investing Capital for the Ultra-Affluent. Hoboken: John Wiley & Sons, 2012.

WOLF, Martin. *Fixing Global Finance*. Baltimore: The Johns Hopkins University Press, 2010.

WOLF, Martin. *The Shifts and the Shocks:* What We've Learned – and Have Still to Learn – From the Financial Crisis. New York: Penguin, 2014.

WOODWARD, Bob. *Maestro:* Greenspan's Fed and the American Boom. New York: Simon & Schuster, 2000.

YARDENI, Edward. Predicting the Markets: A Professional Autobiography. Brookville: YRI Press, 2018.

YERGIN, Daniel. The Prize: The Epic Quest for Oil, Money & Power. New York: Free Press, 2008.

YERGIN, Daniel. The Quest: Energy, Security, and the Remaking of the Modern World. New York: Penguin, 2011.

ZANELLA, Stefano. O Equity Risk Premium Brasileiro. São Paulo, 2012. 30 p. Monografia – Faculdade de Economia e Administração. Insper Instituto de Ensino e Pesquisa.

ZELL, Sam. Am I Being Too Subtle? Straight Talk from a Business Rebel. New York: Penguin, 2017.

ZUCKERMAN, Gregory. *The Frackers*: The Outrageous Inside Story of the New Billionaire Wildcatters. New York: Penguin, 2013

ZUCKERMAN, Gregory. *The Greatest Trade Ever:* The Behind-the-Scenes Story of How John Paulson Defied Wall Street and Made Financial History. New York: Crown Business, 2010.

ZUCKERMAN, Gregory. *The Man Who Solved the Market:* How Jim Simons Launched the Quant Revolution. New York: Penguin, 2019.

ZWEIG, Jason. *The Little Book of Safe Money:* How to Conquer Killer Markets, Con Artists, and Yourself. Hoboken: John Wiley & Sons, 2010.